Atos Ramos

Administração de Servidores Linux

Administração de Servidores Linux
Copyright© Editora Ciência Moderna Ltda., 2013

Todos os direitos para a língua portuguesa reservados pela EDITORA CIÊNCIA MODERNA LTDA.
De acordo com a Lei 9.610, de 19/2/1998, nenhuma parte deste livro poderá ser reproduzida, transmitida e gravada, por qualquer meio eletrônico, mecânico, por fotocópia e outros, sem a prévia autorização, por escrito, da Editora.

Editor: Paulo André P. Marques
Produção Editorial: Aline Vieira Marques
Assistente Editorial: Lorena Fernandes
Capa: Daniel Jara
Diagramação: Rodrigo Martins
Copidesque: Ana Cristina Andrade

Várias **Marcas Registradas** aparecem no decorrer deste livro. Mais do que simplesmente listar esses nomes e informar quem possui seus direitos de exploração, ou ainda imprimir os logotipos das mesmas, o editor declara estar utilizando tais nomes apenas para fins editoriais, em benefício exclusivo do dono da Marca Registrada, sem intenção de infringir as regras de sua utilização. Qualquer semelhança em nomes próprios e acontecimentos será mera coincidência.

FICHA CATALOGRÁFICA

ALVES, Atos Ramos.

Administração de Servidores Linux

Rio de Janeiro: Editora Ciência Moderna Ltda., 2013.

1. Programação de Computador – Programas e Dados 2. Ciência da Computação
I — Título

ISBN: 978-85-399-0381-8

CDD 005
004

Editora Ciência Moderna Ltda.
R. Alice Figueiredo, 46 – Riachuelo
Rio de Janeiro, RJ – Brasil   CEP: 20.950-150
Tel: (21) 2201-6662/ Fax: (21) 2201-6896
E-MAIL: LCM@LCM.COM.BR
WWW.LCM.COM.BR

04/13

Introdução

Diário de bordo estelar BR2013, estamos neste momento iniciando uma viagem ao mais profundo espaço do conhecimento.

Nas páginas seguintes irão presenciar como é simples a maioria das tarefas de um Administrador de Redes quando se utiliza o Linux como sistema operacional.

O registro da missão - do conhecimento, transcorreu de forma bem didática começando de comandos simples e exemplos de usos práticos até alcançarmos o domínio de um equipamento por completo, sendo capaz de gerar gráficos de uso de hardware, serviços e servidores; script's e programas para proteção contra ataques; rotinas para montagem de servidores e tudo mais que considerei como o mínimo necessário de conhecimento a um Administrador de Redes Linux.

Obviamente algumas rotinas podem ficar com o tempo em desacordo com as distribuições Linux disponíveis, mas procurei passar o conceito, o que em geral não muda com o passar do tempo.

Aproveito para agradecer minha esposa por sempre me apoiar e sempre me fazer seguir em frente.

Espero que este seja um livro para sua consulta diária.

Sumário

Capítulo 1 - Comandos Básicos 1

Classificação dos comandos 1

Árvore de diretórios 2

    du 2

    tree 3

    cd 4

    pwd 5

    ls 5

Tratando arquivos 8

    mkdir 8

    rm 9

    touch 9

    cp 10

    mv 11

    rmdir 12

Lendo arquivos texto 12

    cat 12

    tac 12

    more 13

    less 13

    grep, fgrep , egrep 14

    find 17

    locate 18

    dmesg 19

Trabalhando a tela 19

    echo 20

    reset 20

    clear 20

    time 20

    sleep 21

    usleep 21

Manipulando saídas com filtros 21

VI ▸ Administração de Servidores Linux

head 21
tail 22
wc 23
nl 24
join 25
sort 27
tee 28
diff 28
Começando e terminando uma sessão de terminal 31
Reinicializando ou desligando o equipamento 32
reboot 32
halt 32
Trabalhando os arquivos 32
tar 32
cpio 39
split 42
gzip 43
gunzip 43
bzip 44
bunzip 44
Zip 45
Comandos diversos 46
date 46
free 47
time 47
touch 47
uptime 48
su 48
sync 49
uname 49
wc 50
finger 50
ftp 51
whoami 52
dnsdomainname 52
hostname 52
talk 52

Sumário ◄ VII

Ferramentas de pacotes 53
DPKG 53
dpkg-reconfigure 55
alien 56
APT 57
apt-get 57
Sources.list 67
aptitude 68
Pacotes em formato TAR.GZ ou TGZ 69
Patch 70
Alternatives 73
Redirecionamento e pipe 76
Standard I/O 76
Pipes 77
Redirecionamentos 77
Os redirecionadores e seus significados: 78
Filtro de processamento de texto 79
cut 79
fmt 80
head 80
join 81
nl 81
regex 82
paste 83
split 85
tac 85
tail 86
tr 87
export 87
unset 88
Variáveis ambientais do Bash 88
/etc/shells 91
/etc/profile 91
/home/usuário/.bash_profile 91
/etc/bash.bashrc 92
/home/usuário/.bashrc 92
/home/usuário/.bash_logout 92

VIII ▶ Administração de Servidores Linux

/home/usuário/.bash_history..92
aliases...92
AWK...92
Parâmetros de Entrada...93
Controle de Fluxo...94
Estruturas condicionais...95
case..95
select..95
Operadores..96
test..96
Comparações...98
Aritméticos...99
Utilização de Variáveis...99
Definição e Acesso...100
Estruturas de laços..102
for..102
while..103
until..103
Comandos de controle...103
Shift..103
Sinais do Sistema..104
exit...106
return...106
Break..107
pwd..107
continue...107
local..108
Source...108
Uso do Til...109
Expansão aritmética..109
Funções..109

Init - o primeiro dos processos 111
O Processo init..111
Sysvinit...112
Níveis de execução...112

Sumário ◀ IX

Links de inicialização dos serviços 123
    Invoke-rc.d 124
    insserv 125
    update-rc.d 128
    chkconfig 129
    rcconf 129
Reboot ou init 6 130
Arquivos de configuração do Cups 136

FDISK 137
Descrição 137

LVM 140
Criar um grupo de volume 140
Trabalhando com volumes lógicos 141
Montagem de Volumes Lógicos 143
Metadados 143
Filesystems 144
Ferramentas úteis 146

RAID 146
Apresentação 146
RAID Via Hardware e Via Software 147
RAID Via Hardware 147
DPT 148
Controladoras Suportadas 148
Controladoras ICP Vortex 148
Tipos de Hardware 148
Tipo de Controladora 148
Tipo Encapsulado 149
RAID Via Software 149
O Controlador de Múltiplos Dispositivos (MD) 149
Níveis de RAID 150
RAID-linear 150
RAID-0 151
RAID-1 152

X ▶ Administração de Servidores Linux

RAID-2 e RAID-3 152
RAID-5 153
Tipos Híbridos 154
RAID-5. 154
Implementação 155
Pré-requisitos 155
Instalação 155
Configuração 155
RAID-1 159
RAID-4 160
RAID-5 162
Uso de RAID para Obter Alta Disponibilidade 164

Capítulo 2 - Servidores FTP 167
Pure-ftpd 167
Proftpd 168
Configurando Virtual Host 170

Instalando Apache2, PHP5 e MYSQL 172
/CLI/PHP.INI 179
APACHE2/PHP.INI 184
MY.CNF 189
DEBIAN.CNF 192

Controlando processos 192
ps 193
pkill 194
xkill 196
top 197
htop 198

Execução de programas 199
Executando programas em sequência 200
ps 200
top 201

Interrompendo a execução de um processo..202
Parando momentaneamente a execução de um processo.......................202
jobs...202
fg...202
bg..203
kill...203
killall...204
killall5...204
nohup..206
nice..207
vmstat..208
pidof..209
pstree...210
Fechando um programa quando não se sabe como sair.......................210
Eliminando caracteres estranhos..212

Screen..212
Comandos..212

Recuperando boot do Linux..214

NTFS..214

Editores..214
VIM..214
Comandos..215
NANO...215
Pico..217
JOE..217

Redes..218
Classificação de redes...218
Lan...218
Componentes de uma LAN...218
Servidores..218
Estações...219

XII ▶ Administração de Servidores Linux

Sistema operacional de rede 219
Meios de transporte 219
man 220
wan 220
Mercado de Redes WAN 220
Tráfego de WAN 221
Qualidade do Serviço (QoS) 221
Protocolos WAN 222
Segurança em WAN 223
Longa Distância no Brasil 224
Topologias de redes 224
Barramento 224
Anel 225
Estrela 225
Árvore 225
Híbrida 226
Tecnologias de redes 226
Sem Fio 226
Ethernet 227
Powerline 228
Protocolos TCP/IP 229
Protocolos para internet 229
Comparação com o modelo OSI 231
As camadas 232
A camada de aplicação 232
A camada de transporte 233
A camada do servidor 234
A camada de enlace 235
A camada física 235
Implementações 235
Endereçamento IP 236
Notação 236
Resolver 236
Classes de endereços 237
Classes especiais 237
Localhost 238
Redes privadas 239
Dica 239

Sumário ◀ XIII

NAT 239
CIDR 240
    Endereçamento 240
    Routing sem classes 240
    Notação standard 241
    Agregação de prefixos de routing 242
    Endereços CIDR/VLSM como universais 242
IPv6 243
    Outros fatores motivantes 244
    Novidades nas especificações do IPv6 245
    Formato do datagrama IPv6 246
    Fragmentação e determinação do percurso 246
    Múltiplos cabeçalhos 247
    Endereçamento 247
    Estruturas de endereços de transição 248
    Outras estruturas de endereços IPv6 248
Comandos para gerenciamento do TCP/IP 248
    Hostname 248
    Ifconfig 249
    netstat 253
    ping 259
    traceroute 260
    route 260
    arp 264
Configuração manual de rede 267
    pppd 267
    Wvdial 267
sub-rede 272
    Máscaras de sub-rede 272
    Motivações para criar sub-redes 272
    Exemplo de uma sub-rede 273
    Tabela sub-rede IPv4 273

Samba 274
Samba autenticando compartilhamento no servidor AD 277
Perfil móvel com Linux como cliente do domínio 287
    Procedimento de inclusão/ exclusão servidor 287
    Linux – manutenção 287

XIV ▶ Administração de Servidores Linux

Procedimento para criação de usuários e senhas em
aplicação linux 288

ZABBIX 289

CACTI 293

DRBD 300

Heartbeat 300

Experimento com DRBD + Heartbeat + Samba 301
Instalando e configurando o Heartbeat 308
Samba 311
Testando 313

BACKUP 313
Tipos de backup 313
Software de backup 314
Operação de backup ou simplesmente backup 314
Operação de Restore ou restauração de backup 314
Imagem 314
Job 314
FileSet ou Backup Selections 314
Políticas de Backup ou simplesmente Política 314
Período de retenção 314
Data de expiração 315
Schedule 315
Catálogo de backup ou somente catálogo 315
Volume 315
Storage 315
Backup Full 315
Backup Diferencial 316
Archive 316
Full Syntetic 316

Sumário ◀ XV

AMANDA **317**
   Estratégia de backups e definições 317
   Instalação e Configuração: Servidor..............................317
   Instalação e Configuração: Clientes 322
  Script de backup..323

Proxy **326**
  SQUID 327
   Instalando o SQUID..328
   Exemplo de Configuração 328
  Squid Autenticação em banco de dados MySQL com verificação de
  IP/MAC/USUÁRIO e SENHA..331
   Instalando 337

OPENVPN **337**
   Criptografia 338
   Autenticação 338
   Networking...339
   Servidor OPENVPN 340
   Cliente OPENVPN 342
   Criando a chave 351
  Openvpn com chave RSA..352
   Lado Cliente 355
   Cliente windows 356

Servidor VPN PPTP **358**

NMAP **361**
   Opções...361
  ESPECIFICAÇÃO DO ALVO:...361
  DESCOBERTA DE ANFITRIÕES (HOSTS):.......................362
  TÉCNICAS DE SCAN: 362
  DETECÇÃO DO SO: 363
  SSH server 365

XVI ▶ Administração de Servidores Linux

Estabelecendo confiança entre servidores 368

rsync 369
EXEMPLOS 371
Sumário de Opções 371

DHCP 373

DNS 377
Visão geral 378
Hierarquia 378
Servidores raiz 379
Servidores de domínio de topo (Top-Level Domain) 379
Servidores autoritativos 379
Melhorias de Performance 380
Cache 380
Servidor Local 380
DNS Reverso 380

DNSSEC 381
Para que serve DNSSEC 381
Como funciona 382
DNSSEC no.br 382
Compilando o BIND com suporte ao LDAP 384
Instalando DNSSEC 398

INETD 398
Instalação 399
Configuração 399

xinetd 400
Controle de acesso 400
Instalação 401

Configuração 401

Instalando Linux no pendrive 403

Servidor de e-mail 403

Compilando código fonte 404

Compilar kernel 407

Firewall (Iptables) 411
Características do Iptables 411
Exemplo de script firewall 411
Forward 432
Trava IP 433
Failover 435
Firewall dinamico 1 437
Adicionando suporte ao Layer7 442
    Preparando o ambiente para executar o layer 7 443
    Configurando o repositório 443
    Configurando e Compilando o Kernel 445
    Compilando o Iptables 1.4.8: 446
Firewall Dinâmico 447

Capítulo 3 - MRTG 455

Webmin 459

Trocando Senha do Banco Mysql 460

LTSP 460
Configurando DHCP 461
Configuração do NBD-Server 462

XVIII ▶ Administração de Servidores Linux

Webmin **463**
Scripts de instalação **464**
Instalação.sh 464
spamassassin 465

Pen-test **479**
Instalando 479
Acionando o Pen Test 492
Quebrando criptografia WPA/WPA2 492
Ferramentas 493

Apache2 Tomcat **497**
Apoche2 e modulos 499

Capítulo 1 - Comandos Básicos

Classificação dos comandos

Há duas classes de comandos para o sistema operacional: os comandos internos e os comandos externos. Vejamos o significado de cada um deles:

Comandos internos:
São os comandos que estão dentro do código do Shell (o interpretador de comandos). Estes comandos normalmente têm execução mais rápida que os externos, pois estão carregados na memória do seu ambiente. Para identificar de forma fácil quais são os comandos internos, basta digitar no prompt a seguinte instrução: type <comando>

Exemplo:

```
root@aluno# type cd
cd is a shell builtin
```

A resposta acima diz que o cd é interno ao shell.

Comandos externos:
São comandos especiais, que compõem a instalação padrão do Linux e outros que podem ser acrescidos pelo usuário. Estes comandos também aceitam ser chamados de *scripts* e podem estar no formato compilado ou não.
Por definição, estes comandos estão disponíveis no diretório: "/usr/bin" – para o usuário "root" existe um diretório adicional, que é "/usr/sbin".

Exemplo:

```
root@aluno# ls -la /usr/bin| less ## de conteúdo da pasta "/
usr/bin":
total 37024
```

```
drwxr-xr-x   2 root   root   20480   Abr  7  10:38    .

drwxr-xr-x   1 root   root    4096   Abr  6  16:55    ..

-rwxr-xr-x   1 root   root   28300   Abr 27  2010    [
```

2 ▸ **Administração de Servidores Linux**

```
lrwxrwxrwx   1 root   root   8        Abr 6 17:09   2to3 -> 2to3-
                                                    2.6

-rwxr-xr-x   1 root   root   106      Dez 26 22:42  2to3-2.6
-rwxr-xr-x   1 root   root   102540   Jan 7  11:41  a2p
-rwxr-xr-x   1 root   root   14608    Mai 16 2010   Acpi
-rwxr-xr-x   1 root   root   7204     Nov 16 06:52  acpi_listen
-rwxr-xr-x   1 root   root   3512     Jan 25 17:19  Addpart
root@aluno#
```

Árvore de diretórios

A estrutura na qual os arquivos e diretórios estão dispostos é comumente chamada de árvore. Vejamos alguns comandos que permitem navegar e controlar esta árvore:

du
Sintaxe: du [parâmetro]... [arquivo]...

Retorna o espaço em disco ocupado pelo diretório ou arquivo indicado – se nenhum argumento for passado para o comando, ele listará todos os diretórios e arquivos a partir de onde foi executado.
Vale destacar que a árvore será apresentada invertida, ou seja, o último diretório apresentado será o diretório raiz (o primeiro que foi criado).

Parâmetros mais utilizados:

-h
--max-depth=<NIVEL>

Exemplo:
```
root@aluno# du -h --max-depth=2|grep -v proc
8,0K    ./var/lock
4,0K    ./var/local
4,0K    ./var/mail
75M     ./var/cache
4,0K    ./var/opt
44K     ./var/spool
```

Comandos Básicos ◀ 3

```
76M            ./var
root@aluno#
```

Neste exemplo utilizamos alguns parâmetros bastante úteis, que é o "-h": ordena a apresentação do espaço ocupado em disco no padrão de leitura mais amigável; "—max-depth=2": significa limitar a apresentação no segundo nível de diretório.

tree

Sintaxe: tree [parâmetro]... [arquivo]...

Outro comando que nos mostra esta árvore é o tree. Este comando não faz parte da instalação padrão, portanto, para utilizá-lo, é necessário instalar – o que pode ser feito através do comando "aptitude install tree" (com o usuário *root*). O comando *aptitude* será detalhado em um tópico próprio.

Parâmetros mais utilizados:

-d	Lista somente diretório
-l	Lista links simbólicos
--inodes	Mostra o número do inode, útil quando precisamos fazer procedimentos de recuperação de dados

Exemplo:

```
root@aluno# tree -L 1 /
.
├── bin
├── boot
├── dados
├── dev
├── etc
├── home
├── initrd.img -> boot/initrd.img-2.6.32-5-686
├── lib
├── lost+found
├── media
├── mnt
├── opt
├── proc
├── root
├── sbin
```

4 ▶ Administração de Servidores Linux

```
├── seLinux
├── srv
├── sys
├── tmp
├── usr
├── var
└── vmlinuz -> boot/vmlinuz-2.6.32-5-686
20 diretórios, 2 files
root@aluno#
```

O parâmetro "-L1" limitou a apresentação da árvore em apenas 1 (um) nível – caso este parâmetro não seja informado, serão apresentados todos os níveis da estrutura de diretórios.

cd

Sintaxe: cd [DIRETORIO]
Este é o comando que permite a navegação entre os diretórios.
Temos alguns atalhos neste comando, que são:

.	Diretório atual.
..	Diretório anterior (um nível acima).
~	Diretório HOME do usuário.
/	Raiz do sistema.
-	Último diretório (Voltar).

Exemplo:

```
root@aluno# cd ~   ## desloca para diretório home do usuário
atual
root@/home/root#

root@/home/root# cd ~aluno ## desloca para o home do usuário
aluno
root@/home/aluno#

root@/home/aluno# cd - ## desloca para o último diretório visitado
root@/home/root#
```

Comandos Básicos ◀ 5

```
root@/home/aluno# cd <enter> ## desloca para o diretório home
do usuário
root@/home/root#
```

pwd
Sintaxe: pwd

Este comando retorna o nome do diretório corrente, mas não pense que isto é pouco; o uso prático disto é muito interessante, pois desta forma um *script shell*, por exemplo, pode saber em qual diretório começou a sua execução facilitando a vida do programador. Veja o exemplo:

```
root@aluno# cat exemplo.sh
#!/bin/bash
HOME=`pwd`
cd /var/lib/
ls -la
cd /usr/bin
ls
cd $HOME
root@aluno#
```

Neste exemplo movemos por dois diretórios utilizando o comando interno "cd", listamos seus respectivos conteúdos com o comando "ls –la" e por último retornamos ao diretório onde o *script* foi disparado, comando "cd $HOME.

Este retorno só foi possível porque o endereço do diretório inicial foi armazenado na variável "$home", conforme observado na segunda linha do exemplo, através do comando "pwd", que foi executado por estar entre crases – há outras formas de alimentar uma variável no *shell* que serão apresentadas mais adiante.

ls
Sintaxe: ls [parâmetro]... [arquivo]...

Comando utilizado para listar o conteúdo de diretórios. Por definição, na ausência de parâmetro indicativo, a lista dos arquivos segue a ordem alfabética.
Há vários parâmetros de pesquisa que podem ser utilizados e combinados. Vejamos alguns:

6 ▶ Administração de Servidores Linux

-a, --all	Lista todos os arquivos, inclusive os começados com ".".
-f	Não ordena, habilita -aU, desabilita -ls --color.
-F, --classify	Anexa indicador (um dos */=>@|) às entradas.
--file-type	Similar, exceto que não anexa "*".
--format=PALAVRA	PALAVRA = "across" (-x), "commas" (-m), "long" (-l), "verbose" (-l), "horizontal" (-x), "vertical" (-C), "single-column" (-1)
--full-time	O mesmo que: -l --time-style=full-iso.
-g	O mesmo que: -l, mas não lista o dono.
--group-directories-first	Lista os diretórios antes de listar os arquivos. Permite usar a opção --sort, mas o uso de --sort=none (-U) desabilita o agrupamento de diretórios.
-G, --no-group	Em lista longa (-l), não emite os nomes de grupo.
-h, --human-readable	Com -l, emite os tamanhos em formato inteligível para humanos (por exemplo, 1K 234M 2G).
--si	Similar, mas usa potências de 1000, e não de 1024.
-H, --dereference-command-line	Segue as ligações simbólicas listadas na linha de comando.

--dereference-command-line-symlink-to-dir	segue toda ligação simbólica da linha de comando que apontar para um diretório.

--hide=PADRÃO	Não lista entradas implícitas que coincidam com o PADRÃO em sintaxe *shell* (ignorado quando se usa -a ou -A).
--indicator--style=PALAVRA	Anexa o indicador de tipo no estilo PALAVRA para os nomes das entradas: "none" (nenhum, padrão), "slash" (-p), "file-type" (--file-type), "classify" (-F).
-i, --inode	Emite o número de índice de cada arquivo.
-I, --ignore=PADRÃO	Não lista as entradas implícitas que coincidam com o PADRÃO (em sintaxe shell).
-k	O mesmo que --block-size=1K.

Comandos Básicos ◀ 7

-l	Usa o formato de lista longa.
-L, --dereference	Quando mostrar informações de uma ligação simbólica, mostra as do arquivo a quem ela referencia, e não do arquivo tipo ligação em si.
-m	Preenche toda a largura com uma lista de entradas separadas por vírgula.
-n, --numeric-uid-gid	Como -l, mas lista usuário e grupo em números ID.
-N, --literal	Emite nomes de entradas de forma crua (não trata, por exemplo, caracteres de controle de forma especial).
-o	Como -l, mas não lista informações sobre o grupo.
-r, --reverse	Ordena de forma reversa.
-R, --recursive	Lista diretórios recursivamente.
-s, --size	Mostra o tamanho em blocos.
-S	Ordena por tamanho de arquivo.

--sort=PALAVRA	Ordena por PALAVRA em vez de pelo nome: none –U, extension -X, size -S, time -t, version –v (nenhum, extensão, tamanho, hora, versão).
--time=PALAVRA	Com -l, mostra a hora como PALAVRA em vez do horário de modificação: atime -u, access -u, use -u: último acesso, ctime -c, status -c: última modificação; usa o horário especificado como chave de ordenação se --sort=time.
--time-style=ESTILO	Com -l, emite os horários usando o estilo ESTILO: full-iso, long-iso, iso, locale, +FORMATO. FORMATO é interpretado como em "date"; se for FORMATO1<newline>FORMATO2, FORMATO1 se aplica a arquivos não recentes, e FORMATO2 aos recentes; Se ESTILO tem como prefixo "posix-", ESTILO só faz efeito fora da localidade POSIX.
-t	Ordena pelo horário de modificação..
-T, --tabsize=COLS	Assume paradas de tabulação a cada COLS em vez de 8.
-w, --width=COLS	Assume a largura da tela como COLS.

8 ▶ Administração de Servidores Linux

-x	Lista as entradas por linha em vez de por coluna.
-X	Ordena por ordem alfabética das extensões das.
	Entradas.
-Z, --context	Emite qualquer contexto de segurança SELinux de cada arquivo.
-1	Lista um arquivo por linha.
--help	Mostra esta ajuda e finaliza.
--version	Informa a versão e finaliza.

Exemplo:

```
root@aluno# ls -la
```

Tratando arquivos

No Linux tudo é arquivo – até mesmo os diretórios que são arquivos que armazenam os arquivos.

mkdir

Sintaxe: mkdir [parâmetro] DIRETORIO

Comando que cria diretórios.

Parâmetros mais utilizados:

-m, --mode=MODO	Define as permissões como MODO (como no chmod) em vez de a=rwx – umask.
-p, --parents	Não gera erro caso já exista, cria os diretórios pais à medida que forem necessários.
-v, --verbose	Emite uma mensagem para cada diretório criado.

Exemplo:

```
root@aluno#  mkdir /tmp/livro/capitulo ## será exibida mensagem
de erro uma vez que o diretório "livro" não existe.
root@aluno#  mkdir -p /tmp/livro/capitulo ## não retorna erro,
pois cria o diretório "livro" antes de criar o "capitulo"
```

Comandos Básicos ◀ 9

rm
Sintaxe: rm [parâmetro] arquivo

Comando para exclusão de arquivos. Com uso do parâmetro específico, remove também diretório.
Parâmetros mais utilizados:

-f, --force	Força a exclusão dos arquivos inexistentes, não questiona.
-i	Questiona antes de cada remoção.
-r, -R, --recursive	Remove diretório e seus conteúdos recursivamente.
-v, --verbose	Explica o que está sendo feito.

Exemplo:
```
root@aluno# rm -r /tmp/lixo
```

touch
Sintaxe: touch [parâmetro].. arquivo..

Comando para alterar a data/hora de acesso e modificação do arquivo. Por definição, caso o arquivo informado não exista, será criado – há parâmetro específico para alterar este comportamento padrão.

Parâmetros mais utilizados:

-a	Troca somente o tempo do acesso.
-c, --no-create	Não cria arquivos.
-d, --date=STRING	Passa STRING e utiliza o tempo corrente.
-m	Somente modifica o tempo.
-r, --reference=ARQ	Usa os horários deste arquivo, em vez do horário atual.
-t STAMP	Usa [[CC]YY]MMDDhhmm[.ss] em vez do horário atual.
--time=PALAVRA	Altera o horário especificado: PALAVRA: "access", "atime" ou "use" - equivale a "-a" "modify" ou "mtime" - equivale "-m".

10 ▸ Administração de Servidores Linux

Exemplo:

```
root@aluno#  touch a
root@aluno#  ls -la
```

cp
Sintaxe: cp [parâmetro].. ORIGEM DESTINO

Comando utilizado para efetuar cópia de arquivo. Cópia simples: ORIGEM para DESTINO; múltiplas ORIGENS para DIRETÓRIO.

Parâmetros mais utilizados:

-a, --archive	Mesmo que --preserve=all.
--backup[=CONTROL]	Gera backup do arquivo antes de sobrepor.
-f, --force	Força a sobreposição.
-i, --interactive	Pergunta antes de sobrepor.
-l, --link	Liga arquivos em vez de copiar.
-L, --dereference	Sempre segue ligações simbólicas em ORIGEM.
-n, --no-clobber	Não sobrepõe.
-P, --no-dereference	never follow symbolic links in SOURCE.
-p	Mesmo que -- preserve=mode,ownership,timestamps
--preserve[=ATTR_LIST]	Preserva atributos do arquivo.
--no-preserve=LST_ATRIB	Não preserva os atributos especificados.
--parents	Usa o nome completo do arquivo fonte sob DIRETÓRIO.
-R, -r, --recursive	Copia diretórios recursivamente.
-s, --symbolic-link	Cria ligações simbólicas em vez de copiar.
-S, --suffix=SUFIXO	Redefine o sufixo de cópia de segurança.
-t, --target-directory=DIR	Copia todos os argumentos ORIGEM para o diretório DIR.
-T, --no-target-directory	Trata DESTINO como um arquivo normal.

Comandos Básicos ◀ 11

-u, --update	Copia apenas se o arquivo ORIGEM for mais recente que o arquivo destino ou se este não existir.
-v, --verbose	Explica o que está sendo feito.
-x, --one-file-system	Permanece neste sistema de arquivos.

Exemplo:

```
root@aluno#   touch dia
root@aluno#   ls -la dia
root@aluno#   cp -avf dia segunda
root@aluno#   ls -la
```

Criamos um arquivo "dia" e depois o copiamos para "segunda" mantendo suas características.

mv

Sintaxe: mv [parâmetro].. ORIGEM DESTINO

Comando para mover os diretórios das rotas (*path*) onde se encontram. Também pode ser utilizado para trocar (renomear) o nome de um diretório.

Parâmetros mais utilizados:

--backup[=CONTROL]	Faz backup do destino.
-f, --force	Não pergunta antes de sobrepor.
-i, --interactive	Pergunta antes de sobrepor.
-n, --no-clobber	Não sobrepõe.
-S, --suffix=SUFIXO	Redefine o sufixo costumeiro de cópia de segurança.
-t, --target-directory=DIR	Move todos os argumentos ORIGEM para o diretório DIR.
-T, --no-target-directory	Trata DESTINO como um arquivo normal.
-u, --update	Move somente quando o arquivo de ORIGEM for mais novo que o de destino ou quando o arquivo de destino não existe.
-v, --verbose	Explica o que está sendo feito.

Exemplo:

```
root@aluno#   touch lista  ## cria o arquivo 'lista'
root@aluno#   ls -la lista
root@aluno#   mv lista relatorio  ## muda o nome do arquivo
'lista' para 'relatorio' root@aluno#   ls -la relatório
```

12 ▸ **Administração de Servidores Linux**

rmdir
Sintaxe: rmdir [parâmetro].. DIRETÓRIO

Remove diretório se estiver vazio.
Parâmetros mais utilizados:

-p, --parents	Remove diretórios e subdiretórios.
-v, --verbose	Mostra todo o processo.

Exemplo:
```
root@aluno#  rmdir /tmp/lixo
```

Lendo arquivos texto
Algumas vezes precisamos ver o conteúdo de um arquivo sem que seja necessária a editoração do mesmo. Para estes casos, temos os seguintes comandos:

cat
Sintaxe: cat [parâmetro].. arquivo

Concatena arquivo(s), ou a entrada padrão, para a saída padrão.
Parâmetros mais utilizados:

-A, --show-all	Equivalente a –vET.
-b, --number-nonblank	Numera as linhas de saída que não forem em branco.
-e	Equivalente a –vê.
-E, --show-ends	Insere $ ao final de cada linha.
-n, --number	Numera todas as linhas de saída.
-s, --squeeze-blank	Suprime linhas em branco sucessivas, restando só uma.
-t	Equivalente a –VT.
-T, --show-tabs	Mostra os caracteres de tabulação como ^I.
-v, --show-nonprinting	Utiliza a notação ^ e M-, exceto para LFD e TAB.

Exemplo:
```
root@aluno#  cat /etc/hosts
```

tac
Sintaxe: tac [parâmetro]... [arquivo]...

Escreve cada arquivo na saída padrão, começando pela última linha.
Se arquivo não for especificado ou for -, lê a entrada padrão.

Comandos Básicos ◀ 13

Argumentos obrigatórios para opções longas também o são para opções curtas.

-b, --before	Coloca o separador antes de cada linha, em vez de colocar depois.
-r, --regex	Interpreta o separador como uma expressão regular.
-s, --separator=TEXTO	Usa TEXTO como separador, em vez do caractere de "nova-linha".
--help	Mostra esta ajuda e finaliza.
--version	Informa a versão e finaliza.

Exemplo:

```
root@aluno# tac /etc/hosts
```

more

More é um filtro de paginação de tela. Esta versão é especialmente antiga. Os usuários devem utilizar o less, que é mais produtivo.

Sintaxe: more [- **dlfpcsu**] [- **num**] [+ padrão /] [+ linhanúmero] *[arquivo ...]*

Mostra conteúdo de arquivo texto
Parâmetros mais utilizados:

-P	Não rola a tela; em vez disto, limpa.
-U	Suprime o sublinhado.

Exemplo:

```
root@aluno#  find /  | more
```

less

Sintaxe: less -?
less --help
less -V
less --version
less [-[+]aBcCdeEfFgGiIJKLmMnNqQrRsSuUVwWX~]
[-b espaço] [-h linhas] [-j linha] [-k chave]
[-{oO} arquivo log] [-p caminho] [-P prompt] [-t tag]
[-T arquivo tag] [-x tab,...] [-y linhas] [-[z] linhas]
[-# deslocamento] [+[+]comando] [--] [arquivo]...

Mostra o conteúdo de arquivo texto, mas permite que sejam feitas pesquisas e

14 ▸ Administração de Servidores Linux

movimentação com uso das teclas *page up* e *page down*.
Parâmetros mais utilizados:

/	Pesquisa
Pg Up	Tela anterior
Pg Dn	Próxima tela

Exemplo:
```
root@aluno#  find / | less
```

grep, fgrep , egrep
Sintaxe: grep [parâmetro]... PADRÃO [arquivo]...

Busca por PADRÃO em cada arquivo ou entrada padrão.
PADRÃO é, por convenção, uma expressão regular básica (BRE).

Exemplo:
```
root@aluno#  grep -i "olá, mundo" menu.h main.c
```

Seleção e interpretação de expressão regular:

-E, --extended-regexp	PADRÃO é uma expressão regular estendida.
-F, --fixed-strings	PADRÃO são textos separados por nova linha.
-G, --basic-regexp	PADRÃO é uma expressão regular básica.
-P, --perl-regexp	PADRÃO é uma expressão regular de sintaxe Perl.
-e, --regexp=PADRÃO	Usa PADRÃO como uma expressão regular.
-f, --file=arquivo	Obtém PADRÃO do arquivo.
-i, --ignore-case	Ignora diferenças entre maiúsculas/minúsculas.
-w, --word-regexp	Força PADRÃO a coincidir só com palavras inteiras.
-x, --line-regexp	Força PADRÃO a coincidir só com linhas inteiras.
-z, --null-data	Uma linha de dados termina com byte 0, e não com caractere de nova linha.

Diversos:

Comandos Básicos ◀ 15

-s, --no-messages	Supre as mensagens de erro.
-v, --invert-match	Seleciona as linhas que não correspondem.
-V, --version	Imprime a versão e sai.
--help	Exibe essa tela de ajuda e sai.
--mmap	Ignora compatibilidade com versões anteriores.

Controle de saída:

-m, --max-count=NUM	Para após um NUM de combinações.
-b, --byte-offset	Imprime o byte offset com as linhas de saída.
-n, --line-number	Imprime número de linhas com as linhas de saída.
--line-buffered	Libera a saída em cada linha.
-H, --with-filename	Imprime o nome do arquivo a cada combinação.
-h, --no-filename	Supre o nome do arquivo como prefixo na saída.
--label=LABEL	Imprime LABEL como o nome do arquivo da entrada padrão.
-o, --only-matching	Mostra apenas a parte da linha correspondente ao PADRÃO.
-q, --quiet, --silêncio	Suprime todas as saídas normais.
--binary-files=TYPE	Assume que os arquivos binários são do TIPO é `binário`, `texto`, ou `sem-correspondente`.
-a, --text	Equivalente à --binary-files=text.
-I	Equivalente à --binary-files=without-match.
-d, --diretórios= AÇÃO	Como lidar com os diretórios; AÇÃO é `ler`, `recusar`, ou `saltar`.
-D, --devices= AÇÃO	Como lidar com os diretórios, FIFOS e soquetes; AÇÃO é `ler` ou `saltar`.
-R, -r,--recursive	Equivalente a --diretórios=recurse.
--include=arquivo_PADRÃO	Procura apenas os arquivos que correspondam a arquivo_PADRÃO.
--exclude=arquivo_PADRÃO	Salta os arquivos e diretórios que correspondam a arquivo_PADRÃO.

16 ▸ Administração de Servidores Linux

--exclude-from=arquivo	Salta os arquivos que correspondam a qualquer arquivo padrão do arquivo.
--exclude-dir=PADRÃO	Diretórios que correspondam a PADRÃO serão saltados.
-L, --files-without-match	Exibe apenas os nomes dos arquivos contendo nenhum correspondente.
-l, --files-with-matche	Exibe apenas os nomes dos arquivos contendo correspondentes.
-c, --count	Exibe apenas uma contagem de linhas correspondentes por arquivo.
-T, --initial-tab	Faz a aba subir (se necessário).
-Z, --null	Exibe 0 bytes depois do nome do arquivo.

Controle do contexto:

-B, --before-context=NUM	Exibe NUM linhas do contexto principal.
-A, --after-context=NUM	Exibe NUM linhas do contexto à direita.
-C, --context=NUM	Exibe NUM linhas do contexto de saída.
-NUM	O mesmo que --context=NUM.
--color[=WHEN],	
--colour[=WHEN]	Use marcadores para destacar as cadeias que coincidem; WHEN é `always`, `never`, ou `auto`.
-U, --binary	Não separar caracteres CR do EOL (MSDOS).
-u, --unix-byte-offsets	Reportar deslocamento se os CRs não existirem (MSDOS).

"egrep" significa "grep -E".
"fgrep" significa "grep -F".

Invocação direta tanto por "egrep" como por "fgrep" está obsoleta.
Se não informado o arquivo, ou se arquivo é "-", lê da entrada padrão. Se menos que dois arquivos forem especificados, assume "-h". O estado de saída terá o valor "0" se o PADRÃO for encontrado; quando não encontrado, terá o valor "1"; se ocorrer algum erro ou "-q" não for especificado, o estado de saída será 2.

Exemplo:

```
root@aluno# egrep kernel /var/log/syslog
```

Comandos Básicos ◀ 17

find

Sintaxe: find [-H] [-L] [-P] [-Onível] [-D] help|tree|search|stat|rates|opt|exec] [caminho] [expressão]

O caminho padrão é o diretório atual.
A expressão padrão é *–print*. Expressões podem consistir de:
Operadores, opções, testes e ações:
Operadores (precedência decrescente; *-and* é implícito quando nenhum outro é especificado):
(EXPR) ! EXPR -not EXPR EXPR1 -a EXPR2 EXPR1 -and EXPR2
EXPR1 -o EXPR2 EXPR1 -or EXPR2 EXPR1, EXPR2

Opções posicionáveis (sempre verdade): -daystart - follow -regextype

Opções normais (sempre verdade, especificado antes de outras expressões):
-depth --help -maxdepth LEVELS -mindepth LEVELS -mount -noleaf
--version -xdev -ignore_readdir_race -noignore_readdir_race

testa (N pode ser +N ou -N ou N): -admin N -anewer arquivo -atime N -cmin N
-cnewer arquivo -ctime N -empty -false -fstype TIPO -gid N -group NOME
-ilname PADRÃO -iname PADRÃO -inum N -iwholename PADRÃO -iregex
PADRÃO
    -links N -lname PADRÃO -mmin N -mtime N -name PADRÃO -newer
arquivo
    -nouser -nogroup -path PADRÃO -perm [+-]MODO -regex PADRÃO
    -readable -writable -executable
    -wholename PADRÃO -size N[bcwkMG] -true -type [bcdpflsD] -uid N
    -used N -user NOME -xtype [bcdpfls]

ações:
    -delete -print0 -printf FORMATO -fprintf arquivo FORMATO -print
    -fprint0 arquivo -fprint arquivo -ls -fls arquivo -prune -quit
    -exec COMANDO ; -exec COMANDO {} + -ok COMANDO ;
    -execdir COMANDO ; -execdir COMANDO {} + -okdir COMANDO ;

Exemplo:

```
root@aluno#  find / –iname teste
```

18 ▶ Administração de Servidores Linux

Procura a partir do rais por um arquivo chamado teste não se importando se alguma letra seja maiúscula.

locate
Sintaxe: locate [parâmetro]... [PADRÃO]...

Busca por entradas na base de dados do mlocate.
Parâmetros mais utilizados:

-b, --basename	Corresponde somente ao nome base no caminho.
-c, --count	Somente mostra o número de correspondências localizadas.
-d, --database DBPATH	Usar DBPATH em vez da base de dados padrão (que é /var/lib/mlocate/mlocate.db).
-e, --existing	Mostrar somente as entradas de arquivos existentes.
-L, --follow	Seguir ligação simbólica quando verificar a existência arquivos (padrão).
-h, --help	Mostra essa ajuda.
-i, --ignore-case	Ignora maiúsculas e minúsculas na pesquisa.
-l, --limit, -n LIMIT	Limita a saída (ou contagem) ao número indicado.
-m, --mmap	Ignorado, para compatibilidade regressiva.
-P, --nofollow, -H	Não seguir ligações simbólicas quando verificar a existência de arquivos.
-0, --null	Separar as entradas com NUL na saída.
-S, --statistics	Não pesquisar pelas entradas, mostrar as estatísticas sobre as base de dados utilizada.
-q, --quiet	Reportar mensagens de erro sobre leitura nas base de dados.
-r, --regexp REGEXP	Pesquisar por regex básica em vez de padrões.
--regex	Padrões são regexps estendidas.
-s, --stdio	Ignorado, para compatibilidade regressiva.
-V, --version	Mostra informações da versão.
-w, --wholename	Procura por todo o caminho do nome (padrão).

Exemplo:

```
root@aluno#  locate *.conf
```

dmesg

dmesg é usado para examinar ou controlar o buffer do kernel.

O programa ajuda os usuários a imprimir as suas mensagens de inicialização. Em vez de copiar as mensagens à mão, o usuário precisa apenas digitar:

dmesg > boot.messages

Dentro do arquivo boot.messages estará um texto que é a saída do comando dmesg para que você possa depurar.

Sintaxe: **dmesg [-c] [-n nivel] [-s tamanho buffer]**

Parâmetros mais utilizados:

-C	Limpar o conteúdo de buffer de anel após a impressão.
-Sbufsize	Usar um buffer de tamanho bufsize para consultar o buffer do kernel. Este tem por padrão o tamanho de 16392. Se você definiu o buffer de kernel para que seja maior que o padrão em seguida, esta opção pode ser utilizada para visualizar todo o buffer.
-Nlevel	Define o nível em que o registro das mensagens é feito para a console. Por exemplo: "n-1" impede que todas as mensagens, de pânico, apareçam no terminal do console. Todos os níveis de mensagens ainda são escritos para /proc/kmsg, assim syslogd (8) ainda podem ser usados para controlar exatamente onde aparecem mensagens do kernel. Quando a opção n for usada, dmesg não irá imprimir ou limpar o buffer do kernel.

Quando as duas opções são utilizadas, apenas a última opção no comando terá um efeito.

Trabalhando a tela

Descreverei agora alguns comandos utilizados para manipular a configuração de tela, bem como a exibição de mensagens.

20 ▶ **Administração de Servidores Linux**

echo
Sintaxe: echo [parâmetro]... [TEXTO]...

Mostra linhas de texto na tela. Se a chave "–e" for utilizada, as sequências a seguir serão reconhecidas:

\\	Backslash.
\a	alert (BEL).
\b	Backspace.
\c	o cursor não pula para próxima linha.
\e	Escape.
\f	form feed.
\n	new line.
\r	carriage return.
\t	horizontal tab.
\v	vertical tab.
\0NNN	byte com valor octal NNN (1 to 3 dígitos).
\xHH	byte com valor hexadecimal HH (1 to 2 dígitos).

Exemplo:

```
root@aluno#  echo "teste"
```

reset
Sintaxe: reset [parâmetro]... [TEXTO]...
Volta a configuração da tela para os padrões definidos na configuração.

Exemplo:

```
root@aluno#  reset
root@aluno#  reset -q
```

clear
Sintaxe: clear

Limpa a tela

Exemplo:

```
root@aluno# clear
```

time
Sintaxe: time

Roda um programa e sumariza o consumo dos recursos dos sistema.

Comandos Básicos ◀ 21

Exemplo:
```
root@aluno# time find /usr
```

sleep
Sintaxe: sleep NÚMERO [parâmetro]

Suspende por um determinado tempo a execução.

Parâmetros:
s - segundos
m – minutos
d – dias

Exemplo:
```
root@aluno# sleep 5
```

usleep
Sintaxe: usleep
Suspende a execução, mas trabalha com mircossegundos.

Exemplo:
```
root@aluno# sleep 20000
```

Manipulando saídas com filtros

Neste tópico veremos como tratar através de filtros (comandos) as saídas que podem ser redirecionadas para arquivos ou mantidas nas saídas padrão.

head
Sintaxe: head [OPÇÃO]... [arquivo]...

Emite as primeiras 10 linhas de cada arquivo para saída padrão.
Se especificados vários arquivo(s), o nome de cada arquivo precede as linhas.
Se o arquivo não for especificado ou for -, lê a entrada padrão.
Argumentos obrigatórios para opções longas também o são para opções curtas.

Parâmetros mais utilizados:

22 ▸ Administração de Servidores Linux

-c, --bytes=[-]K	Imprime os primeiros K bytes de cada arquivo; Iniciando com `-`, imprime os últimos K bytes de cada arquivo.
-n, --lines=[-]K	Imprime as primeiras K linhas em vez das primeiras 10; Iniciando com `-`, imprime os últimos K linhas de cada arquivo.
-q, --quiet, --silent	Nunca emitir cabeçalhos com os nomes dos arquivos.
-v, --verbose	Sempre emitir cabeçalhos com nomes dos arquivos.
--help	Mostra esta ajuda e finaliza.
--version	Informa a versão e finaliza.

K pode ter um sufixo multiplicador:
b 512, kB 1000, K 1024, MB 1000*1000, M 1024*1024,
GB 1000*1000*1000, G 1024*1024*1024, e assim também para T, P, E, Z, Y.

Exemplo:
```
root@aluno#  head -n5 /var/log/syslog
```

tail
Sintaxe: tail [OPÇÃO]... [arquivo]...

Mostra as 10 últimas linhas de cada arquivo na saída padrão.
Se especificados vários arquivos, mostra o nome de cada um antes de suas respectivas linhas.
Se o arquivo não for especificado ou for "-", lê a entrada padrão.
Argumentos obrigatórios para opções longas também o são para opções curtas.
Parâmentros mais utilizados:

-c, --bytes=K	Retorna os últimos K bytes; alternativamente, use -c +K para retornar bytes iniciados com o Ko. de cada arquivo.
-f, --follow[={name|descriptor}]	Emite os dados anexados ao arquivo à medida que ele cresce; -f, --follow e --follow=descriptor são opções equivalentes.
-F	O mesmo que --follow=name –retry.
-n, --lines=K	Retorna as últimas K linhas, em vez de as últimas 10; ou use -n +K para retornar linhas iniciadas com o Ko.

Comandos Básicos ◀ 23

--max-unchanged-stats=N	Com --follow=name, reabre um arquivo que não o tamanho após N (padrão 5) repetições para ver se foi desligado ou renomeado (este é um caso usual de arquivos de logs rotacionados).
--pid=PID	Com -f finaliza, depois do ID de processo.
-q, --quiet, --silent	Nunca exibe os cabeçalhos informando os nomes de arquivos.
--retry	Continua tentando abrir um arquivo mesmo quando ele este se tornar inacessível; útil ao acompanhar por nome, por exemplo., with --follow=name
-s, --sleep-interval=N	Com -f, suspende por aproximadamente N segundos - (padrão 1.0) entre repetições.
-v, --verbose	Sempre retorna cabeçalhos dando nomes de arquivo.
--help	Mostra esta ajuda e finaliza.
--version	Informa a versão e finaliza.

Se o primeiro caractere de K (o número de bytes ou linhas) for um `+', começa imprimindo com o K0. item a partir do início de cada arquivo, caso contrário, imprime os últimos K itens no arquivo.

K pode ter um sufixo multiplicador:

b 512, kB 1000, K 1024, MB 1000*1000, M 1024*1024,

GB 1000*1000*1000, G 1024*1024*1024, e assim por diante para T, P, E, Z, Y.

Com --follow (-f), o tail padroniza para seguir o descritor de arquivo, o qual diz que mesmo que um arquivo do tail seja renomeado o tail continuará a controlar seu fim. Este comportamento padrão não é desejável quando você realmente quer controlar o nome atual do arquivo, não o descritor de arquivo (ex.: rotação de log). Use --follow=name nesse caso. O que faz com que o tail controle o arquivo nomeado de modo que ele acomode renomeação, remoção e criação.

Exemplo:

```
root@aluno#  tail -f /var/log/syslog
```

wc

Sintaxe: wc [parâmetro]... [arquivo]...

Ou

wc [parâmetro]... --files0-from=A

Imprime nova linha, palavra, e contadores de bytes para cada arquivo, e uma

24 ▶ Administração de Servidores Linux

linha total se mais de um arquivo for especificado. Sem arquivo, ou quando arquivo for -, ler a entrada padrão. Uma palavra é uma sequência de caracteres tamanho-não-zero delimitada pelo espaço em branco.

Parâmetros mais utilizados:

-c, --bytes	Imprime os contadores de bytes.
-m, --chars	Imprime os contadores de caracteres.
-l, --lines	Imprime os contadores de nova linha.
--files0-from=F	Lê entradas dos arquivos especificados por nomes com terminação NUL no arquivo F; Se F for -, então lerá nomes da entrada padrão.
-L, --max-line-length	Exibe o comprimento da linha mais longa.
-w, --words	Exibe a contagem de palavras.
--help	Mostra esta ajuda e finaliza.
--version	Informa a versão e finaliza.

Exemplo:

```
root@aluno#    cat /etc/hosts | wc -l
root@aluno#    cat /etc/hosts | wc -w
```

nl

Sintaxe: nl [parâmetro]... [arquivo]...

Escreve cada arquivo para a saída padrão junto com os números das linhas. Se o arquivo não é fornecido ou se for "-", lê a entrada padrão.

Argumentos obrigatórios para opções longas também o são para opções curtas.

Parâmetros mais utilizados:

-b, --body-numbering=ESTILO	Usa ESTILO para numeração das linhas do corpo do arquivo.
-d, --section-delimiter=CC	Usa CC para separação de páginas lógicas.
-f, --footer-numbering=ESTILO	Usa ESTILO para numeração das linhas de rodapé.
-h, --header-numbering=ESTILO	Usa ESTILO para linhas de cabeçalho numeradas.

Comandos Básicos ◀ 25

-i, --line-increment=NÚMERO	Incrementa número de linha em cada linha.
-l, --join-blank-lines=NÚMERO	Grupo de NÚMERO linhas vazias contadas como uma.
-n, --number-format=FORMATO	Insere números de linha de acordo com o FORMATO.
-p, --no-renumber	Não do not reinicia nas páginas lógicas.
-s, --number-separator=STRING	Adiciona STRING após (se possível) do número de linha.
-v, --starting-line-number=NÚMERO	Primeiro número de linha em cada página lógica.
-w, --number-width=NÚMERO	Usa NÚMERO colunas para os números de linha.
--help	Mostra esta ajuda e finaliza.
--version	Informa a versão e finaliza.

Por padrão, seleciona -v1 -i1 -l1 -sTAB -w6 -nrn -hn -bt -fn.
CC são dois caracteres delimitadores para separar as páginas lógicas;
a ausência de um segundo caractere implica :. Digite \\ para \.
ESTILO é um dos itens:

a	Numera todas as linhas.
t	Numera apenas as linhas não vazias.
n	Não numera linha alguma.
pBRE	Numera apenas as linhas que coincidam com a expressão regular básica, BRE.

FORMATO é um dos itens a seguir:

ln	Justificação à esquerda, sem zeros iniciais.
rn	Justificação à direita, sem zeros iniciais.
rz	Justificação à direita, com zeros iniciais.

Exemplo:

```
root@aluno#    nl /var/log/syslog
```

join
Sintaxe: join [OPÇÃO]... ARQUIVO1 ARQUIVO2

Para cada par de linhas de entrada com campos de junção idênticos, escreve uma linha para a saída padrão. O campo padrão de junção é o primeiro, delimitado

26 ▶ Administração de Servidores Linux

por um espaço branco. Quando arquivo1 ou arquivo2 (não ambos) for -, lê a entrada padrão.

Parâmetros mais usados:

-a ARQUIVO-NUM	Emite linhas sem pares iguais vindo do arquivo ARQUIVONUM, onde ARQUIVONUM é 1 ou 2 (correspondendo a ARQUIVO1 ou ARQUIVO2).
-e VAZIO	Substitui os campos de entrada ausentes com VAZIO.
-i, --ignore-case	Ignora maiúsculas/minúsculas ao comparar campos.
-j CAMPO	Equivalente a "-1 CAMPO -2 CAMPO".
-o FORMATO	Obedece ao FORMATO enquanto constrói a linha de saída.
-t CARACTERE	Usa CARACTERE como separador de campo de entrada e saída.
-v NUMARQUIVO	Similar a -a NUMARQUIVO, mas suprime as linhas de saída adjuntas.
-1 CAMPO	Adjunta neste CAMPO do arquivo 1.
-2 CAMPO	Adjunta neste CAMPO do arquivo 2.
--check-order	Verifica se a entrada está corretamente ordenada, mesmo se todas as linhas de saída estiverem pareáveis.
--nocheck-order	Não verifica se a saída está corretamente ordenada.
--header	Trata a primeira linha de cada arquivo como um campo cabeçalhos, as imprime sem tentar uni-las.
--help	Mostra esta ajuda e finaliza.
--version	Informa a versão e finaliza.

A não ser que -t CARACTERE for dado, iniciados em branco separam campos e são ignorados, caso contrário, os campos são separados por CARACTERE. Qualquer CAMPO é um campo contado numericamente de 1. FORMATO é uma ou mais especificações separadas por vírgulas ou espaços, cada uma sendo `NUMARQUIVO.CAMPO' ou `0'. O FORMATO padrão produz o campo de junção, os campos restantes do ARQUIVO1, os campos restantes do ARQUIVO2, todos separados por CARACTERE.

Importante: ARQUIVO1 e ARQUIVO2 devem ser ordenados nos campos de junção.

Comandos Básicos ◀ 27

Exemplo:
```
root@aluno#    join -t 1 /lixo
```

Use ` sort -k 1b,1 ` se `join' não tem opções,
Ou use ` join -t " ` se `sort' não tem opções.

Note, as comparações respeitam as regras especificadas por `LC_COLLATE'.
Se a entrada não estiver ordenada e algumas linhas não puderem ser unidas, uma
mensagem de aviso será dada.

sort
Sintaxe: sort [parâmetro]... [arquivo]... ou
   sort [parâmetro]... --files0-from=A

Escreve de forma ordenada a concatenação do(s) arquivo(s) na saída padrão.
Argumentos obrigatórios para opções longas também o são para opções curtas.
Opções de ordenação:

-b, --ignore-leading-blanks	Ignora espaços-brancos iniciais.
-d, --dictionary-order	Considera apenas espaços-brancos e caracteres alfanuméricos.
-f, --ignore-case	Ignora diferença entre maiúsculas e minúsculas.
-g, --general-numeric-sort	Compara de acordo com o valor numérico geral.
-i, --ignore-nonprinting	Considera somente caracteres que podem ser impressos.
-M, --month-sort	Compara (desconhecido) < `JAN' < ... < `DEZ'.
-h, --human-numeric-sort	Compara números humanamente legíveis (ex: 2K 1G).
-n, --numeric-sort	Comparar de acordo com a sequência de valor numérico.
-R, --random-sort	Classificar pelo hash aleatório das chaves.
--random-source=arquivo	Pegar bytes aleatórios do arquivo.

28 ▶ Administração de Servidores Linux

-r, --reverse	Inverter o resultado das comparações.
--sort=PALAVRA	Ordenar de acordo com PALAVRA: general-numeric.-g, human-numeric -h, mês -M, numérico -n, aleatório -R, versão –V.
-V, --version-sort	Ordenação natural dos números (de versão) dentro do texto.

Exemplo:
```
root@aluno#    sort /etc/passwd
```

tee
Sintaxe: tee [parâmetro]... [arquivo]...
Copia a entrada padrão para cada arquivo, e também para a saída padrão.

-a, --append	Anexa ao(s) arquivo(s) fornecido(s) em vez de sobrescrever.
-i, --ignore-interrupts	Ignora os sinais de interrupção.
--help	Mostra esta ajuda e finaliza.
--version	Informa a versão e finaliza.

Se o arquivo for "-", copia novamente para a saída padrão.

Exemplo:
```
root@aluno#    ls -la /usr | tee lista
```

diff
Sintaxe: diff [parâmetro]... arquivos

Comparar os arquivos linha por linha

-i --ignore-case	Não fazer distinção entre letras maiúsculas e minúsculas no conteúdo do arquivo.
--ignore-file-name-case	Não fazer distinção entre letras maiúsculas e minúsculas nos nomes dos arquivos.

Comandos Básicos ◀ 29

--no-ignore-file-name-case	Fazer distinção entre letras maiúsculas e minúsculas nos nomes dos arquivos.
-E --ignore-tab-expansion	Ignorar as diferenças causadas pela expansão da tabulação.
-b --ignore-space-change	Ignorar a diferença na quantidade de espaços em branco.
-w --ignore-all-space	Ignorar todos os espaços em branco.
-B --ignore-blank-lines	Ignorar diferenças nas linhas somente com brancos.
-I EXPREG --ignore-matching-lines=EXPREG	Ignorar as diferenças nas linhas que correspondem à Expressão Regular.
--strip-trailing-cr	Remover o carácter final de retorno de carro (CR) da entrada.
-a --text	Considerar todos os arquivos como sendo de texto.
-c -C N --context[=N]	Exibir o contexto regular das diferenças usando N linhas de contexto (N=3 por padrão).
-u -U N --unified[=N]	Exibir o contexto unificado das diferenças usando N linhas de contexto (N=3 por padrão).
--label RÓTULO	Usar RÓTULO em vez do nome do arquivo.
-p --show-c-function	Mostrar em qual função C (ed) está cada diferença.
-F EXPREG --show-function-line=EXPREG	Exibir a linha mais recente que corresponde à Expressão Regular.
-q --brief	Indicar apenas se os arquivos são diferentes.
-e --ed	Criar um script para o editor ed.
--normal	Criar o diff no formato normal.
-n --rcs	Criar o diff no formato RCS.
-y --side-by-side	Exibir em duas colunas.
-W N --width=N	Exibir no máximo N colunas. (N=130 por padrão)
--left-column	Exibir apenas a coluna da esquerda nas linhas idênticas.
--suppress-common-lines	Não exibir as linhas idênticas.
-D NOME --ifdef=NOME	Exibir o arquivo mesclado incluindo `#ifndef NOME original #else modificado' nas diferenças.
--GTYPE-group-format=	GFMT Formata grupos de entrada GTYPE com GFMT.
--line-format=LFMT	Formata todas as linhas de entrada com LFMT.

30 ▸ Administração de Servidores Linux

--LTYPE-line-format=LFMT	Formata todas as linhas de entrada LTYPE com LFMT. LTYPE pode ser `old`, `new`, ou `unchanged`. GTYPE pode ser um dos valores de LTYPE ou `changed`.
	
	GFMT pode conter:
	%< linhas do ARQUIVO1
	%> linhas do ARQUIVO2
	%= linhas idênticas em ARQUIVO1 e ARQUIVO2
	%[-][LARGURA][.[PREC]]{doxX}LETRA especificação para LETRA
	  Utilizando a mesma notação do comando printf().
	  Os códigos permitidos para LETRA são
	  em maiúsculas para grupos novos,
	  em minúsculas para grupos antigos:
	  F número da primeira linha
	  L número da última linha
	  N número de linhas = L-F+1
	  E F-1
	  M L+1
	LFMT pode conter:
	%L conteúdo da linha
	%l conteúdo da linha, excluindo o caracter final de nova linha
	%[-][LARGURA][.[PREC]]{doxX}n especificação do número da linha da
	  entrada utilizando a mesma notação do comando printf().
	  GFMT ou LFMT pode conter:
	%% %
	%c'C' o caracter C
	%c'\OOO' o caracter com código octal OOO

-l --paginate	Passar a saída através da `pr` para paginar.
-t --expand-tabs	Expandir as tabulações para espaços na saída.
-T --initial-tab	Alinhar as diferenças introduzindo um caracter de tabulação no início.
--tabsize=NUM	Parada de tabulação a cada NUM colunas (padrão=8).
-r --recursive	Comparar recursivamente os subdiretórios encontrados.
-N --new-file	Considerar os arquivos ausentes como vazios.
--unidirectional-new-file	Considerar os primeiros arquivos ausentes como vazios.
-s --report-identical-files	Indicar quando dois arquivos forem idênticos.

Comandos Básicos ◀ 31

-x PADRÃO --exclude=PADRÃO	Não comparar os arquivos cujos nomes correspondem ao PADRÃO.
-X arquivo --exclude-from=arquivo	Excluir os arquivos com nomes que correspondem a qualquer padrão contido em arquivo.
-S arquivo --starting-file=arquivo	Iniciar por arquivo ao comparar dois diretórios.
--from-file=ARQUIVO1	Comparar ARQUIVO1 com todos os operandos. ARQUIVO1 pode ser um diretório.
--to-file=ARQUIVO2	Comparar todos os operandos com ARQUIVO2. ARQUIVO2 pode ser um diretório.
--horizon-lines=N	Manter N linhas de prefixo e sufixo idênticos.
-d --minimal	Se esforçar para encontrar o menor conjunto de diferenças.
--speed-large-files	Assumir arquivos grandes e muitas alterações pequenas espalhadas.
-v --version	Exibir as informações da versão.
--help	Exibir esta ajuda.

Arquivos são `ARQUIVO1 ARQUIVO2' ou
  `DIR1 DIR2' ou
  `DIR arquivo...' ou
  `arquivo... DIR'.
Se --from-file ou --to-file for especificado, não há restrição em arquivos.
Se arquivo for igual a `-', ler da entrada padrão.

Exemplo:

```
root@aluno#    diff /tmp/a /tmp/b
```

Começando e terminando uma sessão de terminal

O Linux possui sistema de proteção que exige a identificação do usuário para que o mesmo possa começar a executar qualquer tarefa.

Comumente chamado de login, a sessão, quando iniciada, pede o nome do usuário e sua senha. Devemos sempre evitar o uso do usuário root, que é o mestre do sistema. Outra observação é sempre utilizar senhas que contenham letras minúsculas, maiúsculas, números e se possível algum caracter especial como o #, pois isso dificulta a ação de atacantes.

32 ▶ **Administração de Servidores Linux**

Na abertura de uma sessão, o sistema operacional executa o login e fica aguardando por um usuário e senha válidos para permitir o início da sessão, já no fechamento de uma sessão o usuário tem algumas opções que são os comandos logout, exit ou Ctrl+d.

Reinicializando ou desligando o equipamento

Existe um mito que diz que não é necessário reinicializar servidores Linux, mas a verdade é que ainda precisamos deste procedimento em algumas situações. Quando isso for necessário, sugiro usar os comando citados a seguir. Este comando somente pode ser executado pelo usuário root.

reboot
O reboot reinicializará o equipamento de forma segura, fechando todos os aplicativos abertos.

halt
O halt desliga a máquina de forma segura, fechando todos os aplicativos abertos no sistema.
Os dois comandos enviam mensagem a todos os usuários logados via ssh, telnet e suas vertentes.

Trabalhando os arquivos

Apesar de nos últimos anos termos melhorado por demais as formas de transporte de arquivos utilizando pendrivers que cada vez têm maior capacidade, unidades de hd externos utilizando USB, e-mail com caixas cada vez maiores e links cada vez mais poderosos, sempre precisaremos dividir, compactar ou fracionar arquivos, pois eles também têm crescido cada dia mais, por este motivo termos aperfeiçoado os sistemas de arquivos nos HD, mas isto é conversa para outro capítulo. Vejamos a seguir alguns comandos muito utilizados para tratamento de arquivos.

tar
Sintaxe: tar [parâmetro...] [arquivo]...
Sintaxe: %s [parâmetro]... [arquivo]...

O tar foi originalmente criado para trabalhar com arquivos em fita streamer e posteriormente adaptado para trabalhar com outras mídias como o HD, que tem estrutura totalmente distinta. A grande vantagem de se trabalhar com o TAR é

Comandos Básicos ◀ 33

o fato de ele transformar arquivos e diretórios em um único arquivos linear que pode ser direcionado para um novo arquivo ou para outra ferramenta. Vejamos algumas opções que ele oferece.

Modo principal de operação:

-A, --catenate, --concatenate	Anexar arquivos tar a um arquivo.
-c, --create	Cria um novo arquivo.
-d, --diff, --compare	Diferenças encontradas entre pacotes e sistema de arquivos.
--delete	Apagar do arquivo (não em fitas magnéticas!).
-r, --append	Arquivo anexado ao fim de um pacote.
-t, --list	Lista o conteúdo de um pacote.
--test-label	Testar o volume de arquivo rotulado e sair.
-u, --update	Somente anexar arquivos mais novos que a cópia no arquivo.
-x, --extract, --get	Extrai arquivos de um pacote.

Modificadores de operação:

--check-device	Verificar o número de dispositivo quando criar arquivos incrementais (padrão).
-g, --listed-incremental=arquivo	Suportar novo formato incremental da cópia de segurança GNU.
-G, --incremental	Suportar cópia de segurança incremental do antigo formato GNU.
--ignore-failed-read	Não sair com 'não-zero' em arquivos ilegíveis.
--level=NÚMERO	Nível de despejo para criar arquivo de lista incremental.
-n, --seek	Arquivo compactado pode ser pesquisado.
--no-check-device	Não verificar o número de dispositivo quando criar arquivos incrementais.
--no-seek	O arquivo não permite pesquisa.

34 ▶ Administração de Servidores Linux

--occurrence[=NÚMERO]	Somente processe a ocorrência do NUMBERth de cada arquivo no arquivo compactado; esta opção é válida somente em conjunto com um dos subcomandos.
--delete, --diff, --extract ou --list	E quando um lista de arquivos é dada, seja linha de comando ou pela opção -T; NUMBER padrão para 1.
--sparse-version=MAJORITÁRIO[MINORITÁRIO]	Ajustar a versão do formato sparse a se utilizar (pressupõe --sparse).
-S, --sparse	Suportar com arquivos escassos eficientemente.

Controle de sobrescrita

-k, --keep-old-files	Não substituir arquivos existentes quando extraindo.
--keep-newer-files	Não substitua arquivos existentes que são mais novos que suas cópias.
--no-overwrite-dir	Mantenha metadados de diretórios existentes.
--overwrite	Sobrescrever arquivos existentes quando extrair.
--overwrite-dir	Substituir o metadado da existência dos diretórios quando extrair (padrão).
--recursive-unlink	Limpar hierarquias antes de extrair diretórios.
--remove-files	Remova os arquivos depois de adicioná-los ao pacote.
-U, --unlink-first	Remover cada arquivo antes de sobrescrevê-lo.
-W, --verify	Tente verificar o arquivo depois de escrevê-lo.

Seleção do dispositivo e alternância:

-f, --file=PACOTE	Usar arquivo de dados ou dispositivo arquivo.
--force-local	O arquivamento do arquivo será no mesmo local se tiver dois pontos.
-F, --info-script=NOME, --new-volume-script=NOME	Execute o script no fim de cada tape (implica -M).
-L, --tape-length=NÚMERO	Mude a fita depois de escrever NÚMERO x 1024 bytes.
-M, --multi-volume	Criar/listar/extrair arquivo multivolume.
--rmt-command=COMANDO	Use o fornecido rmt COMANDO em vez de rmt.

Comandos Básicos ◀ **35**

--rsh-command=COMANDO	Use o COMMANDO remoto em vez do rsh.
--volno-file=arquivo	Use/atualize o número do volume no arquivo.

Bloqueando dispositivo:

-b, --blocking-factor=BLOCOS	BLOCOS x 512 bytes por registro.
-B, --read-full-records	Reloca ao ler (para 4.2BSD pipes).
-i, --ignore-zeros	Ignora blocos zerados no arquivo (significa EOF).
--record-size=NÚMERO	Gravar conforme o NÚMERO bytes, múltiplo de 512.

Opções de formato do arquivo

-H, --format=FORMATO	Criar arquivo de um determinado formato gnu formato GNU tar 1.13.x oldgnu formato GNU como por tar <= 1.12 pax formato POSIX 1003.1-2001 (pax) posix mesmo que pax ustar formato POSIX 1003.1-1988 (ustar) v7 antigo formato tar V7

FORMATO é um dos seguintes:

--old-archive, --portability	Mesmo que --format=v7.
--pax-option=palavra-chave[[:]=valor][, palavra-chave[[:]=valor]].	Controle palavras-chave pax.
--posix	Mesmo que --format=posix.
-V, --label=TEXTO	Criar arquivo compactado com nome de volume TEXT; ao listar/extrair, use TEXT como um modelo mascarado para o nome do volume.

Opções de compreensão:

-a, --auto-compress	Use o sufixo do arquivo determinado para o programa de compressão determinado.
-I, --use-compress-program=PROG	Filtrar através do PROG (deve aceitar -d).
-j, --bzip2	Filtrar o arquivo por bzip2.
-J, --xz	Filtrar o arquivo por xz.

36 ▶ Administração de Servidores Linux

--lzip	Filtrar o arquivo por lzip.
--lzma	Filtrar o arquivo por xz.
--lzop	Filtrar o arquivo por zop.
--no-auto-compress	Não use o sufixo do arquivo para determinar o programa de compressão.
-z, --gzip, --gunzip, --ungzip	Filtrar o arquivo por gzip.
-Z, --compress, --uncompress	Filtrar o arquivo por compress.

Seleção de arquivos locais:

--add-file=arquivo	Adicionar determinado arquivo para arquivar (útil se este nome começa com uma barra).
--backup[=CONTROLE]	Faça a cópia de segurança antes de remover; escolha a versão CONTROLE.
-C, --directory=DIR	Mudar para o diretório DIR.
--exclude=PADRÃO	Exclui arquivos, dados como um PADRÃO.
--exclude-backups	Excluir arquivos de bloqueio e de cópia de segurança.
--exclude-caches	Excluir conteúdo de diretórios contendo CACHEDIR. TAG, exceto para a etiqueta do próprio arquivo.
--exclude-caches-all	Excluir diretórios contendo CACHEDIR.TAG.
--exclude-caches-under	Excluir tudo nos diretórios contendo CACHEDIR. TAG.
--exclude-tag=arquivo	Excluir conteúdo de diretórios contendo FILE, exceto para o próprio FILE.
--exclude-tag-all=arquivo	Excluir diretórios contendo FILE.
--exclude-tag-under=arquivo	Excluir tudo nos diretórios contendo FILE.
--exclude-vcs	Exclui os diretórios do sistema de controle de versão.
-h, --dereference	Acompanha a ligação simbólica; arquivando e esvaziando os pontos deles para os arquivos.
--hard-dereference	Siga ligamentos reais; arquive e descarregue os arquivos aos que se referem.
-K, --starting-file=NOME-DO-MEM-BRO	Inicie no membro NOME-DO-MEMBRO no arquivo.

Comandos Básicos ◀ 37

--newer-mtime=DATA	Compare data e tempo somente quando os dados são mudados.
--no-null	Desabilitar o efeito da opção --null anterior.
--no-recursion	Evitar descendência automática em diretórios.
--no-unquote	Não remover citação de nomes de arquivos lidos com -T.
--null	-T lê nome nulos, desabilita -C.
-N, --newer=DATA-OU-arquivo, --after-date=DATA-OU-arquivo	Somente armazene arquivos mais novos que DATA-OU-arquivo.
--one-file-system	Permanecer no sistema de arquivos local quando criar um arquivo.
-P, --absolute-names	Não remova `/'s iniciais dos nomes dos arquivos.
--recursion	Recursividade dentro dos diretórios (padrão).
--suffix=SEQUENCIA	Fazer uma cópia de segurança antes de remover, substituir o sufixo comum ('~' se não substituído pela variável do ambiente SIMPLES_CÓPIADESEGURANÇA_ SUFFIX).
-T, --files-from=arquivo	Obter nomes para extrair ou criar de arquivo.
--unquote	Remover citação de nomes de arquivos lidos com -T (padrão).
-X, --exclude-from=arquivo	Exclui padrões listados no arquivo.

Nome do arquivo transformado:

--strip-components=NÚMERO	Risca os NÚMEROS dos componentes lidos destes nomes de arquivos na extração.
--transform=EXPRESSÃO, --xform=EXPRESSÃO	Utilize sed replace EXPRESSÃO para transformar nomes de arquivos.

Nome de arquivo opções de parâmetro (afeta ambos os padrões excluídos e incluídos):

--anchored	Verificar o padrão do começo do nome de arquivo.
--ignore-case	Ignorar palavras maiúsculas e minúsculas.
--no-anchored	Após verificar quaisquer padrões de parâmetro `/' (padrão para excluir).
--no-ignore-case	Parâmetro case sensitivo (padrão).
--no-wildcards	Parâmetro do texto verbatim.

38 ▶ Administração de Servidores Linux

--no-wildcards-match-slash	Parâmetro `/` não é coringa.
--wildcards	Use coringas (por padrão exclui).
--wildcards-match-slash	Caracter representador compatível com `/` (padrão para exclusão).

Informativo de saída:

--checkpoint[=NÚMERO]	Mostrar mensagens de progresso a cada gravação de NÚMERO (padrão 10).
--checkpoint-action=AÇÃO	Executar AÇÃO em cada ponto de verificação.
--index-file=arquivo	Envia detalhe da saída para um arquivo.
-l, --check-links	Imprime uma mensagem se todos os links não são descartados.
--no-quote-chars=SEQUENCIA	Desabilitar caracteres citados para a SEQUENCIA.
--quote-chars=SEQUENCIA	Adicionado caracteres citados para A SEQUENCIA.
--quoting-style=ESTILO	Citar o nome do ajuste de estilo; ver abaixo para validar os valores do ESTILO.
-R, --block-number	Mostra número do bloco dentro do arquivo com cada mensagem.
--show-defaults	Mostrar padrões tar.
--show-omitted-dirs	Quando listar ou extraditar, lista todos os diretórios que não combinam com o critério de busca.
--show-transformed-names, --show-stored-names	Mostrar nomes dos arquivos ou arquivos compactados após a transformação.
--totals[=SINAL]	Imprimir o total de bytes após processar o arquivo; com o argumento - imprimir o total de bytes quando isto é entregue no SINAL, permitir estes sinais: SIGHUP, SIGQUIT, SIGINT, SIGUSR1 e o SIGUSR2; os nomes sem prefixo também serão aceitos.
--utc	Imprime data dos arquivos modificados em UTC.
-v, --verbose	Lista detalhadamente os arquivos processados.

Comandos Básicos ◀ 39

| --warning=PALAVRA CHAVE | Controle de alerta. |
| -w, --interactive, --confirmation | Pergunte por confirmação para cada ação. |

Opções de compatibilidade:

| -o | Ao criar, mantenha como --old-archive; ao extrair, mantenha como --no-same-owner. |

Outras opções:

-?, --help	Determinar esta lista de ajuda.
--restrict	Desabilitar o uso de algumas opções que possam prejudicar.
--usage	Determinar o uso de uma mensagem curta.
--version	Imprimir versão do programa.

Exemplo:

```
root@aluno# tar -cf arquivo.tar foo bar # Cria arquivo.tar
através dos arquivos foo e bar.
root@aluno# tar -tvf arquivo.tar    # Lista todos os arquivos em
arquivo.tar.
root@aluno# tar -xf arquivo.tar   # Extrai todos os arquivos de
arquivo.tar
```

cpio
Sintaxe: cpio [parâmetro] [diretório-destino]

GNU `cpio' copia arquivos para e de arquivos
Modo principal de operação:

-i, --extract	Extrai os arquivos (execute o modo copy-in).
-o, --create	Crie o arquivo (execute no modo copy-out).
-p, --pass-through	Execute no modo copy-pass.
-t, --list	Imprime a tabela do conteúdo de entrada.

Modificadores de operação válidos em qualquer modo:

--block-size=TAMANHO--BLOCO	Seta o tamanho dos blocos de E/S para TAMANHO-BLOCO * 512 bytes.
-B	Configurado o tamanho do bloco de E/S para 5120 bytes.

40 ▶ Administração de Servidores Linux

-c	Use o velho portátil (ASCII) formato de arquivo.
-C, --io-size=NÚMERO NÚMERO de bytes	Configure o tamanho do bloco de E/S dando o.
--force-local	Arquivamento de arquivos é local, até mesmo quando o seu nome contém dois pontos.
-f, --nonmatching	Copia somente arquivos que não combinam em qualquer dos padrões fornecidos.
-F, --file=[[USUÁRIO@] MAQUINA:]NOME-DO- arquivo	Utilize esse NOME-DE-arquivo em vez da saída e entrada padrão. Opcional USUÁRIO e HOST especificam usuário e nomes de hosts no caso de um arquivamento remoto.
-H, --format=FORMATO	Use determinado arquivo FORMATO.
-M, --message=STRING	Imprime STRING quando o final do volume ou mídia de backup é alcançado.
-n, --numeric-uid-gid	Na tabela detalhada dos conteúdos listados, mostra o UID e o GID numéricos.
--quiet	Não imprime o número de blocos copiados.
--rsh- -command=COMANDO	Use o COMANDO remoto instanciado para rsh.
-v, --verbose	Listar detalhadamente os arquivos processados.
-V, --dot	Imprime um ".". para cada arquivo processado.
-W, --warning=FLAG	Divisor de controle de advertência. FLAG é um dos 'none', ' truncate', ' all'. Acumula várias opções.

Modificadores de operação válidos somente no modo copy-in

-b, --swap	Alterne ambas as meias palavras das palavras e bytes das meias palavras nos dados. Equivalente ao -sS.
-r, --rename	Renomear arquivos interativamente.
-s, --swap-bytes	Alterne os bytes de cada meia palavra nos arquivos
-S, --swap-halfwords	Alterne as meias palavras de cada palavra (4 bytes) nos arquivos.
--to-stdout	Extrair arquivos para a saída padrão.

Comandos Básicos ◀ 41

-E, --pattern-file=arquivo	Leia os padrões adicionais com nomes de arquivos especificados para extrair ou listar a partir de arquivo.
--only-verify-crc	Ao ler um pacote no formato CRC, será verificado apenas o CRC de cada arquivo no pacote; os arquivos não serão extraídos.

Modificadores de operação validos somente em modo copy-in

-A, --append	Anexar ao fim de um arquivo existente.
-O [[USUÁRIO@]MAQUI-NA:]NOME-DO-arquivo	Nome do pacote para usar em vez da saída padrão. Opcionalmente USER e HOST especificam o usuário e nomes de host, no caso de um pacote remoto.

Modificadores de operação válidos apenas no modo copiar-passar

-l, --link	Crie atalhos em vez de copiar arquivos, quando possível.

Modificadores de operação válidos nos modo copiar-entrada e copiar-saída

--absolute-filenames	Não tire os componentes do sistema de arquivo prefixo dos nomes de arquivo.
--no-absolute-filenames	Cria todos os arquivos relativos ao diretório corrente.

Modificadores de operação válidos nos modo copiar-saída e copiar-passar

-0, --null	A lista do arquivo de nomes termina com um carácter nulo instanciado numa nova linha.
-a, --reset-access-time	Reinicie o acesso de vezes dos arquivos depois de lê-los.
-I [[USUÁRIO@]MAQUI-NA:]NOME-DO-arquivo	Arquive o nome do arquivo para usar em vez da entrada padrão. Opcionais, USUÁRIO e HOST especificam os nomes do usuário e host, no caso de um arquivamento remoto.
-L, --dereference	Remove a referência dos links simbólicos (copie os arquivos que eles apontam em vez de copiar os links).
-R, --owner=[USUÁRIO][:.] [GRUPO]	Defina a propriedade de todos os arquivos criados para os especificados USUÁRIOS e/ou GRUPOS.

42 ▶ Administração de Servidores Linux

Modificadores de operação válidos nos modos copiar-entrada e copiar-passar:

-d, --make-directories	Criar os diretórios principais quando necessário.
-m, --preserve-modification-time	Guarde as modificações prévias do arquivo quando criar os arquivos.
--no-preserve-owner	Não altere a propriedade dos arquivos.
--sparse	Escreve arquivos com largos blocos de zeros como arquivos esparsos.
-u, --unconditional	Substituir todos os arquivos incondicionalmente.
-?, --help	Determinar esta lista de ajuda.
--usage	Determinar o uso de uma mensagem curta.
--version	Imprimir versão do programa.

Exemplo:

```
root@aluno# cpio -itv -I distribuição.tar.gz
```

Lista o conteúdo do arquivo distribuição.tar.gz
Copia os arquivos com o nome em uma lista-de-nomes para um único arquivo
cpio -o < lista-de-nomes [> arquivo]
Extrai arquivos de um arquivo
cpio -i [< arquivo]
Copia os arquivos contidos na lista-de-arquivos para o diretório-de-destino
cpio -p diretório-de-destino < lista-de-arquivos

split
Sintaxe: split [parâmetro]... [ENTRADA [PREFIXO]]

Divide ENTRADA em pedaços de tamanho fixo para PREFIXOaa, PREFIXO-ab, ...; o tamanho padrão é 1000 linhas, e o padrão para PREFIXO é "x". Se ENTRADA não for especificada ou for -, lê a entrada padrão.

Argumentos obrigatórios para opções longas também o são para opções curtas.

-a, --suffix-length=N	Usa sufixos de comprimento N (padrão: 2).
-b, --bytes=BYTES	Escreve BYTES bytes em cada arquivo de saída.
-C, --line--bytes=BYTES	Escreve no máximo BYTES bytes por arquivo de saída.
-d, --numeric-suffixes	Usa sufixos numéricos em vez de alfabéticos.
-l, --lines=NÚMERO	Escreve NÚMERO linhas em cada arquivo de saída.

Comandos Básicos ◄ 43

--verbose	Mostra um diagnóstico logo antes de abrir cada arquivo de saída.
--help	Mostra esta ajuda e finaliza.
--version	Informa a versão e finaliza.

Exemplo:

```
root@aluno# split /var/log/syslog
```

gzip

Sintaxe: gzip [parâmetro]... [arquivos]...

Compactador de arquivos.
Argumentos obrigatórios para opções longas também o são para opções curtas.
Parâmetros mais utilizados:

-c, --stdout	Escreve na saída default, originalmente não sobrepõe.
-d, --decompress	Descompacta.
-f, --force	Força sobreposição.
-l, --list	Lista conteúdo dos arquivos compactados.
-n, --no-name	Não salva ou restaura nome original.
-N, --name	Salva ou restaura nome original.
-q, --quiet	Suprime todas as mensagens de cuidados.
-r, --recursive	Trabalha recursivamente nos diretórios.
-S, --suffix=SUF	Usa sufixo SUF nos arquivos.
-t, --test	Testa a integridade dos arquivos compactados.
-v, --verbose	Modo verboso.
-V, --version	Mostra versão.
-1, --fast	Compressão rápida.
-9, --best	Melhor compressão.

Exemplo:

```
root@aluno#  gzip arquivos.zip /tmp
```

gunzip

Sintaxe: gzip [parâmetro]... [arquivos]...

Descompactador de arquivos.
Parâmetros mais utilizados:

-c, --stdout	Escreve na saída default, originalmente não sobrepõe.
-d, --decompress	Descompacta.
-f, --force	Força sobreposição.
-l, --list	Lista conteúdo dos arquivos compactados.

44 ▸ Administração de Servidores Linux

-n, --no-name	Não salva ou restaura nome original.
-N, --name	Salva ou restaura nome original.
-q, --quiet	Suprime todas as mensagens de cuidados.
-r, --recursive	Trabalha recursivamente nos diretórios.
-S, --suffix=SUF	Usa sufixo SUF nos arquivos.
-t, --test	Testa a integridade dos arquivos compactados.
-v, --verbose	Modo verboso.
-V, --version	Mostra versão.
-1, --fast	Compressão rápida.
-9, --best	Melhor compressão.

Exemplo:

```
root@aluno#   gunzip arquivos.zip /tmp
```

bzip

Sintaxe: bzip2 [parâmetro]... [arquivos]...

Compactador de arquivos
Parâmetros mais utilizados:

-d --decompress	Força descompactação.
-z --compress	Força compactação.
-k --keep	Mantém os arquivos sem deletar.
-f --force	Sobrepõem arquivos existentes na saída.
-t --test	Testa integridade dos arquivos.
-c --stdout	Saída para saída default.
-q --quiet	Suprime mensagens não críticas.
-v --verbose	Mostra todas as mensagens.
-s --small	Usa pouca memória.
-1 .. -9	Set tamanho do block para 100k .. 900k.
--fast	Mesmo que -1.
--best	Mesmo que -9.

Exemplo:

```
root@aluno#   bzip /var/log/syslog
```

bunzip

Sintaxe: bzip2 [parâmetro]... [arquivos]...

Descompactador de arquivos bzip

Comandos Básicos ◀ 45

Parâmetros mais utilizados:

-d --decompress	Força descompactação.
-z --compress	Força compactação.
-k --keep	Mantém os arquivos sem deletar.
-f --force	Sobrepõe arquivos existentes na saída.
-t --test	Testa integridade dos arquivos.
-c --stdout	Saída para saída default.
-q --quiet	Suprime mensagens não críticas.
-v --verbose	Mostra todas as mensagens.
-s --small	Usa pouca memória.
-1 .. -9	Set tamanho do block para 100k .. 900k.
--fast	Mesmo que -1.
--best	Mesmo que -9.

Exemplo:

```
root@aluno#  bunzip /var/log/syslog.bz
```

Zip

Sintaxe: zip [opções] [caminho b] [-t MMDDAAAA] [sufixos-n] [lista zipfile] [lista-xi]

A ação padrão é adicionar ou substituir zipfile entradas da lista, que pode incluir o nome especial - para compactar a entrada padrão.

Se o arquivo zip e lista são omitidos, zip comprime stdin stdout.

Parâmetros mais utilizados:

-F	Refrescar: apenas os arquivos alterados.
-U	Atualização: apenas os arquivos alterados ou novos.
-D	Apagar as entradas no arquivo zip.
-M	Mover-se em arquivo zip (apagar arquivos do sistema operacional).
-R	Recursivo em diretórios.
-J	Lixo (não gravar) os nomes de diretório.
-0	Armazenar apenas.
-L	Converter LF em CR LF (CR-ll LF para LF).
-1	Compressão rápida.
-9	Comprimir melhor.
-Q	Uma operação silenciosa.
-V	Verbose operação / info versão para impressão.
-C	Adicionar comentários de uma linha.
-Z	Adicionar comentário zipfile.
- @	Ler nomes de stdin.
-O	Fazer zipfile tão antiga como a entrada mais recente.
-X	Exclui os seguintes nomes.

46 ▶ **Administração de Servidores Linux**

-I	Incluir apenas os seguintes nomes.
-F	Zipfile correção (FF-se esforçar mais).
-D	Não adicione entradas de diretório.
-A	Adaptação de extração exe.
-J	Prefixo zipfile lixo (unzipsfx).
-T	Teste de integridade zipfile.
-X	Arquivo extra excluir atributos.
-Y	Armazenar links simbólicos como a ligação em vez do arquivo referenciado.
-E	Criptografar.
-N	Não comprimir esses sufixos.

Exemplo:

```
root@aluno#  zip /var/log/syslog
```

Comandos diversos

Neste tópico alguns comandos úteis para o dia a dia dos usuários e administradores de servidores Linux.

date

Sintaxe: `date MesDiaHoraMinuto[AnoSegundos]`

Permite ver/modificar a Data e Hora do Sistema. Você precisa estar como usuário root para modificar a data e hora.

Onde:

MesDiaHoraMinuto[AnoSegundos]

São respectivamente os números do mês, dia, hora e minutos sem espaços. Opcionalmente você pode especificar o Ano (com 2 ou 4 dígitos) e os segundos.

+[FORMATO]

Define como será a saída do comando.

Parâmetros mais utilizados:

%d	Dia do Mês (00-31).
%m	Mês do Ano (00-12).
%y	Ano (dois dígitos).
%Y	Ano (quatro dígitos).
%H	Hora (00-24).
%I	Hora (00-12).

%M	Minuto (00-59).
%j	Dia do ano (1-366).
%p	AM/PM (útil se utilizado com %d).
%r	Formato de 12 horas completo (hh:mm:ss AM/PM).
%T	Formato de 24 horas completo (hh:mm:ss).
%w	Dia da semana (0-6).

Exemplo:
```
root@aluno#  `date +%d/%m/%Y' ## apresenta a data no formato
dia/mês/ano.
```

free
Informa sobre uso de memória e swap.

Sintaxe: `free [_opções_]'

Parâmetros mais utilizados:

-b	Mostra o resultado em bytes.
-k	Mostra o resultado em Kbytes.
-m	Mostra o resultado em Mbytes.
-o	Oculta a linha de buffers.
-t	Mostra uma linha contendo o total.
-s [num]	Mostra a utilização da memória a cada [num] segundo.

time
Sintaxe: time [_comando_]

Mede o tempo gasto na execução um processo.
Onde: _comando_ é o comando/programa que deseja medir o tempo gasto para ser concluído.

Exemplo:
```
root@aluno#  time find /
```

touch
Muda a data e hora que um arquivo foi criado. Também pode ser usado para criar arquivos vazios. Caso o `touch' seja usado com arquivos que não existam, por

48 ▶ **Administração de Servidores Linux**

padrão ele criará estes arquivos.

Sintaxe: `touch [_opções_] [_arquivos_]'

Onde:
arquivos
Arquivos que terão sua data/hora modificados.
opções
-t MMDDhhmm[ANO.segundos]
Usa Mês (MM), Dias (DD), Horas (hh), minutos (mm) e opcionalmente o
ANO e segundos para modificação do(s) arquivos em vez da data e hora atual.

Parâmetros mais utilizados:

-a, --time=	Faz o `touch' mudar somente a data e hora do acesso ao arquivo.
-c, --no-create	Não cria arquivos vazios, caso os _arquivos_ não existam.
-m, --time=mtime	Faz o `touch' mudar somente a data e hora da modificação.
-r [arquivo]	Usa as horas no [arquivo] como referência em vez da hora atual.

Exemplo:

```
root@aluno# * `touch teste'
```
Cria o arquivo `teste' caso ele não exista.
```
root@aluno# * `touch -t 10011230 teste'
```
Altera da data e hora do arquivo para 01/10 e 12:30.

```
root@aluno# * `touch -t 120112301999.30 teste'
```
Altera da data, hora, ano e segundos do arquivo para 01/12/1999 e 12:30:30.

```
root@aluno# * `touch -t 12011200 *'
```
```
 # Altera a data e hora do arquivo para  01/12 e 12:00.
```

uptime
Mostra quanto tempo o sistema está ligado.
Sintaxe: uptime

Exemplo:

```
root@aluno# uptime
```

su

Permite o usuário mudar sua identidade para outro usuário sem fazer o logout. Útil para executar um programa ou comando como root sem ter que abandonar a seção atual.

sintaxe `su [_usuário_] [_-c comando_]'

Onde: _usuário_ é o nome do usuário que deseja usar para acessar o sistema. Se não digitado, é assumido o usuário `root'. Caso seja especificado _-c comando_, executa o comando sob o usuário especificado.

Será pedida a senha do superusuário para autenticação. Digite `exit' quando desejar retornar a identificação de usuário anterior.

Exemplo:
```
root@aluno# su
```

sync

Grava os dados do cache de disco na memória RAM para todos os discos rígidos e flexíveis do sistema. O cache é um mecanismo de aceleração que permite que um arquivo seja armazenado na memória em vez de ser imediatamente gravado no disco. Quando o sistema estiver ocioso, o arquivo é gravado para o disco. O `GNU/Linux' procura utilizar toda memória RAM disponível para o cache de programas acelerando seu desempenho de leitura/gravação.

Sintaxe: sync

O uso do `sync' é útil em disquetes quando gravamos um programa e precisamos que os dados sejam gravados imediatamente para retirar o disquete da unidade. Mas o método recomendado é especificar a opção `sync' durante a montagem da unidade de disquetes.

Exemplo:
```
root@aluno# sync
```

uname

Retorna o nome e versão do kernel atual.

50 ▶ **Administração de Servidores Linux**

Sintaxe:
Exemplo:

```
root@aluno# uname -a
```

wc

Conta o número de palavras, bytes e linhas em um arquivo ou entrada padrão. Se as opções forem omitidas, o `wc` mostra a quantidade de linhas, palavras e bytes.

Sintaxe: wc [parâmetro] [arquivo]

Onde:
arquivo
  Arquivo que será verificado pelo comando `wc`.
opções

-c, --bytes	Mostra os bytes do arquivo.
-w, --words	Mostra a quantidade de palavras do arquivo.
-l, --lines	Mostra a quantidade de linhas do arquivo.

A ordem da listagem dos parâmetros é única, e modificando a posição das opções não modifica a ordem que os parâmetros são listados.

Exemplo:

```
root@aluno# wc /etc/passwd ## apresenta a quantidade de linhas,
palavras e letras (bytes) no arquivo `/etc/passwd'.
root@aluno# wc -w /etc/passwd   ## Mostra a quantidade de palavras.
root@aluno# wc -l /etc/passwd   ## Mostra a quantidade de linhas.
root@aluno# wc -l -w /etc/passwd ## Mostra a quantidade de li-
nhas e palavras no arquivo `/etc/passwd'.
```

finger

Mostra detalhes sobre os usuários de um sistema. Algumas versões do `finger` possuem bugs e podem significar um risco para a segurança do sistema. É recomendado desativar este serviço na máquina local.

Sintaxe: finger [_usuário_] [_usuário@host_]

Onde:

usuário

Nome do usuário que deseja obter detalhe do sistema. Se não for digitado o nome de usuário, o sistema mostra detalhes de todos os usuários conectados no momento.

usuário@host

Nome do usuário e endereço do computador que deseja obter detalhes.

| -l | Mostra os detalhes de todos os usuários conectados no momento. Entre os detalhes, estão incluídos o _nome do interpretador de comandos_ (shell) do usuário, _diretório home_, _nome do usuário_, _endereço_, etc. |
| -p | Não exibe o conteúdo dos arquivos `.plan' e `.project' . Se for usado sem parâmetros, mostra os dados de todos os usuários conectados atualmente ao seu sistema. |

Exemplo:

```
root@aluno# `finger', `finger root'.
```

ftp

Permite a transferência de arquivos do computador remoto/local e vice-versa. O file transfer protocol é o sistema de transmissão de arquivos mais usado na Internet. É requerida a autenticação do usuário para que seja permitida a conexão. Muitos servidores ftp disponibilizam acesso anônimo aos usuários, com acesso restrito.

Uma vez conectado a um servidor `ftp', você pode usar a maioria dos comandos do `GNU/Linux' para operá-lo.

Sintaxe: ftp [_ip/dns_]

A seguir, alguns dos comandos mais usados no FTP:

ls	Lista arquivos do diretório atual.
cd [diretório]	Entra em um diretório.
get [arquivo]	Copia um arquivo do servidor ftp para o computador local.
mget [arquivos]	Semelhante ao get, mas permite o uso de curingas.
send [arquivo]	Envia um arquivo para o diretório atual do servidor FTP.

52 ▶ **Administração de Servidores Linux**

prompt [on/off]	Ativa ou desativa a pergunta para a cópia de arquivo. Se estiver como `off`, assume sim para qualquer pergunta.

Exemplo:

```
root@aluno# ftp ftp.debian.org
```

whoami

Mostra o nome que usou para se conectar ao sistema.

Sintaxe: whoami

Exemplo:

```
root@aluno# whoami
```

dnsdomainname

Mostra o nome do domínio de seu sistema.

Sintaxe:

Exemplo:

```
root@aluno# dnsdomainname
```

hostname

Mostra ou muda o nome de seu computador na rede.

Sintaxe:

Exemplo:

```
root@aluno# hostname
```

talk

Inicia conversa com outro usuário de sistema em uma rede local ou   Internet. Talk é um programa de conversação em tempo real onde uma   pessoa vê o que a outra escreve.

Sintaxe: talk [_usuário_] [_tty_] ou talk [_usuário@host_]

Comandos Básicos ◄ 53

Onde:

usuário

Nome de login do usuário que deseja iniciar a conversação. Este nome pode ser obtido com o comando `who`.

tty

O nome de terminal onde o usuário está conectado, para iniciar   uma conexão local.

usuário@host

Se o usuário que deseja conversar estiver conectado em um   computador remoto, você deve usar o nome do usuário@hosname do   computador.

Após o `talk` ser iniciado, ele verificará se o usuário pode receber   mensagens. Em caso positivo, ele enviará uma mensagem ao usuário   dizendo como responder ao seu pedido de conversa.

`who`.

Exemplo:
```
root@aluno# who
```

Ferramentas de pacotes

Ferramentas de pacotes são comandos criados para facilitar a criação, manutenção, instalação de programas nas atuais distribuições Linux disponíveis, sendo que cada distribuição acabou adotando uma linha de ferramentas. Veremos algumas das mais utilizadas agora.

DPKG

Gerenciador de pacotes de nível médio. Não possui muitos recursos para auxiliar o usuário na resolução, por exemplo, de conflitos de pacotes.

Sintaxe: dpkg -b|--build|-c|--contents|-e|--control|-I|--info|-f|--field| -x|--extract|-X|--vextract|--fsys-tarfile em arquivos (digite dpkg-deb --help).

Parâmetros mais utilizados:

-i|--install	<arquivo .deb> ...	-R|--recursive <diretório> ...
--unpack	<arquivo .deb> ...	-R|--recursive <diretório> ...
-A|--record-avail	<arquivo .deb> ...	-R|--recursive <diretório> ...
--configure	<pacote> ...	-a|--pending
--triggers-only	<pacote> ...	-a|--pending
-r|--remove	<pacote> ...	-a|--pending
-P|--purge	<pacote> ...	-a|--pending

54 ▸ **Administração de Servidores Linux**

--get-selections [<padrão> ...]	Obtém lista de seleções para stdout.
--set-selections	Define seleções de pacotes a partir de stdin.
--clear-selections	Remove seleção de cada pacote não essencial.
--update-avail <arquivo-Packages>	Substitui informação de pacotes disponíveis.
--merge-avail <arquivo-Packages>	Mescla com informação do arquivo.
--clear-avail	Apaga informação de disponibilidade existente.
--forget-old-unavail	Esquece pacotes indisponíveis não instalados.
-s|--status <pacote> ...	Exibe detalhes do estado dos pacotes.
-p|--print-avail <pacote> ...	Exibe detalhes das versões disponíveis.
-L|--listfiles <pacote> ...	Lista arquivos que pertencem ao(s) pacote(s).
-l|--list [<padrão> ...]	Lista pacotes concisamente.
-S|--search <padrão> ...	Encontra pacote(s) proprietários de arquivo(s).
-C|--audit	Checa por pacote(s) quebrado.
--print-architecture	Imprime arquitetura dpkg.
--compare-versions <a> <op> <b>	Compara números de versão - veja abaixo.
--force-help	Mostra ajuda sobre forçar.
-Dh|--debug=help	Mostra ajuda sobre depuração.

Para uso interno: dpkg --assert-support-predepends | --predep-package | --assert--working-epoch | --assert-long-filenames | --assert-multi-conrep.
Opções:

--admindir=<diretório>	Utilizar <diretório> em vez de /var/lib/dpkg.
--root=<diretório>	Instalar num diretório raiz diferente.
--instdir=<diretório>	Mudar o diretório de instalação sem mudar o diretório de administração.
--path-exclude=<padrão>	Não instalar caminhos que coincidam com o padrão da shell.
--path-include=<padrão>	Reincluir o padrão após uma prévia exclusão.
-O|--selected-only	Saltar pacotes não selecionados para instalação/atualização.
-E|--skip-same-version	Saltar pacotes cuja mesma versão está instalada.
-G|--refuse-downgrade	Saltar pacotes com versão anterior à instalada.
-B|--auto-deconfigure	Instalar mesmo que estrague algum outro pacote.
--[no-]-triggers	Saltar ou forçar o consequente processamento de triggers.

Comandos Básicos ◂ 55

--no-debsig	Não tentar verificar a assinatura dos pacotes.
--no-act|--dry-run|--simulate	Dizer apenas o que iria fazer - não o fazer.
-D|--debug=<octal>	Ativar a depuração (ver -Dhelp ou --debug=help).
--status-fd <n>	Enviar atualizações de mudança de estado para o file descriptor <n>.
--log=<nomeArquivo>	Registar mudanças de estado e ações para <nomeArquivo>.
-ignore-depends=<pacote>,..	Ignorar as dependências envolvendo <pacote>.
--force-...	Ultrapassar problemas (ver --force-help).
--no-force-...|--refuse-...	Parar quando forem encontrados problemas.
--abort-after <n>	Abortar após encontrar <n> erros.

Operadores de comparação para --compare-versions são:

lt le eq ne ge gt	(trata versão vazia como anterior a qualquer outra versão);
lt-nl le-nl ge-nl gt-nl	(trata versão vazia como posterior a qualquer outra versão);
< << <= = >= >> >	(somente para compatibilidade com a sintaxe do arquivo de controle).

Use 'dselect' ou 'aptitude' para gerenciamento amigável de pacotes.

Exemplo:

```
root@aluno#  dpkg -i webmin-23.deb
```

dpkg-reconfigure

Sintaxe: dpkg-reconfigure [opções] pacotes

Parâmetros mais utilizados:

-a, --all	Reconfigura todos os pacotes.
-u, --unseen-only	Mostra somente perguntas não vistas.
--default-priority	Usa a prioridade padrão em vez da baixa.

56 ▶ Administração de Servidores Linux

--force	Força a reconfiguração dos pacotes quebrados.
--no-reload	Não recarrega os modelos. (Use com cuidado).
-f --frontend	Especifica o frontend a ser utilizado.
-p --priority	Especifica a prioridade mínima das questões a serem exibidas.
--terse	Habilita modo resumido.

Exemplo:

```
root@aluno# dpkg-reconfigure mysql-server
```

alien

Sintaxe: alien [opção] do arquivo alienígena [...]

[...] Pacote arquivo ou mais arquivos para converter.
-D, - para gerar um pacote-deb deb do Debian (padrão).

Parâmetros mais utilizados:

- Patch = <patch>	Especificar arquivo de correção para usar em vez de automaticamente procurando patch em / var / lib / alienígena.
- Nopatch	Não use patches.
- Use	anypatch mesmo patches do sistema operacional versão antiga.
-S, - single Like -.	Geram, mas não criam orig diretório.
- Fixperms	Permissões de correção e proprietários.
- Test	Teste gerados pacotes com lintian.
-R, - para rpm-	Gerar um pacote Red Hat RPM.
- To-slp	slp gerar um pacote Stampede.
-L, -	Gerar um pacote lsb-LSB.
-T, - to-tgz	Gerar um pacote tgz do Slackware.

Permite as seguintes opções:

- Description = <desc>	Descrição do pacote Especifique.

- Version = <versão>	Versão do pacote Especifique.
-P, - to-pkg	Gerar um pacote pkg do Solaris.
-I, - install	Instale o pacote gerado.
-G, - gerar	Gerar, criar uma árvore, mas não construir o pacote.
-C, - scripts	Scripts incluem no pacote.
-V, - verbose	Mostrar cada comando executado.

```
root@aluno# alien pacote.rpm
```

APT

APT (Ferramenta de Pacotes Avançada) é um sistema de gestão para pacotes de software. Para a gestão de pacotes normal do dia a dia, existem vários frontends disponíveis, como o aptitude para a linha de comandos ou o synaptic(8) para o X Window System. No entanto, algumas das opções estão apenas implementadas no apt-get

apt-get

update

update é usado para ressincronizar os arquivos de índices de pacotes a partir das suas fontes. Os índices dos pacotes disponíveis são obtidos a partir das localizações em "/etc/apt/sources.list"

Por exemplo, quando se usa um arquivo Debian, este comando recolhe e analisa os arquivos Packages.gz para que a informação sobre pacotes novos e atualizados fique disponível. Um update deve ser sempre executado antes de um upgrade ou dist-upgrade. Observe que a medição do processo total estará incorreta, pois o tamanho dos arquivos de pacotes não pode ser conhecido com antecedência.

upgrade

upgrade é usado para instalar as versões mais recentes de todos os pacotes presentemente instalados no sistema a partir das fontes enumeradas em "/etc/apt/sources.list".

Os pacotes presentemente instalados com versões novas são obtidos e instalados; em nenhumas circunstâncias os pacotes presentemente instalados serão removidos, nem pacotes já instalados serão obtidos e instalados. Os pacotes presentemente instalados com novas versões e que não possam ser atualizados sem

58 ▸ Administração de Servidores Linux

alterarem o estado da instalação de outro pacote serão deixados na versão presente. Deve ser executado primeiro um update para que o apt-get saiba que estão disponíveis novas versões de pacotes.

dselect-upgrade
dselect-upgrade é usado em conjunto com o front-end de pacotes Debian tradicional, deselect(1). dselect-upgrade segue as alterações feitas pelo deselect ao campo Status dos pacotes disponíveis, e executa as ações necessárias para realizar esse estado (por exemplo, a remoção de pacotes antigos e a instalação de novos).

dist-upgrade
dist-upgrade adicionalmente executa a função do upgrade, também lida inteligentemente com as alterações de dependências com as novas versões de pacotes; o apt-get tem um sistema de resolução de conflitos 'inteligente', que irá tentar atualizar os pacotes mais importantes a custo dos pacotes menos importantes, caso necessário. Portanto, o comando dist-upgrade pode remover alguns pacotes. O arquivo "/etc/apt/sources.list" contém uma lista de localizações de onde obter os arquivos de pacotes desejados. Veja também apt_preferences para um mecanismo que sobrepõe as definições gerais em pacotes individuais.

install
install é seguido por um ou mais pacotes desejados para instalação ou atualização. Cada pacote é um nome de pacote, não um nome de arquivo completamente qualificado (por exemplo, num sistema Debian GNU/Linux, libc6 seria o argumento fornecido e não libc6_1.9.6-2.deb). Todos os pacotes necessários pelos pacotes especificados para instalação também serão obtidos e instalados. O arquivo "/etc/apt/sources.list" é usado para localizar os pacotes desejados. Se for acrescentado um sinal menos (-) ao nome do pacote (sem nenhum espaço a separar), o pacote identificado será removido se estiver instalado. À semelhança, um sinal mais (+) pode ser usado para designar um pacote a instalar. Estas últimas funcionalidades podem ser usadas para sobrepor decisões feitas pelo sistema de resolução de conflitos do apt-get.

Pode ser selecionada para instalação uma versão específica de um pacote ao continuar o nome do pacote com um igual (=) e a versão do pacote a selecionar. Isto fará com que essa versão seja localizada e selecionada para instalação. Alternativamente, pode ser selecionada uma distribuição específica ao continuar o nome do pacote com uma slash (/) e a versão da distribuição ou o nome de arquivo (stable, testing, unstable).

Comandos Básicos ◀ 59

Ambos os mecanismos de seleção de versão podem regredir pacotes (downgrade) e podem ser usados também para atualizar um ou mais pacotes já instalados sem atualizar todos os pacotes que exixtem no seu sistema. Ao contrário do "upgrade", o qual instala as versões mais recentes de todos os pacotes presentemente instalados, o "install" irá instalar a versão mais recente apenas dos pacotes especificados. Simplesmente forneça o nome do(s) pacote(s) que deseja atualizar, e se estiver disponível uma nova versão ela (e as suas dependências, como descrito antes) será descarregada e instalada.

Finalmente, o mecanismo apt_preferences(5) permite-lhe criar uma política de instalação alternativa para pacotes individuais.

Se nenhum pacote coincidir com a expressão fornecida e a expressão contiver um de '.', '?' ou '*', então é assumido ser uma expressão regular POSIX e é aplicada a todos os nomes de pacotes da base de dados. Quaisquer correspondências são então instaladas (ou removidas). Note que a correspondência é feita por substring, portanto 'lo.*' corresponde a 'how-lo' e 'lowest'. Se isto for indesejável, ancore a expressão regular com o caractere '^' ou '$', para criar uma expressão regular mais específica.

remove
remove é idêntico a install, à exceção de que os pacotes são removidos em vez de instalados. Note que remover um pacote deixa os seus arquivos de configuração no sistema. Se um sinal mais (+) for acrescentado ao nome do pacote (sem nenhum espaço a separar), o pacote identificado será instalado em vez de removido.

purge
purge é idêntico ao remove, com a exceção de que os pacotes são removidos e purgados (quaisquer arquivos de configuração são também apagados).

source
source faz com que o apt-get procure pacotes fonte. O APT examinará os pacotes disponíveis para decidir qual pacote fonte obter. Irá, então, encontrar e descarregar para o diretório atual a versão disponível mais recente desse pacote fonte enquanto respeita o lançamento definido com a opção APT::Default-Release, a opção "-t" ou por pacote com a sintaxe pkg/release, se possível.

Os pacotes fonte são acompanhados em separado dos pacotes binários via linha do tipo deb-src no arquivo sources.list(5). Isso quer dizer que você precisa adicionar

60 ▶ Administração de Servidores Linux

tal linha para cada repositório de onde deseja obter fontes. Se você não fizer isso, provavelmente obterá outra versão de fonte (mais recente, antiga ou nenhuma) que aquela que tem instalada ou que pode instalar.

Se for especificada a opção "—compile", então o pacote será compilado para um binário ".deb" usando dpkg-buildpackage. Se for especificado "--download--only", então o pacote fonte não será desempacotado.

Uma versão fonte específica pode ser obtida após fixar o nome da fonte com um igual (=) e depois a versão a procurar, semelhante ao mecanismo usado para os arquivos de pacotes. Isso ativa a correspondência exata do pacote fonte, nome e versão, ativando implicitamente a opção APT::Get::Only-Source.

Note que os pacotes fonte não são acompanhados como pacotes binários; eles existem apenas no diretório atual e são semelhantes à descarga de tar balls fonte.

build-dep
build-dep faz o apt-get instalar/remover pacotes numa tentativa de satisfazer dependências de compilação para um pacote fonte.

check
check é uma ferramenta de diagnóstico; atualiza a cache de pacotes e verifica por dependências quebradas.

clean
clean limpa o repositório local dos arquivos de pacotes obtidos. Remove tudo, exceto o arquivo lock de /var/cache/apt/archives/ e /var/cache/apt/archives/partial/. Quando o APT é usado com um método dselect(1), clean é executado automaticamente. Aqueles que não usam o dselect provavelmente vão querer executar apt-get clean de tempos a tempos para liberar espaço do disco.

autoclean
Tal como o clean, autoclean limpa o repositório local de arquivos de pacotes obtidos. A diferença é que apenas remove arquivos de pacotes que já não podem ser mais descarregados, e são na maioria dos casos inúteis. Isso permite a manutenção de uma cache durante um longo período sem que ela cresça descontroladamente. A opção de configuração APT::Clean-Installed irá prevenir que pacotes instalados sejam apagados se estiver definida para 'off'.

autoremove

autoremove é usado para remover pacotes que foram instalados automaticamente para satisfazer dependências de algum pacote e que já não são necessários.

OPÇÕES

Todas as opções de linha de comandos podem ser definidas usando o arquivo de configuração. As descrições indicam a opção de configuração a definir. Para opções booleanas, você pode sobrepor o arquivo de configuração usando algo como - f-,--no-f, -f=no ou várias outras variantes.

`--no-install-recommends`

Não considera pacotes recomendados como dependências para instalação. Item de Configuração: APT::Install-Recommends.

`-d, --download-only`

Apenas descarrega; os arquivos pacotes são apenas obtidos, não são desempacotados nem instalados. Item de Configuração: APT::Get::Download-Only.

`-f, --fix-broken`

Corrige; tenta corrigir um sistema com dependências quebradas no lugar. Esta opção, quando usada com install/remove, pode omitir quaisquer pacotes para permitir ao APT deduzir uma solução provável. Se forem especificados pacotes, este tem de corrigir completamente o problema. A opção é por vezes necessária quando se corre o APT pela primeira vez. O próprio APT não permite que existam num sistema dependências de pacotes quebradas. É possível que uma estrutura de dependências de um sistema esteja tão corrompida ao ponto de requerer intervenção manual (o que normalmente significa usar o dselect(1) ou dpkg --remove para eliminar alguns dos pacotes ofensivos). O uso desta opção, juntamente com –m, pode produzir um erro em algumas situações. Item de Configuração: APT::Get::Fix-Broken.

`-m, --ignore-missing, --fix-missing`

Ignora pacotes em falta. Se pacotes não podem ser obtidos ou falham, a verificação de integridade após obtenção (arquivos de pacotes corrompidos) retém esses pacotes e manuseia o resultado. Usar esta opção em conjunto com -f pode produzir erros em algumas situações. Se um pacote for selecionado para instalação (particularmente se for mencionado na linha de comandos) e não puder ser descarregado, então será retido em silêncio. Item de Configuração: APT::Get::Fix--Missing.

62 ▸ Administração de Servidores Linux

`--no-download`

Desativa a descarga de pacotes. Isto é melhor ser usado com --ignore-missing para forçar o APT a usar os .debs que já foram descarregados. Item de Configuração: APT::Get::Download.

`-q, --quiet`

quiet produz saída apropriada para registrar em log, omitindo indicadores de progresso. Mais q's irá resultar em mais silêncio até o máximo de 2. Você também pode usar -q=# para definir o nível de silêncio, sobrepondo o arquivo de configuração. Note que o silêncio nível 2 implica –y. Você nunca deve usar -qq sem um modificador de 'nenhuma ação' tal como -d, --print-uris ou –s, pois o APT pode decidir fazer algo que você não esperava. Item de Configuração: quiet.

`-s, --simulate, --just-print, --dry-run, --recon, --no-act`

Nenhuma ação; executa uma simulação dos eventos que irão ocorrer, mas na realidade não altera o sistema. Item de Configuração: APT::Get::Simulate.

Uma simulação corrida como usuário irá automaticamente desativar o bloqueio (Debug::NoLocking). Também será mostrado um aviso indicando que é apenas uma simulação, se a opção APT::Get::Show-User-Simulation-Note estiver definida (a predefinição é verdadeira). Nem o NoLocking nem o aviso serão ativados se corrido como root (o root deve saber o que está a fazer sem mais avisos do apt-get).

A simulação escreve uma série de linhas, cada uma representando uma operação do dpkg, Configurar (Conf), Remover (Remv), Desempacotar (Inst). Parênteses retos ([]) indicam pacotes quebrados e conjuntos de parênteses retos vazios significam quebras que não têm consequência (raro).

`-y, --yes, --assume-yes`

Responde sim automaticamente aos avisos; assume "yes" como resposta a todos os avisos e corre interativamente. Se uma situação indesejável ocorrer, tal como alterar um pacote retido, tentar instalar um pacote não autenticado ou remover um pacote essencial, então o apt-get irá abortar. Item de Configuração: APT::Get::Assume-Yes.

`-u, --show-upgraded`

Mostra pacotes atualizados; Escreve uma lista de todos os pacotes que estão prestes a ser atualizados. Item de Configuração: APT::Get::Show-Upgraded.

Comandos Básicos ◄ 63

`-V, --verbose-versions`
Mostra as versões completas para pacotes atualizados e instalados. Item de Configuração: APT::Get::Show-Versions.

`-b, --compile, --build`
Compila pacotes fonte após descarregá-los. Item de Configuração: APT::Get::Compile.

`--install-recommends`
Também instala pacotes recomendados.

`--no-install-recommends`
Não instala pacotes recomendados.
`--ignore-hold`
Ignora pacotes retidos. Isto faz com que o apt-get ignore a retenção de um pacote, o que pode ser útil em conjunto com dist-upgrade para sobrepor um grande número de retenções não desejadas. Item de Configuração: APT::Ignore-Hold.

`--no-upgrade`
Não atualiza pacotes. Quando usado em conjunto com install, o no-upgrade irá prevenir que pacotes sejam atualizados na linha de comandos se estes já estiverem instalados. Item de Configuração: APT::Get::Upgrade.

`--force-yes`
Força o sim. Esta é uma opção perigosa que fará com que o apt continue sem avisar quando está a fazer algo potencialmente prejudicial. Não deve ser usado, exceto em situações muito especiais. Usar o force-yes pode destruir potencialmente o seu sistema! Item de Configuração: APT::Get::force-yes.

`--print-uris`
Em vez de buscar os arquivos para instalar, escreve os seus
URIs. Cada URI terá o caminho, o nome de arquivo de destino, o tamanho e o hash md5 esperado. Note que o nome de arquivo a escrever nem sempre irá condizer com o nome do arquivo no site remoto! Isto também funciona com os comandos source e update. Quando usado com o comando update, o MD5 e o tamanho não são incluídos, e cabe ao usuário descomprimir quaisquer arquivos comprimidos. Item de Configuração: APT::Get::Print-URIs.

64 ▸ Administração de Servidores Linux

`--purge`
Usa purgar em vez de remoção para tudo o que seja removido. Um asterisco ("*")
será mostrado junto aos pacotes agendados para serem purgados. Remove --purge
é equivalente ao comando purge. Item de Configuração: APT::Get::Purge.

`--reinstall`
Reinstala pacotes que já estão instalados e na versão mais recente. Item de Configuração: APT::Get::ReInstall.

`--list-cleanup`
A predefinição desta opção é ligada. Use --no-list-cleanup para desligá-la. Quando ligada, o apt-get irá gerir automaticamente os conteúdos de /var/lib/apt/lists
para assegurar que os arquivos obsoletos sejam apagados. A única razão para desligar isto é no caso de você alterar frequentemente a sua lista de fontes. Item de
Configuração: APT::Get::List-Cleanup.

`-t, --target-release, --default-release`
Esta opção controla a entrada predefinida para o sistema de políticas, cria um pin
predefinido na prioridade 990 usando a string de lançamento especificada. Isso
sobrepõe as definições gerais em /etc/apt/preferences. Os pacotes com pin específico não são afetados pelo valor desta opção. Em resumo, esta opção permite-
-lhe ter controle simples sobre qual distribuição os pacotes serão obtidos. Alguns
exemplos comuns podem ser -t '2.1*', -t unstable ou -t sid. Item de Configuração:
APT::Default-Release.

`--trivial-only`
Apenas executa operações 'triviais'. Na lógica, isso pode ser considerado relacionado ao --assume-yes, onde --assume-yes irá responder 'sim' a todos os avisos,
--trivial-only irá responder 'não'. Item de Configuração: APT::Get::Trivial-Only.

`--no-remove`
Se quaisquer pacotes estiverem para ser removidos, o apt-get aborta imediatamente sem aviso. Item de Configuração: APT::Get::Remove.

`--auto-remove`
Se o comando for install ou remove, então esta opção age como se rodasse o comando autoremove, removendo os pacotes de dependências não utilizados. Item
de Configuração: APT::Get::AutomaticRemove.

`--only-source`

Comandos Básicos ◀ 65

Apenas tem significado para os comandos source e build-dep. Indica que os nomes de fontes fornecidos não serão mapeados através da tabela de binários. Isso quer dizer que, se esta opção for especificada, tais comandos apenas aceitarão nomes de pacotes fonte como argumentos, em vez de aceitarem nomes de pacotes binários e procurar o pacote fonte correspondente. Item de Configuração: APT::Get::Only-Source.

`--diff-only, --dsc-only, --tar-only`
Descarrega apenas o arquivo diff, dsc, ou tar de um pacote fonte. Item de Configuração: APT::Get::Diff-Only, APT::Get::Dsc-Only, e APT::Get::Tar-Only.

`--arch-only`
Apenas processa dependências de compilação dependentes da arquitetura. Item de Configuração: APT::Get::Arch-Only.

`--allow-unauthenticated`
Ignora se os pacotes não podem ser autenticados e não avisa sobre isso. É útil para ferramentas como o pbuilder. Item de Configuração: APT::Get::AllowUnauthenticated.

`-h, --help`
Mostra um sumário curto da utilização.

`-v, --version`
Mostra a versão do programa.

`-c, --config-file`
Arquivo de Configuração. Especifica o arquivo de configuração a usar. O programa leár o arquivo de configuração predefinido e depois este arquivo de configuração. Se as definições de configuração precisarem ser definidas antes, os arquivos de configuração predefinidos são analisados especificando um arquivo com a variável de ambiente APT_CONFIG.

`-o, --option`
Define uma opção de Configuração. Isto irá definir uma opção de configuração arbitrária. A sintaxe é -o Foo::Bar=bar. -o e --option podem ser usadas várias vezes para definir opções diferentes.

66 ▶ **Administração de Servidores Linux**

Arquivos

`/etc/apt/sources.list`
Localizações de onde obter pacotes. Item de Configuração: Dir::Etc::SourceList.

`/etc/apt/sources.list.d/`
Arquivos fragmentados para localizações de onde obter pacotes.
Item de Configuração: Dir::Etc::SourceParts.

`/etc/apt/apt.conf`
Arquivo de configuração do APT. Item de Configuração: Dir::Etc::Main.

`/etc/apt/apt.conf.d/`
Arquivos de configuração fragmentados do APT. Item de Configuração:
Dir::Etc::Parts.

`/etc/apt/preferences`
Arquivo de preferências de versão. Isto é onde você deve especificar "pinning",
isto é, uma preferência para obter certos pacotes A partir de uma fonte separada
ou a partir de uma versão diferente de uma distribuição. Item de Configuração:
Dir::Etc::Preferences.

`/etc/apt/preferences.d/`
Arquivos fragmentados para as preferências de versão. Item de Configuração:
Dir::Etc::PreferencesParts.

`/var/cache/apt/archives/`
Área de armazenamento para arquivos de pacotes obtidos. Item de Configuração:
Dir::Cache::Archives.

`/var/cache/apt/archives/partial/`
Área de armazenamento para arquivos de pacotes em curso. Item de Configuração: Dir::Cache::Archives (implicit partial).

`/var/lib/apt/lists/`
Área de armazenamento para informação de estado para cada recurso de pacote
especificado em sources.list Tem de Configuração:
Dir::State::Lists.

```
/var/lib/apt/lists/partial/
```
Área de armazenamento para informação de estado em trânsito. Item de Configuração: Dir::State::Lists (parcial implícito).

Sources.list

Edite o arquivo /etc/apt/sources.list e adicione as linhas abaixo:
vi /etc/apt/sources.list

```
deb http://ftp.br.debian.org/debian/ squeeze main contrib non-free
deb-src http://ftp.br.debian.org/debian/ squeeze main contrib non-free
deb http://ftp.br.debian.org/debian/squeeze-proposed-updates main
contrib non-free
deb-src http://security.debian.org/ squeeze/updates main contrib
non-free
deb-src http://ftp.br.debian.org/debian/ squeeze-proposed-updates
main contrib non-free
deb http://www.debian-multimedia.org stable main non-free
deb http://packages.enlightenment.org/debian squeeze main extras
http://download.virtualbox.org/virtualbox/debian/sun_vbox.asc -O-
| apt-key add -
deb http://download.virtualbox.org/virtualbox/debian squeeze con-
trib
deb http://download.webmin.com/download/repository sarge contrib
```

Em seguida, execute os comandos:
```
root@aluno# apt-get update && apt-get install debian-multimedia-
keyring && apt-get update
root@aluno# wget -q http://packages.enlightenment.org/repo.key -O-
| apt-key add -
root@aluno# wget -q http://download.virtualbox.org/virtualbox/debi-
an/sun_vbox.asc -O- | apt-key add -
root@aluno# wget -q http://www.webmin.com/jcameron-key.asc -O- |
apt-key add -
root@aluno# aptitude update
root@aluno# aptitude upgrade
```

68 ▶ Administração de Servidores Linux

aptitude
Sintaxe: aptitude [-S arquivo] [-u|-i]
aptitude [opções] <ação> ...

Ações (se nenhuma for especificada, o aptitude entrará no modo interativo):

install	- Instala/atualiza pacotes.
remove	- Remove pacotes.
purge	- Remove pacotes e seus arquivos de configuração
forbid-version	- Proíbe o aptitude de atualizar para uma versão específica do pacote.
update	- Download da lista de novos pacotes.
safe-upgrade	- Executa um safe upgrade (atualização segura).
full-upgrade	- Executa a atualização e instala ou remove arquivos se necessário.
build-dep	- Instala pacotes e suas dependências para compilação.
forget-new	- Forget what pacotes are "new".
search	- Pesquisa por pacotes ou expressões.
show	- Mostra informação detalhada sobre o pacote.
clean	- Apaga os pacotes que foram baixados para o cache.
autoclean	- Apaga somente velhos pacotes.
changelog	- Ver o changelog dos pacotes.
download	- somente faz download do pacote
reinstall	- Download e (possivelmente) reinstala um pacote atualmente instalado.
why	- Mostra os pacotes manualmente instalados que requerem um pacote, ou mostra por que um ou mais pacotes precisariam do pacote dado.
why-not	- Mostra os pacotes instalados manualmente que levam a um conflito com o pacote de dados, ou por um ou mais pacotes que conduzir a um conflito com o pacote de dados se instalado.

Opções:

--no-gui	Não utilizar o GUI GTK mesmo que disponível.
-s	Simular ações, mas não executá-las de verdade.
-d	Somente baixa pacotes, não instala ou remove nada.
-f	Tenta agressivamente corrigir pacotes quebrados.
-V	Mostra quais versões de pacotes serão instaladas.
-D	Mostra as dependências dos pacotes modificados automaticamente.
-Z	Mostra a mudança no tamanho instalado de cada pacote.
-S arquivo	Lê a informação de estado estendida do aptitude do arquivo.
-u	Baixa novas lista de pacotes ao iniciar. (terminal interface).
-i	Executa uma ação de instalação ao iniciar. (terminal interface)

Pacotes em formato TAR.GZ ou TGZ

Pacotes neste formato são criados a partir da soma de dois comando: o TAR e o gzip. Normalmente este tipo de arquivo contém programas a serem compilados, ou seja, são códigos fonte que provavelmente possuem uma estrutura muitas vezes grande e para facilitar que os programadores criem estes arquivos através do comando exemplificado a seguir.

```
root@aluno# tar zxvf arquivo_novo.tgz /usr/bin
```
Neste exemplo será criado um arquivo com o nome de arquivo_novo.tgz. Observe que temos que colocar a extensão do arquivo quando o criamos, pois nem o tar, nem o gzip o farão, uma vez que para o Linux isso não tem nenhuma necessidade; é puramente para facilitar ao usuário saber do que se trata o arquivo.
Para descompactar este arquivo, faça:
```
root@aluno# tar zcvf arquivo_novo.tgz
```

Observe que quando for restaurar o arquivo ele fará a partir do diretório que você estiver, pois ele despreza a primeira / (diretório raiz) na hora da geração do arquivo.

Geralmente após a descompactação teremos que proceder com o comando para gerar o script de compilação do programa em questão. Isso se dá com os seguintes passos:

70 ▸ Administração de Servidores Linux

```
root@aluno# ./configure -prefix=/usr && make && make install
```

Gosto de executar desta forma, pois os && funcionarão como opções de um "if", ou seja, caso a opção anterior tenha sido bem-sucedida, passa para a próxima. Como é um tanto confuso para principiantes, isto é bem eficiente para não se perder tempo tentando compilar um programa que apresentou erro na geração do script Makefile por alguma dependência.

Leia sempre o arquivo README ou INSTALL, pois nestes arquivos há todos os detalhes para instalação da nova aplicação.

Patch

A invenção do patch ajudou e ajuda bastante a aliviar, por exemplo, as transmissões de modem, pois do contrário seria necessário enviar um programa por completo. Após o patch precisamos somente enviar as correções que foram feitas na nova versão de um programa ou script. Veja um exemplo.

```
root@aluno# echo teste > versao1.txt
root@aluno# echo -e "teste \n teste" > versao2.txt
root@aluno# mkdir 1
root@aluno# mkdir 2
root@aluno# cp versao1.txt 1
root@aluno# cp versao2.txt 2/versao1.txt
root@aluno# diffi -u versao1.txt versao2.txt > patch1
root@aluno# patch -p0 < patch1
root@aluno# cat versao1.txt
root@aluno# diff -urN 1/versao1.txt 2/versao2.txt > patch2
root@aluno# patch -p) < patch2
root@aluno# less 2/versao1.txt
```

Sintaxe: patch [OPÇÃO]... [[ORIGFILE arquivo patch]]

As opções de entrada:

-P NUM -strip componentes = NUM	NUM Faixa de líder dos nomes dos arquivos.

-F	-LINHAS - fuzz LINHAS Definir o fator fuzz para rubricas de correspondência inexata.
-L	- ignore-branco Ignorar as mudanças espaço em branco entre patch e de entrada.
-C	- contexto Interpretar o patch como uma diferença de contexto.
-E	- ed Interpretar o patch como um script ed.
-N	- Interpretar normal o patch como uma diferença normal.
-U	- Interpretar unificou o patch como uma diferença unificada.
-N	- em frente Ignorar partes que parecem ser revertidas ou já aplicadas.
-R	- reverso supõe que patches foram criados com os arquivos antigos e novos trocados.
-I patchfile - input = patchfile patch	Ler patchfile do stdin.

As opções de saída:

FILE-o - output =	Arquivo saída arquivos patch para FILE.
-R FILE	- rejeitam-file = FILE rejeita saída para FILE.
-D NOME - ifdef NAME =	Faz a fusão de saída if-then-else usando nome.
-M	- merge Junta utilizando marcadores conflito em vez de rejeitar a criação de arquivos.
-E	Remover arquivos de saída que estão vazios depois de concatenar.
-Z	- Tempos de set-utc Conjunto de arquivos corrigidos, assumindo diff utiliza UTC (GMT).
T	- tempo de set-Da mesma forma, assumindo a hora local.
- Citando-style =	PALAVRA nomes de arquivo de saída usando citando PALAVRA estilo.

72 ▶ Administração de Servidores Linux

Backup e opções de controle de versão:

-B	- Backup Fazer backup do conteúdo original de cada arquivo.
--backup-if-mismatch	-Não-backup incompatibilidade Back-up desajustes se que sejam solicitados.
--no-backup-if-mismatch	- Backup a incompatibilidade de Back-up se o patch não corresponde exatamente.
V-STYLE	- version-control = ESTILO ESTILO Use o controle de versão. ESTILO é 'simples', 'contados', ou 'existentes'.
-B PREFIX	- prefix = PREFIX adiciona PREFIXO aos nomes de arquivos de backup.
-Y	prefixo - prefixo basename = PREFIXO adiciona PREFIXO aos nomes de base de arquivo de backup.
-Z	sufixo - suffix = Append SUFFIX para nomes de arquivo de backup.
G NM	- get = NUM Obter arquivos de RCS, etc, se positiva; perguntar se negativo.

Várias opções:

-T	- Não faça perguntas lote; pular concatenação sem Pré-requisitos; assumir revertida.
-F	- força como a -T, mas ignoram concatenação sem Pré-requisitos irreversível.
-S	- Trabalho em silêncio, a menos que ocorra um erro - quiet.
- Dry-run	-não alterar os arquivos, basta imprimir o que iria acontecer.

-D	DIR - directory = DIR Altere o diretório de trabalho para DIR primeiro.

Alternatives

O grande número de pacotes muitas vezes fazendo a mesma coisa gerou a necessidade de se fazer links, resolvendo assim alguns problemas de conflitos.

Sintaxe: update-alternatives [<opção> ...] <comando>

Comandos:

--install <link> <nome> <caminho> <prioridade> [--slave <link> <nome> <caminho>]...	Acrescentar um grupo de alternativas ao sistema.
--remove <nome> <caminho>	Remover <caminho> do grupo alternativo <nome>.
--remove-all <nome>	Remover o grupo <nome> do sistema de alternativas.
--auto <nome>	Comutar o link principal <nome> para o modo automático.
--display <nome>	Mostrar informação sobre o grupo <nome>.
--query <nome>	Versão processável por máquina de --display <nome>.
--list <nome>	Mostrar todos os alvos do grupo <nome>.

74 ▸ Administração de Servidores Linux

--config <nome>	Mostrar alternativas para o grupo <nome> e pedir ao usuário para escolher um a utilizar.
--set <nome> <caminho>	Definir o <caminho> como alternativa para <nome>.
--all	Chamar --config para todas as alternativas.
<link>	É o link simbólico que aponta para /etc/alternatives/<nome>.
<nome>	É o nome principal para este grupo de link.
<caminho>	É a localização de um dos arquivos alvo alternativos.
<prioridade>	É um número inteiro; opções com números maiores têm prioridade mais elevada no modo automático.

Opções:

--altdir <diretório>	Alterar o diretório de alternativas.
--admindir <diretório>	Alterar o diretório de administração.
--skip-auto	Saltar a questão para alternativas corretamente configuradas.
--verbose	Operação detalhada, mais texto na saída.
--quiet	Operação silenciosa, texto reduzido na saída.
--help	Mostrar esta mensagem de ajuda.
--version	Mostrar a versão.

Atalhos do teclado

Ter desenvoltura na hora de digitar causa uma boa impressão, e isto é muito interessante quando estamos sendo avaliados seja para uma contratação ou mesmo

Comandos Básicos ◀ 75

prestando serviço em uma empresa onde sempre alguém acompanha o serviço que estamos fazendo. Para isso, temos que saber alguns truques que o Linux nos oferece. Veja abaixo:

Tab –	Termina o preenchimento do nome de um comando.
Ctrl-a	Move o cursor para o começo da linha.
Ctrl-e	Move o cursor para o final da linha.
Ctrl-b	Move o cursor um caractere para trás.
Alt-b	Move o cursor uma palavra para trás.
Ctrl-f	Move o cursor um caractere para frente.
Alt-f	Move o cursor um caractere para frente.
Alt-] *x*	Onde **x** é qualquer caractere, move o cursor para a próxima ocorrência de **x**.
Alt-Ctrl-] *x*	Onde **x** é qualquer caractere, move o cursor para a ocorrência anterior de **x**.
Ctrl-u	Deleta do cursor até o começo da linha.
Ctrl-k	Deleta do cursor até o final da linha.
Ctrl-w	Deleta do cursor até o começo da palavra.
Esc-Del	Deleta a palavra anterior (pode não funcionar, em vez disso, tente Esc seguido por Backspace).
Ctrl-y	"Cola" o texto da área de transferência.
Ctrl-l	"Limpa" a tela, deixando a linha atual no topo da tela.
Ctrl-x Ctrl-u	Desfaz a última alteração.
Ctrl-_	Faz o mesmo.
Alt-r	Desfaz todas as alterações da linha.
Alt-Ctrl-e	Expande a linha de comando.
Ctrl-r	Busca reversa incremental no histórico.
Alt-p	Busca reversa não incremental no histórico.
!!	Executa o último comando no histórico.
!abc	Execute o último comando no histórico começado por **abc**.
!abc:p	Imprime o último comando no histórico começado por **abc**.

!*n*	Executa o enésimo comando do histórico.
!$	Último argumento do último comando.
!^	Primeiro argumento do último comando.
^abc^xyz	Substitui a primeira ocorrência de **abc** por **xyz** no último comando e executa.

Shell

Redirecionamento e pipe

Uma das características mais interessantes de sistemas baseados em Unix, como o Linux, é a possibilidade de juntar diversos comandos em um só e poder enviar a saída para um arquivo. Vamos aprender a fazer isso usando pipes e redirecionamentos.

Entre as características do Linux, talvez a mais interessante seja a noção de que tudo é um arquivo. Até mesmo dispositivos de hardware são encarados pelo sistema como sendo arquivos.

Da mesma forma, saídas e entradas de programas de modo texto também são vistos como arquivos.

Quando um programa é iniciado, o shell (no nosso caso, se estamos utilizando Debian, o bash) coloca a sua disposição arquivos especiais, o chamado Standard Input/Output ou stdio, em português entrada e saída padrão.

Standard I/O

O stdio é formado por três arquivos especiais, são eles:

Standard Input (stdin) – Este arquivo descreve o local de onde o programa vai ler a entrada de dados; geralmente é associado ao teclado.

Standard Output (stdout) – É o local para onde o programa vai enviar a saída (informações, mensagens de sucesso etc.); quase sempre é o terminal onde o programa foi iniciado.

Standard Error (stderr) – Funciona basicamente da mesma forma que o stdout, mas é exclusivo para a saída de mensagens de erro. Também é geralmente associada ao terminal.

Stdout e stderr são separados porque é comum que as mensagens de erro sejam processadas de maneira diferente das mensagens comuns.

Pipes

Como vimos, tudo no Linux é visto como sendo um arquivo, inclusive a saída e entrada de dados de programas. Usando essa ideia, podemos juntar diversos comandos por meio de um pipe (em português, algo como "cano" ou "tubo"), passando a saída de um comando para a entrada de outro. Isso facilita muito o trabalho e pode agilizar tarefas que, sem isso, seriam praticamente impossíveis ou pelo menos impraticáveis.

Vamos a um exemplo:
Digamos que você queira analisar as mensagens de inicialização da sua máquina em um paginador, como o less. Você faria assim:

```
root@aluno# dmesg | less
```

Dessa forma, o comando dmesg envia sua saída para a entrada do comando less. Outro exemplo:

```
root@aluno# ps aux | grep httpd
```

Com esse comando, você exibe na tela todos os processos do httpd (servidor web) ativos na sua máquina.
E se você quisesse somente os PIDs? Simples:

```
root@aluno# ps aux | grep httpd | awk {'print $2'}
```

Bom, estes são exemplos simples, mas a partir do momento que você se acostumar com a ideia vai achar diversas funções para isso.
Este processo é gerenciado pelo shell e é transparente para o usuário.

Redirecionamentos

Às vezes, é extremamente interessante enviar a saída de um comando para um arquivo, para poder analisar posteriormente. Isso é feito usando redirecionamentos. Um exemplo:

```
root@aluno# ls -la > file1
```

Dessa forma, a listagem do diretório vai ser gravada em um arquivo, em vez de ser exibida na tela.
O redirecionador '>' cria um arquivo novo vazio e sobrescreve o arquivo se ele já existir. Para adicionar o texto no final de um arquivo existente, use '>>'

```
root@aluno# ls -la >> file1
```

78 ▸ **Administração de Servidores Linux**

A listagem será salva no final do arquivo 'file1". Se o arquivo não existir, será criado. Note que o redirecionador '>' envia apenas stdout, para enviar stderr, usamos '2>'.

É importante saber que o shell vai criar o arquivo antes de executar o comando, ou seja, os pipes e redirecionamentos são analisados antes da execução dos comandos. Por isso, temos que tomar cuidado com comandos como esse:

```
root@aluno# grep 'aluno' arquivo > arquivo
```

Isto *nunca* deve ser feito, pois o arquivo seria sobreposto por um arquivo vazio, resultando na perda de tudo que havia no arquivo. O correto seria usar um arquivo intermediário para guardar a saída do grep e depois renomeá-lo:

```
root@aluno# grep 'aluno' arquivo > arquivo2
root@aluno# mv arquivo2 arquivo
```

Estes são os redirecionadores usados no bash, outros shells podem ter sintaxes bem diferentes.

Da mesma forma, podemos ler a entrada de um comando de um arquivo:

```
root@aluno# mail -s "novo arquivo" teste < novoarquivo
```

Assim o conteúdo do arquivo novoarquivo é enviado para o usuário "aluno" por e-mail. Normalmente o comando mail espera que você digite a mensagem no terminal.

Os redirecionadores e seus significados:

cmd 1> arquivo – envia stdout para arquivo

cmd 2> arquivo – envia stderr para arquivo

cmd > arquivo 2>&1 – envia stdout e stderr para arquivo

cmd > arquivo1 2> arquivo2 – envia stdout para arquivo1 e stderr para arquivo2

cmd < arquivo – recebe stdin de arquivo

cmd 1>> arquivo – adiciona stdout ao final de arquivo

cmd 2>> arquivo – adiciona stderr ao final de arquivo

cmd >> arquivo 2>&1 – adiciona stdout e stderr ao final de arquivo

cdm1 | cmd2 – Envia stdout de cmd1 para cmd2

cmd1 2>&1 | cmd2 – Envia stdout e stderr de cmd1 para cmd2

Filtro de processamento de texto

cut
Exibe na saída padrão (stdout), ou seja, no terminal, colunas ou campos de um ou mais arquivos. O arquivo original não é modificado. É útil quando se precisa de uma fatia vertical de um arquivo. O delimitador padrão é o **tab**
Sintaxe:
cut opções [arquivos]

Opções mais utilizadas:

`-b lista-bytes`
Mostra apenas os *bytes* nas posições listadas em *lista-bytes*. Tabs e backspaces são tratados como qualquer outro caractere, já que ocupam 1 *byte*.

`-c lista-caracteres`
Mostra apenas os caracteres nas posições listadas em lista-caracteres. Por enquanto, seu efeito é idêntico ao de -b, mas a internacionalização e o uso de caracteres Unicode vão mudar isso, já que caracteres internacionais podem ocupar mais de 1 byte, mas continuam sendo apenas 1 caractere.

`-f lista-campos`
Mostra apenas os campos listados em lista-campos. O delimitador padrão para os campos é o caractere tab.

`-d delimitador`
Deve ser usado em conjunto com a opção -f. Define o delimitador de campos.

`-n`
Não quebrar caracteres com mais de 1 byte. Esta opção não é usada no momento. Terá efeito apenas com a internacionalização.
lista-bytes, lista-caracteres e lista-campos podem ser um número apenas, uma lista de números separada por vírgula ou um intervalo separado por hífem (-).

Exemplos do uso de cut
Vamos usar como exemplo o arquivo /etc/passwd, que tem o formato:
```
root:x:0:0:root:/root:/bin/bash
bruno:x:100:100:bruno:/home/bruno:/bin/bash
root@aluno# cut -b2 /etc/passwd
```

80 ▶ **Administração de Servidores Linux**

```
root@aluno# cut -d: -f6 /etc/passwd
/root
/home/bruno
```

fmt
Formata o texto em uma largura de, no máximo, um dado número de caracteres (75 por padrão). Se for informado mais de um arquivo, eles serão concatenados na saída.
Sintaxe:
fmt opções [arquivos]

Opções mais utilizadas:
```
-u
```
Usa espaçamento uniforme. Um espaço entre palavras e dois entre sentenças.

```
-w largura
```
Define a largura para um número diferente do padrão, 75.

head
Exibe as primeiras (10, por padrão) linhas de um arquivo. Se mais de um arquivo for informado, as primeiras linhas de cada um serão exibidas separadamente.
Sintaxe:
head opções [arquivos]

Opções mais utilizadas:
```
-c n
```
Exibe os primeiros n bytes de cada arquivo. Pode-se usar os sufixos k ou m, significando kilobytes e megabytes, respectivamente.

```
-n
```
Exibe as primeiras n linhas de cada arquivo. O padrão é 10.
Exemplo:
```
root@aluno# head -2 /etc/passwd /etc/protocols
==> /etc/passwd <==
root:x:0:0:root:/root:/bin/bash
bruno:x:100:100:bruno:/home/bruno:/bin/bash
==> /etc/protocols <==
ip 0 IP
icmp 1 ICMP
```

join

Esse comando parece meio estranho, mas pode ser útil. Ele faz algo parecido com um join de tabelas em um banco de dados – de maneira simplista. Ele exibe uma linha para cada par de linhas de arquivo1 e arquivo2 que contenham campos idênticos para junção.

Sintaxe:

join opções arquivo1 arquivo2

Opções:

-j1 campo	Usar o campo de arquivo1 como referência para a junção.
-j2 campo	Usar o campo de arquivo2 como referência para a junção.
-j campo	Usar o mesmo campo de arquivo1 e arquivo2 como referência para a junção.

Exemplo:

Suponha o seguinte arquivo1

1 Linux
2 freebsd
3 macosx
4 windows

E o seguinte arquivo2

1 2.6.8.1
2 5.3
3 10.4
4 XPSP2

Use o comando:

```
root@aluno# join -j1 arquivo1 arquivo2
```

Esta será a saída:

1 Linux 2.6.8.1
2 freebsd 5.3
3 macosx 10.4
4 windows XPSP2

nl

Numera as linhas de um ou mais arquivos, concatenando-os na saída. Pode ser usada uma marcação especial para delimitação de cabeçalho, corpo e rodapé. Cabeçalho e rodapé são, por padrão, excluídos da numeração.

82 ▶ Administração de Servidores Linux

A numeração é feita para cada página lógica, definida por ter um cabeçalho, um corpo e um rodapé.

A marcação especial é a seguinte:
- \:\:\: para o cabeçalho
- \:\: para o corpo
- \: para o rodapé

Sintaxe:
nl [opções] [arquivos]

Opções mais usadas:

-b estilo	Define o estilo de numeração do corpo. O padrão é t
-f estilo	Define o estilo de numeração do rodapé. O padrão é n
-h estilo	Define o estilo de numeração do cabeçalho. O padrão é n estilos que podem ser usados:
a	Numera todas as linhas
t	Numera apenas as linhas não vazias
n	Não numerar as linhas

regex
Numera apenas as linhas que casa com a expressão regular REGEX
Exemplo:

Vamos supor o seguinte arquivo1
\:\:\:
Cabeçalho
\:\:
linha1
linha2
\:
rodapé
\:\:\:
Cabeçalho
\:\:
linha1
linha2
\:
rodapé

Usando o comando:
```
root@aluno# nl arquivo1
```
Obtemos o seguinte resultado:
Cabeçalho

1 linha1
2 linha2

rodapé

Cabeçalho

1 linha1
2 linha2

rodapé

paste
Escreve linhas sequencialmente correspondentes de cada arquivo, separadas por tab por padrão, em colunas verticais.
Sintaxe:
paste [opções] arquivos

Opções mais usadas:

-d'n'	Usa o caractere n em vez de tab para separar as colunas.
-s	Escreve as linhas do arquivo em uma única linha. Se mais de um arquivo for especificado, escreve uma linha para cada arquivo.

Exemplos:
Considere o arquivo1:
Linux
freebsd
macosx
windows
E o seguinte arquivo2:
2.6.8.1
5.3
10.4
XPSP2

84 ▶ Administração de Servidores Linux

Usando o comando:
```
root@aluno# paste arquivo1 arquivo2
```

Obtemos:
Linux   2.6.8.1
freebsd   5.3
macosx   10.4
windows   XPSP2
paste -s arquivo1 arquivo2
Linux freebsd macosx windows
2.6.8.1 5.3   10.4 XPSP2
paste -d'-' arquivo1 arquivo2
Linux-2.6.8.1
freebsd-5.3
macosx-10.4
windows-XPSP2

pr
Converte um arquivo de texto em uma versão paginada, com cabeçalhos (contendo o nome do arquivo, data e hora e número de página). Pode ser bem útil para preparar arquivos texto para impressão. O número de linhas padrão de cada página é 66.
Sintaxe:
pr [opções] [arquivo]

Opções mais usadas:

-d	Duplo espaço entre linhas
-h cabeça-lho	usa cabeçalho em vez do nome do arquivo no cabeçalho de cada página
-l linhas	Define o número de linhas de cada página. O padrão é 66
-o largura	Define a margem esquerda para largura colunas

Exemplo:
```
root@aluno# pr /var/log/syslog
```

Comandos Básicos ◀ 85

split
Quebra um arquivo em uma sucessão de arquivos arquivoaa, arquivoab, arquivoac, etc.
O padrão de saída é xaa, xab, xac...
O arquivo original permanece inalterado.
Sintaxe:
split [opções] [arquivo de entrada] [arquivo de saída]

Opções mais usadas:

-n	Quebra o arquivo em arquivos com n linhas. O número padrão de linhas é 1000

Exemplo
Suponha o seguinte arquivo:
1 um
2 dois
3 três
4 quatro
5 cinco
6 seis
Usando o comando
```
root@aluno# split -2 arquivo saída
```

Obtêm-se os seguintes arquivos: saidaaa, saidaab e saidaac
saidaaa:
1 um
2 dois
saidaab:
3 três
4 quatro
saidaac:
5 cinco
6 seis

tac
É o oposto do comando cat, que simplesmente exibe o conteúdo de arquivos na saída padrão, concatenando múltiplos arquivos.
tac exibe o conteúdo de arquivos na saída padrão na ordem inversa, concatenando, também, múltiplos arquivos

86 ▸ Administração de Servidores Linux

Sintaxe:
tac [arquivos]

Exemplo:
Suponha o arquivo1:
1 um
2 dois
e arquivo2:
3 três
4 quatro

Usando
```
root@aluno# tac arquivo1 arquivo2
```
Obtém-se:
2 dois
1 um
4 quatro
3 três

tail

Exibe as últimas linhas de um arquivo. Faz o contrário de head. Se mais de um arquivo for especificado, exibe as últimas linhas de cada um, com um cabeçalho de identificação.
Sintaxe:
tail [opções] [arquivos]

Opções mais usadas:

-c n	Exibe os últimos n bytes do arquivo. Podem-se usar os sufixos k ou m, significando kbytes ou megabytes, respectivamente.
-n m	Exibe as últimas m linhas do arquivo. O padrão são 10 linhas.
-f	Exibe continuamente o arquivo enquanto ele é escrito por outro processo, exibindo as novas linhas que são adicionadas a ele. É muito útil para acompanhar a atividade do sistema, visualizando arquivos de log enquanto eles são escritos.

Exemplo:
```
root@aluno# tail -f /var/log/syslog
```

Comandos Básicos ◀ 87

tr

Traduz caracteres de string1 para caracteres correspondentes em string2. string2 não é um argumento mandatório. No caso de usar apenas string1, deve-se especificar uma opção para o tratamento destes caracteres.

Você pode especificar intervalos (a-z, por exemplo). Nesse caso, o intervalo usado em string1 deve conter o mesmo número de caracteres do intervalo em string2. O comando tr não tem um argumento arquivo. Dessa forma, a entrada padrão deve ser usada.

Sintaxe:
tr [opções] [string1 [string2]]

Opções mais usadas:

-d	deleta os caracteres em string1 da saída
-s	Remove caracteres repetidos contidos em string1 da saída

Exemplos:
Para transformar todas as letras minúsculas para maiúsculas em arquivo
```
root@aluno# cat arquivo | tr a-z A-Z
```
ou
```
root@aluno# tr a-z A-Z < arquivo
```

Para remover os caracteres 'a' repetidos de arquivo
```
root@aluno# cat arquivo | tr -s a
```

export

export - definir o atributo de exportação para as variáveis

SINOPSE
export nome [= palavra] ...

export -p
-P Quando for especificado, o export deve escrever na saída padrão os nomes e os valores de todas as variáveis exportadas, no seguinte formato:
```
"export % S =% s \ n", <name>, <value>
```

88 ▶ **Administração de Servidores Linux**

Se o nome for definido, e:
```
"Export % s \ n", <name>
```

Se o nome está desajustado.
O reservatório deve formatar a saída, incluindo o uso correto de citar, para que ele seja adequado para reinput para o shell como comandos que permitam atingir os mesmos resultados de exportação, exceto:
Variáveis de leitura apenas com os valores não podem ser repostas.

Exemplo:
```
root@aluno# HOME=/home/aluno
root@aluno# sh <enter>
root@aluno# echo $HOME
nada é retornado no prompt
root@aluno# exit
root@aluno# export $HOME
root@aluno# sh <enter>
root@aluno# echo $HOME
```
A variável foi exportada para o novo Shell.

unset
Remove variáveis de funções e nomes.
Sintaxe
unset [-fv] [name]

Opções	
-f	O nome se refere a funções do Shell. A função é removida. Variável somente leitura e funções não podem ser descarregadas.
-v	Mostra variáveis do shell (default).

Variáveis ambientais do Bash

PATH: define os diretórios onde podem ser encontrados programas executáveis.
MANPATH: define os diretórios contendo páginas de manual.
USER: nome de login do usuário da sessão.
HOME: diretório home do usuário.
HOST: nome do host (máquina).

SHELL: shell ativo.
TERM: tipo de terminal.
MAIL: localização da caixa de correio do usuário no sistema local.

printenv ou env - Exibe as variáveis ambientes, geralmente encontradas em letras maiúsculas.
Exemplo:

```
root@aluno# printenv ou root@aluno# env
```

MANPATH - Exibe os diretórios onde o comando man encontra páginas de manual.
Exemplo:

```
root@aluno# echo $MANPATH
```

DISPLAY - Exibe o terminal do ambiente gráfico atualmente usado.
Exemplo:

```
root@aluno# echo $DISPLAY
```

HOME - Exibe o diretório home do usuário.
Exemplo:

```
root@aluno# echo $HOME
```

TERM - Exibe o terminal atualmente usado.
Exemplo:

```
root@aluno# echo $TERM
```

LOGNAME - Exibe o login do usuário.
Exemplo:

```
root@aluno# echo $LOGNAME
```

USER - Exibe o nome do usuário.
Exemplo: PATH=$PATH:/pasta

```
root@aluno# echo $PATH
```

Esse exemplo citado somente é válido para o login atual, e não é permanente. Para que as configurações fiquem permanentes, edite e acrescente os comandos no arquivo de configurações local do usuário /home/usuário/.bash_profile, ou globalmente para todos os usuários do arquivo.

90 ▸ **Administração de Servidores Linux**

PS1	Altera e especifica o prompt de comandos bash.
\]	Termina
\t	Exibe a hora.
\h	Exibe o host (nome da máquina).
\s	Exibe o Shell.
\u	Especifica o nome do usuário.
\w	Especifica o diretório corrente.

Exemplo:
```
root@aluno# PS1="\d \t \u@\h \w:
```

Histórico de Comandos
O Shell mantém um histórico dos últimos comandos digitados pelo usuário, podendo ser visualizados pelo símbolo de ! de 4 formas diferentes, e pelos comandos history e fc.

Comando	Explicação
!!	Último comando digitado.
!n	Onde n é o número do comando no histórico.
!string	Comandos que iniciam com a string especificada.
!-n	Onde n é o número a partir do último comando no histórico.

Exemplo:
```
root@aluno# !! $
root@aluno# history
root@aluno# !499
root@aluno# !hist
```

history

Exibe histórico de comandos.
history [opções]

Opções	Explicação

-r	Usa como histórico o arquivo /home/usuário/.bash_history em vez de usar o histórico de comandos.
-w	Reescreve o arquivo /home/usuário/.bash_history.
-c	Limpa histórico de comandos.

Exemplo:
```
root@aluno# history
```

fc

Visualiza ou edita o histórico de comandos.
fc [opções]

Opções	Explicação
-e [editor]	Edita usando um editor de texto especificado.
-l [primeiro]	Visualiza um intervalo comandos no histórico dos últimos 16 comandos.

Exemplo:
```
root@aluno# fc 3
root@aluno# fc -l 1 10
```

Arquivos de configuração do Shell dos Usuários

/etc/shells
Arquivo onde ficam armazenados os shells do sistema.
```
root@aluno# vi /etc/shells
```

/etc/profile
Esse arquivo é executado no login do usuário, e nele ficam armazenadas as variáveis ambientes globais para todos os usuários.
```
root@aluno# vi /etc/profile
```

/home/usuário/.bash_profile
Esse arquivo é executado no login do usuário, e nele ficam armazenadas as variáveis ambientes locais para um usuário.

92 ▶ Administração de Servidores Linux

```
root@aluno# vi /home/usuário/.bash_profile
```

/etc/bash.bashrc
Esse arquivo é executado no login do usuário, e nele ficam armazenados os aliases para todos os usuários.
```
root@aluno# vi /etc/bash.bashrc
```

/home/usuário/.bashrc
Esse arquivo é executado no login do usuário, e nele ficam armazenandos os aliases para um usuário.
```
root@aluno# vi /home/usuário/.bashrc
```

/home/usuário/.bash_logout
Esse arquivo é executado no logout do usuário, e nele ficam armazenados os comandos para aquele usuário.
```
root@aluno# vi /home/usuário/.bash_logout
```

/home/usuário/.bash_history
Esse arquivo é onde ficam armazenados os últimos comandos executados pelo usuário.
```
root@aluno# vi /home/usuário/.bash_history
```

aliases
O shell permite facilmente a criação de novos comandos ou a redefinição de comandos já existentes através de aliases. Por exemplo, para criar um alias copy para o comando 'cp -i' , basta executar:
```
root@aluno# alias copy='cp -i'
```

Assim, copy torna-se um comando válido durante a sessão corrente (veremos logo a seguir como criar aliases permanentes). Os aliases podem usar variáveis de ambiente também, como mostra o seguinte exemplo:

```
root@aluno# alias ola='echo "Olá $LOGNAME, como vai você?"'
```
Para desativar um alias, basta usar o comando unalias:

AWK
```
Uso: awk [opções estilo POSIX ou GNU] -f arqprog [--] arquivo...
Uso: awk [opções estilo POSIX ou GNU] [--] 'programa' arquivo ...
Opções POSIX:          Opções longas GNU:
```

Comandos Básicos ◄ 93

```
-f arqprog              --file=arqprog
-F fs                   --field-separator=fs
-v var=val              --assign=var=val
-m[fr] val
-O                      --optimize
-W compat               --compat
-W copyleft             --copyleft
-W copyright            --copyright
-W dump-variables[=arq]      --dump-variables[=arq]
-W exec=arq             --exec=arq
-W gen-po               --gen-po
-W help                 --help
-W lint[=fatal]              --lint[=fatal]
-W lint-old             --lint-old
-W non-decimal-data     --non-decimal-data
-W profile[=arq]        --profile[=arq]
-W posix                --posix
-W re-interval          --re-interval
-W source=program-text       --source=program-text
-W traditional          --traditional
-W usage                --usage
-W use-lc-numeric       --use-lc-numeric
-W version              --version
```

Em caso de defeito, veja o nodo `Bugs' em `gawk.info', que é a seção `Reportando Problemas e Bugs' na versão impressa.

gawk é uma linguagem de processamento e busca de padrões.

Por padrão, o gawk lê a entrada padrão e escreve na saída padrão.

Exemplos:
```
root@aluno# gawk '{ soma += $1 }; END { print soma }' arquivo
root@aluno# gawk -F: '{ print $1 }' /etc/passwd
```

Parâmetros de Entrada

Os argumentos da linha de comando são repassados ao Shell Script através da variável local $argv. Os campos individuais dessa variável podem ser acessados

94 ▸ **Administração de Servidores Linux**

como em uma variável local qualquer. Além disso, uma série de atalhos é definida para facilitar o acesso a esses parâmetros:

```
$0: Nome do Shell Script;
$n: N-ésimo argumento;
$*: Todos os argumentos (equivale a $argv);
$#: Equivale a $#argv;
$%n: Equivale a $%argv[n];
$?: Equivale a $status;
$$: Número de processo (PID) do Shell Script;
$<: Entrada standard (stdin) do Shell.
```

Exemplo

```
#!/bin/csh
# exemplo de uso dos parâmetros de entrada
echo "Nome do script : $0"
echo "Primeiro parâmetro : $1"
echo "Todos os parâmetros : $argv"
echo "Número de parâmetros : $#"
echo "Parâmetros de 2 a 4 : $argv[2-4]"
exit
```

Controle de Fluxo

Existem diversos construtores de controle de fluxo que podem ser usados em Shell Scripts. Os principais são:

```
if
if ( condition ) command
if then
if ( condition ) then
...
endif
if then else
if ( condition ) then
...
else
```

Comandos Básicos ◄ 95

```
...
endif
for
foreach variable ( value list )
...
end
while

while ( condition )
...
end
```

Estruturas condicionais

case
```
Sintaxe
    case palavra em [ [(] pattern [| pattern]...) lista de comandos
;;]... esac
    Para terminar com cada parâmetro user ;;.

echo -n "Entre com o nome de um animal: "
read ANIMAL
echo -n "The $ANIMAL é "
case $ANIMAL in
 cachorro | cavalo | gato ) echo -n "quatro";;
 homem | cangoroo ) echo -n "dois";;
 *) echo -n "não conheço este número";;
esac
echo " pernas"
```

select
O select constrói um menu de opções facilmente.

```
Sintaxe
    select nome [in words ...]; do comandos; done
```

A lista de palavras segue a expansão, geração de lista de itens.
```
select fname in *;
```

96 ▸ Administração de Servidores Linux

```
do
      echo seus arquivos $fname \($REPLY\)
      break;
done
((...))


(( EXPREÇÃO ))
```

Operadores

test
Verifica tipos de arquivos e compara valores
```
test expressão
 test
 [ expressão ]
 [ ]
 [ OPTION
DESCRIPTION
```

Saída com status determinado pela expressão.
```
 --help           tela de ajuda
 --version        Informa versão
       Omite a expressão se falso.    Os estados para ex-
pressão são verdadeiro e falso.
 ( EXPRESSÃO )
       EXPRESSÃO é verdadeira
 ! EXPRESSÃO
       EXPRESSÃO é falsa
EXPRESSÃO1 -a EXPRESSÃO2
        EXPRESSÃO1 e EXPRESSÃO2 são verdadeiras
EXPRESSÃO1 -o EXPRESSÃO2
        EXPRESSÃO1 ou EXPRESSÃO2 é verdadeira
 -n STRING
       o tamanho da STRING não é zero
STRING equivalente para -n STRING
 -z STRING
        para tamanho da STRING é zero
STRING1 = STRING2
        as STRINGS são iguais
```

Comandos Básicos ◀ 97

```
STRING1 != STRING2
      as strings não são iguais
INTEGER1 -eq INTEGER2
      INTEGER1 é igual a INTEGER2
INTEGER1 -ge INTEGER2
      INTEGER1 maior que ou iqual a INTEGER2
INTEGER1 -gt INTEGER2
      INTEGER1 é maior que INTEGER2
INTEGER1 -le INTEGER2
      INTEGER1 menor que ou iqual a INTEGER2
INTEGER1 -lt INTEGER2
      INTEGER1 menor que INTEGER2
INTEGER1 -ne INTEGER2
      INTEGER1 diferente INTEGER2
FILE1 -ef FILE2
      FILE1 e FILE2 têm o mesmo dispositivo e número de inodos
FILE1 -nt FILE2
      FILE1 é mais novoFILE2
FILE1 -ot FILE2
      FILE1 é mais velho FILE2
-b FILE
      FILE existe e é um bloco especial
-c FILE
      FILE existe e é um carácter especial
-d FILE
      FILE existe e é um diretório
-e FILE
      FILE existe
-f FILE
      FILE existe e é um arquivo regular
-g FILE
      FILE existe e é set-group-ID
-G FILE
      FILE existe e é possuído pelo grupo ID
-h FILE
      FILE existe e é um link simbólico
-k FILE
      FILE exite e é um sticky bit set
-L FILE
```

98 ▶ Administração de Servidores Linux

```
            FILE existe e é um link simbólico
    -O FILE
            FILE existe e é possuído pelo usuário ID
    -p FILE
            FILE existe e é um arquivo tipo pipe
    -r FILE
            FILE existe e tenho permissão de leitura
    -s FILE
            FILE existe e o tamanho é maior que zero
    -S FILE
            FILE existe e é um arquivo tipo socket
    -u FILE
            FILE existe e é set-user-ID bit is set
    -w FILE
            FILE existe e tenho permissão de escrita
    -x FILE
            FILE existe e tenho permissão de execução
e: Entrada existe;
r: Entrada pode ser lida;
w: Entrada pode ser escrita;
o: Usuário é o proprietário da entrada;
z: Entrada tem tamanho zero;
s: Entrada tem tamanho maior que zero;
f: É um arquivo normal;
d: É um diretório;
l: É um link simbólico.
```

Exemplo

```
#!/bin/csh
set arquivo = '/etc/csh.cshrc'
if ( -e $arquivo ) then
  source $arquivo
else
  echo "$arquivo não existe"
endif
```

Comparações

```
==;
```

```
!=;
<=;
>=;
<;
>.
Conectivos Lógicos (and e or)

&&;
||.
```

Aritméticos

```
+;
-;
*;
/;
%.
@
```

O operador aritmético @ permite efetuar operações aritméticas e atribuir seus resultados a variáveis. As expressões podem conter os operadores aritméticos apresentados anteriormente.

Exemplo
```
 set x = 0
while ( $x < 100 )
  mkdir dir$x
  @ x++
end
```

Utilização de Variáveis

Os Shells do sistema operacional utilizam diversas variáveis para auxiliar a definição das características do ambiente dos usuários. Os tipos de variáveis utilizadas são:

de Ambiente;
do Shell.

As variáveis de ambiente são utilizadas pelos Shells com a finalidade de auxiliar a configuração do ambiente dos usuários. No entanto, para grande parte dos usuários, as variáveis oferecidas pela configuração default do Linux são suficientes, entretanto, cada usuário pode configurar seu próprio conjunto de variáveis.

As variáveis do Shell são válidas somente para a sessão na qual foram definidas, não sendo passadas para os subshells.

Definição e Acesso

Os usuários do Linux têm a possibilidade de configurar seu próprio conjunto de variáveis. A configuração das variáveis de ambiente deve ser realizada a partir do comando:

setenv name value

```
name        define o nome de uma variável;
value       define o valor inicial da variável.
```

A configuração das variáveis do Shell deve ser realizada a partir do comando:

```
set varname = value
varname
Nome de uma variável;
value
```

Valor inicial de uma variável. Se value for separado por espaços, deve-se inicializar a variável entre aspas.

Exemplo

```
root@aluno# set var = 'variable value'
```

Para referenciar o valor de uma variável a partir da linha de comandos, deve-se utilizar a marca comercial ($) antes do nome da variável. Esta marca ($) faz com que o Shell substitua o nome da variável pelo seu valor a partir de um procedimento conhecido como parâmetro de substituição.

Exemplo

```
root@aluno# set dirname = '/home/paraiba/scripts'
root@aluno# pwd
/home/paraiba
root@aluno# cd $dirname
root@aluno# pwd
```

Comandos Básicos ◄ 101

```
/home/paraiba/scripts
```

Para exibir o valor de qualquer variável pré-definida, deve-se utilizar o seguinte comando:
```
root@aluno# echo $varname
varname
```

Nome de uma variável.
Exemplo

```
root@aluno# set dirname = '/home/paraiba/scripts'
root@aluno# pwd
/home/paraiba
root@aluno# echo $dirname
/home/paraiba/scripts
root@aluno# cd $dirname
root@aluno# pwd
/home/paraiba/scripts
```

Substituições

A inserção de um carácter $ antes de uma variável fará o shell trocar o parâmetro pelo conteúdo da variável. Vejamos as opções existentes.

```
$parâmetro                 mostra conteúdo da variável
${parâmetro}               mostra conteúdo da variável
${#parâmetro}              mostra número de caracteres que a variáv-
                           el contém
${parâmetro=}              Esvazia variável
${parâmetro-padrão}        não havendo valor, o valor em padrão será
                           assumido.
${parâmetro=padrão}        não havendo valor, o valor em padrão será
                           assumido mais novo valor
${parâmetro+valor_novo}    não havendo valor o novo valor será as-
                           sumido
${parâmetro?mensagem}      exibe mensagem se não existir valor em
                           parâmetro
```

Estruturas de laços

for

Executa comandos de uma vez por cada membro da lista resultante, com o nome vinculado ao membro atual.

Sintaxe

```
for [nome em palavras ...]; do comandos; done
for ((expr1, expr2, expr3)); do comandos; done
```

«Se isto não estiver presente, o comando for executa os comandos de uma vez para cada parâmetro posicional que é definido, como se «em "$@"' tivesse sido especificado.

A segunda forma do comando for é avaliada da seguinte forma:

Em primeiro lugar, a expressão aritmética expr1 é avaliada de acordo com as regras da expressão aritmética do shell. A expressão aritmética expr2 é avaliada repetidamente até que tenha o valor zero.

Cada vez expr2 é avaliada como um valor diferente de zero, os comandos são executados e a expressão aritmética expr3 é avaliada. Se nenhuma expressão for omitida, ele se comporta como se o valor fosse iqual a 1.

Status de Retorno

O status de retorno será para o estado de saída do último comando que executa (se houver múltiplas expressões, em seguida, o último comando na lista).
Se não houver nenhum item na expansão de palavras nada é executado, então o status de retorno é zero. O status de retorno é falso se qualquer uma das expressões for inválida.

Parâmetros posicionais

Estas são atribuídas a partir dos argumentos de quando o shell foi invocado. Eles podem ser transferidos usando o conjunto de comando embutido.
Posicional parâmetro N pode ser referenciado como $ {N}, ou US $ N quando N é composto de um único dígito. $ 1, $ 2, etc.

Exemplos

```
# Loop enquanto existirem variáveis:
```

Comandos Básicos ◄ **103**

```
root@aluno# for m in Apple Sony Panasonic "Hewlett Packard" Nokia
root@aluno# do
root@aluno# echo "fabricante é:" $m
root@aluno# done
# ou uma simples linha...
root@aluno# for m in Apple Sony Panasonic "Hewlett Packard" Nokia;
do echo "fabricante é:" $m;done
# Loop 100 vezes:
root@aluno# for i in $(seq 1 100); do echo -n "Hello World${i} ";
done
# Loop através dos argumentos passados para uma função:
root@aluno# foo ()
root@aluno# {
root@aluno#  for ARG in "$@";do echo $ARG; done
root@aluno# }
```

while
Executa comandos enquanto o resultado não for zero.
O status de retorno é o status de saída do último comando executado na consequente comandos, ou zero, se nenhuma foi executada.
Sintaxe
```
while test-commands; do consequent-commands; done
```

until
Execute consequentes comandos enquanto teste comandos tem um status de saída que não seja zero.
O status de retorno é o status de saída do último comando executado na consequentes comandos, ou zero, se nenhuma foi executada.
Sintaxee
```
root@aluno# until comandos de teste; do comandos seguintes; done
```

Comandos de controle

Shift
Shift desloca parâmetros posicionais para a esquerda por n.
Sintaxe
```
Shift [n]
```

104 ▶ Administração de Servidores Linux

Opções
  n: o número de parâmetros para o deslocamento (default = 1)

Os parâmetros posicionais de
n+1 ... $#
são renomeados para
$1 ... $#-n+1

Parâmetros representados pelos números $# para n +1 são desabilitados.
n deve ser um número positivo menor ou igual a $#.

O status de retorno é zero a menos que n é maior do que $# ou inferior a zero.

Sinais do Sistema
O `GNU/Linux' suporta os sinais listados a seguir. Alguns números de sinais são
dependentes de arquitetura.

Primeiro, os sinais descritos no _POSIX 1_:

Sinal	Valor	Ação	Comentário
HUP	1	A	Travamento detectado no terminal de controle ou finalização do processo controlado
INT	2	A	Interrupção através do teclado
QUIT	3	C	Sair através do teclado
ILL	4	C	Instrução Ilegal
ABRT	6	C	Sinal de abortar enviado pela função abort
FPE	8	C	Exceção de ponto Flutuante
KILL	9	AEF	Sinal de destruição do processo
SEGV	11	C	Referência Inválida de memória
PIPE	13	A	Pipe Quebrado: escreveu para o pipe sem leitores
ALRM	14	A	Sinal do Temporizador da chamada do sistema alarm
TERM	15	A	Sinal de Término
USR1	30,10,16	A	Sinal definido pelo usuário 1
USR2	31,12,17	A	Sinal definido pelo usuário 2

CHLD	20,17,18	B	Processo filho parado ou terminado
CONT	19,18,25		Continuar a execução, se interrompido
STOP	17,19,23	DEF	Interromper processo
TSTP	18,20,24	D	Interromper digitação no terminal
TTIN	21,21,26	D	Entrada do terminal para o processo em segundo plano
TTOU	22,22,27	D	Saída do terminal para o processo em segundo plano

As letras da coluna `Ação' têm o seguinte significado:
* `A' - A ação padrão é terminar o processo.
* `B' - A ação padrão é ignorar o sinal.
* `C' - A ação padrão é terminar o processo e mostrar o core.
* `D' - A ação padrão é parar o processo.
* `E' - O sinal não pode ser pego.
* `F' - O sinal não pode ser ignorado.

Sinais não descritos no _POSIX 1_ mas descritos na _SUSv2_:

Sinal	Valor	Ação	Comentário
BUS	10,7,10	C	Erro no Barramento (acesso incorreto da memória)
POLL		A	Evento executado em Pool (Sys V). Sinônimo de IO
PROF	27,27,29	A	Tempo expirado do Profiling
SYS	12,-,12	C	Argumento inválido para a rotina (SVID)
TRAP	5	C	Captura do traço/ponto de interrupção
URG	16,23,21	B	Condição Urgente no soquete (4.2 BSD)
VTALRM	26,26,28	A	Alarme virtual do relógio (4.2 BSD)

106 ▸ Administração de Servidores Linux

XCPU	24,24,30	C	Tempo limite da CPU excedido (4.2 BSD)
XFSZ	25,25,31	C	Limite do tamanho de arquivo excedido (4.2 BSD)

(Para os casos SIGSYS, SIGXCPU, SIGXFSZ, e em algumas arquiteturas também o SIGGUS, a ação padrão do Linux para kernels 2.3.27 e superiores é A (terminar), enquanto SYSv2 descreve C (terminar e mostrar dump core). Seguem vários outros sinais:

Sinal	Valor	Ação	Comentário
IOT	6	C	Traço IOT. Um sinônimo para ABRT
EMT	7,-,7		
STKFLT	-,16,-	A	Falha na pilha do processador
IO	23,29,22	I/O	agora possível (4.2 BSD)
CLD	-,-,18		Um sinônimo para CHLD
PWR	29,30,19	A	Falha de força (System V)
LOST	-,-,-	A	Perda do bloqueio do arquivo
WINCH	28,28,20	B	Sinal de redimensionamento da Janela (4.3 BSD, Sun)
UNUSED	-,31,-	A	Sinal não usado (será SYS)

O "-" significa que o sinal não está presente. Onde três valores são listados, o primeiro é normalmente válido para o Alpha e Sparc, o do meio para i386, PowerPc e sh, o último para o Mips. O sinal 29 é SIGINFO/SIGPWR em um Alpha, mas SIGLOST em um Sparc.

exit
Finalização normal de programa

return
Saí de uma função. Se o código de saída for zero saída com sucesso diferente de zero erro.

Break
Sai de um for, while, until, ou select loop

Sintaxe
```
break [n]
```
Se n é fornecido, o loop enésima cobertura é encerrado. n deve ser maior ou igual a 1.

Exemplo:
```
for meuloop in 1 2 3 4 5
do
 echo -n "$meuloop"
 if [ "$meuloop" -eq 3 ]
  then
  break
 fi
done
```

pwd
Mostra o nome e caminho do diretório atual.
Você pode usar o comando pwd para verificar em qual diretório se encontra (caso seu aviso de comandos não mostre isso).

continue
Retomar a próxima interação de um delimitador for, while, until, ou select loop.
Se n for fornecido, a execução do loop enésima cobertura é retomado. n deve ser maior ou igual a 1. O status de retorno é zero a menos que n não seja maior ou igual a 1.
Exemplo
```
for meuloop in 1 2 3 4 5
do
 if [ "$meuloop" -eq 3 ]
  then
  continue
 fi
 echo -n "$meuloop"
done
if
```

108 ▸ **Administração de Servidores Linux**

Condicionalmente executa um comando.

Sintaxe

```
if test-commands; then
consequent-commands;
[elif more-test-commands; then
more-consequents;]
[else alternate-consequents;]
fi
```

A lista de comandos de teste é executada, e se o seu status de retorno é zero a lista consequente comandos é executada.

Se os retornos de testes comanda um status diferente de zero, cada lista elif é executado por sua vez, e se o seu estado de saída é zero, o correspondente mais consequentes é executado, então o comando é concluído.

Se outro suplente, consequente está presente, então o comando final no final da cláusula ou do elif tem um status de saída diferente de zero, então alternados consequentes são executados.

O status de retorno é o status de saída do último comando executado, ou zero, se nenhuma condição for verdadeira.

Exemplo:

```
root@aluno# if [ -f /tmp/a ];then
ls -la /tmp/a
else
> /tmp/a
fi
```

local

Atribui valores a variáveis locais.

Exemplo:

```
root@aluno# local nome=valor
```

Source

Lê e executa os comandos de um arquivo que esteja no PATH.

Exemplo:

```
root@aluno# Source arquivo
```

Uso do Til

O til ~ pode ser usado para utilizar o conteúdo da variável HOME.

cd ~aluno é o mesmo que cd para o home do usuário aluno.

Expansão aritmética

É o uso das capacidades aritméticas do bash.

```
root@aluno# echo $((25*4))
100
```

Funções

Funções Shell é uma forma de agrupar comandos para execução posterior através de um único nome para o grupo. Eles são executados como um comando "regular". Quando o nome de uma função de shell é usada como um nome de comando simples, a lista de comandos associado com aquele nome da função é executada. Shell funções são executadas no contexto do shell atual; nenhum novo processo é criado para interpretá-las.

As funções são declaradas usando esta Sintaxe:

```
[ function ] name () { command-list; }
```

Isso define uma função shell chamado nome. A função de palavra reservada é opcional. Se a palavra função reservada é fornecido, os parênteses são opcionais. O corpo da função é o comando list entre {e}. Esta lista é executada sempre que o nome é especificado como o nome de um comando. O status de saída de uma função é o estado de saída do último comando executado no corpo.

Note que, por razões históricas, as chaves que cercam o corpo da função devem ser separadas do corpo por espaços em branco ou quebras de linha. Isso ocorre porque as chaves são palavras reservadas e só são reconhecidas como tal quando separadas por espaços. Além disso, o comando-list deve ser terminado com um ponto e vírgula ou uma nova linha.

Quando uma função é executada, os argumentos para a função tornar-se-ão os parâmetros de posicionamento durante a sua execução.

O parâmetro especial `# `, que se expande para o número de parâmetros posicionais, é atualizado para refletir a mudança.

Posicional parâmetro 0 mantém-se inalterado.

A variável funcname é definida como o nome da função, enquanto a função está em execução.

Se o retorno comando interno é executado em uma função, a função termina e

110 ▶ Administração de Servidores Linux

reinicia a execução com o próximo comando após a chamada da função. Quando uma função se completa, os valores dos parâmetros posicionais que estão no parâmetro especial `#` 'são restaurados para os valores que tinham antes da execução da função. Se um argumento numérico é retornado, ou seja, o status de retorno da função, caso contrário o status das funções de retorno é o status de saída do último comando executado antes do retorno.

Variáveis locais à função podem ser declaradas com o builtin local. Estas variáveis são visíveis apenas para a função e os comandos que ele invoca.

Funções podem ser recursivas. Nenhum limite é colocado sobre o número de chamadas recursivas.

Exemplo:

```
root@aluno# vi teste.sh
funcao() {
ls -la $1
}
funcao /tmp
```

Interação com scripts

Imagine que você precisa solicitar alguma informação para o operador de seu script Shell. Como fazer isso? O uso do comando a seguir lhe permite solicitar um valor e armazenar uma variável.

Sintax e

```
read [-ers] [-a aname] [-p prompt] [-t timeout]
    [-n nchars] [-d delim] [name...]
```

Opções

```
-a aname
```

As palavras são atribuídas aos índices sequenciais da variável matriz aname, começando em 0. Todos os elementos são removidos de aname antes da atribuição.

Outros nomes argumentos são ignorados.

```
-d delim
```

O primeiro caractere de delim é usado para terminar a linha de entrada, em vez de nova linha.

```
-e
```

Se o padrão de entrada é proveniente de um terminal, é utilizado Readline para obter a linha.

```
-n nchars
```
read retorna depois de ler os caracteres nChars em vez de esperar por uma completa linha de entrada.

```
-p prompt
```
Mostra o prompt, sem uma newlinw, antes de tentar ler uma entrada. O prompt será exibido somente se a entrada for proveniente de um terminal.

```
-r
```
Se esta opção for dada, barra invertida não funciona como um caractere de escape. A barra invertida é considerada parte da linha. Em particular, um backslash--newline par não pode ser usado como uma continuação da linha.

```
-s
```
Modo silencioso. Se a entrada for via terminal, os usuário não terão saída no vídeo.

```
-t timeoute.
```
Faz com que, caso uma linha não seja lida em determinado tempo em segundos, gera falha.

Exemplo:

```
root@aluno# vi teste1.sh
echo "Digite seu nome:\c"
read nome
echo "Ola $nome"
```

Init - o primeiro dos processos
Assim que o Linux ou Unix é inicializado, o kernel inicializa o INIT processo responsável por inicializar o bisaco para todos os outros processos e muitas vezes até mesmo mais que isso. Vamos ver como funciona.

O Processo init
O init é o primeiro processo iniciado no Linux, logo após a carga do kernel do sistema. Quando é disparado, o init continua a carga do sistema, geralmente executando vários scripts que irão verificar e montar sistemas de arquivos, configurar

112 ▸ Administração de Servidores Linux

teclado e iniciar servidores, entre outras tarefas.

O init utilizado no Linux permite que existam diversos níveis de execução no sistema. Um nível de execução é uma configuração de software do sistema que define quais processos devem ser inicializados e quais não devem, e também de que modo são inicializados.

Sysvinit

O mais tradicional dos init utilizado pelo Linux, o Sysvinit, tem como arquivo de configuração, onde são definidos os níveis de execução, o arquivo /etc/nittab. Em cada nível ele executará scripts localizados no /etc/rcX.d onde X indica o nível de execução. Veja os níveis na tabela:

Níveis de execução

A ideia por trás dos níveis de execução SysV Init gira em torno de que sistemas diferentes podem ser usados de formas diferentes. Por exemplo, um servidor roda mais eficientemente sem precisar lidar com a deterioração nos recursos disponíveis do sistema causada pelo Sistema X Window. Ou pode haver situações quando um administrador de sistemas pode precisar operar o sistema em um nível de execução mais baixo para executar tarefas de diagnóstico, como consertar a corrupção de disco no nível de execução 1.

As características de um determinado nível de execução determinam quais serviços são suspensos e iniciados pelo comando init. Por exemplo, nível de execução 1 (modo mono-usuário) suspende quaisquer serviços de rede, enquanto o nível de execução 3 inicia estes serviços. Ao determinar que certos serviços devem ser iniciados ou suspensos em determinados níveis de execução, o init pode rapidamente alterar o modo da máquina sem que o usuário precise iniciar ou parar serviços.

0 — Halt (Suspender)
1 — Modo texto monousuário
2 — Não utilizado (definível pelo usuário)
3 — Modo texto pleno multiusuário
4 — Não utilizado (definível pelo usuário)
5— Modo gráfico pleno multiusuário (com uma tela de autenticação baseada no X)
6 — Reboot (Reinicializar)

O formato de cada linha no arquivo inittab é o seguinte:
id: runlevels: ação: processo

Comandos Básicos ◀ 113

• id: uma sequência única de 1-4 caracteres que identifica essa
entrada no arquivo / etc / inittab.
• runlevels: os runlevels em que o processo deve ser invocado. Para exemplo, a
entrada runlevels 123 especifica algo que é executado em níveis 1, 2 ou 3.
• ação: descreve quais medidas devem ser tomadas. Opções para este campo são
explicadas na tabela seguinte.
• Processo: Nomes do processo (ou programa) para executar quando o nível de
execução é entrou.
A tabela a seguir especifica algumas ações válidas para o campo de ação.

Campo ação no arquivo inittab	Descrição
Respawn	O processo será reiniciado quando ele termina.
Wait	O processo será iniciado uma vez quando o nível de execução for inserido, e init irá aguardar a sua conclusão.
once	O processo será iniciado uma vez quando o nível de execução for inserido, no entanto, o init não vai esperar para encerramento do processo antes de eventualmente executar programas adicionais a serem executados naquele runlevel específico.
boot	O processo será executado na inicialização do sistema. O campo runlevels é ignorado neste caso.
bootwait	O processo será executado na inicialização do sistema de inicialização; irão aguardar a conclusão do carregador antes de avançar para o próximo processo a ser executado.
ondemand	O processo será executado quando um pedido específico de nível de execução ocorrer. Estes níveis de execução são a, b, e c. Não há alteração do nível de execução.
initdefault	Especifica o nível de execução padrão para inicialização no boot. Se nenhum padrão for especificado, o usuário é solicitado para um nível de execução no console.
sysinit	O processo será executado durante a inicialização do sistema, antes de qualquer uma das entradas de inicialização ou bootwait.

114 ▸ Administração de Servidores Linux

powerwait	Se init recebe um sinal de outro processo que há problemas com a energia, esse processo será executado. Antes de continuar, o init irá esperar para que esse processo termine.
powerfail	O mesmo que powerwait, exceto que o init não vai esperar para que o processo termine.
Powerokwait	Este processo será executado logo que o init é informado de que a energia foi restaurada.
ctrlaltdel	O processo init é executado quando recebe um sinal indicando que o usuário tenha pressionado o ctrl-alt-del. Tenha em mente que a maioria dos servidores X Window System captará essa combinação de teclas, e assim o init não pode receber este sinal, se o X Window System é ativo.

Abaixo arquivo /etc/inittab

```
# /etc/inittab: init(8) configuration.
# $Id: inittab,v 1.91 2002/01/25 13:35:21 miquels Exp $
# The default runlevel.
id:2:initdefault:
# Boot-time system configuration/initialization script.
# This is run first except when booting in emergency (-b) mode.
si::sysinit:/etc/init.d/rcS
# What to do in single-user mode.
~~:S:wait:/sbin/sulogin
# /etc/init.d executes the S and K scripts upon change
# of runlevel.
#
# Runlevel 0 is halt.
# Runlevel 1 is single-user.
# Runlevels 2-5 are multi-user.
# Runlevel 6 is reboot.
l0:0:wait:/etc/init.d/rc 0
l1:1:wait:/etc/init.d/rc 1
l2:2:wait:/etc/init.d/rc 2
l3:3:wait:/etc/init.d/rc 3
l4:4:wait:/etc/init.d/rc 4
l5:5:wait:/etc/init.d/rc 5
```

```
16:6:wait:/etc/init.d/rc 6
# Normally not reached, but fallthrough in case of emergency.
z6:6:respawn:/sbin/sulogin
# What to do when CTRL-ALT-DEL is pressed.
ca:12345:ctrlaltdel:/sbin/shutdown -t1 -a -r now
# Action on special keypress (ALT-UpArrow).
#kb::kbrequest:/bin/echo "Keyboard Request--edit /etc/inittab to
let this work."
# What to do when the power fails/returns.
pf::powerwait:/etc/init.d/powerfail start
pn::powerfailnow:/etc/init.d/powerfail now
po::powerokwait:/etc/init.d/powerfail stop
# /sbin/getty invocations for the runlevels.
#
# The "id" field MUST be the same as the last
# characters of the device (after "tty").
#
# Format:
# <id>:<runlevels>:<action>:<process>
#
# Note that on most Debian systems tty7 is used by the X Window
System,
# so if you want to add more getty's go ahead but skip tty7 if you
run X.
#
1:2345:respawn:/sbin/getty 38400 tty1
2:23:respawn:/sbin/getty 38400 tty2
3:23:respawn:/sbin/getty 38400 tty3
4:23:respawn:/sbin/getty 38400 tty4
5:23:respawn:/sbin/getty 38400 tty5
6:23:respawn:/sbin/getty 38400 tty6

# Exemplo how to put a getty on a serial line (for a terminal)
#
#T0:23:respawn:/sbin/getty -L ttyS0 9600 vt100
#T1:23:respawn:/sbin/getty -L ttyS1 9600 vt100
# Exemplo how to put a getty on a modem line.
#
#T3:23:respawn:/sbin/mgetty -x0 -s 57600 ttyS3
```

Desabilitando o CTRL+ALT+DEL

Aproveitando que acabamos de ler o inittab, vamos comentar a linha ca:12345:ctrlaltdel:/sbin/shutdown -t1 -a -r now inserindo no início uma #. Por que isso? Imagine se alguém que está acostumado a pressionar ctrl+alt+del para obter o pedido de login do sistema windows sente na frente de seu servidor e pressione esta combinação de teclas. Mesmo que ele não esteja logado como superusuário, ele irá conseguir desligar seu servidor.

Scripts de inicialização

Estes scripts são responsáveis por criar o ambiente e inicializar um determinado serviço. Foram criados para retirar a responsabilidade de um único administrador de serviços como é o INETD. Assim, a estabilidade do sistema é maior, uma vez que se um determinado serviço cai não afetará todos os outros, como ocorria com a queda do INETD que veremos mais à frente.

Esses scripts estão localizados em /etc/init.d e na sua grande maioria basta executá-los da seguinte forma /etc/init.d/apache2 stop para parar o apache por exemplo ou /etc/init.d/apache2 start para iniciar o serviço do apache. Outras opções podem existir e normalmente basta você não passar nenhum parâmetro para o scriptp que ele lhe retornará os parâmetros existentes.

Veja com é um destes scripts.

```
#!/bin/sh
### BEGIN INIT INFO
# Provides:        apache2
# Required-Start:  $local_fs $remote_fs $network $syslog $named
# Required-Stop:   $local_fs $remote_fs $network $syslog $named
# Default-Start:   2 3 4 5
# Default-Stop:    0 1 6
# X-Interactive:   true
# Short-Description: Start/stop apache2 web server
### END INIT INFO
set -e
if [ -n "$APACHE_CONFDIR" ] ; then
    if [ "${APACHE_CONFDIR##/etc/apache2-}" != "$APACHE_CONF-
DIR}" ] ; then
        DIR_SUFFIX="${APACHE_CONFDIR##/etc/apache2-}"
    else
        DIR_SUFFIX=
```

```
        fi
elif [ "${0##*/apache2-}" != "$0" ] ; then
        DIR_SUFFIX="-${0##*/apache2-}"
        APACHE_CONFDIR=/etc/apache2$DIR_SUFFIX
else
        DIR_SUFFIX=
        APACHE_CONFDIR=/etc/apache2
fi
if [ -z "$APACHE_ENVVARS" ] ; then
        APACHE_ENVVARS=$APACHE_CONFDIR/envvars
fi
export APACHE_CONFDIR APACHE_ENVVARS
ENV="env -i LANG=C PATH=/usr/local/bin:/usr/bin:/bin"
if [ "$APACHE_CONFDIR" != /etc/apache2 ] ; then
        ENV="$ENV APACHE_CONFDIR=$APACHE_CONFDIR"
fi
if [ "$APACHE_ENVVARS" != "$APACHE_CONFDIR/envvars" ] ; then
        ENV="$ENV APACHE_ENVVARS=$APACHE_ENVVARS"
fi
#edit /etc/default/apache2 to change this.
HTCACHECLEAN_RUN=auto
HTCACHECLEAN_MODE=daemon
HTCACHECLEAN_SIZE=300M
HTCACHECLEAN_DAEMON_INTERVAL=120
HTCACHECLEAN_PATH=/var/cache/apache2$DIR_SUFFIX/mod_disk_cache
HTCACHECLEAN_OPTIONS=""
APACHE_HTTPD=$(. $APACHE_ENVVARS && echo $APACHE_HTTPD)
if [ -z "$APACHE_HTTPD" ] ; then
        APACHE_HTTPD=/usr/sbin/apache2
fi
if [ ! -x $APACHE_HTTPD ] ; then
        echo "No apache MPM package installed"
        exit 0
fi

. /lib/lsb/init-functions

test -f /etc/default/rcS && . /etc/default/rcS
if [ -f /etc/default/apache2$DIR_SUFFIX ] ; then
```

118 ▶ Administração de Servidores Linux

```
        . /etc/default/apache2$DIR_SUFFIX
elif [ -f /etc/default/apache2 ] ; then
        . /etc/default/apache2
fi
APACHE2CTL="$ENV /usr/sbin/apache2ctl"
HTCACHECLEAN="$ENV /usr/sbin/htcacheclean"
PIDFILE=$(. $APACHE_ENVVARS && echo $APACHE_PID_FILE)
if [ -z "$PIDFILE" ] ; then
        echo ERROR: APACHE_PID_FILE needs to be defined in $APACHE_
ENVVARS >&2
        exit 2
fi
check_htcacheclean() {
        [ "$HTCACHECLEAN_MODE" = "daemon" ] || return 1

        [ "$HTCACHECLEAN_RUN" = "yes" ] && return 0

        MODSDIR=$(. $APACHE_ENVVARS && echo $APACHE_MODS_ENABLED)
        [ "$HTCACHECLEAN_RUN" = "auto" \
        -a -e ${MODSDIR:-$APACHE_CONFDIR/mods-enabled}/disk_cache.
load ] && \
                return 0
                return 1
}
start_htcacheclean() {
        if [ ! -d "$HTCACHECLEAN_PATH" ] ; then
                echo "... directory $HTCACHECLEAN_PATH does not ex-
ist!" >&2
                return 1
        fi
        $HTCACHECLEAN $HTCACHECLEAN_OPTIONS -d$HTCACHECLEAN_DAEMON_
INTERVAL \
                        -i -p$HTCACHECLEAN_PATH -l$HTCACHECLEAN_SIZE
}

stop_htcacheclean() {
        pkill -P 1 -f "htcacheclean.* -p$HTCACHECLEAN_PATH " 2> /
dev/null || echo ...not running
}
```

Comandos Básicos ◀ 119

```
pidof_apache() {
        # if there is actually an apache2 process whose pid is in
PIDFILE,
        # print it and return 0.
        if [ -e "$PIDFILE" ]; then
                if pidof apache2 | tr ' ' '\n' | grep -w $(cat
$PIDFILE); then
                        return 0
                fi
        fi
        return 1
}
apache_stop() {
        if $APACHE2CTL configtest > /dev/null 2>&1; then
                # if the config is ok than we just stop normaly
        $APACHE2CTL stop 2>&1 | grep -v 'not running' >&2 || true
        else
                # if we are here something is broken and we need to
try
                # to exit as nice and clean as possible
                PID=$(pidof_apache) || true
                if [ "${PID}" ]; then
                        # in this case it is everything nice and dandy
and we kill apache2
                        echo
                        log_warning_msg "The apache2$DIR_SUFFIX
configtest failed, so we are trying to kill it manually. This is al-
most certainly suboptimal, so please make sure your system is work-
ing as you'd expect now!"
                kill $PID
                elif [ "$(pidof apache2)" ]; then
                        if [ "$VERBOSE" != no ]; then
                echo " ... failed!"
                                echo "You may still have some apache2
processes running. There are"
                                echo "processes named 'apache2' which do
not match your pid file,"
                                echo "and in the name of safety, we've
left them alone. Please review"
```

120 ▶ Administração de Servidores Linux

```
                            echo "the situation by hand."
            fi
            return 1
                fi
        fi
}
apache_wait_stop() {
        # running ?
        PIDTMP=$(pidof_apache) || true
        if kill -0 "${PIDTMP:-}" 2> /dev/null; then
          PID=$PIDTMP
        fi
        apache_stop
        # wait until really stopped
        if [ -n "${PID:-}" ]; then
                i=0
                while kill -0 "${PID:-}" 2> /dev/null; do
                if [ $i = '60' ]; then
                        break;
                else
                        if [ $i = '0' ]; then
                                echo -n " ... waiting "
                        else
                                echo -n "."
                        fi
                        i=$(($i+1))
                        sleep 1
            fi
                done
        fi
}
case $1 in
        start)
                log_daemon_msg "Starting web server" "apache2"
                if $APACHE2CTL start; then
                        if check_htcacheclean ; then
                                log_progress_msg htcacheclean
                                start_htcacheclean || log_end_msg 1
                fi
```

Comandos Básicos ◀ 121

```
            log_end_msg 0
        else
            log_end_msg 1
        fi
        ;;
        stop)
                if check_htcacheclean ; then
                        log_daemon_msg "Stopping web server"
"htcacheclean"
                        stop_htcacheclean
                        log_progress_msg "apache2"
                else
                        log_daemon_msg "Stopping web server" "apache2"
                fi
                if apache_wait_stop; then
            log_end_msg 0
        else
            log_end_msg 1
        fi
        ;;
        graceful-stop)
                if check_htcacheclean ; then
                        log_daemon_msg "Stopping web server"
"htcacheclean"
                        stop_htcacheclean
                        log_progress_msg "apache2"
                else
                        log_daemon_msg "Stopping web server" "apache2"
                fi
                if $APACHE2CTL graceful-stop; then
            log_end_msg 0
        else
            log_end_msg 1
        fi
        ;;
        reload | force-reload | graceful)
                if ! $APACHE2CTL configtest > /dev/null 2>&1; then
            $APACHE2CTL configtest || true
            log_end_msg 1
```

122 ▸ Administração de Servidores Linux

```
        exit 1
    fi
    log_daemon_msg "Reloading web server config" "apache2"
            if pidof_apache > /dev/null ; then
        if $APACHE2CTL graceful $2 ; then
            log_end_msg 0
        else
            log_end_msg 1
        fi
    fi
    ;;
    restart)
            if ! $APACHE2CTL configtest > /dev/null 2>&1; then
                $APACHE2CTL configtest || true
                log_end_msg 1
                exit 1
            fi
            if check_htcacheclean ; then
                    log_daemon_msg "Restarting web server"
"htcacheclean"
                    stop_htcacheclean
                    log_progress_msg apache2
            else
                    log_daemon_msg "Restarting web server"
"apache2"
            fi
            PID=$(pidof_apache) || true
            if ! apache_wait_stop; then
        log_end_msg 1 || true
    fi
            if $APACHE2CTL start; then
                    if check_htcacheclean ; then
                            start_htcacheclean || log_end_msg 1
                    fi
        log_end_msg 0
    else
        log_end_msg 1
    fi
    ;;
```

Comandos Básicos ◀ 123

```
start-htcacheclean)
        log_daemon_msg "Starting htcacheclean"
        start_htcacheclean || log_end_msg 1
        log_end_msg 0
    ;;
stop-htcacheclean)
        log_daemon_msg "Stopping htcacheclean"
                stop_htcacheclean
                log_end_msg 0
    ;;
status)
        PID=$(pidof_apache) || true
        if [ -n "$PID" ]; then
                echo "Apache2$DIR_SUFFIX is running (pid
$PID)."
                exit 0
        else
                echo "Apache2$DIR_SUFFIX is NOT running."
                exit 1
        fi
    ;;
*)
        log_success_msg "Usage: /etc/init.d/apache2$DIR_SUF-
FIX {start|stop|graceful-stop|restart|reload|force-reload|start-
htcacheclean|stop-htcacheclean|status}"
        exit 1
    ;;
esac
```

Links de inicialização dos serviços

Como dito anteriormente, os links dos scripts de inicialização ficam no diretório /etc/rcX.d. Neste local podemos ver que alguns links começam com a letra K e outros com a letra S, que significa, respectivamente, scripts de interrupção e inicialização de serviços. A ordem de execução depende do número que vem logo após estas letras. Mais de um arquivo poderá ter o mesmo número, então a ordem será alfabética.

Exemplos de criação de links

124 ▸ Administração de Servidores Linux

Exemplo:
```
root@aluno# ln -s /etc/init.d/apache2 rc5.d/S03apache2
```

Exemplo:
```
root@aluno# ln -s /etc/init.d/apache2 rc6.d/K01apache2
```
o retorno de um comando ls -l mostraria o abaixo,

Exemplo:
```
root@aluno# ls -l rc6.d/K01apache2
lrwxrwxrwx 1 root root 17 Abr 20 12:51 rc6.d/K01apache2 -> ../
init.d/apache2
```

Comandos de manipulação dos serviços

Invoke-rc.d

É uma interface genérica para executar script de inicialização System V do tipo /etc/init.d/nome, obedecendo às restrições de nível de execução, bem como às políticas locais definidas pelo administrador do sistema.
INIT SCRIPT ACTIONS
As ações padrão são:start, stop, force-stop, restart, reload, force-reload e status .
Os parâmetros adicionais serão passados para o script de inicialização (s) a ser executado.

Se uma ação deve ser realizada independentemente de qualquer política local, use a opção --force.

Opções

--help	mostra o uso do help
--quiet	modo silencioso, nenhuma mensagem é gerada
--force	Tenta executar o script de inicialização, independentemente da política erros do script init. O uso dessa opção no script do mantenedor Debian é extremamente desaconselhado.
--try-anyway	Tenta executar o script de inicialização, se um erro não-fatal é detectado.

Comandos Básicos ◂ 125

--disclose-deny   Retorna código de status 101 em vez de código de status 0 se a ação de script init é negada.

--query   Retorna um dos códigos de status 100-106. Não executa o script de inicialização, e implica --disclose-deny e --no-fallback.

--no-fallback   Ignora os pedidos de ação por recuo da camada de política. Atenção: essa é geralmente uma ideia muito ruim para qualquer outra ação que começar.

insserv
Habilita um script de inicialização já instalado.
SYNOPSIS

```
insserv [-v] [-d] [-f] [[/]path/to/init.d/]script ...
insserv [-v] [[/]path/to/init.d/]script[,start=<lvl1>[,<lvl2>]] ...
insserv [-v] -r [-d] [-f] [[/]path/to/init.d/]script ...
insserv -h
/usr/lib/lsb/install_initd [[/]path/to/init.d/script]
/usr/lib/lsb/remove_initd [[/]path/to/init.d/script]
```

DESCRIÇÃO
insserv permite que um script de inicialização do sistema seja instalado através da leitura do comentário do cabeçalho do script.:

```
### BEGIN INIT INFO
# Provides:      boot_facility_1 [ boot_facility_2 ...]
# Required-Start: boot_facility_1 [ boot_facility_2 ...]
# Required-Stop: boot_facility_1 [ boot_facility_2 ...]
# Should-Start:  boot_facility_1 [ boot_facility_2 ...]
# Should-Stop:   boot_facility_1 [ boot_facility_2 ...]
# Default-Start: run_level_1 [ run_level_2 ...]
# Default-Stop:  run_level_1 [ run_level_2 ...]
# Description:   multiline_description
### END INIT INFO
```

O insserv reordena o nível de execução para resolver as dependências conhecidas nos links dos diretórios.

126 ▸ Administração de Servidores Linux

Runlevels conhecidos são:
0 used for System halt
1 used for single user mode
2 used for local multiuser without remote network
3 used for full multiuser with network
4 reserved for local use
5 used for full multiuser with network and xdm
6 used for System reboot
S used during boot into single user mode
B used during boot before any other runlevel

insserv escaneia o sistema de Instalações no arquivo de configuração /etc/insserv. conf / e cada arquivo no diretório /etc/insserv.conf.d /. Cada linha que comece com $ e um nome a seguir define uma facilidade do sistema de acordo com a Linux Standard Base Specification (LSB). Aqui está um exemplo para /etc/insserv. conf /:

```
#
# All local filesystems are mounted (done during boot phase)
#
$local_fs      +mountall +mountoverflowtmp +umountfs
#
# Low level networking (ethernet card)
#
$network       +networking +ifupdown
#
# Named is operational
#
$named         +named +dnsmasq +lwresd +bind9 $network
#
# All remote filesystems are mounted (note in some cases /usr may
# be remote. Most applications that care will probably require
# both $local_fs and $remote_fs)
#
$remote_fs     $local_fs +mountnfs +mountnfs-bootclean +umountnfs
+sendsigs
#
# System logger is operational
#
```

```
$syslog        +rsyslog +sysklogd +syslog-ng +dsyslog +inetutils-
syslogd
#
# SunRPC portmapper available
#
$portmap       portmap
#
# The system time has been set correctly
#
$time          +hwclock
#
# Services which need to be interactive
#
<interactive> glibc udev console-screen keymap keyboard-setup
console-setup cryptdisks cryptdisks-early checkfs-loop
```

Opções
Atualmente só existem quatro opções.

-v, --verbose	Escreve toda a saída.
-n, --dryrun	Não sobrepõe links.
-r, --remove	Remove scripts listados de todos os runlevels.
-d, --default	Usa o runlevel default definido no script.
-f, --force	Ignora qualquer serviço requerido.

Argumentos
`[[/]path/to/init.d/]`
Caminho relativo ou absoluto para o diretório de scripts de inicialização de base.
Neste caso, insserv não vai adicionar ou remover um script para o runlevel de-
clarado nos cabeçalhos do script, mas pode voltar a encomendar o runlevels se a
ordem dos scripts atualmente habilitados mudar.

`[[/]path/to/init.d/]script ...`
Lista de scripts que devem ser adicionados ao runlevels. Se o caminho for usado,
ele deve apontar para a localização absoluta ou relativa dos scripts de inicialização.
`[[/]path/to/init.d/]script[,start=<lvl1>[,<lvl2>]] ...`
Lista de scripts que serão adicionados para um runlevel específico para ser inicializado.

128 ▸ Administração de Servidores Linux

```
-r [[/]path/to/init.d/]script ...
```
Lista de scripts que serão removidos dos runlevels.

Códigos de saída

Os códigos de saída têm as seguintes condições:
0   Serviço foi instalado ou removido com sucesso.
1   Serviço foi instala ou removido com erro.

Notas

Nomes que o insserv não aceita como script de boot:

```
*.local
*.rpm*
*.ba*
*.old
*.new
*.save
*.swp
*.core
*~
$.#%_+-\*[]^:()~
```
Todos serão ignorados.

update-rc.d
Instala e remove scripts de inicialização estilo SystemV.
Syntaxe
```
update-rc.d [-n] [-f] nome a remover
update-rc.d [-n] nome defaults [NN | SS KK]
update-rc.d  [-n]  nome start|stop NN runlevel [runlevel]...  .
start|stop NN runlevel [runlevel]... . ...
```

Descrição
update-rc.d atualiza os links /etc/rcrunlevel.d/Nnome com o script de origem /etc/init.d/name. Estes links são executados quando há uma troca no runlevel. São geralmente usados para inicializar ou parar serviços em que o N é um nível do sistema.

Exemplo:
```
root@aluno# update-rc.d -f apache2
```
Remove os links de inicialização do apache2

Exemplo:
```
root@aluno# update-rc.d apache2 defaults
```
Cria os links para inicialização.

chkconfig
Habilita um script de inicialização a partir das linhas de comentários no cabeçalho do script.

Exemplo:
```
root@aluno# Chkconfig -add apache2
root@aluno# chkconfig -del apache2
```

rcconf
O meu predileto. Ele gerencia os scripts de inicialização através de menu semigráfico, bastando pressionar a barra de espaço para marcar ou desmarcar um script para ser inicializado na forma default ou conforme descrito nas primeiras linhas do script.

Deligando o servidor
Um sistema operacional, quando ativo, tem normalmente vários programas em execução em sua memória, bem como pode estar gravando dados e executando várias tarefas simultaneamente. Por esta razão não é aconselhável que se desligue um computador, sendo este servidor ou não, diretamente no botão de liga/desliga ou mesmo removendo o suporte de energia. Cada sistema operacional tem sua forma correta de desligar e veremos aqui o que é aconselhável para o Debian.

Halt ou init 0
O halt ou mesmo o init 0 solicitarão aos programas que dentro de um prazo determinado finalizem suas atividades e ele, o halt, ficará monitorando isto para que assim que tudo estiver finalizado ele possa desligar o sistema como um todo. Estes desligamentos ocorrem conforme já explicado em scripts de inicialização. Uso

Exemplo:

130 ▸ **Administração de Servidores Linux**

```
root@aluno# halt
```

Exemplo:
```
root@aluno# init 0
```

Reboot ou init 6

O reboot fará com que a máquina reinicialize o mais rápido possível seguindo as regras de desligamento impostas em /etc/rcX.d.
Uso

Exemplo:
```
root@aluno# reboot
```

Alternando de runlevel
Algumas funções que temos que desempenhar como administradores nos forçam a fazer com que os usuários não possam trabalhar no equipamento em questão. Para isso, o Linux possui o nível 1, que é o nível de manutenção em que o equipamento pode acessar a rede, mas os serviços estão todos desativados para acesso remoto.
Como ir para este runlevel.

Exemplo:
```
root@aluno# init 1
```
Será solicitada a senha do root como modo de segurança para irmos para o prompt.
Para voltarmos para o modo multiusuário multitarefa, que normalmente os servidores devem ficar para serem acessados, basta procedermos com o comando: init 5 ou mesmo pressionarmos a sequencia CTRL+D.

Servidor de Impressão

O Linux possui vários servidores de impressão, mas de longe o CUPS é o mais robusto e versátil. Neste capitulo veremos como é simples a instalação de um servidor CUPS no Debian.

Instalando CUPS

aptitude install cups
Dependendo de seu /etc/apt/sources.list e da época da instalação, você verá uma

Comandos Básicos ◀ **131**

série de pacotes de que o cups depende para sua instalação, mas esta é a parte boa de se usar o aptitude; ele resolve todas as dependências.

Os NOVOS pacotes a seguir serão instalados:
```
cups cups-client{a} cups-common{a} cups-driver-gutenprint{a}
cups-ppdc{a} fancontrol{a} foomatic-db{a} foomatic-db-engine{a}
foomatic-filters{a} foomatic-filters-ppds{a} ghostscript{a} ghost-
script-cups{a} gsfonts{a} hpijs{a} libcupscgi1{a} libcupsdriver1{a}
libcupsimage2{a} libcupsmime1{a} libcupsppdc1{a} libgs8{a}
libgutenprint2{a} libhpmud0{a} libijs-0.35{a} libjbig2dec0{a}
liblcms1{a} libpaper-utils{a} libpaper1{a} libperl5.10{a}
libpoppler5{a} libsensors4{a} libslp1{a} libsnmp-base{a}
libsnmp15{a} lm-sensors{a} min12xxw{a} pnm2ppa{a} poppler-utils{a}
ttf-freefont{a}
```

São fontes, drives de impressoras e muitos outros pacotes necessários para facilitar a vida do administrador.

Para verificar se a instalação básica ocorreu corretamente, veja com o comando
```
root@aluno# netstat -tau
```

Que aparece entre outras linhas a linha mostrada abaixo:
```
udp    0   0 *:ipp          *:*
```

Onde o IPP é o nosso serviço de impressão ativo.

Através do comando
```
root@aluno# netstat -taun
udp    0   0 0.0.0.0:631        0.0.0.0:*
```

Vemos a mesma informação mostrada através do número da porta de conexão. Vamos estudar isso mais à frente.

Poderíamos ficar aqui escrevendo várias linhas sobre o cups e seus comandos no prompt, mas não seria produtivo, pois o CUPS pode ser totalmente administrado através de browser, bastando, para isso, se conectar ao endereço http://localhost:631. Algumas funções irão solicitar a senha de root.

Vejamos o arquivo de configuração do CUPS, pois este talvez precise de alguma alteração.

132 ▶ Administração de Servidores Linux

```
/etc/cups/cupsd.conf
#
#
# Sample configuration file for the CUPS scheduler. See "man cupsd.
conf" for a
# complete description of this file.
#
# Log general information in error_log - change "warn" to "debug"
# for troubleshooting...
LogLevel warn
# Deactivate CUPS' internal logrotating, as we provide a better
one, especially
# LogLevel debug2 gets usable now
MaxLogSize 0
# Administrator user group...
SystemGroup lpadmin
# Only listen for connections from the local machine.
Listen *:631 #Troque localhost por *
Listen /var/run/cups/cups.sock
# Show shared printers on the local network.
Browsing On
BrowseOrder allow,deny
BrowseAllow all
BrowseLocalProtocols CUPS dnssd
# Default authentication type, when authentication is required...
DefaultAuthType Basic
# Restrict access to the server...
<Location />
 Order allow,deny
   Allow All  #Adicione esta linha para poder controlar o servidor
via browser sem estar na console
</Location>
# Restrict access to the admin pages...
<Location /admin>
 Order allow,deny
   Allow All  #Adicione esta linha para poder controlar o servidor
via browser sem estar na console
</Location>
# Restrict access to configuration files...
```

Comandos Básicos ◀ 133

```
<Location /admin/conf>
 AuthType Default
 Require user @SYSTEM
 Order allow,deny
</Location>
# Set the default printer/job policies...
<Policy default>
 # Job-related operations must be done by the owner or an
administrator...
 <Limit Send-Document Send-URI Hold-Job Release-Job Restart-Job
Purge-Jobs Set-Job-Attributes Create-Job-Subscription Renew-Sub-
scription Cancel-Subscription Get-Notifications Reprocess-Job Can-
cel-Current-Job Suspend-Current-Job Resume-Job CUPS-Move-Job
CUPS-Get-Document>
  Require user @OWNER @SYSTEM
  Order deny,allow
 </Limit>
 # All administration operations require an administrator to au-
thenticate...
 <Limit CUPS-Add-Modify-Printer CUPS-Delete-Printer CUPS-Add-Modi-
fy-Class CUPS-Delete-Class CUPS-Set-Default CUPS-Get-Devices>
  AuthType Default
  Require user @SYSTEM
  Order deny,allow
 </Limit>
 # All printer operations require a printer operator to
authenticate...
 <Limit Pause-Printer Resume-Printer Enable-Printer Disable-Printer
Pause-Printer-After-Current-Job Hold-New-Jobs Release-Held-New-Jobs
Deactivate-Printer Activate-Printer Restart-Printer Shutdown-
Printer Startup-Printer Promote-Job Schedule-Job-After CUPS-Accept-
Jobs CUPS-Reject-Jobs>
  AuthType Default
  Require user @SYSTEM
  Order deny,allow
 </Limit>
 # Only the owner or an administrator can cancel or authenticate a
job...
 <Limit Cancel-Job CUPS-Authenticate-Job>
```

134 ▶ Administração de Servidores Linux

```
 Require user @OWNER @SYSTEM
 Order deny,allow
 </Limit>
 <Limit All>
 Order deny,allow
 </Limit>
</Policy>
# Set the authenticated printer/job policies...
<Policy authenticated>
 # Job-related operations must be done by the owner or an
administrator...
 <Limit Create-Job Print-Job Print-URI>
 AuthType Default
 Order deny,allow
 </Limit>
 <Limit Send-Document Send-URI Hold-Job Release-Job Restart-Job
Purge-Jobs Set-Job-Attributes Create-Job-Subscription Renew-
Subscription Cancel-Subscription Get-Notifications Reprocess-Job
Cancel-Current-Job Suspend-Current-Job Resume-Job CUPS-Move-Job
CUPS-Get-Document>
 AuthType Default
 Require user @OWNER @SYSTEM
 Order deny,allow
 </Limit>
 # All administration operations require an administrator to
authenticate...
 <Limit CUPS-Add-Modify-Printer CUPS-Delete-Printer CUPS-Add-
Modify-Class CUPS-Delete-Class CUPS-Set-Default>
 AuthType Default
 Require user @SYSTEM
 Order deny,allow
 </Limit>

 # All printer operations require a printer operator to
authenticate...
 <Limit Pause-Printer Resume-Printer Enable-Printer Disable-Printer
Pause-Printer-After-Current-Job Hold-New-Jobs Release-Held-New-
Jobs Deactivate-Printer Activate-Printer Restart-Printer Shutdown-
Printer Startup-Printer Promote-Job Schedule-Job-After CUPS-Accept-
```

```
Jobs CUPS-Reject-Jobs>
  AuthType Default
  Require user @SYSTEM
  Order deny,allow
</Limit>
# Only the owner or an administrator can cancel or authenticate a
job...
  <Limit Cancel-Job CUPS-Authenticate-Job>
  AuthType Default
  Require user @OWNER @SYSTEM
  Order deny,allow
 </Limit>
<Limit All>
  Order deny,allow
 </Limit>
</Policy>
```

Adicionando uma impressora no Cups via Browser
A seguir vamos instalar uma impressora e você verá como é simples, vamos lá;
No browser coloque a seguinte url
http://192.168.0.112:631/

O ip será o de seu servidor de impressão; no meu caso foi 192.168.0.112 seguido de: e porta de conexão 631.
Clique em
adninistration
add printer
Opa! Estamos com uma mensagem na tela que nos informa que o cups se tornou mais seguro ainda. Ele agora exige que nos conectemos via página criptografada com SSL. Isto é muito bom, então vamos clicar no endereço que ele sugere no browser.
Cada browser se comporta de uma forma diferente quando está de frente para um servidor HTTPS, então responda da maneira que seu browser entenda que este é um site seguro para você navegar e vamos continuar nossa criação de nova impressora.
Neste ponto você deverá fazer algumas opções para sua impressora.
Show printers shared by other systems
Share printers connected to this system
Allow printing from the Internet

136 ▸ Administração de Servidores Linux

Allow remote administration
Use Kerberos authentication (FAQ)
Allow users to cancel any job (not just their own)
Save debugging information for troubleshooting
Clique novamente no botão
add printer

Agora está sendo solicitado o nome de um usuário com poderes de root e sua senha.

Se você satisfez esta necessidade de senha, agora você estará vendo uma lista com várias opções e se caso você tenha impressoras instaladas em máquinas que permitem o compartilhamento, com certeza, estará vendo-as nesta lista, pois uma das opções default do Cups é rastrear por impressoras disponíveis na rede.
Responda aos questionamentos que lhe serão feitos, como driver da impressora, tamanho do papel, resolução padrão, e com três cliques você estará com sua impressora ativa e disponível para todos se você assim quiser.

Voltando em **Adminitration,** observe as seguintes opções:
Show printers shared by other systems
Share printers connected to this system
 Allow printing from the Internet
Allow remote administration
Use Kerberos authentication (FAQ)
Allow users to cancel any job (not just their own)
Save debugging information for troubleshooting

Arquivos de configuração do Cups

`/etc/printcap`	Contém o nome das impressoras.
`/etc/cups/clientes.conf`	Arquivo de clientes.
`/etc/cups/cupsd.conf`	Possui toda a configuração do servidor.
`/etc/cups/printers.conf`	Arquivo mantido para ser compatível com programas que ainda procuram este arquivo. Possui a configuração das impressoras.
`/etc/vups/classes.conf`	Arquivo de configuração de classes.

FDISK

Descrição

Os discos rígidos podem ser divididos em um ou mais discos lógicos chamados de *partições*. Esta divisão é descrita na *tabela* de *partição* encontrada no setor 0 do disco.

O Linux precisa de pelo menos uma partição para o seu sistema de arquivos raiz. Ele pode usar arquivos de troca e/ou partições de swap, mas o último é mais eficiente. Então, geralmente uma segunda partição Linux dedicada como partição swap é criada. Em hardware compatível com Intel, o BIOS que inicializa o sistema pode, muitas vezes, só ter acesso aos primeiros 1024 cilindros do disco. Por esta razão, as pessoas com discos grandes muitas vezes precisam criar uma terceira partição de apenas alguns MB d, normalmente montada em */boot,* para armazenar a imagem do kernel e alguns arquivos auxiliares necessários na hora da inicialização, de modo a certificar-se de que este material é acessível para o BIOS. Por razões de segurança, facilidade de administração e de backup, ou teste, para usar mais do que o número mínimo de partições.

fdisk é um programa orientado para o menu de criação e manipulação de tabelas de partição. Ele compreende tabelas de partição do tipo DOS e BSD ou disklabels tipo de dom.

Usase:

fdisk [options] <disk>   troca tabela de partição.
fdisk [options] -l <disk> lista tabelas de partição.
fdisk -s <partition>   mostra tabela de partição em blocos.

Opções:

-b <size>	tamanho do setor (512, 1024, 2048 or 4096).
-c	desliga modo compatível DOS.
-h	mostra o help.
-v	mostra versão.
-C <number>	especifica o número de cilindros.
-H <number>	especifica o número de cabeças.
-S <number>	especifica o número de setores por cilindro.

Depois de executar o comando, no exemplo a seguir você terá as seguintes opções.

```
fdisk /dev/sda
```

138 ▶ Administração de Servidores Linux

```
WARNING: DOS-compatible mode is deprecated. It's strongly
recommended to
    switch off the mode (command 'c') and change display units to
    sectors (command 'u').
```

Comando (m para ajuda): m
Comando - ação
  a alterna a opção "inicializável".
  b edita rótulo BSD no disco.
  c alterna a opção "compatibilidade".
  d exclui uma partição.
  l lista os tipos de partição conhecidos.
  m mostra este menu.
  n cria uma nova partição.
  o cria uma nova tabela de partições DOS vazia.
  p mostra a tabela de partições.
  q sai sem salvar as alterações.
  s cria um novo rótulo de disco Sun vazio.
  t altera a identificação da partição para o sistema.
  u altera as unidades das entradas mostradas.
  v verifica a tabela de partições.
  w grava a tabela no disco e sai.
  x funcionalidade adicional (somente para usuários avançados).

A opção L lhe mostra o menu abaixo com todos os tipos de partições que o fdisk trabalha:

Comando (m para ajuda):

0 Vazia	24 DOS NEC	81 Linux antigo/Mi bf Solaris
1. FAT12	39 Plan 9	82 Linux swap / So c1 DRDOS/sec (FAT1
2. root XENIX	3c Recuperação d	83 Linux c4 DRDOS/sec (FAT1
3. usr XENIX	40 Venix 80286	84 Unidade C: OS/2 c6 DRDOS/sec (FAT1
4. FAT16 < 32 M	41 Boot PReP PPC	85 Estendida Linux c7 Syrinx
5. Estendida	42 SFS	86 Conjunto de vol da Dados Não-FS
6. FAT16	4d QNX4.x	87 Conjunto de vol db CP/M / CTOS / .
7. HPFS ou NTFS	4e QNX4.x 2ª part	88 Linux texto pla de Utilitário Del
8. AIX	4f QNX4.x 3ª part	8e Linux LVM df BootIt
9. AIX inicializá	50 DM OnTrack	93 Amoeba e1 Acesso DOS

a. Gerenc. Inicial 51 DM6 OnTrack Aux 94 Amoeba BBT e3 DOS R/O
b. W95 FAT32   52 CP/M   9f BSD/OS   e4 SpeedStor
c. W95 FAT32 (LBA) 53 DM6 OnTrack Aux a0 Hibernação IB eb sist. arq. BeOS
d. W95 FAT16 (LBA) 54 DM6 OnTrack   a5 FreeBSD   ee GPT
e. Win95 (LBA) Par 55 EZ-Drive   a6 OpenBSD   ef EFI (FAT-12/16/

10. OPUS   56 Golden Bow a7 NeXTSTEP   f0 Inicialização
11. FAT12 Escondida 5c Edisk Priam   a8 Darwin UFS   f1 SpeedStor
12. Diagnóstico Co 61 SpeedStor   a9 NetBSD   f4 SpeedStor
13. FAT16 Escondida 63 GNU HURD ou Sys ab Inicialização f2 DOS secundário
14. FAT16 Escondida 64 Novell Netware af HFS / HFS+   fb VMware VMFS
15. HPFS ou NTFS Es 65 Novell Netware b7 sist. arq. BSDI fc VMware VM-KCORE
16. AST SmartSleep 70 Multi-Boot Disk b8 permuta BSDI fd Detecção auto
    1. Partição Esco 75 PC/IX   bb Assistente de I fe LANstep
    2. AT32 Win95 Esc 80 Minix antigo be Inicialização ff BBT

Exemplo:
Para criar uma nova partição:
`root@aluno#fdisk /dev/sde`

opção n
opção p
número 1 (caso não exista)
w (sair salvando a nova estrutura de partições.

Para trocar o tipo da partição:
`root@aluno# fdisk /dev/sde`

opção t
opção l (mostra a lista de tipos de partições)
digite 83 (partição padrão Linux)

LVM

O gestor de volumes lógicos permite criar e gerenciar o armazenamento dos servidores de uma forma muito útil, e adicionar, remover e redimensionar as partições por demanda.

Terminologias do LVM

volumes físicos
Estes são os seus discos físicos ou partições de disco, tal como /dev/sda ou / dev/ hdb1. Usando LVM, podemos combinar múltiplos volumes físicos em grupos de volume.

grupos de volume
Um grupo de volume é composto de verdadeiros volumes físicos, e é o armazenamento usado para criar volumes lógicos que você pode criar/redimensionar/remover e utilizar. Você pode considerar um grupo de volume como uma "partição virtual" que é composta por um número arbitrário de volumes físicos.

volumes lógicos
Estes são os volumes que você vai finalmente usar para a montagem do seu sistema. Eles podem ser adicionados, removidos e redimensionados, uma vez que estão contidos nos grupos de volume que podem ser maiores do que qualquer volume físico único que possa ter. Por exemplo, posso ter HD 4X5GB que gera um grupo de 20GB, mas posso criar, por exemplo, uma unidade lógica de 10GB e reservar o restante para uma nova unidade lógica ou mesmo para um redimensionamento futuro.

Criar um grupo de volume
Para utilizar o LVM, você precisa ter pelo menos uma partição. Inicialize-o para o uso com LVM e depois inclua-o em um grupo de volumes. Por que você faria isso? Bem, isso irá deixá-lo criar novas partições e fazer melhor uso do espaço de seu HD.

Aqui eu tenho uma partição de 7GB de raiz que contém o meu Debian. Eu também tenho uma partição de 28GB que será utilizada pelo LVM. Eu escolhi esta configuração para que eu possa criar uma partição /home utilizando LVM - e se eu precisar de mais espaço posso estendê-lo.

Neste exemplo, hda1, hda2 e hda3 são volumes físicos. Vamos inicializar hda3 como um volume físico:

No meu caso, tenho um laptop com a seguinte configuração:
```
root@aluno#pvcreate /dev/sda3
```

Se quiser combinar mais partições, basta repetir o comando para cada novo HD ou partição a agrupar.
```
root@aluno#pvcreate /dev/sdb
root@aluno#pvcreate /dev/sdc
```

Uma vez que tenhamos iniciado as partições ou unidades, vamos criar um grupo de volume que é criado com o comando:
```
root@aluno#vgcreate skx-vol /dev/sda3
```

Aqui "skx-vol" é o nome do grupo de volume. (Se você quiser criar um único volume que abrange dois discos, faça "vgcreate skx-vol /dev/sdb /dev/sdc".)
Se você tiver feito isso corretamente, será capaz de vê-lo incluído na saída de vgscan:
```
root@aluno#vgscan
```

Reading all physical volumes. This may take a while...
Found volume group "skx-vol" using metadata type lvm2
Agora que temos um grupo de volume (chamado skx-vol), podemos realmente começar a usar.

Trabalhando com volumes lógicos
O que realmente queremos fazer é criar volumes lógicos que podemos montar e usar realmente. No futuro, se ficar sem espaço neste volume, poderá redimensioná-lo para ganhar mais espaço de armazenamento.

Para fins de teste, vamos criar um pequeno volume com nome 'teste':
```
root@aluno#lvcreate -n test --size 1g skx-vol
```

```
Logical volume "test" created
```
Este comando cria um volume de 1Gb de tamanho com o nome teste hospedado no volume LVM grupo skx-vol.

O volume lógico agora estará acessível via /dev/vol-skx/teste, e pode ser formatado e montado como qualquer outra partição:
```
root@aluno#mkfs.ext3 /dev/skx-vol/test
root@aluno#mkdir /home/test
root@aluno#mount /dev/skx-vol/test /home/test
```

142 ▶ **Administração de Servidores Linux**

Imaginemos que a partição teste está cheia e que desejamos torná-la maior. Em primeiro lugar, podemos olhar para o quão grande é neste momento com pvdisplay:

```
root@aluno#lvdisplay
```

Logical volume

LV Name	/dev/skx-vol/test
VG Name	skx-vol
LV UUID	J5XlaT-e0Zj-4mHz-wtET-P6MQ-wsDV-Lk2o5A
LV Write Access	read/write
LV Status	available
# open	0
LV Size	**1.00 GB**
Current LE	256
Segments	1
Allocation	inherit
Read ahead sectors	0
Block device	254:0

```
root@aluno#umount /home/test/
root@aluno#lvextend -L+1g /dev/skx-vol/test
```
Extending logical volume test to 2.00 GB
Logical volume test successfully resized

Olhando pvdisplay, podemos ver o volume redimensionado:
```
root@aluno#lvdisplay
```

Logical volume

LV Name	/dev/skx-vol/test
VG Name	skx-vg
LV UUID	uh7umg-7DqT-G2Ve-nNSX-03rs-KzFA-4fEwPX
LV Write Access	read/write
LV Status	available
# open	0

LV Size	**2.00 GB**
Current LE	512
Segments	1
Allocation	inherit
Read ahead sectors	0
Block device	254:0

O importante é perceber que, apesar de o volume ter sido redimensionado, o sistema de arquivos ext3 permaneceu inalterado. Precisamos redimensionar o sistema de arquivos que realmente encha o volume:

```
root@aluno#e2fsck -f /dev/skx-vol/test
root@aluno#resize2fs /dev/skx-vol/test
```

Remonte o volume lógico e você vai descobrir que agora é apenas meio cheio em vez de completamente cheio!

Se você se cansar do volume e do seu conteúdo, pode removê-lo com o comando lvremove:

```
root@aluno#lvremove /dev/skx-vol/test
Do you really want to remove active logical volume "test"? [y/n]: y
Logical volume "test" successfully removed
```

Outros comandos usuais incluem lvrename para alterar o nome, e lvreduce para reduzir o tamanho de um volume.

Montagem de Volumes Lógicos

Na sessão anterior mostramos como você pode montar um volume lógico, com um comando como este:

```
root@aluno#mount /dev/skx-vol/test /home/test
```

Se você quiser que sua partição seja montada na hora da inicialização, deve atualizar seu arquivo /etc/fstab para conter uma entrada como esta:

```
/dev/skx-vol/home   /home     ext3 noatime 0 2
/dev/skx-vol/backups /backups  ext3 noatime 0 2
```

Metadados

Se você está preocupado em perder detalhes sobre os volumes em caso de problemas, não se preocupe. O estado atual da configuração do LVM em sua máquina é mantida em caso de erros.

144 ▸ **Administração de Servidores Linux**

Executando pvdisplay, você verá que o volume físico compõe o grupo de volumes.
root@aluno#pvdisplay

Physical volume	
PV Name	/dev/sda3
VG Name	skx-vg
PV Size	28.88 GB / not usable 0
Allocatable	yes
PE Size (KByte)	4096
Total PE	7392
Free PE	5280
Allocated PE	2112
PV UUID	WyXQtL-OdT6-GnGd-edKF-tjRU-hoLA-RJuQ6x

Se nós já perdemos esta informação, poderia encontrá-lo contido no arquivo /etc/lvm/backup/vol-skx.

Da mesma forma, se quisermos saber quais volumes lógicos criados, poderíamos, por exemplo, ler o arquivo /etc/lvm/archive. Este arquivo contém as informações sobre backup de operações realizadas.

Como exemplo, criamos o volume "teste", que passamos a redimensionar. Aqui está a primeira seção /etc/lvm/archive/skx-vol_000009.vg:

```
# Generated by LVM2: Sat Jun 10 12:35:57 2006
contents = "Text Format Volume Group"
version = 1
description = "Created *before* executing 'lvcreate -n test --size
1g skx-vg'"
creation_host = "lappy"
# Linux lappy 2.6.8-2-686 #1 Sat Jan 8 16:50:08 EST 2005 i686
```

Filesystems

Quando se trata de utilizar LVM efetivamente, vale a pena considerar o sistema de arquivos que você deseja usar em seus volumes lógicos.

Se você escolher um sistema que não suporta o redimensionamento, o aumento do tamanho dos seus volumes LVM seria inútil. Aqui está uma breve lista dos sistemas de arquivos redimensionáveis:

filesystem	increase while mounted	increase while unmounted	decrease
ext2fs	yes	yes	yes
ext3fs	yes	yes	yes
ReiserFS	yes	yes	yes
JFS	no	no	no
XFS	yes	no	no

Observe que alguns arquivos podem ser aumentados em tamanho, mas não podem ser reduzidos.

Recuperar LVM com Linux

Caso um volume lógico seja corrompido, proceda como descrito a seguir.
Preparação de ambiente

1. Utilizar um Live CD para inicializar a máquina.

2. Com o sistema inicializado, tornar-se root para executar todos os demais procedimentos em prompt de comando.

3. Instalar o pacote lvm2.
    a. apt-get install lvm2.

4. Conectar um HD no mínimo do tamanho do volume.
    a. Formate-o para EXT3, o mesmo tipo do sistema de arquivos usado no meu sistema, para máxima compatibilização.

Procedimento de recuperação
5. Verificar se todos os HD estão disponíveis.
    a. fdisk –l.

6. Exibir o volume lógico e seu estado.
    a. lvdisplay.

7. Disponibilizar o volume lógico para uso no sistema operacional.
    a. vgchange –ay 'volume' (volume = nome do volume, sem aspas).

8. Executar o e2fsck para corrigir o volume lógico.
    a. No meu caso, o bloco de dados padrão estava danificado e ele abortou a operação.

146 ▶ **Administração de Servidores Linux**

    b. Usei e2fsck –b 32768 . Também falhou.

    c. (32768 = bloco de backup do bloco padrão. O valor depende do tamanho escolhido para os blocos. O comando adiante exibe tanto o tamanho de cada bloco como também seus blocos de backup).

    d. Com o comando mk2fs –n 'caminho_do volume/volume/nome_do_volume', descobre-se o tamanho do bloco de dados e seus blocos de backup.

    e. Tamanho bloco -> bloco padrão

    f. 1KB -> 8193

       2KB -> 16384

       4 KB -> 32768

9. Depois que o volume lógico puder ser lido, efetuar uma cópia de segurança, a fim de finalizar o procedimento de manutenção na máquina original.

10. Naturalmente voltar com os dados após uma correção minuciosa na máquina original.

Ferramentas úteis

vgcfgrestore – restaura o metadado do volume lógico;

vgcfgbackup – faz backup do metadado do volume lógico;

pvscan;

vgscan;

lvscan – lista o volume lógico;

vgchange – an 'volume' – desativa o volume lógico 'volume';

dmesg – exibe diversas mensagens do sistema, entre elas dispositivos removíveis e suas associações ao sistema operacional.

RAID

Apresentação

RAID é acrônimo para *Redundant Array of Inexpensive Disks*. Este arranjo é usado como um meio para criar um subsistema de unidade de disco, rápido e confiável, através de vários discos individuais.

Apesar de o RAID ter sido feito para melhorar a confiabilidade do sistema, através da adição de redundância, pode também levar a uma falsa sensação de segurança e confiança quando usado incorretamente. Esta falsa confiança pode acarretar grandes desastres. Particularmente, o RAID é feito para proteger falhas no disco, não para proteger falhas de energia ou erros do operador.

Falhas de energia, *bugs* no desenvolvimento do kernel ou erros de administradores e de operadores podem danificar os dados de uma forma irrecuperável. **RAID não é um substituto apropriado para executar um backup do seu sistema**. Saiba o que você está fazendo, faça testes, seja conhecedor e ciente de todos os detalhes que envolvem a implementação de RAID.

RAID permite que o computador ganhe desempenho nas operações de acesso a disco, e da mesma forma rápida recuperação em caso de perda de algum disco. O tipo mais comum de arranjo de unidades é um sistema ou uma controladora que possibilita o uso de múltiplas unidades de disco rígido, configuradas para que o sistema operacional se comporte como se existisse apenas um disco instalado no computador.

RAID Via Hardware e Via Software

RAID pode ser implementado por hardware, na forma de controladoras especiais de disco, ou por software, como um módulo do kernel que fica dividido entre a controladora de disco de baixo nível e o sistema de arquivos acima dele.

RAID Via Hardware

RAID por hardware é sempre uma controladora de disco, isto é, um dispositivo que pode, através de um cabo, conectar os discos. Geralmente ele vem na forma de uma placa adaptadora que pode ser "plugada" em um slot ISA/EISA/PCI/S-Bus/MicroChannel. Entretanto, algumas controladoras RAID vêm na forma de uma caixa que é conectada por um cabo entre o sistema controlador de disco e os dispositivos de disco.

RAIDs pequenos podem ser ajustados nos espaços para disco do próprio computador; outros maiores podem ser colocados em um gabinete de armazenamento com seu próprio espaço para disco e suprimento de energia. O hardware mais recente de RAID usado com a mais recente e rápida CPU irá geralmente fornecer o melhor desempenho total, porém com um preço significante. Isto porque a maioria das controladoras RAID vem com processadores especializados na placa e memória cache, que pode eliminar uma quantidade de processamento considerável da CPU. As controladoras RAID também podem fornecer altas taxas de transferência através do cache da controladora.

Um hardware de RAID antigo pode atuar como um desacelerador, quando usado com uma CPU mais nova: DSP e *caches* antigos podem atuar como um gargalo, e este desempenho pode ser frequentemente superado por um RAID de software puro. RAID por hardware geralmente não é compatível entre diferentes tipos, fabricantes

148 ▸ **Administração de Servidores Linux**

e modelos: se uma controladora RAID falhar, é melhor que ela seja trocada por outra controladora do mesmo tipo. Para uma controladora de RAID via hardware poder ser usada no Linux, ela precisa contar com utilitários de configuração e gerenciamento, feitos para este sistema operacional e fornecidos pelo fabricante da controladora.

DPT

É possível configurar RAID via hardware SCSI, contando com suporte no Linux e documentação de uma forma geral, através de adaptadores da DPT. Informações de instalação e configuração podem ser obtidas no site DPT-RAID.

Controladoras Suportadas

Uma controladora de RAID via hardware e bem suportada é aquela fabricada pela DPT. Entretanto, existem diversas outras controladoras que funcionam no Conectiva Linux. Isso inclui algumas controladoras fabricadas pela Syred , ICP--Vortex e BusLogic . Para obter mais informações sobre este assunto, verifique a página sobre Soluções de RAID para o Linux.
Entre as controladoras DPT, essencialmente todas as controladoras SmartRAID IV são suportadas.

Controladoras ICP Vortex

A ICP Vortex tem uma linha completa de controladoras de arranjos de discos com suporte ao Linux. O driver ICP está no kernel do Linux desde a versão 2.0.31. Todas as distribuições principais do Linux têm suporte às controladoras ICP, como controladoras para boot e instalação. O sistema RAID pode ser facilmente configurado com seu próprio ROMSETUP, ou seja, você não precisa utilizar outros sistemas operacionais para fazer a configuração.
Com o utilitário de monitoramento GDTMON é possível gerenciar por completo o sistema RAID ICP durante a operação. É possível também verificar taxas de transferência, configurar os parâmetros da controladora e dos discos rígidos, substituir discos defeituosos etc. Atualmente estão disponíveis vários modelos para os mais diversos níveis de RAID que você venha a utilizar.

Tipos de Hardware
Tipo de Controladora

Tendo várias opções de controladoras, é necessário pensar cuidadosamente sobre o que você quer fazer. Dependendo do que quer fazer e do nível de RAID que irá usar, algumas controladoras podem ser melhores que outras. Adaptadores SCSI a SCSI podem não ser tão bons quanto adaptadores baseados em host, por exemplo. Michael Neuffer <neuffer@kralle.zdv.uni-mainz.de>, o autor do driver EATA-DMA, tem uma boa discussão sobre isto em sua página: Linux High Performance SCSI and RAID.

Tipo Encapsulado

O tipo encapsulado é ligado diretamente à habilidade de troca "a quente" da unidade e aos sistemas de advertência, ou seja, exibe indicação de falhas da unidade e que tipo de tratamento sua unidade receberá. Um exemplo para isto pode ser refrigeração redundante e fornecimento de energia. Os encapsulamentos fornecidos pela DPT, HP®, IBM® e Compaq® trabalham extremamente bem, mas têm um custo alto também.

RAID Via Software

RAID via software é uma configuração de módulos do kernel, juntamente com utilitários de administração que implementam RAID puramente por software, e não requer um hardware especializado. Pode ser utilizado o sistema de arquivos ext2, ext3, DOS-FAT ou outro.

Este tipo de RAID é implementado através dos módulos MD do kernel do Linux e das ferramentas relacionadas.

RAID por software, por ter sua natureza no software, tende a ser muito mais flexível que uma solução por hardware. O lado negativo é que ele, em geral, requer mais ciclos e capacidade de CPU para funcionar bem, quando comparado a um sistema de hardware. Ele oferece uma importante e distinta característica: opera sobre qualquer dispositivo do bloco, podendo ser um disco inteiro (por exemplo, /dev/sda), uma partição qualquer (por exemplo, /dev/sdb1), um dispositivo de *loopback* (por exemplo, /dev/loop0) ou qualquer outro dispositivo de bloco compatível, para criar um único dispositivo RAID. Isso diverge da maioria das soluções de RAID via hardware, onde cada grupo junta unidades de disco inteiras em um arranjo.

Comparando as duas soluções, o RAID via hardware é transparente para o sistema operacional, e isso tende a simplificar o gerenciamento. Via software, há de longe mais opções e escolhas de configurações, fazendo com que o assunto se torne mais complexo.

O Controlador de Múltiplos Dispositivos (MD)

O controlador MD é usado para agrupar uma coleção de dispositivos de bloco em um único e grande dispositivo de bloco. Normalmente, um conjunto de dispositivos SCSI e IDE é configurado em um único dispositivo MD.

As extensões do controlador MD implementam modo linear, RAID-0 (*stripping*),

150 ▶ **Administração de Servidores Linux**

RAID-1 (espelhamento), RAID-4 e RAID-5 por software. Isto quer dizer que, com MD, não é necessário hardware especial ou controladoras de disco para obter a maioria dos benefícios de RAID.

Níveis de RAID

As diferentes maneiras de combinar os discos em um só, chamados de **níveis de RAID**, podem fornecer tanto grande eficiência de armazenamento como simples espelhamento, ou podem alterar o desempenho de latência (tempo de acesso). Podem também fornecer desempenho da taxa de transferência de dados para leitura e para escrita, enquanto continuam mantendo a redundância. Novamente, isto é ideal para prevenir falhas.

Os diferentes níveis de RAID apresentam diferentes desempenhos, redundância, capacidade de armazenamento, confiabilidade e características de custo. A maioria, mas nem todos os níveis de RAID, oferece redundância à falha de disco. Dos que oferecem redundância, RAID-1 e RAID-5 são os mais populares. RAID-1 oferece melhor desempenho, enquanto RAID-5 fornece um uso mais eficiente do espaço disponível para o armazenamento dos dados.

De qualquer modo, o ajuste de desempenho é um assunto bastante diferente, dependente de uma grande variedade de fatores, como o tipo da aplicação, os tamanhos dos discos, blocos e arquivos.

Existe uma variedade de tipos diferentes e implementações de RAID, cada uma com suas vantagens e desvantagens. Por exemplo, para colocar uma cópia dos mesmos dados em dois discos (operação chamada de espelhamento de disco ou RAID nível 1), pode-se acrescentar desempenho de leitura, lendo alternadamente cada disco do espelho. Em média, cada disco é menos usado, por estar sendo usado em apenas metade da leitura (para dois discos), ou um terço (para 3 discos) etc. Além disso, um espelho pode melhorar a confiabilidade: se um disco falhar, o(s) outro(s) disco(s) têm uma cópia dos dados.

A seguir serão descritos os diferentes níveis de RAID, no contexto de implementação de RAID por software no Linux.

RAID-linear

É uma simples concatenação de partições para criar uma grande partição virtual. Isto é possível se você tem várias unidades pequenas, e quer criar uma única e grande partição. Esta concatenação não oferece redundância, e de fato diminui a confiabilidade total: se qualquer um dos discos falhar, a partição combinada irá falhar.

RAID-0

A grande maioria dos níveis de RAID envolve uma técnica de armazenamento chamada de segmentação de dados (*data stripping*). A implementação mais básica dessa técnica é conhecida como RAID-0 e é suportada por muitos fabricantes. Contudo, pelo fato de este nível de arranjo não ser tolerante a falhas, RAID-0 não é verdadeiramente RAID, ao menos que seja usado em conjunção com outros níveis de RAID.

Segmentação (*stripping*) é um método de mapeamento de dados sobre o meio físico de um arranjo, que serve para criar um grande dispositivo de armazenamento. Os dados são subdivididos em segmentos consecutivos ou *stripes* que são escritos sequencialmente através de cada um dos discos de um arranjo. Cada segmento tem um tamanho definido em blocos.

Por exemplo, sabendo que o tamanho de cada segmento está definido em 64 kbytes, e o arranjo de discos contém 2 discos, quando um arquivo de 128 kbytes for gravado, os primeiros 64 kbytes serão gravados no primeiro disco, sendo que os últimos 64 kbytes irão para o segundo disco, e normalmente isso é feito em paralelo, aumentando consideravelmente o desempenho.

Um arranjo desse tipo pode oferecer um melhor desempenho, quando comparado a um disco individual, se o tamanho de cada segmento for ajustado de acordo com a aplicação que utilizará o arranjo:

Em um ambiente com uso intensivo de E/S ou em um ambiente de banco de dados onde múltiplas requisições concorrentes são feitas para pequenos registros de dados, um segmento de tamanho grande é preferencial. Se o tamanho de segmento para um disco é grande o suficiente para conter um registro inteiro, os discos do arranjo podem responder independentemente para as requisições simultâneas de dados.

Em um ambiente onde grandes registros de dados são armazenados, segmentos de pequeno tamanho são mais apropriados. Se um determinado registro de dados estende-se através de vários discos do arranjo, o conteúdo do registro pode ser lido em paralelo, aumentando o desempenho total do sistema.

Arranjos RAID-0 podem oferecer alto desempenho de escrita, se comparados a verdadeiros níveis de RAID, por não apresentarem carga adicional associada com cálculos de paridade ou com técnicas de recuperação de dados. Esta mesma falta de previsão para reconstrução de dados perdidos indica que esse arranjo deve ser restrito ao armazenamento de dados não críticos e combinado com eficientes programas de backup.

RAID-1

A forma mais simples de arranjo tolerante a falhas é o RAID-1. Baseado no conceito de espelhamento (*mirroring*), este arranjo consiste de vários grupos de dados armazenados em dois ou mais dispositivos. Apesar de muitas implementações de RAID-1 envolverem dois grupos de dados (daí o termo espelho ou *mirror*), três ou mais grupos podem ser criados se a alta confiabilidade for desejada.

Se ocorrer uma falha em um disco de um arranjo RAID-1, leituras e gravações subsequentes são direcionadas para o(s) disco(s) ainda em operação. Os dados, então, são reconstruídos em um disco de reposição (*spare disk*) usando dados do(s) disco(s) sobrevivente(s). O processo de reconstrução do espelho tem algum impacto sobre o desempenho de E/S do arranjo, pois todos os dados terão de ser lidos e copiados do(s) disco(s) intacto(s) para o disco de reposição.

RAID-1 oferece alta disponibilidade de dados, porque no mínimo dois grupos completos são armazenados. Conectando os discos primários e os discos espelhados em controladoras separadas, pode-se aumentar a tolerância a falhas pela eliminação da controladora como ponto único de falha.

Entre os não híbridos, este nível tem o maior custo de armazenamento por requerer capacidade suficiente para armazenar no mínimo dois grupos de dados. Este nível é melhor adaptado para servir pequenas bases de dados ou sistemas de pequena escala que necessitem de confiabilidade.

RAID-2 e RAID-3

Raramente são usados e tornaram-se obsoletos pelas novas tecnologias de disco. RAID-2 é similar ao RAID-4, mas armazena informação ECC (*error correcting code*), que é a informação de controle de erros, no lugar da paridade. Este fato possibilitou uma pequena proteção adicional, visto que todas as unidades de disco mais novas incorporaram ECC internamente.

RAID-2 pode oferecer maior consistência dos dados se houver queda de energia durante a escrita. Baterias de segurança e um desligamento correto, porém, podem oferecer os mesmos benefícios. RAID-3 é similar ao RAID-4, exceto pelo fato de que ele usa o menor tamanho possível para a *stripe*. Como resultado, qualquer pedido de leitura invocará todos os discos, tornando as requisições de sobreposição de E/S difíceis ou impossíveis.

A fim de evitar o atraso em razão da latência rotacional, o RAID-3 exige que todos os eixos das unidades de disco estejam sincronizados. A maioria das unidades de disco mais recentes não possui a habilidade de sincronização do eixo, ou, se são capazes disto, faltam os conectores necessários, cabos e documentação do fabricante. Nem RAID-2 e nem RAID-3 são suportados pelos drivers de RAID por software no Linux.

RAID-4

Este é um tipo de arranjo segmentado, mas incorpora um método de proteção de dados mais prático. Ele usa informações sobre paridade para a recuperação de dados e as armazena em disco dedicado. Os discos restantes, usados para dados, são configurados para usarem grandes (tamanho medido em blocos) segmentos de dados, suficientemente grandes para acomodar um registro inteiro. Isto permite leituras independentes da informação armazenada, fazendo de RAID-4 um arranjo perfeitamente ajustado para ambientes transacionais que requerem muitas leituras pequenas e simultâneas.

Arranjos RAID-4 e outros arranjos que utilizam paridade fazem uso de um processo de recuperação de dados mais dinâmico que arranjos espelhados, como RAID-1. A função *ou exclusivo* (XOR) dos dados e informações sobre paridade dos discos restantes é computada para reconstruir os dados do disco que falhou. Pelo fato de todos os dados sobre paridade serem escritos em um único disco, este funciona como um gargalo durante as operações de escrita, reduzindo o desempenho durante estas operações.

Sempre que os dados são escritos no arranjo, informações sobre paridade normalmente são lidas do disco de paridade e uma nova informação sobre paridade deve sempre ser escrita para o disco de paridade antes da próxima requisição de escrita ser realizada. Por causa dessas duas operações de E/S, o disco de paridade é o fator limitante do desempenho total do arranjo. Pelo fato de o disco de paridade requerer somente um disco adicional para proteção de dados, arranjos RAID-4 são mais baratos que arranjos RAID-1.

RAID-5

Este tipo de RAID largamente usado funciona similarmente ao RAID 4, mas supera alguns dos problemas mais comuns sofridos por esse tipo. As informações sobre paridade para os dados do arranjo são distribuídas ao longo de todos os discos do arranjo, em vez de serem armazenadas em um disco dedicado.

Essa ideia de paridade distribuída reduz o gargalo de escrita (*write bottleneck*), que era o único disco de um RAID-4, porque agora as escritas concorrentes nem sempre requerem acesso às informações sobre paridade em um disco dedicado. Contudo, o desempenho de escrita geral ainda sofre por causa do processamento adicional causado pela leitura, recálculo e atualização da informação sobre paridade.

Para aumentar o desempenho de leitura de um arranjo RAID-5, o tamanho de cada segmento em que os dados são divididos pode ser otimizado para a aplicação que estiver usando o arranjo. O desempenho geral de um arranjo RAID-5 é equivalente ao de um RAID-4, exceto no caso de leituras sequenciais, que reduzem a eficiência dos algoritmos de leitura por causa da distribuição das informações sobre paridade.

154 ▸ Administração de Servidores Linux

Como em outros arranjos baseados em paridade, a recuperação de dados em um arranjo RAID-5 é feita calculando a função XOR das informações dos discos restantes do arranjo. Pelo fato de a informação sobre paridade ser distribuída ao longo de todos os discos, a perda de qualquer disco reduz a disponibilidade de ambos os dados e da informação sobre paridade, até a recuperação do disco que falhou. Isto pode causar degradação do desempenho de leitura e de escrita.

Tipos Híbridos

Para suprir as deficiências de um nível ou outro de RAID, é possível usar um nível de RAID sobre outro, aproveitando, por exemplo, o excelente desempenho de um determinado nível e a confiabilidade de outro. Isso tudo, é claro, pagando o preço de uma maior quantidade de material.

Um exemplo é o RAID-10. Como o seu nome implica, é a combinação de discos espelhados (RAID-1) com a segmentação de dados (*data stripping*) (RAID-0).

O método de criação de um arranjo RAID-10 é diversificado. Em uma implementação RAID-0+1, os dados são segmentados através de grupos de discos espelhados, isto é, os dados são primeiro segmentados e para cada segmento é feito um espelho. Já em um RAID-1+0 os dados são primeiramente espelhados, e para cada espelho há a segmentação sobre vários discos.

RAID-10 oferece as vantagens da transferência de dados rápida de um arranjo espelhado, e as características de acessibilidade dos arranjos espelhados. O desempenho do sistema durante a reconstrução de um disco é também melhor que nos arranjos baseados em paridade, pois os dados são somente copiados do dispositivo sobrevivente.

O RAID-50 é um arranjo híbrido que usa as técnicas de RAID com paridade em conjunção com a segmentação de dados. Um arranjo RAID-50 é essencialmente um arranjo com as informações segmentadas através de dois ou mais arranjos

RAID-5.

Dependendo do tamanho de cada segmento estabelecido durante a configuração do arranjo, estes arranjos híbridos podem oferecer os benefícios de acesso paralelo dos arranjos com paridade (alta velocidade na transferência de dados) ou de acesso independente dos arranjos com paridade (grande quantidade). Como em outros arranjos RAID com paridade, a reconstrução de um disco falho gera um impacto no desempenho do programa usando o arranjo.

Comparação dos Níveis de RAID

Pode-se fazer uma comparação entre os vários níveis de RAID, de acordo com desempenho (leitura, gravação e reconstrução), disponibilidade de dados e o número

Comandos Básicos ◀ 155

mínimo de unidades requeridas. Observe na tabela a descrição destes atributos para comparação dos níveis de RAID. Seguindo as referências:

A= Disponibilidade dos Dados
B= Desempenho de Leitura
C= Desempenho de Gravação
D= Desempenho de Reconstrução
E= Número Mínimo de Unidades Requeridas

Nível de RAID	A	B	C	D	E
RAID 0	Nenhuma	Muito bom	Muito bom	Não disponível	N
RAID 1	Excelente	Muito bom	Bom	Bom	2N
RAID 4	Boa	E/S sequencial: Boa	E/S transacional: Boa	E/S sequencial: Muito boa	E/S transacional: Ruim Satisfatória N + 1 (N pelo menos 2)
RAID 10	Excelente	Muito boa	Satisfatória	Boa	2N
RAID 50	Excelente	Muito boa	Satisfatória	Satisfatória	N+2

Implementação
Pré-requisitos
Para implementar a solução RAID, você precisa de:
Uma controladora de disco, caso o seu RAID seja via hardware.
É interessante utilizar um *no-break* para garantir a integridade do equipamento.

Instalação
```
root@aluno#Aptitude install mdadm dmraid raidutils
```

Configuração
Primeiramente, observe conteúdo do arquivo /proc/mdstat:
```
root@aluno# cat /proc/mdstat
Personalities : read_ahead not set
unused devices: <none>
```

156 ▶ Administração de Servidores Linux

Você sempre irá editar este arquivo para verificar as configurações de RAID. Observe que nenhum dispositivo de RAID está atualmente ativo.

Crie as partições que você desejar incluir em sua configuração de RAID; por exemplo:

```
root@aluno# fdisk /dev/sda
```

O próximo passo dependerá do nível de RAID que você escolheu usar; a seguir cada uma destas configurações serão vistas.

Modo Linear

Se você tem duas ou mais partições que não são necessariamente do mesmo tamanho, você poderá concatenar uma com a outra. Crie o arquivo /etc/raidtab para descrever sua configuração. Um arquivo raidtab em modo linear terá uma aparência semelhante a esta:

```
raiddev /dev/md0
raid-level linear
nr-raid-disks 2
chunk-size 32
persistent-superblock 1
device /dev/sda6
raid-disk 0
device /dev/sda7
raid-disk 1
```

Nos exemplos serão utilizadas duas partições de aproximadamente 1GB, sendo elas hda6 e hda7. Discos sobressalentes não são suportados aqui. Se um disco falhar, o arranjo falhará juntamente com ele. Não existem informações que possam ser colocadas em um disco sobressalente. Para criar o arranjo, execute o comando:

```
root@aluno# mkraid /dev/md0
handling MD device /dev/md0
analyzing super-block
disk 0: /dev/sda6, 1028128kB, raid superblock at 1028032kB
disk 1: /dev/sda7, 1028128kB, raid superblock at 1028032kB
```

Isso irá inicializar o arranjo, escrever os blocos persistentes e deixar pronto para uso. Verificando o arquivo /proc/mdstat, você poderá ver que o arranjo está funcionando:

```
root@aluno#cat /proc/mdstat
Personalities: [linear]
```

```
read_ahead 1024 sectors
md0 : active linear hda7[1] hda6[0]
2056064 blocks 32k rounding
unused devices: <none>
```

Agora você já pode criar um sistema de arquivos, como se fosse em um dispositivo normal:

```
root@aluno# mke2fs /dev/md0
mke2fs 1.32 (09-Nov-2002)
Filesystem label=
OS type: Linux
Block size=4096 (log=2)
Fragment size=4096 (log=2)
257024 inodes, 514016 blocks
25700 blocks (5.00%) reserved for the super user
First data block=0
16 block groups
32768 blocks per group, 32768 fragments per group
16064 inodes per group
Superblock backups stored on blocks:
  32768, 98304, 163840, 229376, 294912
Writing inode tables: done
Writing superblocks and filesystem accounting information: done
This filesystem will be automatically checked every 37 mounts
or 180 days, whichever comes first. Use tune2fs -c or -i to
override.
```

Como está sendo usado o sistema de arquivos *ext3* no exemplo, é interessante configurar o número de verificações que serão feitas nos sistemas de arquivos do dispositivo:

```
root@aluno# tune2fs -c 20 /dev/md0
tune2fs 1.32 (09-Nov-2002)
Setting maximal count to 20.
```

Neste exemplo, a cada 20 inicializações será feita uma verificação. Em seguida, crie um ponto de montagem e montar o dispositivo:

```
root@aluno# mkdir /mnt/md0
root@aluno# mount /dev/md0 /mnt/md0
root@aluno# df
```

158 ▸ **Administração de Servidores Linux**

```
Filesystem 1k-blocks Used Available Use% Mounted on
/dev/md0   2023760  20 1920940   0%  /mnt/md0
```

Observe que o tamanho total é de aproximadamente 2GB, pelo fato de ter sido feita uma concatenação de duas unidades, cada uma com aproximadamente 1GB.

RAID-0
Tendo dois ou mais dispositivos aproximadamente do mesmo tamanho, é possível combinar suas capacidades de armazenamento, bem como seus desempenhos, através do acesso em paralelo.

Modifique ou crie o arquivo /etc/raidtab para descrever a sua configuração. Observe o exemplo:
```
raiddev /dev/md0
raid-level 0
nr-raid-disks 2
persistent-superblock 1
chunk-size 4
device /dev/sda6
raid-disk 0
device /dev/sda7
raid-disk 1
```

Crie o dispositivo de RAID através dos comandos:
```
root@aluno# raidstop /dev/md0
root@aluno# mkraid --force /dev/md0
DESTROYING the contents of /dev/md0 in 5 seconds, Ctrl-C if unsure!
handling MD device /dev/md0
analyzing super-block
disk 0: /dev/sda6, 1028128kB, raid superblock at 1028032kB
disk 1: /dev/sda7, 1028128kB, raid superblock at 1028032kB
```

Isto irá inicializar os superblocos e iniciar o dispositivo RAID. Observando o arquivo /proc/mdstat, pode-se ver:
```
root@aluno# cat /proc/mdstat
Personalities : [raid0]
read_ahead 1024 sectors
md0 : active raid0 hda7[1] hda6[0]
2056064 blocks 4k chunks
unused devices: <none>
```

Agora o dispositivo /dev/md0 já está pronto. Pode ser criado um sistema de arquivos e ser montado para uso.

RAID-1

Com dois dispositivos aproximadamente do mesmo tamanho, é possível fazer com que um seja espelho do outro. Se você tiver mais dispositivos, poderá usá-los como um sistema de discos sobressalentes; isso será feito automaticamente por uma parte do espelho se um dos dispositivos operantes falhar.

Para isso, configure o arquivo /etc/raidtab da seguinte maneira:

```
raiddev /dev/md0
raid-level 1
nr-raid-disks 2
nr-spare-disks 0
chunk-size 4
persistent-superblock 1
device /dev/sda6
raid-disk 0
device /dev/sda7
raid-disk 1
```

Nota: A configuração acima trata apenas de um exemplo. Você pode utilizar os dispositivos conforme a sua necessidade.

Se você usar discos sobressalentes, adicione no final da especificação do dispositivo o seguinte:

```
device /dev/sdb1
spare-disk 0
```

Onde /dev/sdb1 é um disco sobressalente. Configure o número de entrada dos discos sobressalentes, sempre de uma forma proporcional.

Tendo tudo pronto para começar a inicialização do RAID, o espelho poderá ser construído, e os índices (não no caso de dispositivos sem formatação) dos dois dispositivos serão sincronizados. Execute:

```
root@aluno# mkraid /dev/md0
```

Neste momento, veja este comando que irá fazer a inicialização do espelho. Observe agora o arquivo /proc/mdstat; ele mostrará que o dispositivo /dev/md0 foi inicializado, que o espelho começou a ser reconstruído e quanto falta para a reconstrução ser completada:

160 ▸ Administração de Servidores Linux

```
root@aluno# cat /proc/mdstat
Personalities : [raid1]
read_ahead 1024 sectors
md0 : active raid1 hda7[1] hda6[0]
1028032 blocks [2/2]
[UU] resync=63% finish=2.5min
unused devices: <none>
```

O processo de reconstrução é transparente: você poderá usar os dispositivos normalmente durante a execução deste processo. É possível até formatar o dispositivo enquanto a reconstrução está sendo executada. Você também pode montar e desmontar as unidades neste período (somente se um disco falhar, esta ação será prejudicada).

Agora já é possível criar o sistema de arquivos, montar e visualizar o tamanho do dispositivo final:

```
root@aluno# mount /dev/md0 /mnt/md0
root@aluno# df
Filesystem 1k-blocks Used Available Use% Mounted on
/dev/md0   1011928    20   960504 2%  /mnt/md0
```

Observe que o tamanho do dispositivo corresponde ao tamanho de um único dispositivo, por se tratar de um espelhamento de discos.

RAID-4

Com três ou mais dispositivos aproximadamente do mesmo tamanho, sendo um dispositivo significativamente mais rápido que os outros dispositivos, é possível combiná-los em um único dispositivo grande, mantendo ainda informação de redundância. Eventualmente você pode colocar alguns dispositivos para serem usados como discos sobressalentes.

Um exemplo de configuração para o arquivo /etc/raidtab:

```
raiddev /dev/md0
raid-level 4
nr-raid-disks 3
nr-spare-disks 0
persistent-superblock 1
chunk-size 32
device /dev/sda5
```

Comandos Básicos ◂ 161

```
raid-disk 0
device /dev/sda6
raid-disk 1
device /dev/sda7
raid-disk 2
```

Se houver discos sobressalentes, será necessário configurar da mesma forma, seguindo as especificações do disco RAID. Veja o exemplo:
```
device /dev/sdb1
spare-disk 0
```

O disco sobressalente é criado de forma similar em todos os níveis de RAID. Inicialize o RAID-4 com o comando:
```
root@aluno# mkraid /dev/md0
handling MD device /dev/md0
analyzing super-block
disk 0: /dev/sda5, 1028128kB, raid superblock at 1028032kB
disk 1: /dev/sda6, 1028128kB, raid superblock at 1028032kB
disk 2: /dev/sda7, 1028128kB, raid superblock at 1028032kB
```

Você poderá acompanhar o andamento da construção do RAID através do arquivo /proc/mdstat:
```
root@aluno# cat /proc/mdstat
Personalities : [raid5]
read_ahead 1024 sectors
md0 : active raid5 hda7[2] hda6[1] hda5[0]
2056064 blocks level 4,
32k chunk, algorithm 0 [3/3] [UUU] resync=59% finish=4.6min
unused devices: <none>
```

Para formatar o RAID-4, utilize as seguintes opções especiais do **mke2fs**:
```
root@aluno# mke2fs -b 4096 -R stride=8 /dev/md0
mke2fs 1.32 (9-Nov-2002)
Filesystem label=
OS type: Linux
Block size=4096 (log=2)
Fragment size=4096 (log=2)
257024 inodes, 514016 blocks
25700 blocks (5.00%) reserved for the super user
```

162 ▸ Administração de Servidores Linux

```
First data block=0
16 block groups 32768 blocks per group,
32768 fragments per group 16064 inodes per group
Superblock backups stored on blocks:
    32768, 98304, 163840, 229376, 294912
Writing inode tables: done
Writing superblocks and filesystem accounting information: done
This filesystem will be automatically checked every 37 mounts
or 180 days, whichever comes first. Use tune2fs -c or -i to
override.
```

Basta montar o RAID para uso. O tamanho total será de N-1, ou seja, o tamanho total de todos os dispositivos menos um, reservado para a paridade:

```
root@aluno# df
Filesystem 1k-blocks Used Available Use% Mounted on
/dev/md0    2023760   20  1920940   1%  /mnt/md0
```

Note que o RAID-4 carrega o MD do RAID-5, porque são de níveis similares de RAID.

RAID-5

Similar ao RAID-4, porém é implementado através de três ou mais dispositivos de tamanho aproximado, combinados em um dispositivo maior. Ainda mantém um grau de redundância para proteger os dados. Podem ser usados discos sobressalentes, tomando parte de outros discos automaticamente, caso eles venham a falhar.

Se você está usando N dispositivos onde o menor tem um tamanho S, o tamanho total do arranjo será (N-1)*S. Esta perda de espaço é utilizada para a paridade (redundância) das informações. Assim, se algum disco falhar, todos os dados continuarão intactos. Porém, se dois discos falharem, todos os dados serão perdidos.

Configure o arquivo /etc/raidtab de uma forma similar a esta:

```
raiddev /dev/md0
raid-level 5
nr-raid-disks 3
nr-spare-disks 0
persistent-superblock 1
parity-algorithm left-symmetric c
```

Comandos Básicos ◀ 163

```
chunk-size 32
device /dev/sda5
raid-disk 0
device /dev/sda6
raid-disk 1
device /dev/sda7
raid-disk 2
```

Se existir algum disco sobressalente, ele pode ser inserido de uma maneira similar, seguindo as especificações de disco RAID. Por exemplo:

```
device /dev/sdb1
spare-disk 0
```

Um tamanho do pedaço (*chunk size*) de 32 KB é um bom padrão para sistemas de arquivos com uma finalidade genérica deste tamanho. O arranjo no qual o arquivo raidtab anterior é usado é de (n-1)*s = (3-1)*2 = 4 GB de dispositivo.

Isto prevê um sistema de arquivos *ext3* com um bloco de 4 KB de tamanho. Você poderia aumentar, juntamente com o arranjo, o tamanho do pedaço e o tamanho do bloco do sistema de arquivos.

Execute o comando **mkraid** para o dispositivo /dev/md0. Isso fará com que se inicie a reconstrução do seu arranjo. Observe o arquivo /proc/mdstat para poder fazer um acompanhamento do processo:

```
root@aluno# cat /proc/mdstat
Personalities : [raid5]
read_ahead 1024 sectors
md0 : active raid5 hda7[2] hda6[1] hda5[0]
2056064 blocks level 5,
32k chunk, algorithm 2 [3/3] [UUU] resync=29% finish=11.4min
unused devices: <none>
```

Se o dispositivo for criado com sucesso, a reconstrução será iniciada. O arranjo não estará consistente até a fase de reconstrução ter sido completada. Entretanto, o arranjo é totalmente funcional (exceto para troca de dispositivos que falharam no processo); você pode formatar e usar o arranjo enquanto ele estiver sendo reconstruído.

164 ▸ **Administração de Servidores Linux**

Formate o arranjo com o comando:
```
root@aluno# mke2fs -b 4096 -R stride=8 /dev/md0
```

Quando você tiver um dispositivo RAID executando, você pode sempre parar ou reiniciar usando os comandos: **raidstop /dev/md0** ou **raidstart /dev/md0**.

Uso de RAID para Obter Alta Disponibilidade

Alta disponibilidade é difícil e cara. Quanto mais arduamente você tenta fazer um sistema ser tolerante a falhas, mais ele passa a ser dispendioso e difícil de implementar. As seguintes sugestões, dicas, ideias e suposições poderão ajudar você a respeito deste assunto:

Os discos IDE podem falhar de tal maneira que o disco que falhou em um cabo do IDE possa também impedir que um disco bom, no mesmo cabo, responda, dando a impressão de que os dois discos falharam. Apesar de RAID não oferecer proteção contra falhas em dois discos, você deve colocar apenas um disco em um cabo IDE, ou, se houver dois discos, devem pertencer a configurações diferentes de RAID.

Observações similares são aplicadas às controladoras de disco. Não sobrecarregue os canais em uma controladora; utilize controladoras múltiplas.

Não utilize o mesmo tipo ou número de modelo para todos os discos. Não é incomum em variações elétricas bruscas perder dois ou mais discos, mesmo com o uso de supressores - eles não são perfeitos ainda. O calor e a ventilação insuficiente do compartimento de disco são outras causas das perdas de disco. Utilizar diferentes tipos de discos e controladoras diminui a probabilidade de danificação de um disco (calor, choque físico, vibração, choque elétrico).

Para proteger o disco contra falhas de controladora ou de CPU, é possível construir um compartimento de disco SCSI que tenha cabos gêmeos, ou seja, conectado a dois computadores. Um computador irá montar o sistema de arquivos para leitura e escrita, enquanto outro computador irá montar o sistema de arquivos somente para leitura, e atuar como um computador reserva ativo. Quando o computador reserva é capaz de determinar que o computador mestre falhou (por exemplo, através de um adaptador *watchdog*), ele cortará a energia do computador mestre (para ter certeza de que ele está realmente desligado), e então fará a verificação com o fsck e remontará o sistema para leitura e escrita.

Sempre utilize um *no-break* e efetue os desligamentos corretamente. Embora um desligamento incorreto não possa danificar os discos, executar o **ckraid** mesmo em arranjos pequenos é extremamente lento. Você deve evitar a execução do **ckraid** sempre que possível, ou pode colocar um *hack* no kernel e começar a reconstrução do código verificando erros.

Cabos SCSI são conhecidos por serem muito sujeitos a falhas, e podem causar todo tipo de problemas. Utilize o cabeamento de mais alta qualidade que encontrar à venda. Utilize, por exemplo, o *bubble-wrap* para ter certeza de que os cabos não estão muito perto um do outro e do *cross-talk*. Observe rigorosamente as restrições do comprimento do cabo.

Dê uma olhada em SSI (arquitetura de armazenamento serial). Embora seja muito caro, parece ser menos vulnerável aos tipos de falhas que o SCSI apresenta.

Testando a Configuração

Simulando uma falha de drive: se você deseja fazer isso, basta "desligar o drive", ou seja, desligar a máquina. Se você está interessado em testar se seus dados podem resistir, faça realmente isto: desligue a máquina, retire o disco e reinicialize o sistema novamente. Lembre-se de que você não deve fazer isso em um sistema de produção: faça-o primeiro em uma máquina de testes.

Olhe os logs no *syslog* e no arquivo /proc/mdstat, para verificar como o RAID está indo. Lembre-se também de que você deve utilizar arranjos de RAID-{1,4,5} para ser capaz de sobreviver à falha de discos. RAID Linear ou RAID-0 falharão completamente quando o dispositivo for perdido.

Simulando Dados Corrompidos: RAID assume que, se uma escrita para o disco não retorna erros, então a escrita foi feita com sucesso. Assim, se seu disco corrompe dados sem retornar erros, seus dados ficarão corrompidos. Isto é possível, mas difícil de acontecer, e poderia resultar em um sistema de arquivos corrompido.

Você pode corromper um sistema de arquivos (usando o comando **dd**, por exemplo). Porém, RAID não garante a integridade dos dados, ele apenas permite você manter seus dados se o disco "morrer".

Capítulo 2 - Servidores FTP

Este serviço lhe oferece a facilidade de fazer uploads e downloads até mesmo com uso de browser. Muitos aplicativos de desenvolvimento para WEB utilizam este protocolo.

Pure-ftpd

```
root@aluno# aptitude install pure-ftpd
```

Para ver se o servidor está ativo, você pode utilizar os seguintes métodos:

```
a) root@aluno# nmap localhost
        PORT   STATE SERVICE
        21/tcp open ftp


b) root@aluno# ftp localhost 21
   Connected to localhost.
   220---------- Welcome to Pure-FTPd [privsep] [TLS] ----------
   220-You are user number 1 of 50 allowed.
   220-Local time is now 10:43. Server port: 21.
   220-This is a private system - No anonymous login
   220-IPv6 connections are also welcome on this server.
   220 You will be disconnected after 15 minutes of inactivity.
   Name (localhost:root):
```

Caso tenha uma dessas respostas, o seu servidor FTP está instalado.
Estrutura do servidor.

```
./db
./auth
./auth/65unix
./auth/70pam
./conf
./conf/FSCharset
./conf/UnixAuthentication
./conf/AltLog
./conf/PureDB
./conf/PAMAuthentication
./conf/NoAnonymous
./conf/MinUID
./pureftpd-dir-aliases
```

168 ▸ **Administração de Servidores Linux**

Proftpd
Outra opção de servidor FTP para sua escolha.
```
root@aluno# aptitude install proftpd openssl
```

Responda autônomo para a pergunta que virá, pois desta forma ele terá seu próprio script de inicialização colocado em /etc/init.d/.

Agora edite o arquivo de configuração
```
root@aluno# vi /etc/proftpd/proftpd.conf
```

Descomente a linha abaixo
DefaultRoot   ~
Criando a certificação SSL

Crie o diretório:
```
root@aluno# mkdir /etc/proftpd/ssl
```

Execute o seguinte comando:
```
root@aluno# openssl req -new -x509 -days 365 -nodes -out /etc/
proftpd/ssl/proftpd.cert.pem -keyout /etc/proftpd/ssl/proftpd.key.
pem
```

O resultado deverá ser algo como este:
```
Generating a 1024 bit RSA private key
.......................................................++++++
......++++++
writing new private key to '/etc/proftpd/ssl/proftpd.key.pem'
-----
You are about to be asked to enter information that will be incor-
porated
into your certificate request.
What you are about to enter is what is called a Distinguished Name
or a DN.
There are quite a few fields but you can leave some blank
For some fields there will be a default value,
If you enter '.', the field will be left blank.
-----
Country Name (2 letter code) [AU]:BR
State or Province Name (full name) [Some-State]:MG
```

Servidores FTP ◀ 169

```
Locality Name (eg, city) []:BH
Organization Name (eg, company) [Internet Widgits Pty
Ltd]:Desideratu
Organizational Unit Name (eg, section) []:Matriz
Common Name (eg, YOUR name) []:Atos
Email Address []:atosramos@xxx.com
```

Edite novamente o arquivo de configuração:
```
root@aluno# vi /etc/proftpd/proftpd.conf
```

Descomente a linha para ficar como a seguir:
```
#
# This is used for FTPS connections
#
Include /etc/proftpd/tls.conf
```

Agora execute o seguinte:
```
root@aluno# cp /etc/proftpd/tls.conf etc/proftpd/tls.conf_orig
root@aluno# cat /dev/null > /etc/proftpd/tls.conf
root@aluno# vi /etc/proftpd/tls.conf
Insira as seguintes linhas:
<IfModule mod_tls.c>
TLSEngine          on
TLSLog             /var/log/proftpd/tls.log
TLSProtocol        SSLv23
TLSOptions         NoCertRequest
TLSRSACertificateFile    /etc/proftpd/ssl/proftpd.cert.pem
TLSRSACertificateKeyFile /etc/proftpd/ssl/proftpd.key.pem
TLSVerifyClient    off
TLSRequired        on
</IfModule>
```

Reinicie o servidor:
```
root@aluno# /etc/init.d/proftpd restart
```

Se você usar TLSRequired, então somente as conexões TLS são permitidos (isso bloqueia qualquer usuário com antigos clientes FTP que não têm suporte a TLS), comentando a linha ou utilizando TLSRequired fora o TLS e conexões não TLS são permitidos, dependendo do que o cliente FTP suporta.

170 ▶ **Administração de Servidores Linux**

Apache2

Veremos neste capítulo como instalar um servidor web, apache versão 2, com módulos para suporte ao Ruby, perl, Python e virtual hosts.

```
root@aluno# apt-get install apache2 apache2-doc apache2-utils
root@aluno# apt-get install libapache2-mod-ruby
root@aluno# apt-get install libapache2-mod-perl2
root@aluno# apt-get install libapache2-mod-python
root@aluno# apt-get install python-mysqldb
root@aluno# apt-get install libapache2-mod-php5 php5 php-pear php5-
xcache
root@aluno# apt-get install php5-suhosin
root@aluno# apt-get install php5-mysql
```

Configurando Virtual Host

Apache suporta ambos baseados em IP e com base no nome de hospedagem virtual, permitindo-lhe para hospedar múltiplos domínios em um único servidor. Para iniciar a configuração, edite o arquivo do Apache ports.conf na seção NameVirtualHost semelhante ao seguinte. Não se esqueça de substituir "12.34.56.78" com o seu endereço IP.
Arquivo trecho: / etc/apache2/ports.conf

NameVirtualHost 12.34.56.78:80
Listen 80

Em seguida, digite o seguinte comando para desabilitar o host padrão Apache virtual.
padrão a2dissite

Cada host virtual adicional terá seu próprio arquivo no diretório / etc/apache2/ sites-available.

Neste exemplo, você criará dois arquivos com os seguintes nomes de sites: "saladeaula.net" e "saladeaula.org".

Primeiro crie saladeaula.net (/ etc/apache2/sites-available/saladeaula.net) para que ele se pareça com o seguinte. Certifique-se de substituir "12.34.56.78" com o seu endereço IP.
Arquivo: etc/apache2/sites-available/saladeaula.net /

Servidores FTP ◀ 171

```
<VirtualHost 12.34.56.78:80>
    ServerAdmin squire@saladeaula.net
    ServerName saladeaula.net
    ServerAlias www.saladeaula.net
    DocumentRoot /srv/www/saladeaula.net/public_html/
    ErrorLog /srv/www/saladeaula.net/logs/error.log
    CustomLog /srv/www/saladeaula.net/logs/access.log combined
</VirtualHost>
```

Se você quiser ativar o suporte a Perl, em seguida, adicione as seguintes linhas para a entrada VirtualHost acima.

```
Arquivo trecho: / etc/apache2/sites-available/saladeaula.net
Options ExecCGI
AddHandler cgi-script .pl
```

Em seguida, crie saladeaula.org (/ etc/apache2/sites-available/saladeaula.org) para que ele se pareça com isto:

```
Arquivo: / etc/apache2/sites-available/saladeaula.org
<VirtualHost 12.34.56.78:80>
    ServerAdmin squire@saladeaula.org
    ServerName saladeaula.org
    ServerAlias www.saladeaula.org
    DocumentRoot /srv/www/saladeaula.org/public_html/
    ErrorLog /srv/www/saladeaula.org/logs/error.log
    CustomLog /srv/www/saladeaula.org/logs/access.log combined
</VirtualHost>
```

Você vai notar que algumas opções básicas são especificados para ambos os sites, inclusive quando os arquivos para o site vão residir (em / srv / www /). Você pode adicionar (ou remover) opções de configuração adicionais, como o suporte Perl, numa base local a local para esses arquivos com as suas necessidades.

Criar os diretórios necessários para estes locais, emitindo os seguintes comandos:

```
root@aluno# mkdir -p /srv/www/saladeaula.net/public_html
root@aluno# mkdir /srv/www/saladeaula.net/logs
root@aluno# mkdir -p /srv/www/saladeaula.org/public_html
root@aluno# mkdir /srv/www/saladeaula.org/logs
habilite os sites com estes comandos:
root@aluno# a2ensite bucknell.net
root@aluno# a2ensite ducklington.org
```

Reinicie o Apache

```
root@aluno# /etc/init.d/apache2 restart
```

Quando você criar ou editar qualquer arquivo host virtual, vai precisar recarregar a configuração, que poderá fazer sem ter de reiniciar o servidor com o seguinte comando:

```
root@aluno# /etc/init.d/apache2 reload
```

Instalando Apache2, PHP5 e MYSQL

Estre trio é básico para a maioria dos aplicativos web que você irá instalar em seu servidor.

```
aptitude install apache2 libapache2-mod-php5 libapache2-mod-auth-
mysql php5-mysql mysql-server mysql-client
```

Será solicitada a senha para o usuário root do banco Mysql e a confirmação. Após feita esta instalação, provavelmente você não terá problemas em instalar, por exemplo, PHPMYADMIN o WEBMIN e outros.

Arquivo de configuração do apache2

```
(/etc/apache2/apache2.conf).
#
# Based upon the NCSA server configuration files originally by Rob
McCool.
#
# This is the main Apache server configuration file. It contains the
# configuration directives that give the server its instructions.
# See http://httpd.apache.org/docs/2.2/ for detailed information
about
# the directives.
#
# Do NOT simply read the instructions in here without understanding
# what they do. They're here only as hints or reminders. If you are
unsure
# consult the online docs. You have been warned.
#
# The configuration directives are grouped into three basic sec-
tions:
# 1. Directives that control the operation of the Apache server
process as a
```

Servidores FTP ◀ 173

```
#    whole (the 'global environment').
# 2. Directives that define the parameters of the 'main' or 'de-
fault' server,
#    which responds to requests that aren't handled by a virtual
host.
#    These directives also provide default values for the settings
#    of all virtual hosts.
# 3. Settings for virtual hosts, which allow Web requests to be
sent to
#    different IP addresses or hostnames and have them handled by
the
#    same Apache server process.
#
# Configuration and logfile names: If the filenames you specify for
many
# of the server's control files begin with "/" (or "drive:/" for
Win32), the
# server will use that explicit path. If the filenames do *not* be-
gin
# with "/", the value of ServerRoot is prepended -- so "foo.log"
# with ServerRoot set to "/etc/apache2" will be interpreted by the
# server as "/etc/apache2/foo.log".
#
### Section 1: Global Environment
#
# The directives in this section affect the overall operation of
Apache,
# such as the number of concurrent requests it can handle or where
it
# can find its configuration files.
#
#
# ServerRoot: The top of the directory tree under which the serv-
er's
# configuration, error, and log files are kept.
#
# NOTE! If you intend to place this on an NFS (or otherwise net-
work)
# mounted filesystem then please read the LockFile documentation
```

174 ▸ Administração de Servidores Linux

```
(available
# at <URL:http://httpd.apache.org/docs/2.2/mod/mpm_common.
html#lockfile>);
# you will save yourself a lot of trouble.
#
# Do NOT add a slash at the end of the directory path.
#
#ServerRoot "/etc/apache2"
#
# The accept serialization lock file MUST BE STORED ON A LOCAL DISK.
#
LockFile ${APACHE_LOCK_DIR}/accept.lock
#
# PidFile: The file in which the server should record its process
# identification number when it starts.
# This needs to be set in /etc/apache2/envvars
#
PidFile ${APACHE_PID_FILE}
#
# Timeout: The number of seconds before receives and sends time
out.
#
Timeout 300
#
# KeepAlive: Whether or not to allow persistent connections (more
than
# one request per connection). Set to "Off" to deactivate.
#
KeepAlive On
#
# MaxKeepAliveRequests: The maximum number of requests to allow
# during a persistent connection. Set to 0 to allow an unlimited
amount.
# We recommend you leave this number high, for maximum performance.
#
MaxKeepAliveRequests 100
#
# KeepAliveTimeout: Number of seconds to wait for the next request
from the
```

Servidores FTP ◀ 175

```
# same client on the same connection.
#
KeepAliveTimeout 15
##
## Server-Pool Size Regulation (MPM specific)
##
# prefork MPM
# StartServers: number of server processes to start
# MinSpareServers: minimum number of server processes which are
kept spare
# MaxSpareServers: maximum number of server processes which are
kept spare
# MaxClients: maximum number of server processes allowed to start
# MaxRequestsPerChild: maximum number of requests a server process
serves
<IfModule mpm_prefork_module>
  StartServers        5
  MinSpareServers      5
  MaxSpareServers      10
  MaxClients        150
  MaxRequestsPerChild  0
</IfModule>
# worker MPM
# StartServers: initial number of server processes to start
# MaxClients: maximum number of simultaneous client connections
# MinSpareThreads: minimum number of worker threads which are kept
spare
# MaxSpareThreads: maximum number of worker threads which are kept
spare
# ThreadLimit: ThreadsPerChild can be changed to this maximum value
during a
#        graceful restart. ThreadLimit can only be changed by stop-
ping
#        and starting Apache.
# ThreadsPerChild: constant number of worker threads in each server
process
# MaxRequestsPerChild: maximum number of requests a server process
serves
<IfModule mpm_worker_module>
```

176 ▸ Administração de Servidores Linux

```
StartServers        2
MinSpareThreads     25
MaxSpareThreads     75
ThreadLimit         64
ThreadsPerChild     25
MaxClients          150
MaxRequestsPerChild  0
</IfModule>
# event MPM
# StartServers: initial number of server processes to start
# MaxClients: maximum number of simultaneous client connections
# MinSpareThreads: minimum number of worker threads which are kept
spare
# MaxSpareThreads: maximum number of worker threads which are kept
spare
# ThreadsPerChild: constant number of worker threads in each server
process
# MaxRequestsPerChild: maximum number of requests a server process
serves
<IfModule mpm_event_module>
  StartServers        2
  MaxClients          150
  MinSpareThreads     25
  MaxSpareThreads     75
  ThreadLimit         64
  ThreadsPerChild     25
  MaxRequestsPerChild  0
</IfModule>
# These need to be set in /etc/apache2/envvars
User ${APACHE_RUN_USER}
Group ${APACHE_RUN_GROUP}
#
# AccessFileName: The name of the file to look for in each directory
# for additional configuration directives. See also the AllowOver-
ride
# directive.
#
AccessFileName .htaccess
#
```

Servidores FTP ◄ 177

```
# The following lines prevent .htaccess and .htpasswd files from be-
ing
# viewed by Web clients.
#
<Files ~ "^\.ht">
  Order allow,deny
  Deny from all
  Satisfy all
</Files>
#
# DefaultType is the default MIME type the server will use for a
document
# if it cannot otherwise determine one, such as from filename exten-
sions.
# If your server contains mostly text or HTML documents, "text/
plain" is
# a good value. If most of your content is binary, such as applica-
tions
# or images, you may want to use "application/octet-stream" instead
to
# keep browsers from trying to display binary files as though they
are
# text.
#
DefaultType text/plain
#
# HostnameLookups: Log the names of clients or just their IP ad-
dresses
# e.g., www.apache.org (on) or 204.62.129.132 (off).
# The default is off because it'd be overall better for the net if
people
# had to knowingly turn this feature on, since enabling it means
that
# each client request will result in AT LEAST one lookup request to
the
# nameserver.
#
HostnameLookups Off
# ErrorLog: The location of the error log file.
```

178 ▶ Administração de Servidores Linux

```
# If you do not specify an ErrorLog directive within a <Virtual-
Host>
# container, error messages relating to that virtual host will be
# logged here. If you *do* define an error logfile for a <Virtual-
Host>
# container, that host's errors will be logged there and not here.
#
ErrorLog ${APACHE_LOG_DIR}/error.log
#
# LogLevel: Control the number of messages logged to the error_log.
# Possible values include: debug, info, notice, warn, error, crit,
# alert, emerg.
#
LogLevel warn
# Include module configuration:
Include mods-enabled/*.load
Include mods-enabled/*.conf
# Include all the user configurations:
Include httpd.conf
# Include ports listing
Include ports.conf
#
# The following directives define some format nicknames for use with
# a CustomLog directive (see below).
# If you are behind a reverse proxy, you might want to change %h
into %{X-Forwarded-For}i
#
LogFormat "%v:%p %h %l %u %t \"%r\" %>s %O \"%{Referer}i\" \"%{Us-
er-Agent}i\"" vhost_combined
LogFormat "%h %l %u %t \"%r\" %>s %O \"%{Referer}i\" \"%{User-
Agent}i\"" combined
LogFormat "%h %l %u %t \"%r\" %>s %O" common
LogFormat "%{Referer}i -> %U" referer
LogFormat "%{User-agent}i" agent
# Include of directories ignores editors' and dpkg's backup files,
# see README.Debian for details.
# Include generic snippets of statements
Include conf.d/
# Include the virtual host configurations:
Include sites-enabled/
```

Estrutura de arquivos

sites-enabled	Diretório que mantém links dos sites habilitados
sites-enabled/000-default	Exemplo de site
envvars	Variáveis ambientais para o Apache
mods-enabled	Diretório de módulos habilitados
mods-available	Diretório com todos os módulos disponíveis
sites-available	Diretório com todos os sites disponíveis
sites-available/default	Arquivo de site exemplo
sites-available/default-ssl	Arquivo de site ssl exemplo
ports.conf	Arquivo Configuração portas padrão
apache2.conf	Configurações gerais do apache
conf.d	Diretório de configurações
conf.d/localized-error-pages	Paginas de erro
conf.d/charset	Pagina de código
conf.d/security	Configuração padrão do apache segurança
conf.d/other-vhosts-access-log	endereço de arquivo log
httpd.conf	Arquivo de configuração padrão apache 1
magic	Arquivo com configuração MIME

Arquivos de configuração PHP5

Abaixo faremos uma breve descrição dos pontos mais importantes para um administrador de Linux. Não é nossa intenção ensinar php e suas configurações mais detalhadas.

/CLI/PHP.INI

Vejamos o arquivo /etc/cli/php.ini. Este arquivo configura o php no que tange ao acesso aos comando via prompt, não tendo qualquer efeito sobre páginas acessadas via http ou https.

```
[PHP]
engine = On
short_open_tag = On
asp_tags = Off
precision = 14
y2k_compliance = On
output_buffering = 4096
zlib.output_compression = Off
implicit_flush = Off
```

```
unserialize_callback_func =
serialize_precision = 100
allow_call_time_pass_reference = Off
safe_mode = Off
safe_mode_gid = Off
safe_mode_include_dir =
safe_mode_exec_dir =
safe_mode_allowed_env_vars = PHP_
safe_mode_protected_env_vars = LD_LIBRARY_PATH
disable_functions =
disable_classes =
expose_php = On
max_execution_time = 30
max_input_time = 60
memory_limit = -1
error_reporting = E_ALL & ~E_DEPRECATED
display_errors = Off
display_startup_errors = Off
log_errors = On
log_errors_max_len = 1024
ignore_repeated_errors = Off
ignore_repeated_source = Off
report_memleaks = On
track_errors = Off
html_errors = Off
variables_order = "GPCS"
request_order = "GP"
register_globals = Off
register_long_arrays = Off
register_argc_argv = Off
auto_globals_jit = On
post_max_size = 8M
magic_quotes_gpc = Off
magic_quotes_runtime = Off
magic_quotes_sybase = Off
auto_prepend_file =
auto_append_file =
default_mimetype = "text/html"
doc_root =
```

```
user_dir =
enable_dl = Off
file_uploads = On
upload_max_filesize = 2M
max_file_uploads = 20
allow_url_fopen = On
allow_url_include = Off
default_socket_timeout = 60
[Pdo_mysql]
pdo_mysql.cache_size = 2000
pdo_mysql.default_socket=
[Syslog]
define_syslog_variables = Off
[mail function]
SMTP = localhost
smtp_port = 25
mail.add_x_header = On
[SQL]
sql.safe_mode = Off
[ODBC]
odbc.allow_persistent = On
odbc.check_persistent = On
odbc.max_persistent = -1
odbc.max_links = -1
odbc.defaultlrl = 4096
odbc.defaultbinmode = 1
[Interbase]
ibase.allow_persistent = 1
ibase.max_persistent = -1
ibase.max_links = -1
ibase.timestampformat = "%Y-%m-%d %H:%M:%S"
ibase.dateformat = "%Y-%m-%d"
ibase.timeformat = "%H:%M:%S"
[MySQL]
mysql.allow_local_infile = On
mysql.allow_persistent = On
mysql.cache_size = 2000
mysql.max_persistent = -1
mysql.max_links = -1
```

182 ▸ Administração de Servidores Linux

```
mysql.default_port =
mysql.default_socket =
mysql.default_host =
mysql.default_user =
mysql.default_password =
mysql.connect_timeout = 60
mysql.trace_mode = Off
[MySQLi]
mysqli.max_persistent = -1
mysqli.allow_persistent = On
mysqli.max_links = -1
mysqli.cache_size = 2000
mysqli.default_port = 3306
mysqli.default_socket =
mysqli.default_host =
mysqli.default_user =
mysqli.default_pw =
mysqli.reconnect = Off
[mysqlnd]
mysqlnd.collect_statistics = On
mysqlnd.collect_memory_statistics = Off
[OCI8]
[PostgresSQL]
pgsql.allow_persistent = On
pgsql.auto_reset_persistent = Off
pgsql.max_persistent = -1
pgsql.max_links = -1
pgsql.ignore_notice = 0
pgsql.log_notice = 0
[Sybase-CT]
sybct.allow_persistent = On
sybct.max_persistent = -1
sybct.max_links = -1
sybct.min_server_severity = 10
sybct.min_client_severity = 10
[bcmath]
bcmath.scale = 0
[browscap]
[Session]
```

```
session.save_handler = files
session.use_cookies = 1
session.use_only_cookies = 1
session.name = PHPSESSID
session.auto_start = 0
session.cookie_lifetime = 0
session.cookie_path = /
session.cookie_domain =
session.cookie_httponly =
session.serialize_handler = php
session.gc_probability = 0
session.gc_divisor = 1000
session.gc_maxlifetime = 1440
session.bug_compat_42 = Off
session.bug_compat_warn = Off
session.referer_check =
session.entropy_length = 0
session.cache_limiter = nocache
session.cache_expire = 180
session.use_trans_sid = 0
session.hash_function = 0
session.hash_bits_per_character = 5
url_rewriter.tags = "a=href,area=href,frame=src,input=src,form=fakeentry"
[MSSQL]
mssql.allow_persistent = On
mssql.max_persistent = -1
mssql.max_links = -1
mssql.min_error_severity = 10
mssql.min_message_severity = 10
mssql.compatability_mode = Off
mssql.secure_connection = Off
[Assertion]
[COM]
[mbstring]
[gd]
[exif]
[Tidy]
tidy.clean_output = Off
[soap]
```

184 ▶ **Administração de Servidores Linux**

```
soap.wsdl_cache_enabled=1
soap.wsdl_cache_dir="/tmp"
soap.wsdl_cache_ttl=86400
soap.wsdl_cache_limit = 5
[sysvshm]
[ldap]
ldap.max_links = -1
[mcrypt]
[dba]
```

APACHE2/PHP.INI

Este arquivo normalmente sofre alterações dependendo do projeto instalado em seu servidor. A seguir, colocarei em negrito o que deve ser observado.

```
[PHP]
engine = On
short_open_tag = On
asp_tags = Off
precision = 14
y2k_compliance = On
output_buffering = 4096
zlib.output_compression = Off
implicit_flush = Off
unserialize_callback_func =
serialize_precision = 100
allow_call_time_pass_reference = Off
safe_mode = Off
safe_mode_gid = Off
safe_mode_include_dir =
safe_mode_exec_dir =
safe_mode_allowed_env_vars = PHP_
safe_mode_protected_env_vars = LD_LIBRARY_PATH
disable_functions =
disable_classes =
expose_php = On
max_execution_time = 30        # talvez seja necessário aumentar
max_input_time = 60   # talvez seja necessário aumentar
memory_limit = 128M  # talvez seja necessário aumentar
error_reporting = E_ALL & ~E_DEPRECATED
```

display_errors = Off
display_startup_errors = Off   # Após o termino do desenvolvimento
coloque em off para não mostrar mensagens no browse do usuário.
log_errors = On
log_errors_max_len = 1024
ignore_repeated_errors = Off
ignore_repeated_source = Off
report_memleaks = On
track_errors = Off
html_errors = Off
variables_order = "GPCS"
request_order = "GP"
register_globals = Off
register_long_arrays = Off
register_argc_argv = Off
auto_globals_jit = On
post_max_size = 8M
magic_quotes_gpc = Off
magic_quotes_runtime = Off
magic_quotes_sybase = Off
auto_prepend_file =
auto_append_file =
default_mimetype = "text/html"
doc_root =
user_dir =
enable_dl = Off
file_uploads = On
upload_max_filesize = 2M   # **Normalmente é necessário aumentar**
max_file_uploads = 20
allow_url_fopen = On
allow_url_include = Off
default_socket_timeout = 60
[Pdo]
[Pdo_mysql]
pdo_mysql.cache_size = 2000
pdo_mysql.default_socket=
[Phar]
[Syslog]
define_syslog_variables = Off

186 ▸ Administração de Servidores Linux

```
[mail function]
SMTP = localhost
smtp_port = 25
mail.add_x_header = On
[SQL]
sql.safe_mode = Off
[ODBC]
odbc.allow_persistent = On
odbc.check_persistent = On
odbc.max_persistent = -1
odbc.max_links = -1
odbc.defaultlrl = 4096
odbc.defaultbinmode = 1
[Interbase]
ibase.allow_persistent = 1
ibase.max_persistent = -1
ibase.max_links = -1
ibase.timestampformat = "%Y-%m-%d %H:%M:%S"
ibase.dateformat = "%Y-%m-%d"
ibase.timeformat = "%H:%M:%S"
[MySQL]
mysql.allow_local_infile = On
mysql.allow_persistent = On
mysql.cache_size = 2000
mysql.max_persistent = -1
mysql.max_links = -1
mysql.default_port =
mysql.default_socket =
mysql.default_host =
mysql.default_user =
mysql.default_password =
mysql.connect_timeout = 60
mysql.trace_mode = Off
[MySQLi]
mysqli.max_persistent = -1
mysqli.allow_persistent = On
mysqli.max_links = -1
mysqli.cache_size = 2000
mysqli.default_port = 3306
```

Servidores FTP ◄ 187

```
mysqli.default_socket =
mysqli.default_host =
mysqli.default_user =
mysqli.default_pw =
mysqli.reconnect = Off
[mysqlnd]
mysqlnd.collect_statistics = On
mysqlnd.collect_memory_statistics = Off
[OCI8]
[PostgresSQL]
pgsql.allow_persistent = On
pgsql.auto_reset_persistent = Off
pgsql.max_persistent = -1
pgsql.max_links = -1
pgsql.ignore_notice = 0
pgsql.log_notice = 0
[Sybase-CT]
sybct.allow_persistent = On
sybct.max_persistent = -1
sybct.max_links = -1
sybct.min_server_severity = 10
sybct.min_client_severity = 10
[bcmath]
bcmath.scale = 0
[browscap]
[Session]
session.save_handler = files
session.use_cookies = 1
session.use_only_cookies = 1
session.name = PHPSESSID
session.auto_start = 0
session.cookie_lifetime = 0
session.cookie_path = /
session.cookie_domain =
session.cookie_httponly =
session.serialize_handler = php
session.gc_probability = 0
session.gc_divisor = 1000
session.gc_maxlifetime = 1440
```

188 ▸ Administração de Servidores Linux

```
session.bug_compat_42 = Off
session.bug_compat_warn = Off
session.referer_check =
session.entropy_length = 0
session.cache_limiter = nocache
session.cache_expire = 180
session.use_trans_sid = 0
session.hash_function = 0
session.hash_bits_per_character = 5
url_rewriter.tags = "a=href,area=href,frame=src,input=src,form=fakeentry"
[MSSQL]
mssql.allow_persistent = On
mssql.max_persistent = -1
mssql.max_links = -1
mssql.min_error_severity = 10
mssql.min_message_severity = 10
mssql.compatability_mode = Off
mssql.secure_connection = Off
[Assertion]
[COM]
[mbstring]
[gd]
[exif]
[Tidy]
tidy.clean_output = Off
[soap]
soap.wsdl_cache_enabled=1
soap.wsdl_cache_dir="/tmp"
soap.wsdl_cache_ttl=86400
soap.wsdl_cache_limit = 5
[sysvshm]
[ldap]
ldap.max_links = -1
[mcrypt]
[dba]
```

MY.CNF

Geralmente ao término da instalação do MYSQL o my.cnf está perfeito para rodar a grande maioria dos aplicativos, mas sempre lembre de ler o README ou o
INSTALL da sua aplicação para ter certeza.

```
#
# The MySQL database server configuration file.
#
# You can copy this to one of:
# - "/etc/mysql/my.cnf" to set global options,
# - "~/.my.cnf" to set user-specific options.
#
# One can use all long options that the program supports.
# Run program with --help to get a list of available options and
with
# --print-defaults to see which it would actually understand and
use.
#
# For explanations see
# http://dev.mysql.com/doc/mysql/en/server-system-variables.html

# This will be passed to all mysql clients
# It has been reported that passwords should be enclosed with
ticks/quotes
# escpecially if they contain "#" chars...
# Remember to edit /etc/mysql/debian.cnf when changing the socket
location.
[client]
port           = 3306
socket         = /var/run/mysqld/mysqld.sock

# Here is entries for some specific programs
# The following values assume you have at least 32M ram
# This was formally known as [safe_mysqld]. Both versions are cur-
rently parsed.
[mysqld_safe]
socket         = /var/run/mysqld/mysqld.sock
nice           = 0
[mysqld]
#
```

190 ▸ Administração de Servidores Linux

```
# * Basic Settings
#
user            = mysql
pid-file= /var/run/mysqld/mysqld.pid
socket          = /var/run/mysqld/mysqld.sock
port            = 3306
basedir         = /usr
datadir         = /var/lib/mysql
tmpdir          = /tmp
language        = /usr/share/mysql/english
skip-external-locking
#
# Instead of skip-networking the default is now to listen only on
# localhost which is more compatible and is not less secure.
bind-address         = 127.0.0.1
#
# * Fine Tuning
#
key_buffer           = 16M
max_allowed_packet   = 16M
thread_stack         = 192K
thread_cache_size    = 8
# This replaces the startup script and checks MyISAM tables if
needed
# the first time they are touched
myisam-recover    = BACKUP
#max_connections    = 100
#table_cache       = 64
#thread_concurrency   = 10
#
# * Query Cache Configuration
#
query_cache_limit    = 1M
query_cache_size     = 16M
#
# * Logging and Replication
#
# Both location gets rotated by the cronjob.
# Be aware that this log type is a performance killer.
```

```
# As of 5.1 you can enable the log at runtime!
#general_log_file    = /var/log/mysql/mysql.log
#general_log       = 1
#
# Error logging goes to syslog due to /etc/mysql/conf.d/mysqld_
safe_syslog.cnf.
#
# Here you can see queries with especially long duration
#log_slow_queries      = /var/log/mysql/mysql-slow.log
#long_query_time = 2
#log-queries-not-using-indexes
#
# The following can be used as easy to replay backup logs or for
replication.
# note: if you are setting up a replication slave, see README.
Debian about
#     other settings you may need to change.
#server-id          = 1
#log_bin                   = /var/log/mysql/mysql-bin.log
expire_logs_days      = 10
max_binlog_size     = 100M
#binlog_do_db         = include_database_name
#binlog_ignore_db      = include_database_name
#
# * InnoDB
#
# InnoDB is enabled by default with a 10MB datafile in /var/lib/
mysql/.
# Read the manual for more InnoDB related options. There are many!
#
# * Security Features
#
# Read the manual, too, if you want chroot!
# chroot = /var/lib/mysql/
#
# For generating SSL certificates I recommend the OpenSSL GUI "ti-
nyca".
#
# ssl-ca=/etc/mysql/cacert.pem
```

192 ▶ Administração de Servidores Linux

```
# ssl-cert=/etc/mysql/server-cert.pem
# ssl-key=/etc/mysql/server-key.pem
[mysqldump]
quick
quote-names
max_allowed_packet    = 16M
[mysql]
#no-auto-rehash        # faster start of mysql but no tab completi-
tion
[isamchk]
key_buffer            = 16M
#
# * IMPORTANT: Additional settings that can override those from
this file!
#   The files must end with '.cnf', otherwise they'll be ignored.
#
!includedir /etc/mysql/conf.d/
```

DEBIAN.CNF
Configurações específicas do MYSQL para o servidor Debian.

```
# Automatically generated for Debian scripts. DO NOT TOUCH!
[client]
host     = localhost
user     = debian-sys-maint
password = clKwJ4I5oX2NoNdO
socket   = /var/run/mysqld/mysqld.sock
[mysql_upgrade]
host     = localhost
user     = debian-sys-maint
password = clKwJ4I5oX2NoNdO
socket   = /var/run/mysqld/mysqld.sock
basedir = /usr
```

Controlando processos
Tudo no Linux possui um número de processo a partir do momento em que é inicializado, pois esta é a forma de o sistema operacional poder controlar o que cada programa está fazendo. Através deste número de processo podemos dar mais ou menos prioridade a um programa e podemos também parar, congelar ou matar o programa. Vejamos como isso é feito.

ps

seleção simples

-A	todos os processos
-N	nega seleção
-a	todos w/ tty exceto sessões anteriores
-d	todos exceto sessões antigas
-e	todos processos
T	todos processos neste terminal
a	todos w/ tty, incluindo outros usuários
r	somente processos executando
x	processes w/o controlando ttys

seleção por lista

-C	por nome de comando
-G	por real grupo ID
-U	por real usuário ID
-g	por sessão OR por efeito de nome de grupo
-p	por processos ID
-s	processos que pegaram a sessão
-t	por tty
-u	para efeito do ID do usuário
U	processos especificados por usuários
t	by tty

formato de saída

-w,w	saída wide
-j,j	controle de job
-O,O	carrega o -o
-l,l	longo
-F	extracompleto
-f	completo
-o,o	definido pelo usuário
s	sinal
v	memória virtual
u	orientado-por-uso
X	registros

demais opções

L	lista códigos de formatos

194 ▸ **Administração de Servidores Linux**

c   verdadeiro nome do comando
n   numérico WCHAN,UID
f   ASCII art forest
-y   troca o formato -l
-c   classe de agendamento
-H   hierarquia do processo

pkill

pgrep / pkill

Pesquisas pgrep através dos processos atualmente em execução; pkill enviará o sinal específico (por padrão SIGTERM) para cada processo, em vez de enunciá--los na saída.

Sintaxe
```
    pgrep [flvx] [-d delimitador] [n |-o] [-P ppid ,...] ,...] pgrp
[g
    [-S SID ,...] [u-euid ,...] [U uid ,...] [G-gid ,...]
    [Termo t ,...]] padrão [

    pkill [sinal] [-FVX] [n |-o] [-P ppid ,...] ,...] pgrp [g
    [-S SID ,...] [u-euid ,...] [U uid ,...] [G-gid ,...]
    [Termo t ,...]] padrão
```

Key

padrão

Uma expressão regular estendida para coincidir com nomes de processos ou linhas de comando.

-D delimitador

Definir o texto usado para delimitar cada ID de processo na produção.
(Por padrão, uma nova linha). (Pgrep apenas.)

-F

O padrão normalmente só é comparado com o nome do processo.
Quando o -f é definido, a linha de comando completo é utilizada.

Pgrp-g ...

Só jogo processos no processo identificações grupo listado.
Processo grupo 0 é traduzido em pgrep ou grupo pkill próprio processo.

G-gid ...
Só jogo processos cuja real identidade do grupo está listado.
Ou o valor numérico ou simbólico podem ser utilizados.

-L
Nome da lista do processo, bem como a identificação do processo. (Pgrep apenas.)

-N
Selecione apenas os mais novos dos processos de harmonização.

-O
Selecione apenas os mais velhos dos processos de harmonização.

-P ppid, ...
Só jogo processos cujo pai identificação do processo é listado.

-S SID, ...
Só jogo processos cujo processo de identificação de sessão está listado.
Session ID 0 é traduzido em pgrep ou ID pkill da própria sessão.

Prazo t, ...
Só jogo processos cujo controle terminal está listado.
O nome do terminal deve ser especificado sem o "/dev/" prefixo.

-U euid, ...
Só jogo processos cuja efetiva identificação do usuário é listada.
Ou o valor numérico ou simbólico podem ser utilizados.

Uid-U ...
Só jogo processos cujo verdadeiro nome de usuário é listado.
Ou o valor numérico ou simbólico podem ser utilizados.

-V
Anula a condizer.

-X
Só jogo processos cujo nome (ou linha de comando se -f é especificado)
coincidir exatamente com o padrão.

-Sinal

Define o sinal a enviar para cada processo correspondente.
Ou o numérico ou o nome do sinal simbólico podem ser utilizados. (Pkill apenas.)

Todos os critérios têm de corresponder.
Por exemplo, u root-pgrep sshd lista apenas os processos denominados sshd e propriedade de raiz.
Por outro lado, a raiz u pgrep, daemon irá listar os processos de propriedade de raiz ou daemon.
Exemplos:

Exemplo 1: Localizar o ID do processo do daemon chamado:

```
root@aluno# pgrep -u root named
```

Exemplo 2: Faça syslog reler seu arquivo de configuração:

```
root@aluno# pkill -HUP syslogd
```

Exemplo 3: Dá informações detalhadas sobre todos os processos xterm:

```
root@aluno# ps -fp $(pgrep -d, -x xterm)
```

Exemplo 4: Faça todos os processos executados netscape mais agradável:

```
root@aluno# renice +4 `pgrep netscape'
```

xkill

Xkill é um utilitário para forçar o servidor X a fechar conexões com clientes. Este programa é muito perigoso, mas é útil para abortar programas que têm apresentado janelas indesejadas na tela do usuário. Se nenhum identificador de recurso é dado com-id xkill, vai exibir um especial cursor como um alerta para que o usuário selecione uma janela para ser morto. Se um botão do mouse é pressionado sobre uma janela não root, o servidor vai fechar sua conexão com o cliente que criou a janela.

OPÇÕES

```
-display nomedisplay
```
Esta opção especifica o nome do servidor X para contato.

Servidores FTP ◀ 197

```
-id resource
```
Esta opção especifica o X identificador para o recurso cujo criador deve ser abortado. Se nenhum recurso for especificado, xkill exibirá um cursor especial com o qual você deve selecionar um janela para matar.

```
-button number
```
Esta opção especifica o número de botões do apontador que deve ser utilizado na seleção de uma janela para matar.

Tudo indica que todos os clientes com janelas de nível superior na tela devem ser mortos. Xkill pedirá que você selecione a janela raiz com cada um dos botões atualmente definidos para dar-lhe várias chances de abortar. O uso dessa opção é altamente desaconselhado.

```
-frame
```
Esta opção indica que xkill deve ignorar a norma convenções para encontrar janelas de nível superior do cliente.

top
Mostra os programas em execução ativos, parados, tempo usado na CPU, detalhes sobre o uso da memória RAM, Swap, disponibilidade para execução de programas no sistema, etc.
top é um programa que continua em execução mostrando continuamente os processos que estão rodando em seu computador e os recursos utilizados por eles. Para sair do top, pressione a tecla q.

```
top [opções]
Onde:
-d [tempo]      Atualiza a tela após o [tempo] (em segundos).
-s              Diz ao top para ser executado em modo seguro.
-i              Inicia o top ignorando o tempo de processos zumbis.
-c              Mostra a linha de comando em vez do nome do programa.
```

A ajuda sobre o top pode ser obtida dentro do programa pressionando a tecla h ou pela página de manual (man top).

Abaixo algumas teclas úteis:
espaço - Atualiza imediatamente a tela.
CTRL+L - Apaga e atualiza a tela.

198 ▸ Administração de Servidores Linux

h - Mostra a tela de ajuda do programa. São mostradas todas as teclas que podem ser usadas com o top.

i - Ignora o tempo ocioso de processos zumbis.

q - Sai do programa.

k - Finaliza um processo - semelhante ao comando kill. Você será perguntado pelo número de identificação do processo (PID). Este comando não estará disponível caso esteja usando o top com a opção -s.

n - Muda o número de linhas mostradas na tela. Se 0 for especificado, será usada toda a tela para listagem de processos.

htop
DESCRIÇÃO
Este programa é livre (GPL) visualizador de processos baseado em ncurses.

É semelhante ao topo, mas permite percorrer a lista vertical e horizontalmente para ver todos os processos e suas linhas de comando completo.

As tarefas relacionadas com processos (kill, renicing) podem ser feitas sem que entrem no seu PIDs.

INTERACTIVE COMANDOS

Os seguintes comandos são suportados:

Setas, PgUp, PgDn Home, End   Percorre a lista de processos.

Espaço marca de um processo. Comandos que podem operar em vários processos, como "kill", serão aplicados sobre a lista de processos marcados, em vez do destaque atualmente um.

F1, h	Ajuda da tela
F2, S	métricas de configuração: configure métricas exibida na parte superior da tela.
F3 /	Pesquisa por ocorrências semelhantes.
F4, I	Inverter a ordem de classificação: se a ordem de classificação está aumentando, mudar para diminuir, e vice-versa.
F5, <	Selecione a classificação por campo anterior. O campo de classificação é indicado por um destaque no cabeçalho.
F6,>	Selecione a classificação por área próxima. O campo de classificação é indicado por um destaque no cabeçalho.
F7,]	Aumentar a prioridade do processo selecionado (superusuário apenas).
F8, [	Diminua a prioridade do processo selecionado.

Servidores FTP ◄ 199

F9, k	"Mate" processos: envia um sinal que é selecionado em um menu, para um ou um grupo de processos. Se os processos foram marcados, envia o sinal para todos os processos marcados. Se nada for marcado, envia para o processo selecionado.
F10, q	Parar
M	Ordenar por uso de memória (tecla de compatibilidade superior).
P	Ordenar por uso de processador (tecla de compatibilidade superior).
C	Selecione as colunas exibidas.
F	"Siga" processo: se a ordem de classificação faz com que o processo selecionado possa mover na lista, a barra de seleção segue o processo. Isso é útil para o monitoramento de um processo: deste modo, você pode manter um processo sempre visível na tela. Quando uma tecla de movimentação é usada, "seguir" perde o efeito.

Números PID de busca: digite o ID do processo e o realce de seleção será transferido para ele.

Execução de programas

Tipos de Execução de comandos/programas
Um programa pode ser executado de duas formas:

Primeiro Plano - Também chamado de foreground. Quando você deve esperar o término da execução de um programa para executar um novo comando. Somente é mostrado o aviso de comando após o término de execução do comando/programa.

Segundo Plano - Também chamado de background. Quando você não precisa esperar o término da execução de um programa para executar um novo comando.

Após iniciar um programa em background, é mostrado um número PID (identificação do Processo) e o aviso de comando é novamente mostrado, permitindo o uso normal do sistema.

O programa executado em background continua sendo executado internamente. Após ser concluído, o sistema retorna uma mensagem de pronto acompanhado do número PID do processo que terminou.

200 ▸ **Administração de Servidores Linux**

Para iniciar um programa em primeiro plano, basta digitar seu nome normalmente. Para iniciar um programa em segundo plano, acrescente o carácter "&" após o final do comando.

OBS: Mesmo que um usuário execute um programa em segundo plano e saia do sistema, o programa continuará sendo executado até que seja concluído ou finalizado pelo usuário que iniciou a execução (ou pelo usuário root).
Exemplo: find / -name boot.b &

O comando será executado em segundo plano e deixará o sistema livre para outras tarefas. Após o comando find terminar, será mostrada uma mensagem.

Executando programas em sequência

Os comandos podem ser executados em sequência (um após o término do outro) se os separarmos com ";". Por exemplo: echo primeiro; echo segundo; echo terceiro.

ps

Algumas vezes é útil ver quais processos estão sendo executados no computador. O comando os faz isso e também nos mostra qual usuário executou o programa, a hora em que o processo foi iniciado, etc.

ps [opções]
Onde:
opções

a	Mostra os processos criados por você e de outros usuários do sistema.
x	Mostra processos que não são controlados pelo terminal.
u	Mostra o nome de usuário que iniciou o processo e a hora em que o processo foi iniciado.
m	Mostra a memória ocupada por cada processo em execução.
f	Mostra a árvore de execução de comandos (comandos que são chamados por outros comandos).
e	Mostra variáveis de ambiente no momento da inicialização do processo.
w	Mostra a continuação da linha atual na próxima linha em vez de cortar o restante que não couber na tela.

--sort:[coluna]
Organiza a saída do comando ps de acordo com a coluna escolhida. Você pode usar as colunas pid, utime, ppid, rss, size, user, priority.

Pode ser especificada uma listagem em ordem inversa especificando--sort:[-coluna]. Para mais detalhes e outras opções, veja a página de manual.

As opções citadas podem ser combinadas para resultar em uma listagem mais completa. Você também pode usar pipes "|" para filtrar a saída do comando ps.
Ao contrário de outros comandos, o comando ps não precisa do hífen "-" para especificar os comandos. Isto porque ele não utiliza opções longas e não usa parâmetros.
Exemplos: ps, ps ax|grep inetd, ps auxf, ps auxw.

top
Mostra os programas em execução ativos, parados, tempo usado na CPU, detalhes sobre o uso da memória RAM, Swap, disponibilidade para execução de programas no sistema etc.

Top é um programa que continua em execução mostrando continuamente os processos que estão rodando em seu computador e os recursos utilizados por eles. Para sair do top, pressione a tecla q.

top [opções]
Onde:
-d [tempo]   Atualiza a tela após o [tempo] (em segundos).
-s   Diz ao top para ser executado em modo seguro.
-i   Inicia o top ignorando o tempo de processos zumbis.
-c   Mostra a linha de comando em vez do nome do programa.

A ajuda sobre o top pode ser obtida dentro do programa pressionando a tecla h ou pela página de manual (man top).

Eis algumas teclas úteis:
espaço - Atualiza imediatamente a tela.
CTRL+L - Apaga e atualiza a tela.
H - Mostra a tela de ajuda do programa. São mostradas todas as teclas que podem ser usadas com o top.
I - Ignora o tempo ocioso de processos zumbis.
q - Sai do programa.
k - Finaliza um processo - semelhante ao comando kill. Você será perguntado pelo número de identificação do processo (PID). Este comando não estará disponível caso esteja usando o top com a opção -s.

202 ▸ Administração de Servidores Linux

n - Muda o número de linhas mostradas na tela. Se 0 for especificado, será usada toda a tela para listagem de processos.

Controle de execução de processos

Abaixo, alguns comandos e métodos úteis para o controle da execução de processos no GNU/Linux.

Interrompendo a execução de um processo

Para cancelar a execução de algum processo rodando em primeiro plano, basta pressionar as teclas CTRL+C. A execução do programa será cancelada e será mostrado o aviso de comando. Você também pode usar o comando kill para interromper um processo sendo executado.

Parando momentaneamente a execução de um processo

Para parar a execução de um processo rodando em primeiro plano, basta pressionar as teclas CTRL+Z. O programa em execução será pausado e será mostrado o número de seu job e o aviso de comando.

O programa permanece na memória no ponto de processamento em que parou quando ele é interrompido. Você pode usar outros comandos ou rodar outros programas enquanto o programa atual está interrompido.

jobs

O comando jobs mostra os processos que estão parados ou rodando em segundo plano. Processos em segundo plano são iniciados usando o símbolo "&" no final da linha de comando ou através do comando bg.

jobs

O número de identificação de cada processo parado ou em segundo plano (job) é usado com os comandos. Um processo interrompido pode ser finalizado usando-se o comando kill %[num], onde [num] é o número do processo obtido pelo comando jobs.

fg

Permite fazer um programa rodando em segundo plano ou parado, rodar em primeiro plano. Você deve usar o comando jobs para pegar o número do processo rodando em segundo plano ou interrompido, este número será passado ao comando fg para ativá-lo em primeiro plano.

fg [número]
Onde número é o número obtido através do comando jobs.
Caso seja usado sem parâmetros, o fg utilizará o último programa interrompido (o maior número obtido com o comando jobs).

bg
Permite fazer um programa rodando em primeiro plano ou parado, rodar em segundo plano. Para fazer um programa em primeiro plano rodar em segundo, é necessário primeiro interromper a execução do comando com CTRL+ Z; será mostrado o número da tarefa interrompida. Use este número com o comando bg para iniciar a execução do comando em segundo plano.

bg [número]
Onde: número número do programa obtido com o pressionamento das teclas CTRL+Z ou através do comando jobs.

kill
Permite enviar um sinal a um comando/programa. Caso seja usado sem parâmetros, o kill enviará um sinal de término ao processo sendo executado.

kill [opções] [sinal] [número]

Onde:
número
É o número de identificação do processo obtido com o comando ps. Também pode ser o número após o sinal de % obtido pelo comando jobs para matar uma tarefa interrompida.
sinal
Sinal que será enviado ao processo. Se omitido, usa -15 como padrão.

opções
-9
Envia um sinal de destruição ao processo ou programa. Ele é terminado imediatamente sem chances de salvar os dados ou apagar os arquivos temporários criados por ele.

Você precisa ser o dono do processo ou o usuário root para terminá-lo ou destruí--lo. Você pode verificar se o processo foi finalizado através do comando ps.

killall
Permite finalizar processos através do nome.
killall [opções] [sinal] [processo]

Onde:
processo
Nome do processo que deseja finalizar

sinal
Sinal que será enviado ao processo (pode ser obtido usando a opção -i).

opções
-i   Pede confirmação sobre a finalização do processo.
-l   Lista o nome de todos os sinais conhecidos.
-q   Ignora a existência do processo.
-v   Retorna se o sinal foi enviado com sucesso ao processo.
-w   Finaliza a execução do killall somente após finalizar todos os processos.

killall5
Envia um sinal de finalização para todos os processos sendo executados.
killall5 [sinal]

Sinais do Sistema
Retirado da página de manual signal. O GNU/Linux suporta os sinais listados a seguir. Alguns números de sinais são dependentes de arquitetura.

Primeiro, os sinais descritos no POSIX 1:

Sinal	Valor	Ação	Comentário
HUP	1	A	Travamento detectado no terminal de controle ou finalização do processo controlado
INT	2	A	Interrupção através do teclado
QUIT	3	C	Sair através do teclado
ILL	4	C	Instrução Ilegal
ABRT	6	C	Sinal de abortar enviado pela função abort
FPE	8	C	Exceção de ponto Flutuante
KILL	9	AEF	Sinal de destruição do processo

SEGV	11	C	Referência Inválida de memória
PIPE	13	A	Pipe Quebrado: escreveu para o pipe sem leitores
ALRM	14	A	Sinal do Temporizador da chamada do sistema alarm
TERM	15	A	Sinal de Término
USR1	30,10,16	A	Sinal definido pelo usuário 1
USR2	31,12,17	A	Sinal definido pelo usuário 2
CHLD	20,17,18	B	Processo filho parado ou terminado
CONT	19,18,25		Continuar a execução, se interrompido
STOP	17,19,23	DEF	Interromper processo
TSTP	18,20,24	D	Interromper digitação no terminal
TTIN	21,21,26	D	Entrada do terminal para o processo em segundo plano
TTOU	22,22,27	D	Saída do terminal para o processo em segundo plano

As letras da coluna Ação têm o seguinte significado:
A - A ação padrão é terminar o processo.
B - A ação padrão é ignorar o sinal.
C - A ação padrão é terminar o processo e mostrar o core.
D - A ação padrão é parar o processo.
E - O sinal não pode ser pego.
F - O sinal não pode ser ignorado.

Sinais não descritos no POSIX 1 mas descritos na SUSv2:

Sinal	Valor	Ação	Comentário
BUS	10,7,10	C	Erro no Barramento (acesso incorreto da memória)
POLL		A	Evento executado em Pool (Sys V). Sinônimo de IO
PROF	27,27,29	A	Tempo expirado do Profiling
SYS	12,-,12	C	Argumento inválido para a rotina (SVID)
TRAP	5	C	Captura do traço/ponto de interrupção
VTALRM	26,26,28	A	Alarme virtual do relógio (4.2 BSD)

206 ▶ Administração de Servidores Linux

XCPU	24,24,30	C	Tempo limite da CPU excedido (4.2 BSD)
XFSZ	25,25,31	C	Limite do tamanho de arquivo excedido (4.2 BSD)

(Para os casos SIGSYS, SIGXCPU, SIGXFSZ, e em algumas arquiteturas também o SIGGUS, a ação padrão do Linux para kernels 2.3.27 e superiores é A (terminar), enquanto SYSv2 descreve C (terminar e mostrar dump core).) Seguem vários outros sinais:

Sinal	Valor	Ação	Comentário
IOT	6	C	Traço IOT. Um sinônimo para ABRT
EMT	7,-,7		
STKFLT	-,16,-	A	Falha na pilha do processador
IO	23,29,22	A	I/O agora possível (4.2 BSD)
CLD	-,-,18		Um sinônimo para CHLD
PWR	29,30,19	A	Falha de força (System V)
INFO	29,-,-		Um sinônimo para SIGPWR
LOST	-,-,-	A	Perda do bloqueio do arquivo
WINCH	28,28,20	B	Sinal de redimensionamento da Janela (4.3 BSD, Sun)
UNUSED	-,31,-	A	Sinal não usado (será SYS)

O "-" significa que o sinal não está presente. Onde três valores são listados, o primeiro é normalmente válido para o Alpha e Sparc, o do meio para i386, PowerPc e sh, o último para o Mips. O sinal 29 é SIGINFO/SIGPWR em um Alpha mas SIGLOST em um Sparc.

nohup
Executa um comando ignorando os sinais de interrupção. O comando poderá ser executado até mesmo em segundo plano caso seja feito o logout do sistema.
nohup [comando que será executado]

As mensagens de saída do nohup são direcionadas para o arquivo $HOME/nohup.out.

Servidores FTP ◀ 207

Exemplo:
```
root@aluno# nohup find / -uid 0 >/tmp/rootfiles.txt &.
```

nice
Configura a prioridade da execução de um comando/programa.
nice [opções] [comando/programa]

Onde:
comando/programa
Comando/programa que terá sua prioridade ajustada.

opções
-n [número]
Configura a prioridade que o programa será executado. Se um programa for executado com maior prioridade, ele usará mais recursos do sistema para seu processamento; caso tenha uma prioridade baixa, ele permitirá que outros programas tenham preferência. A prioridade de execução de um programa/comando pode ser ajustada de -20 (a mais alta) até 19 (a mais baixa).

Exemplo:
```
root@aluno# nice -n -19 find / -name apropos.
```

fuser
Permite identificar e fechar os processos que estão utilizando arquivos e soquetes no sistema.
fuser [opções] [nome]

Onde:
nome
Especifica um nome de processo, diretório, arquivo etc.

opções
-k   Finaliza os processos acessando o arquivo especificado. O sinal desejado deve ser especificado com a opção -signal [num], ou o sinal -9 será enviado como padrão. Não é possível matar o próprio processo fuser.

-i   Pergunta antes de destruir um processo. Será ignorada caso a opção -k não seja especificada.

-l   Lista todos os nomes de sinais conhecidos.

208 ▸ **Administração de Servidores Linux**

-m [nome]   Especifica um arquivo em um sistema de arquivos montado ou dispositivo de bloco que está montado. Todos os processos acessando aquele sistema de arquivos serão listados. Diretórios são mostrados seguidos de uma /

-signal [número]
Usa o sinal especificado em vez de -9 (SIGKILL) quando finalizar processos.

-u   Acrescenta o nome do dono de cada processo ao PID.
-v   Os processos são mostrados em um estilo idêntico ao ps.

tload
Representa de forma gráfica a carga do sistema.
tload [opções]

Onde:
opções
-s [número]   Mostra uma escala vertical com espaçamento especificado por [número]. É recomendável o uso de números entre 1 e 10 para melhor visualização da escala.
-d [número]   Especifica o intervalo entre atualizações, em segundos.

vmstat
Mostra estatísticas sobre o uso da memória virtual do sistema.
vmstat [intervalo] [contagem]

Onde:
intervalo
Número especificado em segundos entre atualizações.

contagem
Número de vezes que será mostrado.
Se não for especificado nenhum parâmetro, o vmstat mostra o status da memória virtual e volta imediatamente para a linha de comando. A descrição dos campos do vmstat são as seguintes:

Processos
r   Número de processos aguardando execução.
b   Número de processos em espera não pode ser interrompido.

w   Número de processos extraídos do arquivo de troca ou caso contrário em execução.

Memória
Swpd   A quantidade de memória virtual usada em Kb.
Free   Quantidade de memória livre em Kb.
Buff   Quantidade de memória usada como buffer em Kb.

Memória Virtual
Si   Quantidade de memória gravada para o disco Kb/s.
So   Quantidade de memória retirada do disco em Kb/s.

Entrada/Saída
Bi   Blocos enviados para um dispositivo de bloco (medido em blocos por segundo).
Bo   Blocos recebidos de um dispositivo de bloco (em blocos por segundo).

Sistema
In   Número de interrupções por segundo, incluindo o clock.
Cs   Número de mudanças de contexto por segundo.

Porcentagem do total de tempo da CPU
Us   Tempo do usuário
Sy   Tempo do sistema
Id   Tempo ocioso

pidof
Retorna o PID do processo especificado
pidof [opções] [nome]

Onde:
nome
Nome do processo que deseja obter o número PID

opções
-s   Retorna somente o primeiro PID encontrado.
-x   Retorna o PID do shell que está executando o script.
-o [PID]   Ignora o processo com aquele PID. O PID especial %PPID pode ser usado para nomear o processo pai do programa pidof, em outras palavras.

210 ▶ Administração de Servidores Linux

OBS: O programa pidof é um link simbólico ao programa killall5. Cuidado ao executar o killall5, as funções e opções são completamente diferentes dependendo da forma como é chamado na linha de comando!

Exemplo:pidof -s init

pstree
Mostra a estrutura de processos em execução no sistema em forma de árvore.
pstree [opções] [pid]

Onde:
pid
Número do processo que terá sua árvore listada. Se omitido, lista todos os processos.

opções
-a	Mostra opções passadas na linha de comando.
-c	Mostra toda a estrutura (inclusive subprocessos do processo pai).
-G	Usa caracteres gráficos no desenho da árvore de processos.
-h	Destaca o processo atual e seus antecessores.
-H [pid]	Destaca o processo especificado.
-l	

Não faz quebra de linha
-n	Classifica pelo número PID em vez do nome.
-p	Mostra o número PID entre parênteses após o nome do processo.
-u	Mostra também o dono do processo.
-U	Usa o conjunto de caracteres Unicode para o desenho da árvore.

Fechando um programa quando não se sabe como sair
Muitas vezes, quando se está iniciando no GNU/Linux, você pode executar um programa e talvez não saber como fechá-lo. Este capítulo do guia pretende ajudá-lo a resolver este tipo de problema.
Isto pode também ocorrer com programadores que estão construindo seus programas e por algum motivo não implementam uma opção de saída, ou ela não funciona!

Servidores FTP ◄ 211

Em nosso exemplo, vou supor que executamos um programa em desenvolvimen-to com o nome contagem que conta o tempo em segundos a partir do momento em que é executado, mas que o programador esqueceu de colocar uma opção de saída. Siga estas dicas para finalizá-lo:

Normalmente todos os programas UNIX (o GNU/Linux também é um Sistema Operacional baseado no UNIX) podem ser interrompidos com o pressionamento das teclas <CTRL> e <C>. Tente isto primeiro para finalizar um programa. Prova-velmente não vai funcionar se estiver usando um Editor de Texto (ele vai entender como um comando de menu). Isso normalmente funciona para comandos que são executados e terminados sem a intervenção do usuário.

Mude para um novo console (pressionando <ALT> e <F2>) e faça o login como usuário root.

Localize o PID (número de identificação do processo) usando o comando: ps ax. Aparecerão várias linhas, cada uma com o número do processo na primeira coluna, e a linha de comando do programa na última coluna. Caso apareçam vários processos, você poderá usar ps ax|grep contagem; neste caso, o grep fará uma filtragem da saída do comando ps ax mostrando somente as linhas que têm a palavra "contagem".

Feche o processo usando o comando kill PID e lembre-se de substituir PID pelo número encontrado pelo comando ps ax acima.
O comando acima envia um sinal de término de execução para o processo (neste caso, o programa contagem). O sinal de término mantém a chance de o programa salvar seus dados ou apagar os arquivos temporários que criou e então ser finali-zado, mas depende do programa.

Alterne para o console onde estava executando o programa contagem e verifique se ele ainda está em execução. Se ele estiver parado mas o aviso de comando não estiver disponível, pressione a tecla <ENTER>. Frequentemente acontece isso com o comando kill; você finaliza um programa, mas o aviso de comando não é mostrado até que se pressione <ENTER>.

Caso o programa ainda não tenha sido finalizado, repita o comando kill usando a opção -9: kill -9 PID. Este comando envia um sinal de DESTRUIÇÃO do processo, fazendo ele terminar "na marra"!

212 ▸ Administração de Servidores Linux

Uma última dica: todos os programas estáveis (todos que acompanham as boas distribuições GNU/Linux) têm sua opção de saída. Lembre-se de que, quando finaliza um processo, todos os dados do programa em execução podem ser perdidos (principalmente se estiver em um editor de textos), mesmo usando o kill sem o parâmetro -9.

Eliminando caracteres estranhos

Às vezes, quando um programa mal comportado é finalizado ou quando você visualiza um arquivo binário através do comando cat, é possível que o aviso de comando (prompt) volte com caracteres estranhos.

Para fazer tudo voltar ao normal, basta digitar reset e teclar ENTER. Não se preocupe, o comando reset não reiniciará seu computador (como o botão reset do seu computador faz); ele apenas fará tudo voltar ao normal.

Note que enquanto você digita reset aparecerão caracteres estranhos em vez das letras. Não se preocupe! Basta digitar corretamente e clicar ENTER e o aviso de comando voltará ao normal.

Screen

O screen é uma ferramenta muito útil quando temos que dar suporte em loco ou remotamente. Em loco, o uso dele permite que você possa, em um mesmo terminal, ter vários "terminais" com o uso do Ctrl + a + c, que cria um novo terminal. Para acessar este terminal, utilize Ctrl + n. Obviamente esta capacidade também existe remotamente, mas o que mais gosto neste comando é a capacidade de você deixar um comando rodando mesmo tendo fechado a sessão com ctrl+d e quando quiser poder reconectar e ver o andamento da tarefa que não ficou parada durante o tempo que estava em background. Isso nos permite, por exemplo, disparar a execução de um relatório e ir para casa. Chegando lá, pode-se conectar na empresa e continuar acompanhando a execução. Garanto que a sua família vai agradecer.

Comandos

Ctrl + c cria novo terminal.
Ctrl + n Troca entre os terminais criados.
Ctrl + a + d Desconectar sem fechar a execução.

Uso: tela [opta] [cmd [args]]
ou: screen-r [host.tty]

Opções:

-a	Força todos os recursos em termcap cada janela.
-A - [R | R]	Adaptar todas as janelas para a largura do display novo e altura.
-C	arquivo de configuração em vez de ler ". Screenrc.
-D (-r)	Retirar o screen de execução em outro lugar (e volte aqui).
Iniciar-	DMS nome como daemon: sessão de screen no modo individual.
-D (-r)	Retire e logout remoto (e volte aqui).
-D-RR	Faça o que for necessário para obter uma sessão de screen.
-E xy	Alterar caracteres de comando.
-F	controle de fluxo em,-fn = off,-fa = auto.
-H	linhas Definir o tamanho do buffer de histórico de retrocesso.
-I	saída interrupção cedo, quando está no controle de fluxo.
-l	Modo de Login l em (atualizar / var / run / utmp)-ln = off.
-list	ou-ls. Não faça nada, apenas a nossa lista SockDir.
-L	Ligue a saída de log.
-m	ignorar variável $ STY, não criar uma sessão novo screen.
-O	Escolha tipo do terminal, em vez de emulação vt100 exato.
-p Janela	Prefixo janela nomeada se ele existir.
-Q	inicialização silenciosa. Saídas não zero código de retorno, se vencida.
-R	Recoloque a um processo screen individual.
-R,	Reconecte se possível, caso contrário, iniciar uma nova sessão.
-S shell	Shell para executar em vez de $ SHELL.
-S	Nome sockname <pid> esta sessão. Sockname em vez de <pid>. <tty>. <host>.
T	Título Set. (Nome da janela).
T-	Usar o termo como $ TERM para o Windows, em vez de "screen".
-U	screen para usar a codificação UTF-8.
V-	Print "Screen 4.00.03jw4 versão (FAU) 2 de maio de 06".
-wipe	Não faça nada, apenas limpar SockDir.
-x	Prenda para uma screen não retirado. (Multimodo de exibição).
-X	Executa <cmd> como um comando no screen de sessão especificada.

Recuperando boot do Linux

Caso você venha a instalar o Windows depois de ter instalado o Linux, com certeza irá acontecer de seu Linux parar de inicializar, ficando somente o Windows.

Para colocar o dual boot funcionando novamente, faça assim:
Você deve ter em mãos um Livecd do Ubuntu

```
root@aluno# mkdir /media/LinuxHD
root@aluno# mount -t reiserfs /dev/sda1 /media/LinuxHD
root@aluno# grub-install --root-directory=/media/LinuxHD /dev/sda
```

NTFS

Acessar partições Windows no Linux é simples, normalmente o Linux sempre monta as partições NTFS como somente leitura. Para podermos gravar nesta partição, precisaremos instalar um aplicativo e proceder como descrito a seguir:

```
root@aluno# aptitude install ntfs-3g
```

Presumindo que a partição NTFS é '/ dev/sda1' e seu ponto de montagem "/ mnt / windows".

Carregue o módulo do kernel como mostrado:

```
root@aluno# modprobe fuse && echo "fuse" >> /etc/modules
```

Montar uma partição NTFS:

```
root@aluno# ntfs-3g /dev/sda1 / mnt/windows
```

Para montar a partição na inicialização, edite / etc / fstab e acrescente:

```
/dev/sda1 /mnt/windows ntfs-3g silent,umask=0,locale=fr_FR.utf8 0 0
```

Editores

VIM

Na minha opinião, o melhor editor, mas o melhor editor é aquele que você conhece, é o que sempre digo em sala de aula. Para instalar, não tem complicação.

```
root@aluno# aptitude install vim
```

Editor de texto com um número enorme de recursos, porém com um certo nível de dificuldade, não sendo portanto indicado para iniciantes. Este editor possui uma série de pacotes para facilitar a edição de programas entre outros tipos de edição.

Servidores FTP ◀ 215

Comandos

Destacam-se entre os comandos mais usuais os comandos:

:x – Sai do editor salvando alterações.
:q! - Sai do editor abortando qualquer alteração feita.
:w – Salva, mas não sai do editor.
:r – Insere outro arquivo dentro do texto atual. Exemplo: :r /etc/hosts
:set num – Mostra número das linhas.
:set ic – Ignora se a palavra tem letras maiúsculas ou minúsculas; muito utilizado antes de fazer uma pesquisa.

Durante a edição, podemos utilizar os seguinte comandos:
Saia do modo de inserção para executar estes comandos.

/ - Pesquisa.
i – Insere texto.
J – Anexa a linha abaixo da atual linha.
C – Troca todas as palavras deste ponto em diante.
c – Troca um caracter.
r – Troca um caracter.
x – Deleta um caracter, pode-se pressionar a tecla Del.
v - Marca texto para execução de outro comando.
U – Passa caracter para maiúsculo.
b – Pula uma palavra para trás.
w – Pula uma palavra para frente.
dd – Deleta uma linha inteira.
dG – Deleta o texto deste ponto até o fim do mesmo.
G – Vai para o fim do texto.
ctrl + g – Mostra detalhes do texto.
num+seta – Faz o cursor se mover na direção da seta o número de vezes informado. Isso funciona para quase todos os comandos.

NANO

Nano é um dos editores mais indicados para iniciantes, pois tem em seu rodapé os comandos mais utilizados, ficando fácil para um usuário iniciante.

Uso: nano [OPÇÕES] [[+LINHA, COLUNA] arquivo]...

216 ▸ Administração de Servidores Linux

Opção	Opção Longa GNU	Significado
-h, -?	--help	Mostrar essa mensagem
+LINHA,COLUNA		Começar na linha número LINHA, coluna COLUNA
-A	--smarthome	Habilitar tecla \<HOME\> inteligente
-B	--backup	Salvar cópias reserva de arquivos que existem
-E \<dir\>	--backupdir=\<dir\>	Diretório para salvar arquivos únicos de reserva
-D	--boldtext	Usa negrito em vez de texto em vídeo inverso
-E	--tabstospaces	Converte tabulações digitadas em espaços
-F	--multibuffer	Permitir múltiplos buffers de arquivos
-H	--historylog	Gravar e ler histórico das strings de busca/substituição
-I	--ignorercfiles	Não olhar o arquivo nanorc
-K	--rebindkeypad	Corrigir a confusão com o teclado numérico
-L	--nonewlines	Não adicionar retorno de carro nos finais das linhas
-N	--noconvert	Não converter arquivos do formato DOS/Mac
-O	--morespace	Utiliza um ou duas linhas para edição
-Q \<str\>	--quotestr=\<str\>	Citando strings
-R	--restricted	Modo restrito
-S	--smooth	Rolar linhas em vez de meia tela
-T \<#cols\>	--tabsize=\<#cols\>	Modificar o tamanho da tabulação para #cols
-U	--quickblank	Remoção rápida da barra de estado
-V	--version	Imprime informação de versão e fecha
-W	--wordbounds	Detecção mais precisa dos limites das palavras
-Y \<str\>	--syntax \<str\>	Definição de sintaxe para inserção de cores
-c	--const	Mostrar a posição do cursor constantemente
-d	--rebinddelete	Corrige o problema de confusão entre a tecla Backspace/Delete

-i	--autoindent	Identar automaticamente novas linhas
-k	--cut	Recortar do cursor até o fim da linha
-l	--nofollow	Não seguir atalhos simbólicos, sobrescrever
-m	--mouse	Habilitar o uso do mouse
-o <dir>	--operatingdir=<dir>	Indicar o diretório de trabalho
-p (^S)	--preserve	Preservar as teclas XON (^Q) e XOFF
-q	--quiet	Ignorar silenciosamente problemas na inicialização como erros no arquivo rc
-r <#colun>	--fill=<#colun>	Modificar o ponto de agrupamento na coluna #cols
-s <prog>	--speller=<prog>	Habilitar um verificador ortográfico alternativo
-t	--tempfile	Salvar automaticamente ao sair, não perguntar
-u	--undo	Permitir desfazer genérico [EXPERIMENTAL]
-v	--view	Modo Visualização (somente leitura)
-w	--nowrap	Não ajuste linhas compridas
-x	--nohelp	Não as duas linhas de ajuda
-z	--suspend	Permitir suspensão
-$	--softwrap	Enable soft line wrapping
-a, -b, -e, -f, -g, -j		(ignorado, para compatibilidade com o Pico)

Pico

Pico segue o mesmo estilo do editor Nano até mesmo em seu help.

JOE

O editor joe é um editor mais complicado para iniciantes, mas pressionando-se ctrl+k+h você obtém a tabela abaixo que lhe permitirá ver alguns de seus comandos.

CURSOR	GO TO	BLOCK	DELETE	MISC	EXIT
^B left ^F right	^U prev. screen	^KB begin	^D char.	^KJ reformat	^KX save
^P up ^N down	^V next screen	^KK end	^Y line	^KA center	^C abort
^Z previous word	^A beg. of line	^KM move	^W >word	^T options	^KZ shell
^X next word	^E end of line	^KC copy	^O word<	^R refresh	FILE
SEARCH	^KU top of file	^KW file	^J >line	SPELL	^KE edit
^KF find text	^KV end of file	^KY delete	^_ undo	^[N word	^KR insert
^L find next	^KL to line No	^K/ filter	^^ redo	^[L file	^KD save

Redes

Classificação de redes
Lan

Em computação, rede de área local (ou LAN, acrônimo de local área network), ou ainda rede local, é uma rede de computadores utilizada na interconexão de equipamentos processadores com a finalidade de troca de dados. Um conceito mais preciso seria: é um conjunto de hardware e software que permite a computadores individuais estabelecerem comunicação entre si, trocando e compartilhando informações e recursos. Tais redes são denominadas locais por cobrirem apenas uma área limitada (10 km no máximo, além do que passam a ser denominadas MANs). Redes em áreas maiores necessitam de tecnologias mais sofisticadas, visto que, fisicamente, quanto maior a distância de um nó da rede ao outro, maior a taxa de erros que haverá devido à degradação do sinal.

As LANs são utilizadas para conectar estações, servidores, periféricos e outros dispositivos que possuam capacidade de processamento em uma casa, escritório, escola e edifícios próximos.

Componentes de uma LAN
Servidores

Servidores são computadores com alta capacidade de processamento e armazenagem que têm por função disponibilizar serviços, arquivos ou aplicações a uma rede. Como provedores de serviços, eles podem disponibilizar e-mail, hospedagem de páginas na internet, firewall, proxy, impressão, banco de dados, servir como controladores de domínio e muitas outras utilidades. Como servidores de arquivos, eles podem servir de depósito para que os usuários guardem os seus arquivos num local seguro e centralizado. E, finalmente, como servidores de aplicação, disponibilizar aplicações que necessitam de alto poder de processamento a máquinas com menor capacidade.

Estações

As estações de trabalho, também chamadas de clientes, são geralmente computadores de mesa, portáteis ou PDAs, os quais são usados para acesso aos serviços disponibilizados pelo servidor, ou para executar tarefas locais. São máquinas que possuem um poder de processamento menor. Algumas vezes, são usadas estações sem disco (diskless), as quais usam completamente os arquivos e programas disponibilizados pelo servidor – hoje estas estações são às vezes chamadas de thin clients, ou, literalmente, clientes magros.

Sistema operacional de rede

O sistema operacional de rede é um programa informático de controle da máquina que dá suporte à rede, sendo que existem 2 classes de sistema: sistema cliente e sistema servidor.

O sistema cliente possui características mais simples, voltadas para a utilização de serviços, enquanto o sistema servidor possui maior quantidade de recursos, tais como serviços para serem disponibilizados aos clientes.

Os sistemas baseados em Unix são potencialmente clientes e servidores, sendo feita a escolha durante a instalação dos pacotes, enquanto em sistemas Windows existem versões clientes (Windows 2000 Professional, Windows XP) e versões servidores (Windows 2000 Server, Windows 2003 Server e Windows 2008 Server).

Meios de transporte

Atualmente, os meios de transporte de dados mais utilizados são a Ethernet ou o Wireless, operando a velocidades que variam de 10 a 10000 Mbps. As mídias de transmissão mais utilizadas são os cabos (par trançado, coaxial, fibra óptica) e o ar (em redes Wireless).

[editar]Dispositivos de rede

Dispositivos de rede são os meios físicos necessários para a comunicação entre os componentes participantes de uma rede. São exemplos os concentradores, os roteadores, repetidores, os switchs, as bridges, as placas de rede e os pontos de acesso wireless.

[editar]Protocolos de comunicação

Protocolo é a "linguagem" que os diversos dispositivos de uma rede utilizam para se comunicar. Para que seja possível a comunicação, todos os dispositivos devem falar a mesma linguagem, isto é, o mesmo protocolo. Os protocolos mais usados atualmente são o TCP/IP, IPX/SPX e o NetBEUI.

man

MAN (Metropolitan Area Network), também conhecida como MAN, é o nome dado às redes que ocupam o perímetro de uma cidade. São mais rápidas e permitem que empresas com filiais em bairros diferentes se conectem entre si.

A partir do momento em que a internet atraiu uma audiência de massa, as operadoras de redes de TV a cabo começaram a perceber que, com algumas mudanças no sistema, elas poderiam oferecer serviços da Internet de mão dupla em partes não utilizadas do espectro. A televisão a cabo não é a única MAN. Os desenvolvimentos mais recentes para acesso à internet de alta velocidade sem fio resultaram em outra MAN, que foi padronizada como IEEE 802.16.

wan

A Wide Area Network (WAN), Rede de área alargada ou Rede de longa distância, também conhecida como Rede geograficamente distribuída, é uma rede de computadores que abrange uma grande área geográfica, com frequência um país ou continente. Difere, assim, das PAN, das LAN e das MAN.

História

A história da WAN começa em 1965, quando Lawrence Roberts e Thomas Merril ligaram dois computadores, um TX-2, em Massachussets, a um Q-32, na Califórnia, através de uma linha telefônica de baixa velocidade, criando a primeira rede de área alargada (WAN). A maior WAN que existe é a Internet.

Em geral, as redes geograficamente distribuídas contêm conjuntos de servidores que formam sub-redes. Essas sub-redes têm a função de transportar os dados entre os computadores ou dispositivos de rede.

As WAN tornaram-se necessárias devido ao crescimento das empresas, onde as LAN não eram mais suficientes para atender a demanda de informações, pois era necessária uma forma de passar informação de uma empresa para outra de maneira rápida e eficiente. Surgiram as WAN, que conectam redes dentro de uma vasta área geográfica, permitindo comunicação de longa distância.

Mercado de Redes WAN

A maior fatia da receita no Brasil é originária do fornecimento de aplicações WAN pelas empresas brasileiras fornecedoras de backbone, derivado dos usuários corporativos. Com a abertura do mercado das telecomunicações proporcionado pela privatização do setor, estão aumentando a oferta e a variedade dos serviços dedicados a WAN no Brasil. Atualmente, o investimento na migração para redes

MPLS, VoIP, QoS e IPTV é o foco das operadoras a fim de atingir um número cada vez maior de usuários atraídos pelo custo cada vez menor devido à concorrência na prestação deses serviços.

A implementação de uma WAN cada vez mais demanda um bom planejamento por parte das empresas e administradores de redes. A forma de acesso à Internet, maior rede Wan existente, que mais vem crescendo recentemente é o acesso através da banda larga. Segundo pesquisa realizada no ano de 2006 pela IDC Brasil[1], o crescimento foi de 40,1%. Tal percentual representa 1,6 milhão de novas conexões, o que totaliza 5,7 milhões de usuários no território nacional. Em resumo, no período de seis anos (2001 a 2006), a banda larga cresceu 1.639% no Brasil. No entanto, tal fatia do mercado simboliza apenas 3% da população brasileira, sendo que deste total 60,7% dos acessos são efetuados na região Sudeste, cabendo ao estado de São Paulo 39% deste total. A tecnologia mais utilizada no acesso banda larga é o XDSL, que equivale a 78,2% das conexões banda larga existentes no país. O avanço de novas tecnologias no mercado ainda possibilitou ao consumidor brasileiro uma diminuição do valor de acesso a banda larga. A concorrência, em especial entre as operadoras de TV a cabo e as de telefonia, pela preferência do consumidor resultou em uma queda de preço de aproximadamente 8%. Tal diminuição ainda possibilitou a alteração da velocidade já utilizada pelos assinantes. Preços menores foram os principais responsáveis pela opção dos consumidores por bandas com maior velocidade. Os acessos superiores a 1 Mbps saltaram de 2% do mercado em dezembro de 2005 para 22% no mesmo período de 2006. As velocidades acima de 512 Kbps representaram 37% do mercado.

Tráfego de WAN

O tráfego das WAN aumenta continuamente, surgindo em função disso mais congestionamento do que será transportado na rede, definindo as características destes tráfegos (voz, dados, imagens e vídeo), qualidade de serviço (QoS), protocolos ultracompreensão. O tráfego da rede tem que ser modelado através de medições com um grau de resolução elevado, incluindo a análise de pacotes, a fim de disponibilizar aos interessados o uso de técnicas gráficas, estatísticas descritivas, entre outros. Quando ocorre variação na chegada de pacotes, isso indica que a Wan está consistente e seu tráfego pode ser acelerado de acordo com as necessidades dos serviços.

Qualidade do Serviço (QoS)

O QoS, do original em inglês *quality of service*, define a qualidade de serviço de uma WAN para determinado tráfego em tecnologias de rede como: IP, ATM,

222 ▸ **Administração de Servidores Linux**

Frame Relay e outros. A qualidade de serviço é a capacidade da rede cujos dados são transmitidos de forma consistente e previsível, satisfazendo as necessidades das aplicações dos usuários em serviços diferenciados.
Recursos que podem ser utilizado no QoS são:

Classificação de pacotes;
Gerenciamento de banda e controle de admissão;

Prevenção de congestionamento;
Medição de serviços e tráfego com granularidade;
Os recursos são utilizados de acordo com os serviços e os dados que serão transmitidos na rede WAN.

Protocolos WAN
Possibilitam a transmissão de dados de uma Rede fisicamente distante através de uma infraestrutura de canais de dados de longa distância. Exemplos de protocolos:

PPP Protocolo ponto-a-ponto (Point-to-Point Protocol): protocolo mais comum para de acesso à internet tanto em conexões discadas como dedicadas.

Rede X.25: é uma arquitetura de rede de pacotes definida nas recomendações do ITU-T. A rede X.25 fornece uma arquitetura orientada à conexão para transmissão de dados sobre uma rede física sujeita à alta taxa de erros. A verificação desses erros é feita em cada nó da rede, o que acarreta alta latência e inviabiliza a rede X.25 para a transmissão de voz e vídeo.[2]

Frame Relay: é uma arquitetura de rede de pacotes de alta velocidade e sucessor natural da rede X.25. O Frame Relay permite vários tipos de serviço até altas velocidades de comunicação entre nós da rede, por exemplo, DS3 (45 Mbps). Com a evolução e o uso de meios de transmissão confiáveis (por exemplo, cabos óticos), viabilizou-se a comunicação entre redes locais (LAN), e é um serviço oferecido comumente pelas operadoras. Tipicamente é mais caro que o serviço X.25.[3]

Rede ATM (Asynchronous Transfer Mode): é uma tecnologia de rede usada para WAN (e também para backbones de LAN), suporte à transmissão em tempo real de dados de voz e vídeo. A topologia típica da rede ATM utiliza-se de switches que estabelecem um circuito lógico entre o computador de origem e destino, deste modo garantindo alta qualidade de serviço e baixa taxa de erros. Diferentemente de uma central telefônica, a rede ATM permite que a banda excedente do circuito lógico estabelecido seja usada por outras aplicações. A tecnologia de transmissão e comutação de dados utiliza a comutação de células como método básico de transmissão, uma variação da comutação de pacotes em que o pacote possui um tamanho reduzido. Por isso, a rede ATM é altamente escalável, permitindo velocidades entre nós da rede como: 1.5Mbps, 25Mbps, 100Mbps, 155Mbps, 622Mbps, 2488Mbps (~2,5Gbps), 9953Mbps (10Gbps).[4]

DSL Linha Digital de Assinante (Digital Subscriber Line) XDSL: permite tráfego de alta capacidade usando o cabo telefônico normal entre a casa ou escritório do assinante e a central telefônica. Possui dois modos básicos: ADSL e HDSL.[5]
ADSL DSL Assimétrico (Asymmetric DSL): o ADSL compartilha uma linha de telefone comum, usando um faixa de frequência de transmissão acima daquelas usadas para a transmissão de voz. Variação do protocolo DSL cuja capacidade de transmissão é assimétrica, isto é, a banda do assinante é projetada para receber maior volume de dados do que este pode enviar. Serviço mais adequado ao usuário comum que recebe dados da internet.

HDSL DSL (High-Bit-Rate DSL): o HDSL fornece um enlace de alta taxa de transmissão de dados, tipicamente T1, sobre o par trançado comum, exigindo a instalação de pontes e repetidores. Nesta variação do protocolo DSL, onde a capacidade de transmissão, a banda do assinante tem a mesma capacidade de envio e recebimento de dados. Serviço mais adequado ao usuário corporativo que disponibiliza dados para outros usuários comuns.

Segurança em WAN
Ao pensar em segurança em redes de longa distância, é preciso que se tenha em mente que a segurança na transmissão de dados é necessária e exige certos cuidados. Na internet, milhares de pessoas navegam e nem todos são bem-intencionados. Nesse contexto, todos precisam tomar atitudes que visem aumentar o grau de confiabilidade de sua conexão. Como exemplo, podemos citar a comunicação por e-mail. Embora muitos achem que tal comunicação é altamente segura, um e--mail pode ser capturado, lido por outros, destruído ou até sofrer modificações de conteúdo. Outro ponto importante é a questão de utilização de senha de acesso, pois é comum que os usuários não dispensem muita atenção a isso, mas estudos mostram que um cracker precisa de poucos minutos para comprometer uma máquina caso uma política eficiente de senhas não seja devidamente implementada. É por isso que as empresas investem tanto no quesito segurança. Dentre os recursos mais utilizados, pode-se citar: IDS, firewall, criptografia, PKI, VPN.

Longa Distância no Brasil

Após o cumprimento das metas de internacionalização, o mercado nacional de chamadas LDN e LDI mudou muito em relação à metade da década passada. A razão foi o fato de as grandes operadoras passarem a oferecer serviços de telecomunicação fora de sua área de atuação. Tal "fenômeno" pode ser observado através do market share de 2004.

A Embratel ainda detém a maior parcela do market share, porém observa-se uma tendência para que o mercado seja distribuído pelas operadoras de telefonia fixa, principalmente pelo fato de tais operadoras estarem mais próximas dos assinantes. Outro fator relevante para esse mercado é que, a partir de 2006, as autorizações dos serviços de STFC (Telefonia Fixa Comutada) incluem também os serviços de Longa Distância (LDN/LDI). Entretanto, prestar o serviço de STFC sempre implica cumprir as metas de qualidade definidas e os seus custos têm um enquadramento tributário bastante complexo.

Topologias de redes

A topologia de rede descreve como é o layout de uma rede de computadores através da qual há o tráfego de informações, e também como os dispositivos estão conectados a ela.

Há várias formas nas quais se pode organizar a interligação entre cada um dos nós (computadores) da rede. Topologias podem ser descritas física e logicamente. A topologia física é a verdadeira aparência ou layout da rede, enquanto a lógica descreve o fluxo dos dados através da rede.

Barramento

Topologia em barramento

Rede em barramento é uma topologia de rede em que todos os computadores são ligados em um mesmo barramento físico de dados.[1][2] Apesar de os dados não passarem por dentro de cada um dos nós, apenas uma máquina pode "escrever" no barramento num dado momento. Todas as outras "escutam" e recolhem para si os dados destinados a elas. Quando um computador estiver a transmitir um sinal, toda a rede fica ocupada e se outro computador tentar enviar outro sinal ao mesmo tempo ocorre uma colisão, e é preciso reiniciar a transmissão.

Essa topologia utiliza cabos coaxiais.[2] Para cada barramento, existe um único cabo, que vai de uma ponta a outra. O cabo é seccionado em cada local onde um computador será inserido na rede. Com o seccionamento do cabo, formam-se duas pontas e cada uma delas recebe um conector BNC. No computador é colocado um "T" conectado à placa que junta as duas pontas. Embora ainda existam algumas instalações de rede que utilizam esse modelo, é uma tecnologia obsoleta. Embora esta topologia descrita fisicamente tenha caído em desuso, logicamente ela é amplamente usada. Redes ethernet utilizam este tipo lógico de topologia.

Anel

Topologia em anel

Na topologia em anel os dispositivos são conectados em série, formando um circuito fechado (anel).[1] Os dados são transmitidos unidirecionalmente de nó em nó até atingir o seu destino.[1] Uma mensagem enviada por uma estação passa por outras estações, através das retransmissões, até ser retirada pela estação destino ou pela estação fonte.[1] Os sinais sofrem menos distorção e atenuação no enlace entre as estações, pois há um repetidor em cada estação. Há um atraso de um ou mais bits em cada estação para processamento de dados. Há uma queda na confiabilidade para um grande número de estações. A cada estação inserida, há um aumento de retardo na rede.[2] É possível usar anéis múltiplos para aumentar a confiabilidade e o desempenho.

Estrela

Topologia em estrela

A mais comum atualmente, a topologia em estrela, utiliza cabos de par trançado e um concentrador como ponto central da rede. O concentrador se encarrega de retransmitir todos os dados para todas as estações, mas com a vantagem de tornar mais fácil a localização dos problemas, já que se um dos cabos, uma das portas do concentrador ou uma das placas de rede estiver com problemas, apenas o nó ligado ao componente defeituoso ficará fora da rede. Esta topologia se aplica apenas a pequenas redes, já que os concentradores costumam ter apenas oito ou dezesseis portas. Em redes maiores é utilizada a topologia de árvore, onde temos vários concentradores interligados entre si por comutadores ou roteadores.

Árvore

Topologia em árvore

A topologia em árvore é essencialmente uma série de barras interconectadas.[2] Geralmente existe uma barra central onde outros ramos menores se conectam. Esta ligação é realizada através de derivadores e as conexões das estações realizadas do mesmo modo que no sistema de barra padrão.

Cuidados adicionais devem ser tomados nas redes em árvores, pois cada ramificação significa que o sinal deverá se propagar por dois caminhos diferentes.

226 ▶ Administração de Servidores Linux

A menos que estes caminhos estejam perfeitamente casados, os sinais terão velocidades de propagação diferentes e refletirão os sinais de diferentes maneiras. Em geral, redes em árvore vão trabalhar com taxa de transmissão menores do que as redes em barra comum, por estes motivos.

Híbrida

É a topologia mais utilizada em grandes redes.[2] Assim, ajusta-se à topologia de rede em função do ambiente, compensando os custos, expansibilidade, flexibilidade e funcionalidade de cada segmento de rede.

Muitas vezes acontecem demandas imediatas de conexões e a empresa não dispõe de recursos, naquele momento, para a aquisição de produtos adequados para a montagem da rede. Nestes casos, a administração de redes pode utilizar os equipamentos já disponíveis considerando as vantagens e desvantagens das topologias utilizadas.

Consideremos o caso de um laboratório de testes computacionais onde o número de equipamentos é flutuante e que não admite um layout definido. A aquisição de concentradores ou comutadores pode não ser conveniente, pelo contrário, até custosa. Talvez uma topologia em barramento seja uma solução mais adequada para aquele segmento físico de rede.

Tecnologias de redes

Sem Fio

Redes sem fio usam ondas de rádio para enviar informações entre computadores. Os três padrões mais comuns de rede sem fio são 802.11b, 802.11g e 802.11a. Espera-se o aumento da popularidade de um novo padrão, 802.11n.

Velocidade - 802.11b: transfere dados em uma velocidade máxima de 11 megabits por segundo (Mbps). Baixar uma foto de 10 megabytes (MB) da Internet nas condições adequadas leva cerca de 7 segundos.

- 802.11g: transfere dados a uma velocidade máxima de 54 Mbps. Baixar uma foto de 10 megabytes (MB) da Internet nas condições adequadas leva cerca de 1,5 segundos.

- 802.11a: transfere dados a uma velocidade máxima de 54 Mbps. Baixar uma foto de 10 megabytes (MB) da Internet nas condições adequadas leva cerca de 1,5 segundos.

Servidores FTP ◀ 227

- 802.11n: dependendo do número de fluxos de dados aceitos pelo hardware, a 802.11n pode teoricamente transmitir dados até 150 Mbps, 300 Mbps, 450 Mbps ou 600 Mbps.

Observação
Os tempos de transmissão relacionados servem para condições ideais. Elas não são necessariamente atingíveis em circunstâncias normais devido às diferenças nos equipamentos, nos servidores Web, nas condições do tráfego de rede, entre outros.

Vantagens
É mais fácil de mudar os computadores de lugar, já que não há fios, e traz muito mais comodidade para usuários de notebook.
As redes sem fio normalmente são mais fáceis de instalar do que Ethernet.

Desvantagens
As redes sem fio são sempre mais lenta que as outras três tecnologias.

- A transmissão em rede sem fio pode ser afetada por interferência de obstáculos, tais como paredes, grandes objetos metálicos e canos. Além disso, muitos telefones sem fio e fornos de micro-ondas podem interferir nas redes sem fio quando estiverem em uso.

- As redes sem fio normalmente têm metade da sua classificação de velocidade em qualquer condição que fique fora da ideal.

Ethernet
As redes Ethernet usam cabos Ethernet para enviar informações entre computadores.

Velocidade
Uma rede Ethernet transfere dados em até 10, 100 ou 1000 Mbps, dependendo do tipo de cabo usado. Gigabit Ethernet é o mais rápido, com uma velocidade de transferência até 1 gigabit por segundo (ou 1000 Mbps).

Por exemplo, baixar uma foto de 10 megabytes (MB) da Internet em condições ideais pode levar cerca de 8 segundos em uma rede de 10 Mbps, cerca de 1 segundo em uma rede de 100 Mbps e menos de um segundo em uma rede de 1000 Mbps.

228 ▶ **Administração de Servidores Linux**

Vantagens
- As redes Ethernet são baratas e rápidas.

Desvantagens   -
Os cabos Ethernet devem ser instalados entre cada computador e um hub, um comutador ou roteador, o que pode ser difícil e levar tempo quando os computadores estão em cômodos diferentes.

HomePNA
As redes HomePNA usam os cabos de telefone domésticos já existentes para enviar informações entre computadores.

Velocidade
A HomePNA 2.0 transfere dados até 10 Mbps. A HomePNA 3,0 transfere dados até 128 Mbps.
Por exemplo, baixar uma foto de 10 megabytes (MB) da Internet em condições ideais pode levar cerca de 8 segundos em uma rede HomePNA 2.0 e cerca de 1 segundo em uma rede HomePNA 3.0.

Vantagens
- A HomePNA usa a fiação de telefone já existente em sua casa.
- Não é preciso de hubs ou comutadores para conectar mais de dois computadores em uma rede HomePNA.

Desvantagens
- É preciso de uma tomada para telefone em cada cômodo onde houver um computador e todas as tomadas devem ser da mesma linha de telefone.

Powerline
As redes Powerline usam a fiação elétrica doméstica já existente para enviar informações entre computadores.

Velocidade
Uma rede Powerline pode transferir dados até 200 Mbps.
Por exemplo, baixar uma foto de 10 megabytes (MB) da Internet em condições adequadas pode levar menos de um segundo em uma rede Powerline.

Vantagens
- A Powerline usa a fiação elétrica já existente em sua casa.

- Não é preciso de hubs ou comutadores para conectar mais de dois computadores em uma rede Powerline.

Desvantagens
- Você precisa de uma tomada elétrica em todos os cômodos onde quiser ter um computador.
- As redes Powerline podem ser afetadas por interferência e "ruído" na linha.

Protocolos TCP/IP

O TCP/IP é um conjunto de protocolos de comunicação entre computadores em rede (também chamado de pilha de protocolos TCP/IP). Seu nome vem de dois protocolos: o TCP (Transmission Control Protocol - Protocolo de Controle de Transmissão) e o IP (Internet Protocol - Protocolo de Interconexão). O conjunto de protocolos pode ser visto como um modelo de camadas, onde cada camada é responsável por um grupo de tarefas, fornecendo um conjunto de serviços bem definidos para o protocolo da camada superior. As camadas mais altas estão logicamente mais perto do usuário (chamada camada de aplicação) e lidam com dados mais abstratos, confiando em protocolos de camadas mais baixas para tarefas de menor nível de abstração.

Protocolos para internet

Os protocolos para internet formam o grupo de protocolos de comunicação que implementam a pilha de protocolos sobre a qual a internet e a maioria das redes comerciais funcionam. Eles são algumas vezes chamados de "protocolos TCP/IP", já que os dois protocolos: o protocolo TCP - Transmission Control Protocol (Protocolo de Controle de Transmissão); e o IP - Internet Protocol (Protocolo de Internet) foram os primeiros a serem definidos.

O modelo OSI descreve um grupo fixo de sete camadas que pode ser comparado, a grosso modo, com o modelo TCP/IP. Essa comparação pode causar confusão ou trazer detalhes mais internos para o TCP/IP.

O modelo inicial do TCP/IP é baseado em 4 níveis: Host/rede; Inter-rede; Transporte; e Aplicação. Surgiu, então, um modelo híbrido, com 5 camadas, que retira o excesso do modelo OSI e melhora o modelo TCP/IP: Física; Enlace; Rede; Transporte; e Aplicação.

Resumidamente, o modelo é o que podemos chamar de uma "solução prática para problemas de transmissão de dados". Textualmente isto pode parecer muito

230 ▸ **Administração de Servidores Linux**

genérico, pois na realidade, para melhor compreensão de um protocolo TCP/IP, deveremos usar exemplos práticos.

Segundo Tanenbaum, o Modelo TCP/IP possui somente quatro camadas e não cinco, como mostra o quadro a seguir.
Camadas da pilha dos protocolos Internet

O modelo TCP/IP de encapsulamento busca fornecer abstração aos protocolos e serviços para diferentes camadas de uma pilha de estruturas de dados (ou simplesmente pilha).

No caso do TCP/IP, a pilha possui cinco camadas:

Camada   Exemplo
5 – Aplicação   (camadas OSI 5 até 7)   HTTP, FTP, DNS, Socket
(Protocolos de routing como BGP e RIP, que, por uma variedade de razões, são executados sobre TCP e UDP, respectivamente, podem também ser considerados parte da camada de rede.)

4 – Transporte   (camadas OSI 4 e 5)   TCP, UDP, RTP, SCTP
(Protocolos como OSPF, que são executados sobre IP, podem também ser considerados parte da camada de rede.)

3 - Internet ou Rede   (camada OSI 3) Para TCP/IP, o protocolo é IP, MPLS
(Protocolos requeridos como ICMP e IGMP são executados sobre IP, mas podem ainda ser considerados parte da camada de rede; ARP não roda sobre IP.)

2 - Interface de rede ou Link de dados   (camada OSI 2)   ARP

1 - Interface com a Rede (camada OSI 1) thernet, Wi-Fi,Modem etc.

As camadas mais próximas do topo estão logicamente mais perto do usuário, enquanto aquelas mais abaixo estão logicamente mais perto da transmissão física do dado. Cada camada tem um protocolo de camada acima e um protocolo de camada abaixo (exceto as camadas da ponta, obviamente) que podem usar serviços de camadas anteriores ou fornecer um serviço, respectivamente.

Enxergar as camadas como fornecedores ou consumidores de serviço é um método de abstração para isolar protocolos de camadas acima dos pequenos detalhes de transmitir bits através, digamos, de ethernet, e a detecção de colisão enquanto as camadas abaixo evitam ter de conhecer os detalhes de todas as aplicações e seus protocolos.

Essa abstração também permite que camadas de cima forneçam serviços que as camadas de baixo não podem fornecer. Por exemplo, o IP é projetado para não ser confiável e é um protocolo best effort delivery. Isso significa que toda a camada de transporte deve indicar se irá ou não fornecer confiabilidade e em qual nível. O TCP (Transmission Control Protocol - Protocolo de Controle de Transmissão) é um protocolo orientado a conexões confiável que permite a entrega sem erros de um fluxo de bytes.

O UDP fornece integridade de dados (via um checksum), mas não fornece entrega garantida; já o TCP fornece tanto integridade dos dados quanto garantia de entrega (retransmitindo até que o destinatário receba o pacote).

Comparação com o modelo OSI

Existe alguma discussão sobre como mapear o modelo TCP/IP dentro do modelo OSI. Uma vez que os modelos TCP/IP e OSI não combinam exatamente, não existe uma resposta correta para esta questão.

Além do mais, o modelo OSI não é realmente rico o suficiente nas camadas mais baixas para capturar a verdadeira divisão de camadas; é necessária uma camada extra (a camada internet) entre as camadas de transporte e de rede. Protocolos específicos para um tipo de rede que rodam em cima de estrutura de hardware básica precisam estar na camada de rede. Exemplos desse tipo de protocolo são ARP e o Spanning Tree Protocol (usado para manter pontes de rede redundantes em "espera" enquanto elas são necessárias). Entretanto, eles são protocolos locais e operam debaixo da funcionalidade internet. Reconhecidamente, colocar ambos os grupos (sem mencionar protocolos que são logicamente parte da camada internet, mas rodam em cima de um protocolo internet, como ICMP) na mesma camada pode ser um tanto confuso, mas o modelo OSI não é complexo o suficiente para apresentar algo melhor.

Geralmente, as três camadas mais acima do modelo OSI (aplicação, apresentação e sessão) são consideradas como uma única camada (aplicação) no modelo TCP/IP. Isso porque o TCP/IP tem uma camada de sessão relativamente leve, consistindo de abrir e fechar conexões sobre TCP e RTP e fornecer diferentes números de portas para diferentes aplicações sobre TCP e UDP. Se necessário, essas

232 ▶ Administração de Servidores Linux

funções podem ser aumentadas por aplicações individuais (ou bibliotecas usadas por essas aplicações). Similarmente, IP é projetado em volta da ideia de tratar a rede abaixo dele como uma caixa preta de forma que ela possa ser considerada uma única camada para os propósitos de discussão sobre TCP/IP.

As camadas

O que segue é uma descrição de cada camada na pilha da suíte IP.

A camada de aplicação

A camada de aplicação é a camada que a maioria dos programas de rede usa de forma a se comunicar através de uma rede com outros programas. Processos que rodam nessa camada são específicos da aplicação; o dado é passado do programa de rede, no formato usado internamente por essa aplicação, e é codificado dentro do padrão de um protocolo.

Alguns programas específicos são levados em conta nessa camada. Eles provêm serviços que suportam diretamente aplicações do usuário. Esses programas e seus correspondentes protocolos incluem o HTTP (navegação na World Wide Web), FTP (transporte de arquivos), SMTP (envio de email), SSH (login remoto seguro), DNS (pesquisas nome <-> IP) e muitos outros.

Uma vez que o dado de uma aplicação foi codificado dentro de um padrão de um protocolo da camada de aplicação, ele será passado para a próxima camada da pilha IP.

Na camada de transporte, aplicações irão, em sua maioria, fazer uso de TCP ou UDP, e aplicações servidoras são frequentemente associadas com um número de porta. Portas para aplicações servidores são oficialmente alocadas pela IANA (Internet Assigned Numbers Authority), mas desenvolvedores de novos protocolos hoje em dia frequentemente escolhem os números de portas por eles mesmos. Uma vez que é raro ter mais que alguns poucos programas servidores no mesmo sistema, problemas com conflito de portas são raros. Aplicações também permitem geralmente que o usuário especifique números de portas arbitrários através de parâmetros em tempo de execução.

Aplicações cliente conectando para fora geralmente usam um número de porta aleatório determinado pelo sistema operacional.
O pacote relacionado à camada de aplicação é chamado Mensagem.

A camada de transporte

Os protocolos na camada de transporte podem resolver problemas como confiabilidade (o dado alcançou seu destino?) e integridade (os dados chegaram na ordem correta?). Na suíte de protocolos TCP/IP os protocolos de transporte também determinam para qual aplicação um dado qualquer é destinado.

Os protocolos dinâmicos de routing, que tecnicamente cabem nessa camada do TCP/IP, são geralmente considerados parte da camada de rede. Como exemplo tem-se o OSPF (protocolo IP número 89).

O TCP, número 6 do protocolo IP, é um mecanismo de transporte "confiável", orientado à conexão e que fornece um stream de bytes confiável, garantindo assim que os dados cheguem íntegros (não danificados e em ordem). O TCP tenta continuamente medir o quão carregada a rede está e desacelera sua taxa de envio para evitar sobrecarga. Além disso, o TCP tentará entregar todos os dados corretamente na sequência especificada. Essas são as principais diferenças dele para com o UDP, e pode se tornar desvantajoso em streaming, em tempo real ou aplicações de routing com altas taxas de perda na camada internet.

Recentemente criou-se SCTP (Stream Control Transmission Protocol, Protocolo de Transmissão de Controle de Stream), que também consiste em um mecanismo de transporte "confiável". Ele provê suporte a multihoming, onde o final de uma conexão pode ser representada por múltiplos endereços IP (representando múltiplas interfaces físicas), de maneira que, se algum falhar, a conexão não é interrompida. Ele foi desenvolvido inicialmente para transportar SS7 sobre IP em redes telefônicas, mas também pode ser usado para outras aplicações.

O UDP (User Datagram Protocol), número 17 do protocolo IP, é um protocolo de datagrama sem conexão. Ele é um protocolo de "melhor esforço" ou "não confiável". Não porque ele é particularmente não confiável, mas porque ele não verifica se os pacotes alcançaram seu destino, e não dá qualquer garantia de que eles chegarão na ordem. Se uma aplicação requer estas características, então ela mesma terá que provê-las ou usar o protocolo TCP.

O UDP é tipicamente usado por aplicações como as de mídia de streaming (áudio, vídeo etc.), onde a chegada na hora é mais importante do que confiabilidade, ou para aplicações de simples requisição/resposta como pesquisas de DNS, onde o overhead de configurar uma conexão confiável é desproporcionalmente largo. O DCCP está atualmente em desenvolvimento pelo IETF. Ele provê controle de fluxo das semânticas do TCP, enquanto mantém o modelo de serviço de datagramas do UDP visível para o usuário. O DHCP é incrementado automaticamente sem intervenção do usuário.

Tanto o TCP quanto o UDP são usados para transmitir um número de aplicações de alto nível. As aplicações em qualquer endereço de rede são distinguidas por seus endereços de porta TCP ou UDP. Por convenção, certas portas "bem conhecidas" estão associadas com aplicações específicas.
O pacote da camada de transporte é chamado Segmento.

A camada do servidor
Como definido anteriormente, a camada de rede resolve o problema de obter pacotes através de uma rede simples. Exemplos de protocolos são o X.25 e o Host/IMP da ARPANET.

Com o advento da internet, novas funcionalidades foram adicionadas nesta camada, especialmente para a obtenção de dados da rede de origem e da rede de destino. Isso geralmente envolve rotear o pacote através de redes distintas que se relacionam através da internet.

Na suíte de protocolos para a internet, o IP executa a tarefa básica de levar pacotes de dados da origem para o destino. O protocolo IP pode transmitir dados para diferentes protocolos de níveis mais altos, e esses protocolos são identificados por um único número de protocolo IP.

Alguns dos protocolos transmitidos por IP, como o ICMP (usado para transmitir informação de diagnóstico sobre a transmissão IP) e o IGMP (usado para gerenciar dados multicast), são colocados acima do IP, mas executam funções da camada internet. Isso ilustra uma incompatibilidade entre os modelos da internet e OSI. Todos os protocolos de routing, como o BGP, o OSPF e o RIP são também parte da camada de internet, muito embora eles possam ser vistos como pertencentes a camadas mais altas na pilha.

O datagrama (PDU) da camada de rede é geralmente conhecido como "pacote". Lembrando que todas as camadas têm seu PDU que varia o nome em: Dados (Aplicação), Segmento (Transporte), Pacote (Rede), Quadros (Enlace) e Bits (Física e LLC que é subcamada de enlace)

A camada de enlace

A camada da pele enlace não é realmente parte do modelo TCP/IP, mas é o método usado para passar quadros da camada de rede de um dispositivo para a camada de internet de outro. Esse processo pode ser controlado tanto em software (device driver) para a placa de rede quanto em firmware ou chipsets especializados. Esses irão executar as funções da camada de enlace de dados, como adicionar um header de pacote para prepará-lo para transmissão, e então de fato transmitir o quadro através da camada física. Do outro lado, a camada de enlace receberá quadros de dados, retirará os headers adicionados e encaminhará os pacotes recebidos para a camada de internet. Essa camada é a primeira normatizada do modelo, é responsável pelo endereçamento, roteamento e controle de envio e recepção. Ela não é orientada à conexão, se comunica pelos datagramas (pacotes de dados).

Entretanto, a camada de enlace não é sempre tão simples. Ela pode também ser um VPN (Virtual Private Network, Rede Privada Virtual) ou túnel, onde pacotes da camada de internet, em vez de serem enviados através de uma interface física, são enviados usando um protocolo de tunneling e outra (ou a mesma) suíte de protocolos. O VPN ou túnel é usualmente estabelecido além do tempo e tem características especiais que a transmissão direta por interface física não possui (por exemplo, ele pode criptografar os dados que passam através dele). Esse uso recursivo de suíte de protocolos pode ser confuso, uma vez que a "camada" de enlace é agora uma rede inteira. Mas é um método elegante para implementar funções frequentemente complexas, embora seja necessário muito cuidado para prevenir que um pacote já empacotado e enviado através de um túnel seja mais uma vez empacotado e reenviado pelo mesmo.

O pacote da camada de enlace é conhecido como Quadro.

A camada física

A camada física do Protocolo TCP/IP trata das características elétricas e mecânicas do meio, como tipos de conectores e cabos utilizados para estabelecer uma comunicação.

Implementações

Hoje, a maioria dos sistemas operacionais comerciais incluem e instalam a pilha TCP/IP por padrão. Para a maioria dos usuários, não há nenhuma necessidade de procurar por implementações. O TCP/IP é incluído em todas as versões do Unix e Linux, assim como no Mac OS e no Microsoft Windows.

Endereçamento IP

O endereço IP, de forma genérica, é um endereço que indica o local de um nó em uma rede local ou pública.

Para melhor uso dos endereços de equipamentos em rede pelas pessoas, utiliza-se a forma de endereços de domínio, tal como "www.wikipedia.org". Cada endereço de domínio é convertido em um endereço IP pelo DNS. Este processo de conversão é conhecido como "resolução de nomes".

Notação

O endereço IP, na versão 4 do IP (IPv4), é um número de 32 bits oficialmente escrito com quatro octetos representados no formato decimal, como, por exemplo, "192.168.1.3". A primeira parte do endereço identifica uma rede específica na inter-rede, a segunda parte identifica um host dentro dessa rede. Devemos notar que um endereço IP não identifica uma máquina individual, mas uma conexão à inter-rede. Assim, um gateway conectando a n redes tem n endereços IP diferentes, um para cada conexão.

Os endereços IP podem ser usados tanto para nos referir a redes quanto a um host individual. Por convenção, um endereço de rede tem o campo identificador de host com todos os bits iguais a 0 (zero). Podemos também nos referir a todos os hosts de uma rede através de um endereço por difusão, quando, por convenção, o campo identificador de host deve ter todos os bits iguais a 1 (um). Um endereço com todos os 32 bits iguais a 1 é considerado um endereço por difusão para a rede do host origem do datagrama. O endereço 127.0.0.1 é reservado para teste (loopback) e comunicação entre processos da mesma máquina. O IP utiliza três classes diferentes de endereços. A definição de tipo de endereço classes de endereços deve-se ao fato de o tamanho das redes que compõem a inter-rede variar muito, indo desde redes locais de computadores de pequeno porte até redes públicas interligando milhares de hosts.

Existe uma outra versão do IP, a versão 6 (IPv6), que utiliza um número de 128 bits. Com isso dá para utilizar 25616 endereços.

O endereço de uma rede (não confundir com endereço IP) designa uma rede e deve ser composto pelo seu endereço (cujo último octeto tem o valor zero) e respectiva máscara de rede (netmask).

Resolver

Os endereços da Internet são mais conhecidos pelos nomes associados aos endereços IP (por exemplo, o nome www.wikipedia.org está associado ao IP

208.80.152.130[1]). Para que isso seja possível, é necessário traduzir (resolver) os nomes em endereços IP. O Domain Name System (DNS) é um mecanismo que converte nomes em endereços IP e vice-versa. Assim como o endereçamento CIDR, os nomes DNS são hierárquicos e permitem que faixas de espaços de nomes sejam delegados a outros DNS.

Classes de endereços

Os números de rede e de host para as classes A, B e C

Originalmente, o espaço do endereço IP foi dividido em poucas estruturas de tamanho fixo chamados de "classes de endereço". As três principais são a classe A, classe B e classe C. Examinando os primeiros bits de um endereço, o software do IP consegue determinar rapidamente qual a classe, e logo a estrutura do endereço.

Classe A: Primeiro bit é 0 (zero)
Classe B: Primeiros dois bits são 10 (um, zero)
Classe C: Primeiros três bits são 110 (um, um, zero)
Classe D: (endereço multicast): Primeiros quatro bits são: 1110 (um, um, um, zero)
Classe E: (endereço especial reservado): Primeiros cinco bits são 11110 (um, um, um, um, zero)

A tabela a seguir contém o intervalo das classes de endereços IPs:

Classe	Gama de Endereços	Nº de Endereços por Rede
A	1.0.0.0 até 126.255.255.255	16 777 216
B	128.0.0.0 até 191.255.255.255	65 536
C	192.0.0.0 até 223.255.255.255	256
D	224.0.0.0 até 239.255.255.255	Multicast
E	240.0.0.0 até 255.255.255.254	Uso futuro; atualmente reserva da a testes pela IETF

Classes especiais

Existem classes especiais na Internet que não são consideradas públicas, não são consideradas como endereçáveis, são reservadas, por exemplo, para a comunicação com uma rede privada ou com o computador local ("localhost").

238 ▶ Administração de Servidores Linux

Blocos de Endereços Reservados		
CIDR Bloco de Endereço	Descrição	Referência
0.0.0.0/8	Rede corrente (só funciona como endereço de origem)	RFC 1700
10.0.0.0/8	Rede Privada	RFC 1918
14.0.0.0/8	Rede Pública	RFC 1700
39.0.0.0/8	Reservado	RFC 1797
127.0.0.0/8	Localhost	RFC 3330
169.254.0.0/16	Zeroconf	RFC 3927
172.16.0.0/12	Rede Privada	RFC 1918
191.255.0.0/16	Reservado (IANA)	RFC 3330
192.0.2.0/24	Documentação	RFC 3330
192.88.99.0/24	IPv6 para IPv4	RFC 3068
192.168.0.0/16	Rede Privada	RFC 1918
198.18.0.0/15	Teste de benchmark de redes	RFC 2544
223.255.255.0/24	Reservado	RFC 3330
224.0.0.0/4	Multicasts (antiga rede Classe D)	RFC 3171
240.0.0.0/4	Reservado (antiga rede Classe E)	RFC 1700
255.255.255.255	Broadcast	

A Internet Assigned Numbers Authority (IANA) é responsável pela coordenação global do DNS raiz, endereçamento IP, o protocolo de Internet e outros recursos.[2]

Localhost

A faixa de IP 127.0.0.0 – 127.255.255.255 (ou 127.0.0.0/8 na notação CIDR) é reservada para a comunicação com o computador local (localhost). Qualquer pacote enviado para estes endereços ficarão no computador que os gerou e serão tratados como se fossem pacotes recebidos pela rede (Loopback).

O endereço de loopback local (127.0.0.0/8) permite à aplicação-cliente endereçar ao servidor na mesma máquina sem saber o endereço do host, chamado de "localhost".

Na pilha do protocolo TCP/IP, a informação flui para a camada de rede, onde a camada do protocolo IP reencaminha de volta através da pilha. Este procedimento esconde a distinção entre ligação remota e local.

Redes privadas

Dos mais de 4 bilhões de endereços disponíveis, três faixas são reservadas para redes privadas. Estas faixas não podem ser roteadas para fora da rede privada - não podem se comunicar diretamente com redes públicas. Dentro das classes A, B e C foram reservadas redes (normalizados pela RFC 1918) que são conhecidas como endereços de rede privados. A seguir são apresentados as três faixas reservadas para redes privadas:

Dica

Ao configurar um servidor DHCP, é necessário habilitar um endereço de broadcast.

Classe	Faixa de endereços de IP	Notação CIDR	Número de Redes	Número de IPs Ps por rede
Classe A	10.0.0.0 – 10.255.255.255	10.0.0.0/8 128	16.777.216	16.777.214
Classe B	172.16.0.0 – 172.31.255.255	172.16.0.0/12	16.384	1.048.576 65 536
Classe C	192.168.0.0 – 192.168.255.255	192.168.0.0/16	2.097.150 65.535	256

Redes privadas podem ser criadas também por meio do Zeroconf. A finalidade do Zeroconf é fornecer um endereço IP (e, consequentemente, a conectividade entre as redes) sem usar um servidor DHCP e sem ter de configurar a rede manualmente. A subrede 169.254/16 foi reservada para esta finalidade. Dentro desta faixa, as sub-redes 169.254.0/24 e 169.254.255/24 foram reservadas para uso futuro.

NAT

NAT ou Network Address Translation é, de uma forma muito simples, a tradução do endereço IP. Esta tradução pode ocorrer por muitos motivos, mas principalmente para que estações utilizando endereçamento privado (RFC 1918) acessem a Internet. Dessa forma, se a estação 10.10.10.1 necessita acessar um servidor na internet, então será necessário traduzir o endereço 10.10.10.1 para um endereço publicamente conhecido. Como os principais protocolos de transporte (no caso, TCP e UDP) utilizam o conceito de multiplexação através de portas de origem e destino, então podemos utilizar somente um endereço IP público para traduzir vários endereços privados (NAT masquerade ou NAT Hide), utilizando portas diferentes e armazenando todas estas informações em uma tabela de conexões.

Entretanto, o protocolo ESP (utilizado no IPSEC) não utiliza o mesmo conceito de portas utilizado nos protocolos TCP e UDP, e, portanto, não é possível fazer a tradução de endereço e utilizar a informação de portas de origem e destino como forma de multiplexação das conexões. Para que uma conexão VPN funcione

240 ▶ **Administração de Servidores Linux**

quando existe um equipamento fazendo NAT (Hide ou muitos-para-um) entre os pontos que estão estabelecendo a VPN, é necessário que haja um mecanismo para garantir que os pacotes serão traduzidos adequadamente, desde a origem até o destino final. Este mecanismo é chamado de NAT Traversal.

De uma forma bem simples, o NAT Traversal primeiramente verifica se os dois equipamentos que estão estabelecendo a conexão possuem suporte para NAT Traversal, em seguida os dois equipamentos devem detectar se existe ou não a tradução de endereços. Por fim, deve-se negociar os parâmetros do protocolo (portas utilizadas para encapsulamento, utilização de cookies etc.) e em seguida iniciar a transmissão de dados utilizando pacotes encapsulados. Todo este processo está descrito no RFC 3947 - Negotiation of NAT-Traversal in the IKE.

Este recurso pode ser utilizado com conexões VPN do tipo gateway-to-gateway ou client-to-gateway e deve ser verificado na documentação do equipamento se o mesmo suporta NAT Traversal ou UDP Encapsulation (expressão também utilizada por alguns fabricantes).

CIDR

O CIDR (de Classless Inter-Domain Routing) foi introduzido em 1993 como um refinamento para a forma como o tráfego era conduzido pelas redes IP. Permitindo flexibilidade acrescida quando dividindo margens de endereços IP em redes separadas, promoveu assim um uso mais eficiente para os endereços IP cada vez mais escassos. O CIDR está definido no RFC 1519.

Endereçamento

Os endereços IP no IPv4 têm 32 bits de comprimento e estão separados em duas partes: o endereço de rede (que identifica toda a rede ou subrede) e o endereço de host (que identifica uma ligação a uma máquina em particular ou uma interface para essa rede). Máscaras de sub-rede são máscaras de bits que mostram onde o endereço de rede termina e o endereço de host começa.

Routing sem classes

Historicamente, o espaço para o endereço IP foi dividido em três 'classes de rede' principais, onde cada classe tinha um tamanho fixo de rede. As classes A, B e C tinham campos de endereço de 8, 16 e 24 bits, respectivamente. A classe, em especial o comprimento da máscara da sub-rede, e o número de hosts na rede poderiam ser sempre determinados dos três bytes mais significativos do endereço IP. Sem qualquer outra forma para especificar o comprimento de uma máscara de sub-rede, os protocolos de routing necessários usavam a classe de endereço IP especificada nas advertências do route para determinar o tamanho dos prefixos de routing para serem definidos na "tabela de routing". Atualmente, o endereçamento do tipo IPv6, que contém 128 bits e não possui classes específicas, vem ganhando cada vez mais espaço devido ao esgotamento de endereços do tipo IPv4. O CIDR usa máscaras de comprimento variável, o VLSM (de Variable Length Subnet Masks), para alocar endereços IP em sub-redes de acordo com as necessidades individuais e não nas regras de uso generalizado em toda a rede. Assim a divisão de rede/host pode ocorrer em qualquer fronteira de bits no endereço. Porque as distinções de classes normais são ignoradas, o novo sistema foi chamado de routing sem classes. Isto levou a que o sistema original passasse a ser chamado de routing de classes.

Notação standard

A notação standard para o intervalo de endereços CIDR começa com o endereço de rede (na direita com o número apropriado de bits com valor zero - até 4 octetos para IPv4, e até campos hexadecimais de 8 octetos de 16 bits para IPv6). Isso é seguido por um caracter e comprimento de um prefixo, em bits, definindo o tamanho da rede em questão (o prefixo é, na verdade, o comprimento da máscara de sub-rede).

Por exemplo:

192.168.0.0 /24	representa os 256 endereços IPv4 de 192.168.0.0 até 2.168.0.255 inclusive, com 192.168.0.255 sendo o endereço de broadcast para a rede.
192.168.0.0 /22	representa os 1024 endereços IPv4 de 192.168.0.0 até 92.168.3.255 inclusive, com 192.168.3.255 sendo o endereço de broadcast para a rede.
2002:C0A8::/48	representa os endereços IPv6 de 002:C0A8:0:0:0:0:0:0 até 002:C0A8:0:FFFF:FFFF:FFFF:FFFF:FFFF, inclusive.
Para o IPv4,	uma representação alternativa usa o endereço de rede seguido da máscara de sub-rede, escrito na forma deci mal com pontos:
192.168.0.0 /24	pode ser escrito como 192.168.0.0 255.255.255.0 → pois contando os 24 bits da Esquerda para Direita temos: 111 11111.11111111.11111111.00000000

192.168.0.0 /22	pode ser escrito como 192.168.0.0 255.255.252.0 → pois contando os 22 bits da Esquerda para Direita temos: 1111 1111.11111111.11111100.00000000

Agregação de prefixos de routing

Um outro benefício do CIDR é a possibilidade de agregação de prefixos de routing. Por exemplo, dezesseis redes /24 contíguas podem agora ser agregadas e mostradas como sendo um route único de /20 (caso os primeiros 20 bits dos endereços de rede coincidam). Dois /20 contíguos podem ser agregados num /19, e assim por diante. Isto permite uma redução significativa do número de routes, prevenindo a ‹explosão da tabela de routing› de sobreaquecer os routers e parar a Internet de expandir-se.

Hoje em dia a maioria dos ISPs públicos da Internet não fazem o routing de nada menor que um prefixo de /19, efetivamente prevenindo que redes pequenas obtenham total routing público da Internet sem ter que passar por um agregador de routing como é um ISP...

Endereços CIDR/VLSM como universais

Os endereços de rede CIDR/VLSM são usados por toda a Internet pública, mesmo que sejam usados noutros sítios, particularmente em grandes redes privadas. Um usuário comum de uma Rede local geralmente não vê isto em prática, já que a sua rede LAN é usualmente numerada usando endereços RFC 1918 privados especiais.

IPv6 é a versão mais atual do protocolo IP. Sua criação é fruto do esforço do IETF para criar a "nova geração do IP" (IPng: Internet Protocol next generation), cujas linhas mestras foram descritas por Scott Bradner e Allison Marken, em 1994, na RFC 1752.[1] Sua principal especificação encontra-se na RFC 2460.[2]

O protocolo está sendo implantado gradativamente na Internet e deve funcionar lado a lado com o IPv4, numa situação tecnicamente chamada de "pilha dupla" ou "dual stack", por algum tempo. A longo prazo, o IPv6 tem como objetivo substituir o IPv4, que só suporta cerca de 4 bilhões (4x109) de endereços IP, contra cerca de 3,4x1038 endereços do novo protocolo. A previsão atual para a exaustão de todos os endereços IPv4 livres para atribuição a operadores é de Julho de 2011, o que significa que a implantação do IPv6 é inevitável num futuro bastante próximo, o que devido a alguns problemas de segurança até a data de impressão deste livro ainda não havia ocorrido.

Servidores FTP ◂ 243

O assunto é tão relevante que alguns governos têm apoiado essa implantação. O governo dos Estados Unidos, por exemplo, em 2005, determinou que todas as suas agências federais deveriam provar ser capazes de operar com o protocolo IPv6 até junho de 2008. Em julho de 2008, foi liberada uma nova revisão[4] das recomendações para adoção do IPv6 nas agências federais, estabelecendo a data de julho de 2010 para garantia do suporte ao IPv6. O governo brasileiro recomenda a adoção do protocolo no documento e-PING dos Padrões de Interoperabilidade de Governo Eletrônico.

IPv6

O esgotamento do IPv4 e a necessidade de mais endereços na Internet
O principal motivo para a implantação do IPv6 na Internet é a necessidade de mais endereços, porque os endereços livres IPv4 acabaram.

Para entender as razões desse esgotamento, é importante considerar que a Internet não foi projetada para uso comercial. No início da década de 1980, ela poderia ser considerada uma rede predominantemente acadêmica, com poucas centenas de computadores interligados. Apesar disso, pode-se dizer que o espaço de endereçamento do IP versão 4, de 32 bits, não é pequeno: 4.294.967.296 endereços. Ainda assim, já no início de sua utilização comercial, em 1993, acreditava-se que o espaço de endereçamento da Internet poderia se esgotar num prazo de 2 ou 3 anos. Isso não ocorreu por conta da quantidade de endereços, mas sim por conta da política de alocação inicial, que não foi favorável a uma utilização racional desses recursos. Dividiu-se esse espaço em 3 classes, a saber:

Classe A: com 128 segmentos, que poderiam ser atribuídos individualmente às entidades que deles necessitassem, com aproximadamente 16 milhões de endereços cada, essa classe era classificada como /8, pois os primeiros 8 bits representavam a rede, ou segmento, enquanto os demais poderiam ser usados livremente. Ela utilizava o espaço compreendido entre os endereços 00000000.*.*.* (0.*.*.*) e 01111111.*.*.* (127.*.*.*).

Classe B: com aproximadamente 16 mil segmentos de 64 mil endereços cada, essa classe era classificada como /16. Ela utilizava o espaço compreendido entre os endereços 10000000.0000000.*.* (128.0.*.*) e 10111111.11111111.*.* (191.255.*.*).

Classe C: com aproximadamente 2 milhões de segmentos de 256 endereços cada, essa classe era classificada como /24. Ela utilizava o espaço compreendido entre os endereços

244 ▸ **Administração de Servidores Linux**

11000000.0000000.00000000.* (192.0.0.*) e 11011111.11111111.11111111.*
(213.255.255.*).

Os 32 blocos /8 restantes foram reservados para Multicast e para a IANA.
O espaço reservado para a classe A atenderia a apenas 128 entidades, no entanto,
ocupava metade dos endereços disponíveis. Não obstante, empresas e entidades
como HP, GE, DEC, MIT, DISA, Apple, AT&T, IBM, USPS, dentre outras,
receberam alocações desse tipo.

As previsões iniciais, no entanto, de esgotamento quase imediato dos recursos
não se concretizaram devido ao desenvolvimento de uma série de tecnologias,
que funcionaram como uma solução paliativa para o problema trazido com o
crescimento acelerado:

O CIDR (Classless Inter Domain Routing), ou roteamento sem uso de classes, é
descrito pela RFC 1519. Com o CIDR, foi abolido o esquema de classes, permitindo atribuir blocos de endereços com tamanho arbitrário, conforme a necessidade, trazendo um uso mais racional para o espaço.

O uso do NAT e da RFC 1918 especifica os endereços privados, não válidos na
Internet, nas redes corporativas. O NAT permite que, com um endereço válido
apenas, toda uma rede baseada em endereços privados tenha conexão, embora
limitada, com a Internet.

O DHCP (Dynamic Host Configuration Protocol) é descrito pela RFC 2131.
Esse protocolo trouxe a possibilidade aos provedores de reutilizarem endereços
Internet fornecidos a seus clientes para conexões não permanentes.

O conjunto dessas tecnologias reduziu a demanda por novos números IP, de forma que o esgotamento previsto para a década de 1990 ainda não ocorreu. No
entanto, as previsões atuais indicam que o esgotamento no IANA, que é a enti-
dade que controla mundialmente esse recurso, ocorrerá até 2011, e nos Registros
Regionais ou Locais, como o LACNIC, que controla os números IP para a América Latina e o Caribe, ou o NIC.br, que controla os recursos para o Brasil, 1 ou
2 anos depois.

Outros fatores motivantes
O principal fator que impulsiona a implantação do IPv6 é a necessidade. Ele é
necessário na infraestrutura da Internet. É uma questão de continuidade de negó-
cios para provedores e uma série de outras empresas e instituições.

Contudo, há outros fatores que motivam sua implantação:

Internet das coisas: imagina-se um futuro onde a computação será ubiqua e pervasiva... A tecnologia estará presente em vários dispositivos hoje não inteligentes, que serão capazes de interagir autonomamente entre si - computadores invisíveis interligados à Internet, embutidos nos objetos usados no dia a dia - tornando a vida um pouco mais simples. Pode-se imaginar eletrodomésticos conectados, automóveis, edifícios inteligentes, equipamentos de monitoramento médico etc. Dezenas, talvez mesmo centenas ou milhares de equipamentos, estarão conectados em cada residência e escritório... O IPv6, com endereços abundantes, fixos, válidos, é necessário para fazer desse futuro uma realidade.

Expansão das redes: vários fatores motivam uma expansão cada vez mais acelerada da Internet: a inclusão digital, as redes 3G etc. São necessários mais IPs.

Qualidade de serviço: a convergência das redes de telecomunicações futuras para a camada de rede comum, o IPv6, favorecerá o amadurecimento de serviços hoje incipientes, como VoIP, streaming de vídeo em tempo real etc., e fará aparecerem outros, novos. O IPv6 tem um suporte melhorado a classes de serviço diferenciadas, em função das exigências e prioridades do serviço em causa.

Mobilidade: a mobilidade está a tornar-se um fator muito importante na sociedade de hoje em dia. O IPv6 suporta a mobilidade dos usuárioes, estes poderão ser contatados em qualquer rede através do seu endereço IPv6 de origem.

Novidades nas especificações do IPv6

Espaço de Endereçamento. Os endereços IPv6 têm um tamanho de 128 bits.

Autoconfiguração de endereço. Suporte para atribuição automática de endereços numa rede IPv6, podendo ser omitido o servidor de DHCP a que estamos habituados no IPv4.

Endereçamento hierárquico. Simplifica as tabelas de encaminhamento dos roteadores da rede, diminuindo assim a carga de processamento dos mesmos.

Formato do cabeçalho. Totalmente remodelados em relação ao IPv4.

Cabeçalhos de extensão. Opção para guardar informação adicional.

Suporte a qualidade diferenciada. Aplicações de áudio e vídeo passam a estabelecer conexões apropriadas, tendo em conta as suas exigências em termos de qualidade de serviço (QoS).

Capacidade de extensão. Permite adicionar novas especificações de forma simples.

Encriptação. Diversas extensões no IPv6 permitem, à partida, o suporte para opções de segurança como autenticação, integridade e confidencialidade dos dados.

246 ▸ **Administração de Servidores Linux**

Formato do datagrama IPv6

Um datagrama IPv6 é constituído por um cabeçalho base, ilustrado na figura que se segue, seguido de zero ou mais cabeçalhos de extensão, seguidos depois pelo bloco de dados.

Formato do cabeçalho base do datagrama IPv6:
Tem menos informação que o cabeçalho do IPv4. Por exemplo, o checksum será removido do cabeçalho, que nesta versão considera-se que o controle de erros das camadas inferiores é confiável.

O campo Traffic Class é usado para assinalar a classe de serviço a que o pacote pertence, permitindo assim dar diferentes tratamentos a pacotes provenientes de aplicações com exigências distintas. Este campo serve de base para o funcionamento do mecanismo de qualidade de serviço (QoS) na rede.

O campo Flow Label é usado com novas aplicações que necessitem de bom desempenho. Permite associar datagramas que fazem parte da comunicação entre duas aplicações. Usados para enviar datagramas ao longo de um caminho pré-definido.

O campo Payload Length representa, como o nome indica, o volume de dados em bytes que o pacote transporta.

O campo Next Header aponta para o primeiro header de extensão. Usado para especificar o tipo de informação que está a seguir ao cabeçalho corrente.

O campo Hop Limit tem o número de hops transmitidos antes de descartar o datagrama, ou seja, este campo indica o número máximo de saltos (passagem por encaminhadores) que o datagrama pode dar, antes de ser descartado, semelhante ao TTL do IPv4.

Fragmentação e determinação do percurso

No IPv6 o responsável pela fragmentação é o host que envia o datagrama, e não os roteadores intermédios, como no caso do IPv4. No IPv6, os roteadores intermédios descartam os datagramas maiores que o MTU da rede. O MTU será o MTU máximo suportado pelas diferentes redes entre a origem e o destino. Para isso, o host envia pacotes ICMP de vários tamanhos; quando um pacote chega ao host destino, todos os dados a serem transmitidos são fragmentados no tamanho deste pacote que alcançou o destino.

O processo de descoberta do MTU tem que ser dinâmico, porque o percurso pode ser alterado durante a transmissão dos datagramas.

No IPv6, um prefixo não fragmentável do datagrama original é copiado para cada fragmento. A informação de fragmentação é guardada num cabeçalho de extensão separado. Cada fragmento é iniciado por uma componente não fragmentável seguida de um cabeçalho do fragmento.

Múltiplos cabeçalhos

Uma das novidades do IPv6 é a possibilidade de utilização de múltiplos cabeçalhos encadeados. Estes cabeçalhos extras permitem maior eficiência, devido a que o tamanho do cabeçalho pode ser ajustado às necessidades. Também permite maior flexibilidade, porque podem ser sempre adicionados novos cabeçalhos para satisfazer novas especificações.

As especificações atuais recomendam a seguinte ordem:

IPv6

Hop-By-Hop Options Header

Destination Option Header

Routing Header

Fragment Header

Authentication Security Payload Header

Destination Options Header

Upper-Layer Header

Endereçamento

O endereçamento no IPv6 é de 128 bits e inclui prefixo de rede e sufixo de host. No entanto, não existem classes de endereços, como acontece no IPv4. Assim, a fronteira do prefixo e do sufixo pode ser em qualquer posição do endereço.

Um endereço padrão IPv6 deve ser formado por um campo provider ID, subscribe ID, subnet ID e node ID. O node ID (ou identificador de interface) deve ter 64bits e pode ser formado a partir do endereço físico (MAC) no formato EUI 64.

Os endereços IPv6 são normalmente escritos como oito grupos de 4 dígitos hexadecimais. Por exemplo,

2001:0db8:85a3:08d3:1319:8a2e:0370:7344

Se um grupo de vários dígitos seguidos for 0000, pode ser omitido. Por exemplo,

2001:0db8:85a3:0000:0000:0000:0000:7344

é o mesmo endereço IPv6 que:

2001:0db8:85a3::7344

248 ▸ **Administração de Servidores Linux**

Existem no IPv6 tipos especiais de endereços:
unicast - cada endereço corresponde a uma interface (dispositivo).
multicast - cada endereço corresponde a múltiplas interfaces. É enviada uma cópia para cada interface.
anycast - corresponde a múltiplas interfaces que partilham um prefixo comum. Um datagrama é enviado para um dos dispositivos, por exemplo, o mais próximo. Com o IPv6, todas as redes locais devem ter prefixos /64. Isso é necessário para o funcionamento da autoconfiguração e outras funcionalidades.
Usuários de qualquer tipo receberão de seus provedores redes /48, ou seja, terão a seu dispor uma quantidade suficiente de IPs para configurar aproximadamente 65 mil redes, cada uma com 264 endereços. É preciso notar, no entanto, que alguns provedores cogitam entregar aos usuários domésticos redes com tamanho /56, permitindo sua divisão em apenas 256 redes /64.

Estruturas de endereços de transição
Os endereços IPv6 podem ser mapeados para IPv4 e são concebidos para roteadores que suportem os dois protocolos, permitindo que nos IPv4 façam um "túnel" através de uma estrutura IPv6. Estes endereços são automaticamente construídos pelos roteadores que suportam ambos os protocolos.
Para tal, os 128 bits do IPv6 ficam assim divididos:
campo de 80 bits colocado a '0' (zero)
campo de 16 bits colocado a 'F'
endereço IPv4 de 32 bits
Endereços IPv6 mapeados para IPv4:
::FFFF:<endereço IPv4>

Outras estruturas de endereços IPv6
Existem outras estruturas de endereços IPv6:
Endereços de ISP - formato projetado para permitir a conexão à Internet por usuários individuais de um ISP.
Endereços de Site - para utilização numa Rede Local.

Comandos para gerenciamento do TCP/IP
Hostname
Usase: hostname [-v] [-b] {hostname|-F file}
define nome do host através de arquivo.

hostname [-v] [-d|-f|-s|-a|-i|-y|-A|-I]
mostra o nome formatado.

Servidores FTP ◄ 249

hostname [-v]
mostra o nome do host

{yp,nis,}domainname [-v] {nisdomain|-F file}
define o nome NIS através de arquivo.

{yp,nis,}domainname [-v]
mostra o nome NIS no domínio.

dnsdomainname [-v]
mostra o nome NIS no domínio.

hostname -V|--version|-h|--help
imprime informações e sai.

Nome:
{yp,nis,}domainname=hostname -y.
dnsdomainname=hostname -d.

Opções:
-s, --short	nome curto do host.
-a, --alias	apelidos.
-i, --ip-address	endereços para o host.
-I, --all-ip-addresses	todos os endereços do host.
-f, --fqdn, --long	nome longo do host (FQDN).
-A, --all-fqdns	todos os nomes longos do host (FQDNs).
-d, --domain	DNS nome domínio.
-y, --yp, --nis	NIS/YP nome no domínio.
-b, --boot	define host name default se não houver um disponível.
-F, --file	lê o name host ou o NIS domain name de um arquivo.

Descrição:
Este comando pode pegar o nome do host ou o NIS domain ou mesmo o DNS domain ou o FQDN. Trabalha em conjunto com o arquivo /etc/hosts.

Ifconfig
ifconfig - configura uma interface de rede.

SINOPSE
ifconfig [interface]
ifconfig interface [aftype] opções | endereços ...

DESCRIÇÃO
ifconfig é usado para configurar (e posteriormente manter) as interfaces de rede. É usado durante o boot para configurar a maioria delas para um estado usável. Depois disso, normalmente só será necessário durante depurações ou quando for necessária uma configuração fina do sistema.

Se nenhum argumento for informado, ifconfig somente mostra o estado das interfaces correntemente definidas. Se um argumento interface for informado, ele mostra somente o estado da interface informada. De outra forma, ele assume que os parâmetros devem ser configurados.

Famílias de Endereçamento
Se o primeiro argumento após o nome da interface for reconhecido como um nome de uma família de endereçamento suportada, esta família de endereçamento é usada na decodificação e apresentação de todos os endereços de protocolos. Atualmente as famílias de endereçamento suportadas incluem inet (TCP/IP, default) ax25 (AMPR Packet Radio),
ddp (Appletalk Phase 2), ipx (Novell IPX) and netrom (AMPR Packet radio).

OPÇÕES
interface
O nome da interface de rede. Usualmente é um nome como eth0 , sl3 ou algo parecido: um nome de driver de dispositivo seguido por um número.

up
Esta flag causa a ativação da interface. É especificada implicitamente se a interface receber um novo endereço (veja a seguir).

down
Esta flag desativa o driver desta interface, é útil quando alguma coisa começar a ter problemas.

[-]arp Habilita ou desabilita o uso do protocolo ARP para esta interface. Se o sinal de menos (-) estiver presente, a opção é desligada.

Servidores FTP ◂ **251**

[-]trailers
Habilita ou desabilita o uso de trailer em frames Ethernet. Não é utilizada na implementação atual do pacote net-tools.

[-]allmulti
Habilita ou desabilita o modo promiscuous da interface. Isto significa que todos os frames passarão pela camada de rede do kernel, permitindo monitoração da rede.

metric N
Este parâmetro configura a métrica da interface. Não é usado atualmente, mas será implementado no futuro.

mtu N
Este parâmetro configura a Unidade Máxima de Transferência (MTU) de uma interface. Para Ethernet, é um número entre 1000-2000 (o padrão é 1500). Para SLIP, use algo entre 200 e 4096. Note que a implementação atual não manipula fragmentação IP ainda, então é melhor configurar a MTU com um tamanho adequado!

dstaddr addr
Configura o endereço IP do «outro lado» no caso de um link Ponto-A-Ponto, como PPP. Esta palavra-chave tornou-se obsoleta e deve ser usada a nova palavra--chave pointopoint.

netmask addr
Configura a máscara de rede IP para esta interface. Este valor assume o padrão usual das classes A, B ou C (deduzindo-o a partir do endereço IP da interface), mas pode ser configurado para qualquer valor para o uso de sub-redes.

irq addr
Configura a linha de interrupção (IRQ) usada por este dispositivo. Muitos dispositivos não suportam configuração dinâmica de IRQ.

[-]broadcast [endereço]
Se o argumento endereço for informado, configura o endereço de protocolo broadcast para esta interface. De outra forma, ele somente configura a flag IFF_ BROADCAST da interface. Se a palavra-chave for precedida por um sinal de menos (-) , então a flag é removida.

252 ▶ Administração de Servidores Linux

[-]pointopoint [endereço]
Esta palavra-chave habilita o modo ponto a ponto da interface, significando que ela é um link direto entre duas máquinas sem ninguém ouvindo (ou, pelo menos, nós esperamos que este seja o caso). Se o argumento endereço for informado, configura o endereço de protocolo do outro lado do link, exatamente como a palavra- chave obsoleta dstaddr faz. De outra forma, ela somente configura a flag IFF_POINTOPOINT da interface. Se a palavra-chave for precedida por um sinal de menos (-) , então a flag é removida.

hw
Configura o endereço de hardware para esta interface, se o driver do dispositivo suportar esta operação. A palavra-chave deve ser seguida pelo nome da classe do hardware e o equivalente em ASCII do endereço de hardware. As classes de hardware atualmente suportadas incluem ether (Ethernet), ax25 (AMPR AX.25), ARCnet e netrom (AMPR NET/ROM).

multicast
Inicializa a flag de multicast para a interface. Normalmente, isto não será necessário, já que os drivers ajustam as flags corretas por si sós.

endereço
O nome ou endereço IP da máquina (um nome de máquina será traduzido para um endereço IP) da interface. Este parâmetro é necessário, apesar da sintaxe atualmente não requisitá-lo.

endereço for informado
Configura o endereço de protocolo do outro lado do link, exatamente como a palavra- chave obsoleta dstaddr faz. De outra forma, ela somente configura a flag IFF_POINTOPOINT da interface. Se a palavra-chave for precedida por um sinal de menos (-) , então a flag é removida.

hw
Configura o endereço de hardware para esta interface, se o driver do dispositivo suportar esta operação. A palavra-chave deve ser seguida pelo nome da classe do hardware e o equivalente em ASCII do endereço de hardware. As classes de hardware atualmente suportadas incluem ether (Ethernet), ax25 (AMPR AX.25), ARCnet e netrom (AMPR NET/ROM).

multicast
Inicializa a flag de multicast para a interface. Normalmente, isto não será necessário, já que os drivers ajustam as flags corretas por si sós.

endereço
O nome ou endereço IP da máquina (um nome de máquina será traduzido para um endereço IP) da interface. Este parâmetro é necessário, apesar da sintaxe atualmente não requisitá-lo.

NOTAS
+Since kernel release 2.2 there are no explicit interface statistics for +alias interfaces anymore. The statistics printed for the original address +are shared with all alias addresses on the same device. If you want per-address +statistics you should add explicit accounting +rules for the address using the +.BR ipchains(8) +command.

Desde o kernel 2.2 não existem mais estatísticas explícitas para os apelidos (aliases) de interfaces. As estatísticas mostradas para o endereço original são compartilhadas como todos os endereços associados ao mesmo dispositivo.

Se desejar estatísticas por endereço, você deve explicitamente adicionar regras de contabilização para os endereços usando o comando ipchains(8).

arquivos
/proc/net/socket
/proc/net/dev

BUGS
Os endereços appletalk DDP e IPX serão mostrados, mas não podem ser alterados com este comando.

netstat
netstat - Mostra conexões de rede, tabelas de roteamento, estatísticas de interface e conexões mascaradas.

opções
Você pode ver o estado das conexões de rede através da listagem dos sockets abertos. Esta é a operação padrão: se você não especificar nenhuma família de endereços, os sockets ativos de todas as famílias de endereços configuradas serão

254 ▸ **Administração de Servidores Linux**

mostrados. Com -e, você obterá informações adicionais (userid). Com a chave –v, você poderá fazer com que o netstat reclame sobre famílias de endereços conhecidas que não sejam suportadas pelo kernel. A opção -o mostra algumas informações adicionais sobre temporizadores de rede. -a mostra todos os sockets, incluindo sockets de servidores. A família de endereços inet mostrará sockets raw, udp e tcp.

-r, --route
Com a opção -r, --route, você obterá as tabelas de roteamento do kernel no mesmo formato usado por route -e. netstat -er usará o formato de apresentação do comando route. Por favor, veja route(8) para maiores detalhes.

-i, --interfaces iface
Se você usar a opção -i, --interfaces , uma tabela de todas (ou da iface especificada) as interfaces de rede será mostrada. A saída usa o formato ifconfig -e , e é descrita em ifconfig(8). netstat -ei mostrará uma tabela ou uma entrada de interface como ifconfig mostra. Com a chave -a , você pode incluir interfaces que não estejam configuradas (i.e., não tem a flag U=UP configurada).

-M, --masquerade
Uma lista de todas as sessões mascaradas também pode ser vista. Com a chave -e você pode incluir mais algumas informações sobre numeração sequencial e deltas, causados por reescritas de dados em sessões FTP (comando PORT).

O suporte a mascaramento é usado para esconder máquinas em endereços de rede não oficiais do resto do mundo, como descrito em ipfw(4),ipfwadm(8) e ipfw (8).

-s, --statistics
Mostra estatísticas sobre o subsistema de rede do kernel do Linux, que são lidas a partir de /proc/net/snmp.

OPÇÕES
-v, --verbose
Informa ao usuário o que está ocorrendo, sendo detalhado. Especialmente mostra algumas informações úteis sobre famílias de endereços não configuradas.

-n, --numeric
Mostra endereços numéricos, sem tentar resolver os nomes da máquina, porta ou usuário.

Servidores FTP ◀ 255

-A, --af família
Usa um método diferente para configurar as famílias de endereços. família é uma lista de palavras-chave de famílias de endereços separadas por vírgulas (‹,›) como inet, unix, ipx, ax25, netrom e ddp. Tem o mesmo efeito de usar as opções longas --inet, --unix, --ipx, --ax25, --netrom e --ddp.

-c, --continuous
Isto fará com que netstat mostre a tabela selecionada a cada segundo, continuamente na tela, até que você o interrompa.

SAÍDA
Conexões Internet Ativas (TCP, UDP, RAW)

Proto
O protocolo (tcp, udp, raw) usado pelo socket.

Recv-Q
O contador de bytes não copiados pelo programa conectado a este socket.

Send-Q
O contador de bytes não confirmados pela máquina remota.

Endereço Local
O endereço local (nome da máquina local) e o número da porta do socket. A menos que a chave -n seja especificada, o endereço do socket será resolvido para seu nome de máquina canônico e o número da porta será traduzido para o serviço correspondente.

Endereço Remoto
O endereço remoto (nome da máquina remota) e o número da porta do socket. Como com o endereço local, a chave -n desliga a resolução do nome da máquina e do serviço.

Estado
O estado do socket. Uma vez que não existem estados no modo RAW e normalmente nenhum estado é usado em UDP, esta linha pode ser deixada em branco. Normalmente ele pode assumir um de vários valores:

ESTABELECIDO
O socket tem uma conexão estabelecida.

SYN_SENT
O socket está ativamente tentando estabelecer uma conexão.

SYN_RECV
Uma requisição de conexão foi recebida da rede.

FIN_WAIT1
O socket está fechado e a conexão está terminando.

FIN_WAIT2
A conexão está fechada e o socket está esperando por uma terminação pela máquina remota.

TIME_WAIT
O socket está esperando após o fechamento para tratar os pacotes ainda na rede.

FECHADO
O socket não está sendo usado.

CLOSE_WAIT
O lado remoto terminou, esperando pelo fechamento do socket.

ÚLTIMO_ACK
O lado remoto terminou, e o socket está fechado, esperando por uma confirmação.

OUVINDO
O socket está ouvindo por conexões. Estes sockets são somente mostrados se a chave -a,--listening for especificada.

FECHANDO
Ambos os sockets estão terminados, mas nós ainda não enviamos todos os nossos dados.

DESCONHECIDO
O estado do socket é desconhecido.

Usuário
O nome ou UID do dono do socket.

Temporizador
(precisa ser escrito)

UNIX domain sockets Ativos

Proto
O protocolo (normalmente unix) usado pelo socket.

CntRef
O contador de referências (i.e., processos conectados via este socket).

Flags
As flags mostradas são SO_ACCEPTON (mostrada como ACC), SO_WAI-TDATA (W) ou SO_NOSPACE (N). SO_ACCECPTON é usada para sockets não conectados se seus processos correspondentes estiverem esperando por uma solicitação de conexão.
As demais flags não são de interesse comum.

Tipos
Há diversos tipos de acesso a sockets:

SOCK_DGRAM
O socket é usado no modo de Datagramas (sem conexão).

SOCK_STREAM
É um socket usado quando há conexões (stream socket).

SOCK_RAW
É usado como o socket básico (raw socket).

SOCK_RDM
Este é usado para confirmação de entrega de mensagens.

SOCK_SEQPACKET
É um socket para um pacote sequencial.

SOCK_PACKET
Socket para acesso da interface BÁSICA.

UNKNOWN
Quem sabe o que nos trará o futuro? Preencha aqui.

Estados
Este campo conterá uma das seguintes palavras-chave:

FREE Este socket não está alocado.

LISTENING
O socket está aguardando por uma solicitação de conexão. É mostrado apenas se as opções -a,--listening forem selecionadas.

CONNECTING
O socket está por estabelecer uma conexão.

CONNECTED
O socket está conectado.

DISCONNECTING
O socket está desconectado.

(nada) O socket não está conectado a nenhum outro.

UNKNOWN
Isto não deve acontecer nunca.

Path
Mostra o caminho (path) do processo do qual está tratando esse socket.

Sockets IPX ativos
(Isso precisa ser feito por alguém que saiba fazê-lo.)

Sockets NET/ROM ativos
(Isso precisa ser feito por alguém que saiba fazê-lo.)
Sockets AX.25 ativos
(Isso precisa ser feito por alguém que saiba fazê-lo.)

Servidores FTP ◀ 259

NOTAS
Desde o kernel 2.2 o netstat -i não mostra estatísticas para apelidos (aliases) de interfaces. Para obter contadores por apelido de interface, você precisa configurar regras explícitas usando o comando +.BR ipchains(8).

FILES
/etc/services -- O arquivo de «tradução» (correspondência) entre socket e serviço.
/proc/net/dev -- Informações de dispositivos.
/proc/net/snmp -- Estatísticas da rede.
/proc/net/raw -- Informação sobre o socket BÁSICO (RAW).
/proc/net/tcp -- Informação sobre o socket TCP.
/proc/net/udp -- Informação sobre o socket UDP.
/proc/net/unix -- Informação sobre o socket de domínio Unix.
/proc/net/ipx -- Informação sobre o socket IPX.
/proc/net/ax25 -- Informação sobre o socket AX25.
/proc/net/appletalk -- Informação sobre o socket DDP (Appletalk).
/proc/net/nr -- Informação sobre o socket NET/ROM.
 /proc/net/route -- Informação sobre os roteamentos IP realizados pelo kernel.
/proc/net/ax25_route -- Informação sobre os roteamentos AX25 realizados pelo kernel.
/proc/net/ipx_route -- Informação sobre os roteamentos IPX realizados pelo kernel.

/proc/net/nr_nodes -- Lista de nós NET/ROM do kernel.

/proc/net/nr_neigh -- «Vizinhos» NET/ROM do kernel.

/proc/net/ip_masquerade -- Conexões mascaradas do kernel.

ping
ping - envia pacotes ICMP ECHO_REQUEST para hosts da rede.

Sintaxe:
ping [-mqw] [-c contagem] [-i espera] [-p pattern | -z] [-s tamanho do pacote]
ping -t [-mqw] [-c count] [-i wait] [-p pattern | -z] [-s packetsize]
[ignored-options] host [host...]

Exemplos
```
Root@aluno# ping -c 3 localhost
```

260 ▶ **Administração de Servidores Linux**

traceroute
Imprime a rota de pacotes dos hosts em uma rede.

```
traceroute [-46dFITUnreAV] [-f first_ttl] [-g gate,...]
[-i device] [-m max_ttl] [-p port] [-s src_addr]
[-q nqueries] [-N squeries] [-t tos]
[-l flow_label] [-w waittime] [-z sendwait]
[-UL] [-P proto] [--sport=port] [-M method] [-O mod_options]
[--mtu] [--back]
host [packet_len]
```

Exemplos
```
root@aluno# traceroute www.google.com.br
```

route
route - mostra / manipula a tabela de roteamento IP.
Manipula a tabela de roteamento IP do kernel. Seu principal uso é configurar rotas estáticas para hosts ou redes especificadas através de uma interface, após a mesma ter sido configurada com o programa ifconfig.

OPÇÕES
-v   flag para detalhamento (não usada).
-n   mostra endereços numéricos, sem tentar resolver os nomes simbólicos das máquinas. Útil se você está tentando determinar por que a rota para o seu servidor de nomes sumiu.
-e   use o formato netstat(8) na apresentação da tabela de roteamento. -ee produzira uma linha bem grande com todos os parâmetros da tabela de roteamento.
-net o Alvo é o endereço de uma rede (encontrado no arquivo /etc/networks pela função getnetbyname(2)).
-host é o endereço de uma máquina (descoberto com a função gethostbyname(2)).

del
remove uma rota.

add a
diciona uma rota.

Alvo A máquina ou rede destino. Você pode fornecer endereços IP em formato decimal separado por pontos ou nomes de máquinas/redes.

netmask Nm
Modificador para especificar a máscara de rede da rota a ser adicionada. Somente faz sentido para uma rota para uma rede e quando o endereço-alvo é válido com relação à máscara especificada. Se nenhuma máscara de rede for especificada, o comando route descobre-a; desta forma, para a maioria das configurações normais, você não precisa especificar uma máscara de rede.

gw Gw
Quaisquer pacotes IP para a rede/máquina destino serão roteadas através do gateway/roteador especificado.

NOTA: O gateway especificado deve ser alcançável antes deste comando. Isto normalmente significa que você terá que configurar uma rota estática para o gateway antes de emitir este comando. Se você especificar o endereço de uma de suas interfaces locais, isto será usado para decidir sobre qual interface deve ser usada para rotear os pacotes. Isto está disponível para manter compatibilidade com os sistemas baseados em BSD.

metric M
Configura o campo de métrica na tabela de roteamento, usado em daemons para roteamento dinâmico.

mss M
Especifica o Tamanho Máximo do Segmento TCP em Bytes (MSS) para conexões TCP através desta rota. Isto é normalmente usado somente para otimização fina de configurações de roteamento.

window W
Especifica o tamanho da janela TCP para conexões TCP através desta rota. Tipicamente somente usado para redes AX.25 e em drivers incapazes de de tratar frames back to back.

irtt I Especifica o tempo de ida e volta inicial (irtt) para conexões TCP através desta rota. Tipicamente usado somente em redes AX.25. O número é especificado em milissegundos (1-12000). Se omitido, o default da RFC 1122 de 300ms é usado.

reject
Instala uma rota de bloqueio, que forçará falha na procura por esta rota. Exemplo de utilização: bloquear rotas antes do uso da rota default. Isto não é firewalling.

262 ▸ Administração de Servidores Linux

mod, dyn, reinstate
Instala uma rota modificada ou dinâmica. Ambas as flags são geralmente somente configuradas por um daemon de roteamento. Somente para propósitos de diagnóstico.

dev If
Força a associação da rota com o dispositivo especificado, pois o kernel de outra forma tentará determinar o dispositivo por conta própria (através da checagem de rotas e especificações de dispositivos já existentes e onde a rota está adicionada).

If dev
If é a última opção na linha de comando, a palavra dev pode ser omitida, pois é o default. De outra forma a ordem dos outros modificadores do route (metric - netmask - gw - dev) não importa.

Exemplos

```
root@aluno# route add -net 127.0.0.0
```

Adiciona a entrada para a interface loopback normal, usando máscara igual a 255.0.0.0 (rede classe A, determinada a partir do endereço de destino), associada ao dispositivo «lo» (assumindo que este dispositivo tenha sido previamente configurado com o ifconfig(8)).

Adiciona uma rota para a rede 192.56.76.x através da interface «eth0». O modificador de máscara classe C não é realmente necessário aqui porque 192.* é um endereço IP de classe C. A palavra «dev» pode ser omitida aqui.

```
root@aluno# route add default gw mango-gw
```

Adiciona uma rota default (que será usada se nenhuma outra rota for encontrada). Todos os pacotes que usarem esta rota serão passados para a máquina "mango-gw". O dispositivo que será utilizado para esta rota depende de como é possível alcançar "mango-gw" - a rota estática para "mango-gw" terá que ser configurada previamente.

```
root@aluno# route add ipx4 sl0
```

Adiciona uma rota para a máquina "ipx4" através da interface SLIP (assumindo que "ipx4" é a máquina SLIP).

Servidores FTP ◂ 263

```
root@aluno# route add -net 192.57.66.0 netmask 255.255.255.0 gw
ipx4
```

Este comando adiciona a rede "192.57.66.x" para ser alcançada através da rota anterior através da interface

SLIP.

```
root@aluno# route add -net 224.0.0.0 netmask 240.0.0.0 dev eth0
```

Isso é bem obscuro, documentado para que as pessoas saibam como usá-la. Configura para que todas as rotas IP classe D (multicast) sigam através da interface «eth0». Esta é a linha de configuração normal a ser usada com um kernel multicast.

```
root@aluno# route add 10.0.0.0 netmask 255.0.0.0 reject
```

Esta instala uma rota de rejeição para a rede privada "10.x.x.x".

SAÍDA
A saída da tabela de roteamento do kernel é organizada nas seguintes colunas:

Destino
A rede ou máquina de destino.

Roteador
A máquina roteador ou ‹*› se nenhuma estiver configurada.

Máscara Genérica
A máscara para a rede destino. ‹255.255.255.255› para uma máquina de destino, ‹0.0.0.0› para a rota default.

Flags Os flags possíveis são:
      U (rota esta Up).
      H (alvo é uma máquina).
      G (use roteador).
      R (reinstale rota para roteamento dinâmico).
      D Instalada (dinamicamente por um daemon ou por redirecionamento).
      M (modificada por daemon de roteamento ou redirecionamento).
      ! Rota (rejeitada).

264 ▶ Administração de Servidores Linux

H (alvo é uma máquina).
G (use roteador).
R (reinstatl rota para roteamento dinâmico).
D Instalada (dinamicamente por um daemon ou por redirecionamento).
M (modificada por daemon de roteamento ou redirecionamento).
! Rota (rejeitada).

Metric A 'distância' até o alvo (geralmente contada em hops). Não é utilizada pelos kernels recentes, somente daemons de roteamento podem usá-la.

Ref
Número de referências a esta rota. Não usado no kernel do Linux, sempre 0.

Uso Contagem de procuras por esta rota. Nos kernels recentes estes números são bem baixos, pois os sockets têm seu próprio cache e não precisam procurar por rotas.

Iface
Interface através da qual os pacotes IP serão enviados.

MSS
Tamanho máximo de segmento default para conexões TCP através desta rota.

Window Tamanho de janela default para conexões TCP através desta rota.

irtt RTT (Tempo de Ida e Volta) Inicial. O kernel usa isto para inferir os melhores parâmetros do protocolo TCP sem esperar por respostas (possivelmente lentas).

arquivos
```
/proc/net/route
/etc/networks
/etc/hosts
/etc/init.d/network
```

arp

arp - manipula o cache ARP do sistema, manipula o cache ARP do kernel de várias maneiras. As principais opções são remoção de uma entrada de mapeamento de endereço e configuração manual de um endereço. Para propósitos de depuração, o programa arp também permite um dump completo do cache ARP.

OPÇÕES

-v, --verbose
Mostra ao usuário o que está acontecendo, de modo detalhado.

-n, --numeric
Mostra endereços numéricos, em vez de tentar determinar os nomes simbólicos da máquina, porta e usuário.

-H type, --hw-type type
Quando configurando ou lendo o cache ARP, este parâmetro opcional informa ao arp que classe de entradas devem ser verificadas. O valor padrão deste parâmetro é ether (i.e., código de hardware 0x01 para Ethernet IEEE 802.3 10Mbps). Outros valores podem incluir tecnologias de rede como ARCnet (arcnet), PROnet (pronet), AX.25 (ax25) e NET/ROM (netrom).

-a [máquina], --display [máquina]
Mostra as entradas das máquinas especificadas. Se o parâmetro máquina não for usado, todas as entradas serão mostradas.

-d máquina, --delete máquina
Remove quaisquer entradas para a máquina especificada. Isto pode ser usado se a máquina indicada for desligada, por exemplo. Nos kernels mais recentes o arp(1) suporta a especificação de pub ou nopub para decidir se uma entrada pública ou privada deve ser removida. Se você não informar uma destas flags, as duas entradas serão removidas.

-D, --use-device
Usa o endereço de hardware da interface ifa.

-i If, --device If
Seleciona uma interface. Quando mostrando o cache ARP, somente entradas iguais à interface serão mostradas.

Configura uma entrada ARP permanente ou temporária que será usada no dispositivo especificado. Se nenhum dispositivo for informado, o kernel descobre o dispositivo a partir da tabela de roteamento. Para entradas pub, a interface especificada é a interface na qual as requisições ARP serão respondidas.

266 ▶ **Administração de Servidores Linux**

NOTA: Deve ser diferente da interface para a qual os pacotes IP serão roteados.

-s máquina endereço_hardware, --set máquina
Cria manualmente uma entrada de mapeamento de endereço ARP para a máquina com endereço de hardware configurado para endereço_hardware. O formato do endereço de hardware depende da classe de hardware, mas para a maioria das classes pode-se assumir que a apresentação usual pode ser usada. Para a classe Ethernet, são 6 bytes em hexadecimal, separados por dois pontos (:). Quando adicionando entradas proxy arp (isto é, aquelas com a flag público setadas), uma netmask pode ser especificada para o proxy arp de uma sub-rede inteira. Proxy arp para rotear redes inteiras não é um bom protocolo, mas algumas vezes é útil, então é suportado. Se a flag temp não for fornecida, as entradas serão permanentemente armazenadas no cache ARP.

-f arquivo, --file arquivo
Similar à opção –s, só que desta vez as informações de endereços são obtidas a partir do arquivo.

Isto pode ser usado se entradas ARP para muitas máquinas tiverem que ser configuradas. O nome do arquivo de dados é frequentemente /etc/ethers, mas isto não é oficial.

O formato deste arquivo é simples; ele somente contém linhas de texto ASCII com um nome de máquina e um endereço de hardware separados por um espaço em branco. Adicionalmente, as flags pub, nopub, temp and netmask podem ser usadas.

Em todos os lugares onde uma máquina é esperada, você também pode informar um endereço IP em notação decimal separada por pontos.

Cada entrada completa no cache ARP será marcada com uma flag C. Entradas permanentes são marcadas com um M e entradas publicadas têm uma flag P.

arquivos
/proc/net/arp,
/etc/networks
/etc/hosts
/etc/ethers

Configuração manual de rede

pppd

Servidor de protocolo ponto a ponto.

O protocolo ppd é utilizado para estabelecer links de internet sobre modems. Esta é uma ferramenta ainda muito utilizada, mas possui a ferramenta pppoeconf, que auxilia na sua configuração.

pppoeconf
Sintaxe

pppoeconf [-nox] [iface]

É um comando feito para facilitar a configuração do pppd, pois o mesmo tem vários arquivos que precisam ser configurados manualmente.

Exemplo:

```
root@aluno# pppoeconf
```

Wvdial

Muitas vezes não dispomos de conexões de rede ou banda larga para terminar uma instalação ou até mesmo poder navegar em algumas páginas, outras vezes queremos acessar, mas o discador daquele provedor grátis não pode ser instalado no Linux, então a solução é utilizar o wvdial, rápido de instalar e configurar, só necessitando do número do telefone, nome de usuário e senha. O wvdial não tem tela gráfica, mas existem discadores gráficos caso queira isso; neste caso, poderá instalar e configurar o kppp ou o gnome-ppp, porém para instalá-los são necessários mais pacotes que muitas vezes não estão presentes na instalação básica do Debian. Esse wiki não é igual a outros que existem na net. Nele vou abordar todo processo de acesso discado, e é evidente que a tarefa mais difícil de ser executada será a identificação e construção do módulo do seu modem.
Instalando o Wvdial

Normalmente o wvdial já vem instalado com a instalação básica do Linux. Caso não esteja presente, insira o cd de instalação do Debian e proceda à instalação do mesmo.

```
root@aluno# apt-cdrom add
root@aluno# aptitude install wvdial
```

268 ▸ **Administração de Servidores Linux**

Agora vamos instalar o driver do seu modem, dê um lspci para identificar o chipset:

```
root@aluno# lspci
```

00:09.0 Multimedia audio controller: Ensoniq 5880 AudioPCI (rev 02)
00:0a.0 Communication controller: Agere Systems LT WinModem (rev 02)

Observamos a última linha acima (Communication controller) que identifica o modem e anotamos a versão do kernel do Linux fornecido pelo comando uname ($ uname -r), passamos a localizar o pacote mais adequado ao tipo do modem. Antes de construir o módulo para o modem, esteja certo de que fez os procedimentos do wiki Compilando drivers. Uma das maneiras mais fáceis de instalar um modem é através da ferramenta de module-assistant. Para isso, instalam-se os sources do modem disponíveis via apt-get e constrói-se o módulo, mas infelizmente só encontrei o source para o modem smartlink para essa operação:

```
root@aluno# aptitude install sl-modem-daemon sl-modem-source mod-
ule-assistant debhelper
root@aluno# m-a update
root@aluno# m-a prepare
root@aluno# m-a a-i sl-modem
root@aluno# depmod -a
```

Uma outra alternativa de fácil instalação deste mesmo modem é através do pacote .deb, que pode ser baixado externamente:

http://ftp.br.debian.org/debian/pool/non-free/s/sl-modem/sl-modem-
-daemon_2.9.9d+e-pre2-7etch2_i386.deb e posteriormente instalado com:
root@aluno# dpkg -i <pacote.deb>

Os endereços onde você vai encontrar o driver para seu modem são: http://lin-modems.technion.ac.il/resources.html. Neste link abaixo estão em português informações sobre modem:

http://linmodems.technion.ac.il/linmodems_support_brpo.html. Neste endereço http://linmodems.technion.ac.il/packages/ você vai encontrar os seguintes

diretórios do modelos mais conhecidos:
Motorola
Intel - Ambient/Intel

Pctel   - AMR/HSP56
Ltmodem - Lucent/Agere
Smartlink -AC97/MC97

Caso tenha dúvida quanto ao tipo de modem instalado, poderá baixar um pequeno script http://132.68.73.235/linmodems/packages/scanModem.gz Extraia o pacote com:

```
root@aluno# gzip -d scanModem.gz
```

Dê a permissão:

```
root@aluno# chmod +x scanModem
```

e execute:

```
root@aluno# ./scanModem
```

Ele irá criar um diretório com arquivos contendo informações sobre o seu modem, dentre eles o arquivo ModemData.txt reporta vários dados coletados incluindo o chipset e o nome do driver para o modem. Existem alguns pacotes do projeto Messias que consistem em detectar qual o tipo do seu modem, porém são voltados para as distro kurumin e ubuntu. Sendo estas baseadas no debian, com alguns ajustes nos scripts é possível executá-los no debian. Testei o meu-modem-v10.sh e ele detectou corretamente o modem smartlink, porém na apresentação do xdialog falha ao mostrar o texto, tendo que editar e corrigir os msgbox. Quem quiser baixá-lo, encontrará no endereço: http://sourceforge.net/project/showfiles. php?group_id=151568

Fique atento à versão do seu kernel. Alguns drivers só funcionam até determinada versão do kernel, como por exemplo o Lucent. Até a versão do kernel 2.6.10 utiliza o pacote ltmodem-2.6-alk-8, em kernel superiores passam a usar o módulo do Martian. Leia sempre o readme e o install que vem nos pacotes. Depois de construído e instalado e carregado o módulo do seu modem, verifique se o dev foi criado ou se é necessário criá-lo manualmente (muitas vezes isto consta no leiame ou install). Talvez seja necessário criar o dev manualmente toda vez que inicializar o sistema, então utilize o final do arquivo /etc/init.d/bootmisc.sh para adicionar daemons ou criar links e devs. Por exemplo, as linhas abaixo são recomendadas no README do Ltmodem:

```
root@aluno# mknod --mode=0660 /dev/ttyLTM0 c 62 64
root@aluno# ln -s /dev/ttyLTM0 /dev/modem
```

270 ▸ **Administração de Servidores Linux**

Configuração do Wvdial

Módulo carregando e device presente, vamos para a parte final de configurar o wvdial. Caso não exista, crie o arquivo wvdial.conf executando o:
```
root@aluno# wvdialconf
```

ou manualmente com:
```
root@aluno# touch /etc/wvdial.conf
```

Depois edite inserindo o seguinte conteúdo, altere somente as opções iguais para esses valores com exceção do Username, Password e Phone que são exemplos próprios aqui já descritos anteriormente:
root@aluno# mcedit /etc/wvdial.conf

[Dialer Defaults]
ISDN = 0
Modem Type = Analog Modem
Phone = 32269000
Username = login_ig
Password = senha_ig
New PPPD = yes
Modem = /dev/modem
Baud = 57600
Stupid Mode = 1
Modem Type = Analog Modem
;se seu modem for um slmodem ou um martian driver, desmarque a próxima linha
;Carrier Check = no

A ordem das opções não tem efeito; observe que o dev está apontando para o link modem, portanto certifique-se de que esse link existe, senão crie-o.
```
root@aluno# ls -l /dev/modem
lrwxrwxrwx 1 root root 6 2007-02-14 09:13 /dev/modem -> ttyLTM0
```

Alguns ajustes podem ser necessários caso esteja discando, mas o serviço pppd caindo. Vamos a eles:
Esteja certo de que o resolv.conf existe, senão crie-o com:
```
root@aluno# touch /etc/resolv.conf
```

Servidores FTP ◄ **271**

Pode ser necessário alterar as permissões e grupo do pppd
```
root@aluno# chmod +S /usr/sbin/pppd
```
ou
```
root@aluno# chmod 4711 /usr/sbin/pppd
```

pode estar faltando permissão nos arquivo em /etc/ppp
```
root@aluno# chmod 755 /etc/ppp/*
```

Se mesmo após essas alterações estiver terminando o serviço pppd, vá em options e localize a linha onde está auth e ponha noauth (caso o provedor aceite conexões sem autenticar).
```
root@aluno# mcedit /etc/ppp/options
```

Observe também se o grupo do pppd está com dip:
```
root@aluno# ls -l /usr/sbin/pppd
```

-rws--x--x 1 root dip 260920 2007-03-17 19:52 /usr/sbin/pppd
Em alguns casos, o discador reporta problemas de autenticação, então pode-se manualmente registrar o usuário e senha nas últimas linhas do pap-secrets, exemplo:

```
root@aluno# mcedit /etc/ppp/pap-secrets
root@aluno# OUTBOUND connections
...
root@aluno# *          password
.
```
meulogin   *   minhasenha
meulogin@ibest.com.br   *   minhasenha

A senha, neste caso, fica em texto plano.

Conectando
Agora é só conectar; este comando deve ser executado como root. Se precisar executá-lo e fazer com que libere o prompt do terminal, carregue-o como tarefa em segundo plano, assim:
```
root@aluno# sudo wvdial&
```

Para finalizar a conexão, utilize o recurso:
```
root@aluno# fg
```
Ctrl+C

272 ▸ Administração de Servidores Linux

sub-rede

Uma sub-rede é uma divisão de uma rede de computadores. A divisão de uma rede grande em redes menores resulta num tráfego de rede reduzido, administração simplificada e melhor performance de rede.

Para criar sub-redes, qualquer máquina tem que ter uma máscara de sub-rede que defina que parte do seu endereço IP será usada como identificador da sub-rede e como identificador do host.

Máscaras de sub-rede

Uma máscara de sub-rede também conhecida como subnet mask ou netmask é uma bitmask de 32 bits usada para informar os routers.

Normalmente, as máscaras de sub-rede são representadas com quatro números. 0 e 255 separados por três pontos, ou, menos vulgar, como oito dígitos de um número hexadecimal.

A máscara 255.255.255.0 (0xffffff00 ou 11111111.11111111.11111111.00000 000), por exemplo, indica que o terceiro byte do endereço mostra o número de sub-rede e o quarto mostra o do sistema em questão. 255.255.255.255 (0xffffffff ou 11111111.11111111.11111111.11111111) é usado como endereço para um sistema na parte de rede sem sub-redes; os últimos dois bytes indicam apenas o sistema.

Motivações para criar sub-redes

As sub-redes não são a única forma para ultrapassar problemas de topologia, mas são uma forma eficaz para ultrapassar esses mesmos problemas ao nível do software do TCP/IP.

As razões topológicas para criar sub-redes incluem:
Ultrapassar limitações de distância. Alguns hardwares de rede têm limitações de distância rígidas. Como, por exemplo, o tamanho máximo de um cabo ethernet é de 500 metros (cabo grosso) ou 300 metros (cabo fino). O comprimento total de uma ethernet é de 2500 metros. Para distâncias maiores, usamos routers de IP.

Cada cabo é uma ethernet separada.
Interligar redes físicas diferentes. Os routers podem ser usados para ligar tecnologias de redes físicas diferentes e incompatíveis.

Filtrar tráfego entre redes. O tráfego local permanece na sub-rede.
As sub-redes também servem a outros propósitos organizacionais:
Simplificar a administração de redes. As sub-redes podem ser usadas para delegar gestão de endereços, problemas e outras responsabilidades.

Reconhecer a estrutura organizacional. A estrutura de uma organização (empresas, organismos públicos, etc.) pode requerer gestão de rede independente para algumas divisões da organização.

Isolar tráfego por organização. Acessível apenas por membros da organização, relevante quando questões de segurança são levantadas.
Isolar potenciais problemas. Se um segmento é pouco viável, podemos fazer dele uma sub-rede.

Exemplo de uma sub-rede
Tomemos como exemplo um endereço de classe C (sendo x igual a 0 ou 1) e dois bits movidos para a direita para criar uma sub-rede:
endereço classe C: xxxxxxxx.xxxxxxxx.xxxxxxxx.00000000
máscara: 11111111.11111111.11111111.11000000

Porque acrescentamos dois bits a 1 (um), podemos criar 22 = 4 sub-redes. Sobram 6 zeros, logo esta sub-rede pode endereçar 26 = 64 endereços por sub-rede. Como temos que subtrair 2 endereços (o endereço de rede e de broadcast), temos um total de 62 endereços de hosts (64 - 2 = 62). A máscara a aplicar é 255.255.255.192, pois 256-64=192 ou 128+64=192 com dois bits setados com o bit 1.

Tabela sub-rede IPv4

Notação	CIDR	Máscara	Nº IPs
/0	0.0.0.0		
/8	255.0.0.0	16.777.216	(começa com 8 bits 1) endereços de classe B -----------
/16	255.255.0.0	65.536	(começa com 16 bits 1)
/20	255.255.240.0	4096	(começa com 20 bits 1)
/21	255.255.248.0	2048	...
/22	255.255.252.0	1024	...

/23	255.255.254.0	512	(começa com 23 bits 1)endere-ços de classe C -----------
/24	255.255.255.0	256	(e assim por diante...)
/25	255.255.255.128	128	
/26	255.255.255.192	64	
/27	255.255.255.224	32	
/28	255.255.255.240	16	
/29	255.255.255.248	8	
/30	255.255.255.252	4	
/31	255.255.255.254	2	
/32	255.255.255.255	1	

Samba

Com a simples função de interligar um micro Unix/Linux com um micro Windows, o SAMBA nasceu e foi sendo incrementado até que hoje temos um servidor capaz de fazer quase tudo que um servidor Windows faz na rede. Vejamos algumas configurações possíveis com o samba.

Exemplo de Arquivo de configuração:
root@aluno# vi smb.conf

[global]
        workgroup = AULA
        server string = servidor
        time server = yes
        printing = cups
        printcap name = cups
        printcap cache time = 750
        socket options = TCP_NODELAY SO_RCVBUF=8192 SO_SND
        BUF=8192
        cups options = raw
        map to guest = bad user
        logon script = logins.bat
        logon path = \\%L\profiles\.msprofile
        logon home = \\%L\%U\.9xprofile

Servidores FTP ◀ **275**

```
logon drive = F:
add machine script = /usr/sbin/useradd -c machine -d /var/lib/nobody
-s /bin/false %m$
admin users = atos;alexandre;alysson;joao
domain logons = yes
domain master = yes
local master = yes
os level = 65
preferred master = yes
interfaces = 192.168.13.10
hosts allow = 192.168.13.
wins support = yes
security = user
passdb backend = smbpasswd
veto files = /*.mp3/*.mp4/*.jpeg/*.jpg/*.mpeg/*.mpg/*.avi/*.wma/*.
vob/*.mov/*.wmv/*.rmvb/*.gif/*.flv/*.bmp/
time server = yes

[homes]
        comment = Home Directories
        valid users = %S
        browseable = no
        read only = no
        inherit acls = yes

[profiles]
        comment = Network Profiles Service
        path = %H
        read only = no
        store dos attributes = yes
        create mask = 0600
        directory mask = 0700

[users]
        comment = All users
        path = /home/%u
        read only = no
        inherit acls = yes
        veto files = /aquota.user/groups/shares/
```

276 ▸ **Administração de Servidores Linux**

```
[groups]
        comment = All groups
        path = /home/groups
        writeable = yes
        inherit acls = yes

[printers]
        comment = All Printers
        path = /var/tmp
        printable = yes
        create mask = 0600
        browseable = no

[netlogon]
        comment = Network Logon Service
        path = /home/netlogon
        guest ok = yes
        writable = yes
        share modes = no
        write list = root

[apps]
        comment = Arquivos Executaveis
        path = /dados/apps
        available = yes
        browseable = yes
        public = yes
        guest only = no
        writable = yes
        share modes = no
        directory mask = 0770
        force create mode = 0777
        force directory mode = 0777
        write list = +users
        valid users = +users
        hide dot files = no
        guest ok = yes
        printable = no
        vfs object = recycle
```

Servidores FTP ◀ 277

```
        recycle:keeptree = yes
        recycle:versions = yes
        recycle:repository = /software/.lixeira/%U

[tmp]
        comment = lixo rascunho
        path = /tmp/
        inherit acls = yes
        writeable = yes
        write list = @users
        valid users = @users
```

Samba autenticando compartilhamento no servidor AD

Uma das funções mais corriqueiras de um administrador hoje é a interligação das redes Linux e Windows.

```
aptitude install krb5-user samba samba-common winbind ntpdate
```

Servwin é o nome do meu servidor (Windows 2003).
intragov.com é o nome do meu domínio completo.
arquivos é o nome da máquina Linux.
192.168.1.3 é o IP do meu controlador de domínio (Windows 2003).

```
root@aluno# vim /etc/hosts
```

```
192.168.1.3  Servwin.intragov.com Servwin
127.0.0.1    arquivos.desideratu.com Servwin
127.0.0.2    arquivos.desideratu.com Servwin
```

Agora configure o resolv.conf do seu Debian:

```
root@aluno# vim /etc/resolv.conf
```

```
domain desideratu.com
search desideratu.com
nameserver 192.168.1.3
```

Configuração do Kerberos
Alterar o que estiver em negrito de acordo com o seu domínio; é fundamental

278 ▸ **Administração de Servidores Linux**

respeitar o que estiver em MAIÚSCULO e em minúsculo.
Renomeei o arquivo original e depois criei um novo.

```
root@aluno# mv /etc/krb5.conf /etc/krb5.conf.orig
root@aluno# > /etc/krb5.conf
root@aluno# vim /etc/krb5.conf
```

[libdefaults]
default_realm = desideratu.COM
dns_lookup_realm= true
dns_lookup_kdc= true
ticket_lifetime= 24h
forwardable= yes

# The following krb5.conf variables are only for MIT Kerberos.
krb4_config = /etc/krb.conf
krb4_realms = /etc/krb.realms
kdc_timesync = 1
ccache_type = 4
forwardable = true
proxiable = true

```
# The following encryption type specification will be used by MIT
Kerberos
# if uncommented. In general, the defaults in the MIT Kerberos code
are
# correct and overriding these specifications only serves to disable
new
# encryption types as they are added, creating interoperability
problems.
#
# Thie only time when you might need to uncomment these lines and
change
# the enctypes is if you have local software that will break on
ticket
# caches containing ticket encryption types it doesn't know about
(such as
# old versions of Sun Java).

#    default_tgs_enctypes = des3-hmac-sha1
```

Servidores FTP ◀ 279

```
#     default_tkt_enctypes = des3-hmac-sha1
#     permitted_enctypes = des3-hmac-sha1

# The following libdefaults parameters are only for Heimdal Kerbe-
ros.
    v4_instance_resolve = false
    v4_name_convert = {
host = {
rcmd = host
ftp = ftp
        }
plain = {
something = something-else
        }
    }
fcc-mit-ticketflags = true

[realms]
desideratu.COM= {
kdc= Servwin.desideratu.com
admin_server= Servwin.desideratu.com
default_domain= desideratu.COM
    }

[domain_realm]
.desideratu.com= desideratu.COM
    desideratu.com= desideratu.COM

[login]
    krb4_convert = true
    krb4_get_tickets = false
```

Agora faça o teste do Kerberos, onde "administrador" é o nome de um usuário qualquer que você tem no seu AD; é importante utilizar seu domínio completo e em MAIÚSCULO.

Para estar tudo funcionando. não deverá aparecer nenhum erro nessa etapa e sim ir para linha de baixo apenas.

```
root@aluno# kinit administrador@desideratu.COM
```

280 ▸ **Administração de Servidores Linux**

Chegou a hora de configurar o Samba: renomeie o arquivo original, substitua os parâmetros de acordo com suas configurações.

Renomeando o arquivo original para você ter uma cópia:
```
root@aluno# mv /etc/samba/smb.conf /etc/samba/smb.conf.orig
```

Crie o arquivo e após edite:
```
root@aluno# > /etc/samba/smb.conf
root@aluno# vim /etc/samba/smb.conf
```

```
[global]
workgroup = desideratu
server string = Servidor Samba
netbios name = arquivos
realm = desideratu.COM
log file = /var/log/samba/%m.log
os level = 20
max log size = 50
debug level = 1
security = ADS
encrypt passwords = yes
socket options = TCP_NODELAY SO_RCVBUF=8192 SO_SNDBUF=8192
unix charset = iso-8859-1
password server = *
winbind enum users = yes
winbind enum groups = yes
winbind use default domain = yes
winbind separator = +
idmap uid = 10000-20000
idmap gid = 10000-20000
template homedir = /dev/null
template shell = /dev/null
winbind use default domain = yes

[downloads]
comment= Arquivos T.I.
path = /mnt/arquivos/informatica
browseable = yes
valid users = @"desideratu+ti"
```

write list= @"desideratu+ti"
create mask = 0660
directory mask = 0770
force group = +ti

[teste]
comment= Arquivos Tecnicos
path = /mnt/arquivos/teste
browseable = yes
valid users = "desideratu+teste"
writelist= "desideratu+teste"

Explicação de algumas linhas do [global]:
netbios name = arquivos -> é o nome que você vai dar a seu servidor que vai aparecer na rede da Microsoft;
security = ADS -> Para os usuários serem validados pelo AD para acesso aos compartilhamentos;
idmap uid ou winbind uid -> uid de começo e fim para os usuários do AD;
idmap gid ou winbind gid -> gid de começo e fim para os grupos do AD;
winbind enum users = yes -> utiliza-se para que o comando getent te retorne os usuários;
winbind enum groups = yes -> utiliza-se para que com o comando getent te retorne os grupos;
winbind use default domain = yes -> utilizando essa linha, será removido o prefix de domínio;
winbind separator = + -> é o caractere utilizado para separar o domínio do usuário ou do grupo.

Entendendo os compartilhamentos:
comment -> é o comentário que aparece nas pastas no Windows;
path = -> é o caminho do compartilhamento;
browseable = yes -> significa que quando você entrar no servidor Linux o compartilhamento será mostrado; se você colocar "no", não será mostrado, porém se colocar o endereço completo você terá acesso;
valid users = @»desideratu+ti» -> desideratu é o nome do domínio e ti é o nome do grupo, observe que no compartilhamento teste não há @, isso significa que quem vai poder utilizar é apenas o usuário teste;
write list = @»desideratu+ti» -> é o mesmo princípio do validusers, a diferença é que nessa linha você determina quais grupos ou usuários terão direito a escrever/

282 ▶ Administração de Servidores Linux

modificar algo no compartilhamento;

create mask = 0660 -> força na hora da criação do arquivo para que ele possa ser lido e modificado tanto para o dono quanto para o grupo que ele pertença e nega o acesso de tudo para os outros;

directory mask = 0770 -> força a criação de diretórios para que os donos e o grupo possam acessar e modificar e os outros nada passam fazer;

force group = +ti -> força a criar os arquivos/pastas para o grupo ti.

Antes de ingressar no domínio, é importante sincronizar o horário do seu Debian com o controlador de domínio (Windows 2003). Para isso, digite:

```
root@aluno# ntpdate 192.168.1.3
```

Tente ingressar no domínio com o seguinte comando:

```
root@aluno# net ads join -U administrador
```

Para que tudo esteja correto, deve aparecer a mensagem:

Using short domain name -- desideratu
Joined 'arquivos' to realm 'desideratu.com'

Obs.: Administrador é o administrador do sistema do seu Windows 2003.

No comando para ingressar o Linux no domínio, não coloque o "@desideratu. COM" como para o teste no kinit; caso você coloque, será solicitada normalmente a senha, porém será gerado o seguinte erro:

[2011/02/14 19:59:40, 0] libads/kerberos.c:ads_kinit_password(356)
kerberos_kinit_password   administrador@desideratu.COM@desideratu.COM
failed: Malformed representation of principal
Failed to join domain: failed to connect to AD: Malformed representation of principal

Caso apareça o seguinte erro ao tentar o ingresso ao domínio:

Using short domain name -- desideratu
Joined 'arquivos' to realm 'desideratu.com
No DNS domain configured for arquivos. Unable to perform DNS Update.
DNS updatefailed!

Servidores FTP ◀ 283

Isso significa que não está sendo resolvido o nome do seu servidor de arquivos. Para arrumar esse problema, vá até o Windows 2003. Iniciar -> Ferramentas Administrativas -> DNS.

Clique na sua máquina, no meu caso INTRANET + Zonas de pesquisa direta, clique com o botão esquerdo do mouse em desideratu.com-> Novo host (A). Em Nome você digita o nome do seu servidor Linux (como está configurado o nome em netbios name do seu samba), coloque o endereço IP configurado no seu Linux e clique em Adicionar Host. Agora realize o procedimento novamente.

```
root@aluno# net ads join -U administrador
```

Agora reinicie o Samba e o winbind:

```
root@aluno# /etc/init.d/samba restart
root@aluno# /etc/init.d/winbind restart
```

Configure o nsswitch para que os usuários do AD possam ser autenticados no AD (apenas altere as linhas):

```
root@aluno# vim /etc/nsswitch.conf
```

passwd: compat winbind
group: compat winbind
shadow: compat winbind

Caso queira sair do domínio, o comando é:

```
root@aluno# net ads leave -U administrador
```

Para testar sua conexão com o AD, digite:

```
root@aluno# net ads testjoin
```

Join is OK

```
root@aluno# wbinfo -t
```

checking the trust secret via RPC calls succeeded

Mostra os usuários do AD:

```
root@aluno# wbinfo -u
```

Mostra os grupos do AD:

```
root@aluno# wbinfo -g
```

Mostra os usuários do sistema e no final os usuários do AD:
```
root@aluno# getent passwd
```

Mostra os grupos do sistema, e no final os grupos do AD:
```
root@aluno# getent group
```

Perfil móvel com Samba como servidor de Domínio
Aqui o Servidor de Domínio é o Linux, portanto alguns passos devem ser dados para que o windows consiga logar e ter as características de perfil móvel preservadas.
```
root@aluno# adduser hugoalvarez
root@aluno# smbpasswd -a hugoalvarez
```

Adicione a conta de root ao Samba caso nunca tenha sido adicionada:
```
root@aluno# smbpasswd -a root
```

Adicione a conta da máquina ao sistema e ao Samba:
```
root@aluno# adduser computadordohugo$
root@aluno# smbpasswd -a -m computadordohugo
```

Não coloque $ ao final do nome computadordohugo ao adicioná-lo ao Samba, pois o parâmetro -m já informa que é uma conta de máquina.

Logue-se na estação Windows XP, clique com o botão direito do mouse em:

Meu computador -> Propriedades -> Nome do computador -> Alterar -> selecione Domínio -> digite o nome do domínio -> quando pedir usuário coloque root e digite a senha para ingressar no domínio -> reinicie o sistema quando solicitado.

Após o reboot, logue-se com o usuário hugoalvarez. Em um Windows XP recém--instalado e que não foi alterado, você receberá mensagem de erro ao conectar o servidor de Domínio.

Para corrigi-la, logue-se novamente no perfil local da estação e faça as seguintes modificações:

Clique em iniciar -> Configurações -> Painel de controle -> Ferramentas administrativas -> Diretiva de segurança local.

Servidores FTP ◄ 285

No painel de diretivas de segurança local, clique no sinal de + da opção diretivas locais e selecione opções de segurança, localize a opção:

Membro de domínio: criptografar ou assinar digitalmente os dados de canal seguro (sempre).

Clique duas vezes na opção e selecione desativar; você vai receber uma mensagem de alerta, clique em ok.
Após realizar o procedimento, feche a janela de Segurança de diretiva local, abra um prompt de comando e digite:

```
root@aluno# gpupdate /force
```

Faça logoff ou reinicie se preferir e logue-se novamente no domínio, dessa vez provavelmente você vai receber a mensagem que o windows não pode receber cópia do perfil móvel.
Para corrigir o problema, realize os seguintes procedimentos.

Edite seu arquivo smb.conf e adicione as seguintes linhas:

Na seção global defina o parâmetro logon path:

logon path = \\nomedoservidor\sysvol\%U

Onde:
nomedoservidor = Netbios ou FQDN é indiferente desde que a estação enxergue o servidor através do nome.

sysvol = Share não obrigatório, porém é legal em qualquer domínio com máquinas Windows XP para enganá-las e elas pensarem que se trata de um servidor Windows.

%U = Variável do Samba que define nome de usuário, para as máquinas escreverem o perfil dentro da pasta de cada usuário, o Windows só procura policies dentro de sysvol, segundo a arquitetura do Active Directory; para as máquinas Windows XP, o software Samba não existe e elas não vão obedecê-lo, por isso a necessidade de enganá-las.

Pode ser definido qualquer outro caminho em logon path, mas um dia você terá problemas caso queira implementar policies.

286 ▶ **Administração de Servidores Linux**

Crie um share com nome sysvol na seção de shares:

```
[sysvol]
comment = System Volume
path = /usr/local/samba/sysvol
guest ok = yes
writable = yes
share modes = no
browseable = no
```

A opção browseable = no é equivalente ao $ nos shares Windows, serve para não listar o diretório quando um usuário digitar \\nomedoservidor, o sysvol está lá, mas não é exibido.

guest ok = yes, pode ser definida como no, caso as permissões e autenticação do seu samba já tenham sido testadas e estejam corretas, enquanto estiver implementando guest ok = yes facilita a sua vida.
Reinicie o Samba.

Crie uma pasta hugoalvarez dentro da pasta que foi definida para o share sysvol; esse é o diretório onde a máquina do usuário hugoalvarez vai escrever o perfil quando ele se logar, e caso ele se logue em outra máquina qualquer, é esse diretório que vai fornecer o perfil, por exemplo com o documento1.doc salvo em meus documentos da outra máquina ou os favoritos salvos na estação que o usuário hugoalvarez logou anteriormente.

```
root@aluno# mkdir /pathdosysvol/hugoalvarez
```

Deixe somente o usuário hugoalvarez escrever, ler e executar nessa pasta.

```
root@aluno# chmod -R 700 hugoalvarez /pathdosysvol/hugoalvarez
```

Tente logar-se novamente e tudo deve correr bem; para testar as configurações do perfil, faça logoff na estação e veja que os dados da pasta Documents And Settings do usuário hugoalvarez foram salvos no servidor dentro do share sysvol criado no Samba dentro da pasta com o mesmo nome do usuário.

Se você deixar permissões de execução e escrita no share sysvol, as máquinas Windows XP serão capazes de adicionar seus perfis automaticamente sem a necessidade do passo anterior, mas cuidado para não dar permissões demais a quem não deve.

Vale lembrar que pastas particulares do Outlook ".pst" devem sofrer uma rotina de backup diferenciada porque ficam dentro de "configurações locais\dados de aplicativos" e esta pasta não é sincronizada com o servidor devido ao fato de o Outlook não trabalhar com pastas .pst através de rede.

É possível sincronizar as pastas do Outlook também trocando o path de armazenamento do cliente, o que não acho aconselhável (experiência própria) e salvá-los diretamente na rede ou sincronizá-las no logoff, mas com o tempo a rede vai sofrer devido aos arquivos .pst normalmente serem enormes para transferência, já com uma pasta "Meus Documentos" enorme essa lentidão ocorrerá somente na primeira sincronia, nas próximas somente arquivos alterados serão sincronizados.

Pronto, a máquina Windows XP já está no domínio com todas as suas funcionalidades operando, exceto autenticação criptografada, que não é suportada pelo Samba em algumas versões.

Perfil móvel com Linux como cliente do domínio
Neste caso, como as regras de montagem não se aplicam, precisamos executar o comando abaixo no prompt ou através de script shell no .bachrc do usuário.
mount.cifs //server01/base_usuários$/bnom /mnt -o user,sync,domain=fila. local,user=administrador,password=p1-mlx,uid=1000,gid=1000,file_mode=0600,dir_mode=0700,noper

Procedimento de inclusão/ exclusão servidor
Linux – manutenção
net ads leave –S lupus –U DomainAdmin%senhadoDomainAdmin
/etc/init.d/winbind stop
/etc/init.d/samba restart
/etc/init.d/winbind start
net ads join –S A –U DomainAdmin%senhadoDomainAdmin
/etc/init.d/winbind stop
/etc/init.d/samba restart
/etc/init.d/winbind start
wbinfo –u para testar. Os nomes dos usuários do domínio serão retornados. Caso nada ou um erro sejam retornado, os passos de 1 a 8 devem ser repetidos.

288 ▶ Administração de Servidores Linux

Procedimento para criação de usuários e senhas em aplicação linux

A restrição de acesso com arquivo .htaccess é feita configurando o Apache para aceitá-lo, criando um arquivo de usuários e senhas, e escrevendo o .htacces. Há diversas formas de fazer, dependendo da distribuição e da versão da distribuição Linux.

Configurando o apache
O servidor Apache está configurado para processar arquivos .htacces. No entanto, caso necessário, sua configuração é feita assim:
Editar /etc/apache2/sites-enabled/000-default

Localizar a diretriz <Directory /var/www/>, onde /var/www é o local de armazenamento do diretório das aplicações web, PROJWEB
Adicionar as linhas
Options FollowSymLinks
AllowOverride All

Ficando assim:
```
<Directory /var/www>
Options FollowSymLinks
AllowOverride All
</Directory>
```
Salvar e sair do editor

2.CRIANDO arquivo DE USUÁRIO E SENHA
Entrar no diretório onde o arquivo de usuário e senha serão gerados. Em nosso ambiente foi definido em: /etc/apache2/autenticar
Usar o utilitário htpasswd, que serve para criar um arquivo de senhas criptografadas. Ex.:

htpasswd –c nome_arquivo usuário, onde:
nome_arquivo é o nome do arquivo. O padrão é dar o mesmo nome da aplicação/ projeto.

usuário é o nome do usuário que obterá acesso. A regra, no ambiente , é que seja significativamente relevante com o proejto/ aplicação.

New password:
Re-type new password:
Adding password for user usuário
O resultado é o arquivo /etc/apache2/autenticar/nome_arquivo com o seguinte conteúdo:
usuário:zEerw0euqYD3k

3.ESCREVENDO O .HTACCESS
Criar o .htaccess dentro do diretório da aplicação para a qual está sendo feita a restrição de acesso. Ex.: vi /etc/var/www/PROJWEB/redeminas/v1/.htaccess
Incluir as seguintes linhas:
AuthName "Mensagem exibida pelo navedor"
AuthType Basic
AuthUserFile /etc/apache2/autenticar/nome_arquivo
require valid-user

Onde,
AuthName: O nome que aparece como mensagem de Login. O padrão é: "Informe usuário e senha".
AuthType: Tipo de autenticação. Atualmente o Basic é o tipo mais comum. Existe também o "Digest", mas ainda não é muito utilizado e suportado pelos clientes.
AuthUserFile: Onde está o arquivo de usuários e senhas criado na seção 2. No ambiente, o caminho é: /etc/apache2/autenticar/nome_arquivo
require valid-user: Parâmetro que o Apache precisa para validar o acesso. Neste caso, foi indicado que precisa de um usuário válido para acessar a página. Pode-se restringir para apenas alguns usuários do arquivo de senhas. Por exemplo: usuário planb e rede, em vez de "require valid-user", ficaria "require user planb rede".
Acessar a aplicação através do navegar e testar.

ZABBIX
Zabbix é um software que monitora diversos parâmetros de uma rede como a integridade e desempenho dos servidores. Oferece excelentes relatórios e visualização de dados de recursos com base nos dados armazenados, e usa um mecanismo de notificação flexível que permite aos usuários configurar e-mail com alertas para qualquer evento, o que permite uma reação rápida para os problemas do servidor. Corretamente configurado, o Zabbix pode desempenhar um papel importante no controle da infraestrutura de TI. Isto é igualmente verdade para as pequenas organizações com alguns servidores e para grandes empresas com um grande número de servidores.

290 ▶ Administração de Servidores Linux

O Zabbix é escrito e distribuído sob a GNU General Public License versão 2. Isso significa que seu código-fonte é distribuído gratuitamente e está disponível para o público em geral.

```
#!/bin/bash
home=`pwd`
useradd zabbix
mkdir /home/zabbix
chown zabbix. /home/zabbix
adduser zabbix adm
meuip=`ifconfig eth0 | grep "inet end" | awk -F .: '{print $2}'| awk
'{print $1}'`
echo -e "Digite o ip dos servidores a serem monitorados separados
por virgula:\c"
read servidores
if [ -f /etc/samba/smb.conf ];then
  sobrepoesmb=no
else
  sobrepoesmb=yes
fi
aptitude install samba vim gpm nmap ssh rcconf build-essential
mysql-server libmysqlclient15-dev php5 php5-gd php5-mysql snmp
libsnmp-dev snmpd libcurl3-dev apache2 fping curl -y && echo ||
echo "Instalação abortada pois não foi possivel instalar pacotes
necessários" || exit
cp zabbix-1.8.3.tgz /home/zabbix
cd /home/zabbix
tar -zxvf zabbix-1.8.3.tgz
cd /home/zabbix/zabbix-1.8.3/
echo -e "digite Login do admnistrador do mysql:\c "
read loginmysql
echo -e "digite a senha do $root do mysql:\c "
read senhamysql
export $senhamysql $loginmysql
mysql -u $loginmysql --password=$senhamysql -e "create database
zabbix;"
mysql -u $loginmysql --password=$senhamysql -e "grant all privileg-
es on zabbix.* to zabbix@localhost identified by '$senhamysql';"
su zabbix -c "cd ~zabbix/zabbix-1.8.3/create/schema ;mysql -uzab-
```

```
bix --password=$senhamysql zabbix < mysql.sql ;cd ../data/; mysql
-uzabbix --password=$senhamysql zabbix < data.sql; mysql -uzabbix
--password=$senhamysql zabbix < images_mysql.sql "
./configure --prefix=/usr --with-mysql --with-net-snmp --with-libcurl
--enable-server --enable-agent
make install
cp services /etc
mkdir /etc/zabbix
chown -R zabbix.zabbix /etc/zabbix/
cp /home/zabbix/zabbix-1.8.3/misc/conf/zabbix_* /etc/zabbix/
cp /home/zabbix/zabbix-1.8.3/misc/init.d/debian/zabbix-server /etc/
init.d
cp /home/zabbix/zabbix-1.8.3/misc/init.d/debian/zabbix-agent /etc/
init.d
chmod 755 /etc/init.d/zabbix-server
update-rc.d zabbix-server defaults
chmod 755 /etc/init.d/zabbix-agent
update-rc.d zabbix-agent defaults
cp $home/zabbix_server.conf /etc/zabbix
cp $home/zabbix_agentd.conf /etc/zabbix
cp $home/zabbix_proxy.conf /etc/zabbix
cp $home/snmpd.conf /etc/snmp
if [ "$servidores" ];then
  echo "Server=127.0.0.1,$meuip,$servidores" >> /etc/zabbix/zab-
bix_agentd.conf
  echo "Server=127.0.0.1,$meuip,$servidores" >> /etc/zabbix/zab-
bix_proxy.conf
else
  echo "Server=127.0.0.1,$meuip" >> /etc/zabbix/zabbix_agentd.conf
  echo "Server=127.0.0.1,$meuip" >> /etc/zabbix/zabbix_proxy.conf
fi
/etc/init.d/zabbix-server start
/etc/init.d/zabbix-agent start
/etc/init.d/snmpd restart
mkdir -p /home/zabbix/public_html/
chmod 777 /home/zabbix/public_html
cp -R /home/zabbix/zabbix-1.8.3/frontends/php/* /home/zabbix/pub-
lic_html/
cp /home/zabbix/zabbix-1.8.3/default /etc/apache2/sites-available/
```

292 ▸ Administração de Servidores Linux

```
cp /home/zabbix/zabbix-1.8.3/php.ini /etc/php5/apache2/php.ini
mkdir -p /home/zabbix/public_html/conf
chmod -R 777 /home/zabbix/public_html/conf
/etc/init.d/apache2 restart
if [ $sobrepoesmb = yes ];then
  echo "[global]
workgroup = digiteonomedogrupodetrabalho
server string = %h server
netbios name = %h server
dns proxy = no
log file = /var/log/samba/%m.log
max log size = 500
debug level = 1
security = share
encrypt passwords = yes
smb passwd file = /etc/samba/smbpasswd
username map =/etc/samba/smbusers
socket options = TCP_NODELAY SO_RCVBUF=8192 SO_SNDBUF=8192
unix charset = iso-8859-1
winbind uid = 10000-20000
winbind gid = 10000-20000
winbind enum users = yes
winbind enum groups = yes
template homedir = /dev/null
template shell = /dev/null
winbind use default domain = yes
passdb backend =smbpasswd
preferred master = no
wins support = yes

[ZABBIX]
path = /home/zabbix/zabbix-1.8.3/bin/
read only = No
create mask = 0777
force create mode = 0777
directory mask = 0777
force directory mode = 0777
guest ok = yes " >/etc/samba/smb.conf
else
```

```
  echo "crie um compatilhamento do diretório /home/zabbix/zab-
bix-1.8.3/bin/ para falicitar a instalação em maquinas windows»
fi
cp zabbix_agent-1.8.3_installer.exe /home/zabbix/zabbix-1.8.3/bin/
chmod 777 /home/zabbix/zabbix-1.8.3/bin/zabbix_agent-1.8.3_install-
er.exe
echo "edite os arquivos /etc/zabbix/zabbix_agentd.conf /etc/zabbix/
zabbix_proxy.conf e adicione os ips das máquinas que deverão ser
liberadas para monitorar esta máquina.»
chown root:zabbix /usr/sbin/fping
chmod 710 /usr/sbin/fping
chmod ug+s /usr/sbin/fping
echo "Usuário = Admin com Senha = zabbix"
```

CACTI

Cacti é um dos mais conhecidos aplicativos para monitoramento de servidores. Veremos aqui como instalar e configurar.

Antes de instalar o Cacti, é necessário realizar a instalação de suas dependências.

Este pacote contém uma lista informativa de pacotes que são considerados essenciais ("build-essential") para a construção de pacotes Debian. Este pacote também depende dos pacotes dessa lista para facilitar a instalação dos pacotes "build-essential".

```
root@aluno# apt-get install build-essential
```

Este é um front-end para o comando update-rc. Permite a você controlar que serviços serão iniciados automaticamente em seu sistema operacional, bem parecido com "ntsysv da distribuição Red Hat.

```
root@aluno# apt-get install rcconf
```

Ncurses é uma biblioteca que provê uma API para o desenvolvimento de interfaces em modo texto.

```
root@aluno# apt-get install libncurses5-dev
```

Biblioteca de código-fonte aberto para a criação de imagens dinâmicas:

```
root@aluno# apt-get install libgd2-xpm
```

Libxpm-dev consiste em um formato de imagem do ASCII e de uma biblioteca em C.

294 ▸ **Administração de Servidores Linux**

```
root@aluno# apt-get install libxpm-dev
```

Libpng12-dev é uma biblioteca de referência de imagens PNG.
```
root@aluno# apt-get install libpng12-dev
```

Libgdbm-dev é uma sequência de rotinas de banco de dados que utilizam hash extensivo.
```
root@aluno# apt-get install libgdbm-dev
```

Rrdtool é um sistema base de dados round-robin, criado por Tobias Oetiker sob licença GNU/GPL. Foi desenvolvido para armazenar séries de dados numéricos sobre o estado de redes de computadores, porém pode ser empregado no armazenamento de qualquer outra série de dados, como temperatura, uso de CPU etc. RRD é um modo abreviado de se referir a Round Robin Database (base de dados round-robin).

A base de dados gerada possui um tamanho máximo, o qual, uma vez atingido, não é ultrapassado. Os dados numéricos armazenados são consolidados conforme a configuração fornecida, de modo que a resolução deles seja reduzida de acordo com o tempo que estão armazenados. Neste processo, apenas as médias dos valores antigos são armazenados.

O patch será utilizado quando for realizar a instalação do plugin base do Cacti.
```
root@aluno# apt-get install patch
root@aluno# apt-get install rrdtool
```

Instalação das dependências (SNMP, unzip)

O protocolo SNMP é um protocolo de gerência típica de redes TCP/IP, da camada de aplicação que facilita o intercâmbio de informação entre os dispositivos de rede. O SNMP possibilita aos administradores de rede gerenciar o desempenho da rede, encontrar e resolver problemas de rede, e planejar o crescimento desta.
```
root@aluno# apt-get install snmp
root@aluno# apt-get install snmpd
root@aluno# apt-get install libnet-snmp-perl libsnmp-base
```

Este software será utilizado para descompactar os plugins que serão abaixados mais à frente.
```
root@aluno# apt-get install unzip
```

Servidores FTP ◀ 295

O servidor Apache é o mais bem-sucedido servidor web livre.

Ele será utilizado como nosso servidor para o Cacti, visto que ele roda na Web.
```
root@aluno# apt-get install apache2 apache2-utils
```

PHP é uma linguagem de programação de computadores interpretada, livre e muito utilizada para gerar conteúdo dinâmico na Web.

Ele é necessário para poder rodar o Cacti e seus plugins, devido a eles serem feitos em php.
```
root@aluno# apt-get install php5
```

Módulo de integração do Apache e PHP:
```
root@aluno# apt-get install libapache2-mod-php5
```

O MRTG é uma ferramenta de monitoramento que gera páginas HTML com gráficos de dados coletados a partir de SNMP.
```
root@aluno# apt-get install mrtg ap-utils
```

O MySQL é um sistema de gerenciamento de banco de dados. Atualmente um dos bancos de dados mais populares.
```
root@aluno# apt-get install mysql-server
```

Lembre-se de anotar a senha que você dará ao usuário root do banco.
Como dito anteriormente, o Cacti será seu software de monitoramento, ele lhe mostrará todas as informações de sua rede através de uma interface web.
```
root@aluno# apt-get install cacti
root@aluno# apt-get install cacti-spine
```

Feito isto, abra seu navegador e digite:
```
http://ip.do.servidor/cacti/
```

E ele abrirá uma página para terminar a instalação do Cacti.
O primeiro será o plugin Architeture, o qual é a base para a instalação dos plugins restantes. Baixe a última versão do plugin Architeture no site cactiusers.org.
```
root@aluno# cd /usr/share/cacti
root@aluno# wget http://mirror.cactiusers.org/downloads/plugins/
cacti-plugin-0.8.7g-PA-v2.8.tar.gz
# tar -zxvf cacti-plugin-0.8.7g-PA-v2.8.tar.gz
```

296 ▶ Administração de Servidores Linux

Entre na pasta e execute o comando para copiar os arquivos e substituir os originais.
```
root@aluno# cp -r * /usr/share/cacti/site/
```

Digite o comando:
```
root@aluno# patch -p1 -N --dry-run < cacti-plugin-0.8.7g-PA-
v2.8.diff
root@aluno# patch -p1 -N < cacti-plugin-0.8.7g-PA-v2.8.diff
```

Edite o arquivo: /usr/share/cacti/site/include/global.php

De: $config['url_path'] = '/';
Para:
$config['url_path'] = '/cacti/';

Edite o arquivo: /usr/share/cacti/site/include/config.php

De: $config['url_path'] = '/';
Para:
$config['url_path'] = '/cacti/';

Entre na pasta do plugin arch e dê o comando abaixo para criar a tabela no MySQL.
```
root@aluno# mysql -p cacti < pa.sql
```

Faça o Apache reler os arquivos de configuração:
```
root@aluno# service apache2 reload
```

O plugin setting traz várias configurações sobre os plugins que serão instalados. Baixe a última versão do plugin settings no cactiusers.org.
```
root@aluno# wget http://cactiusers.org/downloads/settings.tar.gz
root@aluno# tar -zxvf settings-0.5.tar.gz
root@aluno# mv settings /usr/share/cacti/site/plugins
```

Incluir na função plugin array no arquivo
/usr/share/cacti/site/include/config.php.

$plugins = array();

$plugins[] = 'setting';

O plugin Thold é o responsável pelos alarmes no Cacti.

Baixe a última versão do plugin Thold no cactiusers.org.

```
root@aluno# wget http://cactiusers.org/downloads/thold.tar.gz
root@aluno# tar -zxvf thold.tar.gz
root@aluno# mv thold /usr/share/cacti/site/plugins
```

Incluir na função plugin array:

```
$plugins = array();

$plugins[] = 'settings';

$plugins[] = 'thold';
```

O plugin monitor serve para lhe mostrar qual a situação de todos os servidores e ativos cadastrados, como por exemplo se estão Off, On ou se recuperando.

Baixe a última versão do plugin monitor no cactiusers.org:

```
root@aluno# wget http://cactiusers.org/downloads/monitor.tar.gz
root@aluno# tar -zxvf monitor.tar.gz
root@aluno# mv monitor /usr/share/cacti/site/plugins
```

Incluir na função plugin array:

```
$plugins = array();

$plugins[] = 'settings';

$plugins[] = 'thold';

$plugins[] = 'monitor';

root@aluno# apt-get install ntop
```

Os plugins NTop servem apenas para poder visualizar as informações do Ntop através da interface web do Cacti. Baixe a última versão do plugin ntop no cactiusers.org.

298 ▶ Administração de Servidores Linux

```
root@aluno# wget http://cactiusers.org/downloads/ntop.tar.gz
root@aluno# tar -zxvf ntop.tar.gz
root@aluno# mv monitor /usr/share/cacti/site/plugins
```

Incluir na função plugin array:

```
$plugins = array();

$plugins[] = 'settings';

$plugins[] = 'thold';

$plugins[] = 'monitor';

$plugins[] = 'ntop';
```

root@aluno# ntop -A (reconfigura o Ntop para o Cacti, será solicitado o cadastramento da senha do Ntop)

Este plugin mostra se os plugins instalados em seu servidor estão atualizados ou não. No prompt, baixe o plugin update no cactiusers.org.

```
root@aluno# wget http://cactiusers.org/downloads/update.tar.gz
root@aluno# tar -zxvf update.tar.gz
root@aluno# mv update site/plugins
```

Incluir na função plugin array:

```
$plugins = array();

$plugins[] = 'settings';

$plugins[] = 'thold';

$plugins[] = 'monitor';

$plugins[] = 'ntop';

$plugins[] = 'update';
```

No prompt, baixe o plugin tools do cactiusers.org. Ele habilita algumas checagens via web.

```
root@aluno# wget http://cactiusers.org/downloads/tools.tar.gz
root@aluno# tar -zxvf tools-0.3.tar.gz
root@aluno# mv tools site/plugins
```

Incluir na função plugin array:

```
$plugins = array();

$plugins[] = 'settings';

$plugins[] = 'thold';

$plugins[] = 'monitor';

$plugins[] = 'ntop';

$plugins[] = 'update';

$plugins[] = 'tools';
```

Este plugin serve para você montar sua rede mostrando links com consumo de banda, entre outros. No prompt, baixe o plugin weathermap no site: http://www.network-weathermap.com/download

```
root@aluno# wget http://www.network-weathermap.com/files/php-weath-
ermap-0.97a.zip
root@aluno# unzip php-weathermap-0.97a.zip
root@aluno# mv weathermap site/plugins
```

Incluir na função plugin array:

```
$plugins = array();

$plugins[] = 'settings';

$plugins[] = 'thold';
```

```
$plugins[] = 'monitor';

$plugins[] = 'ntop';

$plugins[] = 'update';

$plugins[] = 'tools';

$plugins[] = 'weathermap';
```

Vá na interface web para iniciar a instalação do Cacti.

Vá em Plugin Management e instale os plugins.
Vá em User Management e ative os plugins para os usuários.
Em Settings, incluir os caminhos:
RRDTool Default Font Path, para: /usr/bin/rrdtool
Spine Poller File Path, para: /usr/sbin/spine.

DRBD
Comumente chamado de RAID TCPIP, o DRBD tem a capacidade de replicar dados entre duas máquinas. Esta replicação se dá através da transmissão dos dados pela rede, portanto deve-se observar alguns cuidados no uso deste tipo de topologia:
Utilizar preferencialmente placas gigabit.
Utilizar cabo cros-over interligando diretamente as duas máquinas.
Nunca utilize o switch da rede.
Nunca use o DRBD como backup, pois a função dele não é armazenar histórico e sim replicar os dados. No instante em que um determinado arquivo é removido ou sobreposto, a cópia sofre a mesma intervenção.
Veremos sua instalação no experimento mais à frente.

Heartbeat
Criado pelo projeto Linux-HA (High-Availability Linux – Linux Alta disponibilidade), o Heartbeat é um gestor de cluster e de recursos, ou seja, a função dele é verificar se um determinado equipamento parou de responder por seu IP. Caso isto ocorra, ele irá inicializar outro servidor atendendo as demandas que forem configuradas no heartbeat.

Experimento com DRBD + Heartbeat + Samba

O DRBD é conhecido como RAID TCP/IP, pois ele consegue ter um resultado similar a um RAID 0, onde os dados que são gravados na unidade mestre são replicados na unidade escrava que é controlada por ele.

O exercício a seguir nos permitirá ter uma nítida ideia de como podemos montar um sistema conhecido como 24/7, pois com ele é possível não ter paradas surpresas na empresa. Com esta configuração, caso a maquina1 caia, a maquina2 assume a posição imediatamente, ficando transparente para o usuário que está, por exemplo, editando um texto que se encontra no compartilhamento do samba.

Utilizaremos qualquer gerenciador de virtualização que você quiser para criar duas máquinas com as seguintes configurações.

Nome das máquinas:
Maquina1 - 192.168.13.10
Maquina2 - 192.168.13.20

Observe que teremos uma partição para ser espelhada separado da partição raiz.

Maquina1
3 partições(hd de 10GB):
5GB para a partição / - /dev/sda1
5GB para a partição /dados - /dev/sda5 - partição a ser replicada
780MB para swap - /dev/sda3

Maquina2
3 partições(hd de 10GB):
5GB para a partição / - /dev/sda1
5GB para a partição /dados - /dev/sda5 - partição a ser replicada
780MB para swap - /dev/sda3

Vamos editar o arquivo hosts, pois é necessário que as máquinas consigam pingar uma à outra utilizando o nome.

Maquina1:
```
root@aluno# vim /etc/hosts
```

302 ▶ Administração de Servidores Linux

Deixar como segue:

127.0.0.1 localhost
127.0.1.1 Maquina1.seudominia Maquina1
192.168.13.20 Maquina2

Maquina2:
root@aluno# vim /etc/hosts

127.0.0.1 localhost
127.0.1.1 Maquina2.nomedominia Maquina2
192.168.13.10 Maquina1

Testando:

Maquina1:

```
root@aluno# ping Maquina2
```

```
root@aluno# Maquina2:
```

```
root@aluno# ping Maquina1
```

Agora vamos instalar os programas que precisaremos.

Maquina1:
```
root@aluno# apt-get install drbd8-utils drbdlinks
```

Maquina2:

```
root@aluno# apt-get install drbd8-utils drbdlinks
```

Vamos editar o arquivo /etc/drbd.conf nas duas máquinas (deixar o arquivo exatamente igual nas duas).

Maquina1:

```
root@aluno# vim /etc/drbd.conf
```

Maquina2:

```
root@aluno# vim /etc/drbd.conf
```

Adicione as linhas abaixo:

```
global {
usage-count yes;
}
common {
syncer { rate 100M; }
}
resource dados {
protocol C;
handlers {
pri-on-incon-degr "echo o > /proc/sysrq-trigger ; halt -f";
pri-lost-after-sb "echo o > /proc/sysrq-trigger ; halt -f";
local-io-error "echo o > /proc/sysrq-trigger ; halt -f";
pri-lost "echo primary DRBD lost | mail -s 'DRBD Alert' email@do-
minio.com";
split-brain "echo split-brain. drbdadm -- --discard-my-data connect
$DRBD_RESOURCE ? | mail -s 'DRBD Alert' nome@suaconta.com.br";
}
startup {
degr-wfc-timeout 120; # 2 minutes.
}
disk {
on-io-error detach;
}
net {
sndbuf-size 512k;

timeout 60; # 6 seconds (unit = 0.1 seconds)
connect-int 10; # 10 seconds (unit = 1 second)
ping-int 10; # 10 seconds (unit = 1 second)
ping-timeout 5; # 500 ms (unit = 0.1 seconds)
max-buffers 20480;
cram-hmac-alg "sha1";
shared-secret "s3gred0";
```

304 ▶ Administração de Servidores Linux

```
after-sb-0pri discard-older-primary;
after-sb-1pri violently-as0p;
after-sb-2pri disconnect;
rr-conflict disconnect;
}
syncer {
rate 100M; # novamente referente a transferencia de rede
al-extents 257;
}
on Maquina1 {
device /dev/drbd0; #disco virtual do DRBD
disk /dev/sda5; #partição que será replicada
address 192.168.13.10:7788; #IP da Maquina1
meta-disk internal; #onde será colocado o meta-disk do drbd (ficará
junto com o resto do sistema)
}

on Maquina2 {
device /dev/drbd0; #disco virtual do DRBD
disk /dev/sda5; #partição que será replicada
address 192.168.13.20:7788; #IP da Maquina2
meta-disk internal; #
}
}
```

Edit o drbd.conf das duas máquinas deixando da seguinte forma o arquivo;

```
include "drbd.d/global_common.conf";

root@aluno# vi /etc/drbd.conf
```

Restart o serviço nas duas máquinas após as alterações

```
root@aluno# /etc/init.d/drbd restart
```

Desmontar as partições nas duas máquinas:

Maquina1:
```
root@aluno# umount /dados
```

Maquina2:
```
root@aluno# umount /dados
```

Em seguida, retire a entrada para a pasta do fstab das duas máquinas:

Maquina1:
```
root@aluno# vim /etc/fstab
```

Maquina2:
```
root@aluno# vim /etc/fstab
```

É necessário zerar a partição que será replicada nas duas máquinas:

Maquina1:
```
root@aluno# dd if=/dev/zero of=/dev/sda5 bs=1M count=128
```

Maquina2:
```
root@aluno# dd if=/dev/zero of=/dev/sda5 bs=1M count=128
```

Criar o disco virtual:

Maquina1:
```
root@aluno# drbdadm create-md dados
```

Maquina2:
```
root@aluno# drbdadm create-md dados
```

Restart o serviço nas duas máquinas após as alterações
```
root@aluno# /etc/init.d/drbd restart
```

Interligar o disco das duas máquinas:

Maquina1:
```
root@aluno# drbdadm attach dados
```

Maquina2:
```
root@aluno# drbdadm attach dados
```

Sincronizar:

306 ▸ **Administração de Servidores Linux**

Maquina1:
```
root@aluno# drbdadm syncer dados
```

Maquina2:
```
root@aluno# drbdadm syncer dados
```

Replicar na Maquina1:

Maquina1:
```
root@aluno# drbdadm -- --overwrite-data-of-peer primary dados
```

Reiniciar o serviço nas duas máquinas:

Maquina1:
```
root@aluno# /etc/init.d/drbd restart
```

Maquina2:
```
root@aluno# /etc/init.d/drbd restart
```

Verifique se a sincronização começou:

Maquina1:
```
root@aluno# cat /proc/drbd
```

O resultado do cat deverá ser algo como o mostrado abaixo:
```
version: 8.3.7 (api:88/proto:86-91)
srcversion: EE47D8BF18AC166BE219757
 0: cs:SyncSource ro:Secondary/Secondary ds:UpToDate/Inconsistent C
r----
   ns:219140 nr:0 dw:0 dr:300640 al:0 bm:13 lo:1 pe:42 ua:2547 ap:0
ep:1 wo:b oos:4204644
        [>..................] sync'ed: 5.0% (4104/4316)M
        finish: 2:55:11 speed: 192 (372) K/sec
```

Para acompanharmos a sincronização, podemos fazer o seguinte script no prompt. Se quiser parar, basta pressionar ctrl+c:
```
root@aluno# while true
do
sleep 1
```

```
clear
cat /proc/drbd
done
```

Quando terminar o sincronismo, pressione Ctrl+c para sair do script anterior. Temos que definir agora a máquina primária:

Maquina1:
```
root@aluno# drbdadm primary all
```

Maquina2:
```
root@aluno# drbdadm secondary all
```

Formate o disco virtual na Maquina1:

Maquina1:
```
root@aluno# mkfs /dev/drbd0
```

Adicione no fstab das duas máquinas:

Maquina1:
```
root@aluno# vim /etc/fstab
```

Adicione a linha:
```
/dev/drbd0 /dados mkfs noauto 0 0
```

Maquina2:
```
root@aluno# vim /etc/fstab
```

Adicione a linha:
```
/dev/drbd0 /dados mkfs noauto 0 0
```

Realizando testes:

Monte a pasta na Maquina1:

Maquina1
```
root@aluno# mount /dados
```

308 ▶ **Administração de Servidores Linux**

Crie um arquivo na pasta montada, com qualquer conteúdo:
Maquina1
```
root@aluno# ls / > /dados/teste.txt
```

Verifique se o arquivo foi criado:

Maquina1
```
root@aluno# ls /dados
```

Desmonte a pasta:

Maquina1
```
root@aluno# umount /dados
```

Defina a Maquina1 como secundário:

Maquina1
```
root@aluno# drbdadm secondary all
```

Defina a Maquina2 como primário:

Maquina2
```
root@aluno# drbdadm primary all
```

Monte a pasta na Maquina2:

Maquina2
```
root@aluno# mount /dados
```

Verifique se o arquivo foi criado:

Maquina2
```
root@aluno# ls /dados
```

Instalando e configurando o Heartbeat
O Heartbeat é uma ferramenta de monitoramento de servidores que tem por primícia ativar uma máquina configurada como escrava assim que a máquina mestre pare de responder às requisições da escrava. Uma série de ações pode ser programada através de scripts shells ou mesmo chamadas a programas compilados.

Servidores FTP ◂ **309**

O Heartbeat entra neste nosso experimento como a ferramenta que irá responder aos usuários. Para isso, iremos criar um IP virtual (192.168.13.15). A finalidade deste IP é ser a máquina na frente do processo. Como os usuários estarão acessando este IP, que é na verdade um eth0:0 (placa virtual), quando a Maquina1 parar de responder (por exemplo, for desligado o cabo de rede), a Maquina2 imediatamente fará a configuração da eth0:0 com o mesmo IP e em seguida irá configurar o DRBD da máquina escrava como principal.

Vejamos como tudo isto acontece:

Vamos à instalação:

Maquina1:
```
root@aluno# apt-get install heartbeat
```

Maquina2:
```
root@aluno# apt-get install heartbeat
```

Configurar o arquivo ha.cf nas duas máquinas:

Maquina1:
```
root@aluno# vim /etc/ha.d/ha.cf
```

Maquina2:
```
root@aluno# vim /etc/ha.d/ha.cf
```

Deixar como segue:

```
node Maquina1
node Maquina2

udp eth0

debugfile /var/log/ha-debug
logfile /var/log/ha-log

keepalive 1
deadtime 5
```

310 ▶ Administração de Servidores Linux

Configurar o arquivo haresources nas duas máquinas.

Maquina1:
```
root@aluno# vim /etc/ha.d/haresources
```

Maquina2:
```
root@aluno# vim /etc/ha.d/haresources
```

Deixar como segue:

Maquina1 drbddisk::dados Filesystem::/dev/drbd0::/dados::ext3 192.168.0.151 samba

Obs.: Será necessário fazer o seguinte comando.

Maquina1 - nome da máquina principal.
drbddisk - utilitário do heartbeat para gerenciar o drbd.
dados - nome do dispositivo do drbd (configurado no drbd.conf).
filesystem - utilitário para montagem de partição.
/dev/drbd0 - nome da unidade do drbd.
/dados - nome do local de montagem do disco do drbd.
ext3 - sistema de arquivos do disco do drbd.
192.168.0.15 - IP virtual.
samba - script do init.d para o samba.

Configurar o arquivo authkeys nas duas máquinas (para efeito da autenticação da replicação):

Maquina1:
```
root@aluno# vim /etc/ha.d/authkeys
```

Maquina2:
```
root@aluno# vim /etc/ha.d/authkeys
```

Deixar como segue:
```
auth 3
3 md5 s3gred0
```

Mudar os atributos do arquivo authkeys

Maquina1:
```
root@aluno# chmod 600 /etc/ha.d/authkeys
```

Maquina2:
```
root@aluno# chmod 600 /etc/ha.d/authkeys
```

Reinicie o serviço do heartbeat.

Maquina1:
```
root@aluno# /etc/init.d/heartbeat restart
```

Maquina2:
```
root@aluno# /etc/init.d/heartbeat restart
```

Samba
Instalemos um samba com compartilhamento de uma pasta no IP virtual:
Instalar o samba:
Maquina1:
```
root@aluno# aptitude install samba
```

Maquina2:
```
root@aluno# aptitude install samba
```

Configurar o smb.conf:
Maquina1:
```
root@aluno# vim /etc/samba/smb.conf
```

Maquina2:
```
root@aluno# vim /etc/samba/smb.conf
```

Deixe como o arquivo abaixo:
[global]
workgroup = saladeaula
server string = Virtual
netbios name = Virtual
dns proxy = no
log file = /var/log/samba/%m.log

312 ▸ Administração de Servidores Linux

```
max log size = 500
debug level = 1
security = share
encrypt passwords = yes
smb passwd file = /etc/samba/smbpasswd
username map =/etc/samba/smbusers
socket options = TCP_NODELAY SO_RCVBUF=8192 SO_SNDBUF=8192
unix charset = iso-8859-1
winbind uid = 10000-20000
winbind gid = 10000-20000
winbind enum users = yes
winbind enum groups = yes
template homedir = /dev/null
template shell = /dev/null
winbind use default domain = yes
passdb backend =smbpasswd
preferred master = no
wins support = yes

[dados]
path = /dados/
read only = No
create mask = 0777
force create mode = 0777
directory mask = 0777
force directory mode = 0777
guest ok = yes
```

Reinicie o serviço do samba e faça os testes de acesso, desligando o Maquina1 e verificando se o acesso permanece.

Maquina1:
```
root@aluno# /etc/init.d/samba restart
```

Maquina2:
```
root@aluno# /etc/init.d/samba restart
```

Testando
Verifique se o IP virtual está respondendo executando um ping de uma máquina da rede rodando Windows ou Linux (supondo que você tenha uma máquina cliente).
ping 192.168.0.151 -t

Desligue, reinicie ou retire o cabo de rede da Maquina1 (se for uma máquina física).
Verifique que o IP para de responder no momento em que a Maquina1 cai e após alguns segundos retorna, sendo gerenciado pela Maquina2.

Você pode conferir o resultado do comando ifconfig na Maquina1. Veja que ele tem um IP virtual (antes de desligá-lo):

No momento do desligamento da Maquina1, o IP virtual passa a ser gerenciado pela Maquina2; isso pode ser visto no resultado do comando ifconfig na Maquina2:

BACKUP
Muitas são as ferramentas no mercado para fazer backup. Aqui vou mostrar alguns tipos de backup, como podemos nós mesmos criar um script de backup que se encaixa perfeitamente a nossas necessidades e o uso do AMANDA, que é uma ferramenta muito conhecida no mercado.

Tipos de backup
Vejo duas linhas principais de realização de backups, uma mais simples e não menos importante, são as cópias individuais de nossas informações em uma mídia, CD, DVD, disco virtual em rede, internet etc. Esta forma de backup não possui grande complexidade, então foquemo-nos na segunda linha de backup, que é o backup dos dados de, digamos, terceiros - sua empresa, seus clientes etc.
Backup de grandes volumes de dados demandam grandes quantidades de unidades de armazenamento e planejamento de ambiente pensando em performance, uso de recursos e confiabilidade. Antes vamos entender alguns conceitos que cercam o ambiente corporativo de produção.

No ambiente corporativo, onde são gerados volumes de informações, maiores que os nossos dados pessoais e onde o backup tem a função de atender a uma quantidade de aplicações e pessoas que confiam seus dados ao armazenamento em rede, é preciso tomarmos conhecimentos de alguns conceitos, tais quais:

Software de backup

Programa que irá realizar o job de backup, gerência de componentes, backups, restores, recursos físicos, clientes etc. Este software irá controlar drives de fita, unidades de disco, gerar imagem de backup, executar uma restauração de dados.

Operação de backup ou simplesmente backup

Uma operação de backup ou simplesmente backup é uma tarefa executada por um software de backup que irá gerar uma imagem de backup.

Operação de Restore ou restauração de backup

É o procedimento executado pelo software de backup para recuperar, a partir de uma imagem de backup, dados solicitados por um determinado usuário/cliente.

Imagem

Uma imagem é um arquivo gerado por um job de backup usando uma ferramenta específica de backup. Esta imagem poderá estar comprimida ou criptografada. Na maioria das vezes possuirá um ID único para controle de catálogo.

Job

São processos em execução pelo software de backup que estão executando operações de backup ou de restore.

FileSet ou Backup Selections

São termos utilizados para definir "o que" deverá ser copiado de um cliente em uma política de backup. Estes termos podem sofrer variações dependendo da ferramenta de backup utilizada.

Políticas de Backup ou simplesmente Política

Políticas de backup respondem:
Quem será "backupeado"?
Como será feito o backup? - full, incremental, diferencial, sintético.
Quando será feito? - Todos os dias; de hora em hora; em datas específicas etc.
O que será "backupeado"? - Unidades de disco; Pastas específicas, arquivos etc.
Onde serão "backupeados"? - Rede; disco; fitas.

Período de retenção

Define por quanto tempo imagens de backup deverão ser preservados nas unidades de armazenamento do backup.

Data de expiração
Define quando uma imagem de backup poderá ser descartada.

Schedule
Define o agendamento de backups, se serão baseados em frequência, de hora em hora, a cada dois dias etc. Ou se o agendamento será baseado em calendário, somente aos sábados, somente no último dia de cada mês etc.

Catálogo de backup ou somente catálogo
Em um sistema de backup o catálogo é a base de toda a estrutura. Ele será baseado em algum sistema de banco de dados e é quem armazenará informações sobre suas políticas, clientes, fitas, unidades de storage, imagens de backup, períodos de retenção e de expiração etc.

O catálogo possibilita a interação de todos os elementos de um sistema de backup. Sem ele, por exemplo, seria impossível realizar um "restore". Em que fita está a imagem "Y" do cliente "X"?

Volume
Volume geralmente são referências a fitas - DDS, DLT, LTO etc., que são unidades magnéticas usadas para armazenamento. Apesar do avanço tecnológico dos HD's atuais, ainda é bastante comum o uso de fitas e o custo benefício no uso desta tecnologia é bastante viável para a maioria das corporações.

Storage
Storages são unidades de armazenamento finais para backup, como discos, tape library (fitoteca ou robô), unidades NAS - que são poderosos equipamentos com alto poder de armazenamento baseados em discos de alta performance disponíveis em rede.

Agora que você já viu um pouquinho sobre os conceitos mais comuns no ambiente de um sistema de backup de dados, vamos entender melhor como funcionam os tipos de backup: Full, Incremental, Diferencial Archive e Sintético.

Backup Full
Não há muito o que falar sobre este tipo de backup. O próprio nome nos remete à compreensão de que tudo o que for definido em uma política será copiado.
Backup Incremental

316 ▸ Administração de Servidores Linux

Nesta forma de backup, copiam-se somente arquivos ou dados que sofreram alteração desde o último backup realizado com sucesso. Necessariamente o último backup não precisa ser "full". Deste modo eu posso ter um backup incremental após um backup full ou após outro backup incremental ou diferencial sem problemas.

Backup Diferencial
É uma cópia de dados que não constam no último "backup full", ou seja, um incremento ao "backup full" de tudo que se alterou desde sua execução.

Archive
Um procedimento de backup do tipo "Archive" copia os dados e em seguida remove os dados da origem. Este procedimento é muito utilizado em alguns sistemas, como banco de dados, onde cadastros de novos usuários ou outras informações são adicionados com frequência ao sistema que está em produção. Desta forma, sempre após a realização do backup a origem é liberada para inserção de novos dados.

Full Syntetic
Alguns softwares de backup, como o Netbackup da Symantec, suportam essa forma de backup, que consiste de um "backup full" feito a partir de imagens de backup incrementais que já existem em fita ou disco para formar um novo "backup full", neste caso um "backup full syntetic".

Deve-se atentar para o fato de que nesta modalidade o "backup full Syntetic" não lê os dados no cliente de backup, não há tráfego de dados na rede, não há sobrecarga no cliente e pode, inclusive, ser realizado sem o cliente estar disponível, entretanto este backup só ocorrerá se houver imagens de "backups incrementais" disponíveis.

Outro cuidado que se deve ter é que nesta modalidade você terá um "backup full" de imagens e não do estado real da máquina cliente. Para utilizá-lo, é preciso ter realmente uma necessidade para isso, ter muita certeza do que está fazendo e seguir a recomendação de sempre executar um "backup full syntetic" preferencialmente imediatamente após um "backup incremental".

AMANDA

Estratégia de backups e definições
Iremos criar no HD 14 fitas "virtuais", que serão diretórios no HD. O Amanda considera que será rodado uma vez por dia.

O Amanda pode realizar backups completos (full) e incrementais. Você pode decidir a frequência e a retenção (por quanto tempo ficarão armazenados) desses backups.

Escolhemos realizar um backup completo uma vez por semana e incrementais seis vezes por semana, criando um ciclo semanal.

A retenção é feita por duas semanas, com uma fita virtual por backup.

Esse parâmetros podem ser alterados no /etc/amanda/DailySet1/amanda.conf, na seção:
dumpcycle 7 days
tapecycle 14

Se quiser realizar dois backups completos em uma semana, por exemplo, altere para:

dumpcycle 3 days
 apecycle 14

As fitas virtuais ficarão em /backups e o usuário com que o Amanda irá rodar é o padrão do Debian, "backup". Este usuário já existe no Debian, porém pode variar em outras distribuições.

Resta agora decidir o tamanho que cada fita virtual terá. Nesse exemplo escolhemos 10 GB por fita, o que dá um espaço alocado de 140 GB para backups.

Instalação e Configuração: Servidor
No servidor instale o Amanda. É muito importante que seu Debian esteja com a versão atualizada do sistema, pois a versão do Amanda que está na Stable não suporta backup para disco rígido. A versão 2.4.4p3-2 foi utilizada neste tutorial:
```
root@aluno#  apt-get install amanda-server
```

318 ▸ Administração de Servidores Linux

Após feita a instalação, vamos configurá-lo:
```
root@aluno# cd /etc/amanda/DailySet1/
```

Salve uma cópia do arquivo original, se quiser:
```
root@aluno#  cp /etc/amanda/DailySet1/amanda.conf{,-ori}
```

Agora edite o arquivo /etc/amanda/DailySet1/amanda.conf, apague seu conteúdo e coloque o seguinte, lembrando que o que vem depois do sinal # é considerado comentário e será ignorado pelo Amanda:

```
org "DailySet1"              # Nome descritivo para as mensagens
mailto "sysadmin@dominio.com" # Email de quem irá receber os logs
dumpuser "backup"            # Usuário dono dos backups
inparallel 1                 # Procesos em paralelo
netusage 10                  # Uso máximo de banda em Kbps
dumpcycle 7 days             # Número de dias de um ciclo completo
tapecycle 14                 # Número de "fitas"
runtapes   1                 # Quantas fitas usar por ciclo
tpchanger "chg-multi"        # Script controlador de fitas
changerfile "/etc/amanda/DailySet1/changer.conf" # Configuração das
fitas
tapetype HARD-DISK           # Tipo de armazenamento
labelstr "^HISS[0-9][0-9]*$" # Expressão regular das etiquetas
das fitas
infofile "/var/lib/amanda/DailySet1/curinfo"  # Diretório de dados
logfile "/var/log/amanda/DailySet1/log"     # Diretório de log
indexdir "/var/lib/amanda/DailySet1/index"  # Diretório de índice
amrecover_changer "chg-multi" # Seleciona as fitas automaitcamente
no restore


# definição de arquivamento com dump
define dumptype hard-disk-dump {
  comment "Backup no HD - usando dump"
  holdingdisk no
  index yes
  options compress-fast, index, exclude-list "/etc/amanda/exclude.
gtar"
  priority high
}
```

Servidores FTP ◆ 319

```
# Definição do armazenamento com tar
define tapetype HARD-DISK {
 comment "HD"
 length 10000 mbytes # 10 GB de espaço
}


# Definição de armazenamento com 'tar'
define dumptype hard-disk-tar {
 program "GNUTAR"
 hard-disk-dump
 comment "Backup para disco - usando tar"
}
```

Edite o arquivo /etc/amanda/DailySet1/changer.conf para definir as características das "fitas" e coloque o seguinte:

```
multieject 0
gravity 0
needeject 0
ejectdelay 0

statefile /var/lib/amanda/DailySet1/changer-status

firstslot 1
lastslot 14

slot 1 file:/backups/tape01
slot 2 file:/backups/tape02
slot 3 file:/backups/tape03
slot 4 file:/backups/tape04
slot 5 file:/backups/tape05
slot 6 file:/backups/tape06
slot 7 file:/backups/tape07
slot 8 file:/backups/tape08
slot 9 file:/backups/tape09
slot 10 file:/backups/tape10
slot 11 file:/backups/tape11
slot 12 file:/backups/tape12
slot 13 file:/backups/tape13
slot 14 file:/backups/tape14
```

320 ▶ **Administração de Servidores Linux**

Agora a vez é do /etc/amanda/DailySet1/disklist, que definirá quais máquinas terão que diretórios armazenados:

```
# O nome da máquina deve ser o que está no DNS (ou no /etc/hosts)
cliente.dominio.com /home hard-disk-tar
cliente.dominio.com /var hard-disk-tar
cliente.dominio.com /etc hard-disk-tar


cliente2.dominio.com /home      hard-disk-tar
cliente2.dominio.com /usr/local hard-disk-tar
```

Os nomes das máquinas clientes devem estar definidos no seu /etc/hosts ou no seu DNS.

A seguir criaremos os diretórios das fitas virtuais:
```
root@aluno# mkdir /backups
```

Então, os subdiretórios:
```
 root@aluno# mkdir -p /backups/tape01/data
 root@aluno# mkdir -p /backups/tape02/data
 [...]
root@aluno#  mkdir -p /backups/tape14/data
```

Acerte a permissão de modo que o usuário de backup possa escrever nesses diretórios:
```
root@aluno# chown -R backup:backup /backups
```

Vamos editar o agendador de tarefas (cron) para realizar os backups às 5:00 da manhã. Edite o /etc/crontab e acrescente a seguinte linha:
```
 00 5  * * *  backup   /usr/sbin/amdump DailySet1
```

Edite o /etc/amandahosts para permitir o acesso do usuário que irá realizar a restauração de arquivos, no caso o root. Acrescente essas linhas:
```
 #servidor usuário
 servidor root
```

Servidores FTP ◀ **321**

É necessário iniciar os serviços de rede do Amanda, para que o backup e os restores possam ser feitos. Isso é definido através do super-servidor inet ou seu substituto, o xinet. Mostraremos como configurar os dois. Primeiro o inetd. Descomente ou insira as seguintes linhas no seu /etc/inetd.conf :

```
amanda dgram udp wait backup /usr/sbin/tcpd /usr/lib/amanda/amandad
amandaidx stream tcp nowait backup /usr/sbin/tcpd /usr/lib/amanda/
amindexd
amidxtape stream tcp nowait backup /usr/sbin/tcpd /usr/lib/amanda/
amidxtaped
```

Reincie o inetd:
```
/etc/init.d/inetd restart
```

Caso possua xinetd, inclua no arquivo '/etc/xinetd.conf':

```
service amanda
  {
    socket_type   = dgram
    protocol    = udp
    wait      = yes
    user      = backup
    server      = /usr/lib/amanda/amandad
  }

service amandaidx
  {
    socket_type   = stream
    protocol    = tcp
    wait      = no
    user      = backup
    server      = /usr/lib/amanda/amindexd
  }

service amidxtape
  {
    socket_type   = stream
    protocol    = tcp
    wait      = no
```

322 ▶ Administração de Servidores Linux

```
    user     = backup
    server   = /usr/lib/amanda/amidxtaped
}
```

Os próximos comandos serão dados como o usuário backup:
```
root@aluno# su - backup
```

Crie o arquivo de lista de tapes, que será posteriormente preenchido pelo Amanda:
```
root@aluno# touch /etc/amanda/DailySet1/tapelist
```

Agora vamos etiquetar as fitas virtuais, para uso do Amanda:

```
/usr/sbin/amlabel DailySet1 HISS01 slot 1
/usr/sbin/amlabel DailySet1 HISS02 slot 2
/usr/sbin/amlabel DailySet1 HISS03 slot 3
[...]
/usr/sbin/amlabel DailySet1 HISS14 slot 14
```

Instalação e Configuração: Clientes

A configuração no servidor está completa. Agora iremos para um cliente Linux, que pode ser o desktop de alguém ou seu Servidor Web, por exemplo. Caso esse cliente também esteja rodando Debian:
```
root@aluno# apt-get install amanda-client
```

Ou instale o cliente do Amanda da sua distribuição.

Agora edite o '/etc/amandahosts':

```
# nome da maquina usuário
servidor.dominio.com    backup
```

Note que o nome do servidor deve estar definido no /etc/hosts do cliente ou no seu DNS interno. O mais fácil é definir no /etc/hosts, nesse formato:

```
192.168.1.110  servidor.dominio.com   servidor
```

Estamos quase lá. É preciso que o seu cliente esteja escutando na rede para que, quando o servidor se conectar, ele consiga transferir os dados. Como explicado anteriormente, isso pode ser feito via inet ou xinet. Vamos ver os dois casos.

Servidores FTP ◄ 323

No Debian, quando se instala o amanda-server ele insere a seguinte linha no seu /etc/inetd.conf :

 amanda dgram udp wait backup /usr/sbin/tcpd /usr/lib/amanda/amandad
Se não estiver lá, insira manualmente a linha. Em qualquer dos casos reinicie o inetd.conf:
```
root@aluno# /etc/init.d/inetd.conf restart
```

Caso você utilize o xinetd, porém, basta editar o /etc/xinetd.conf e colocar assim:

```
service amanda
  {
    socket_type   = dgram
    protocol    = udp
    wait      = yes
    user      = backup
    server      = /usr/lib/amanda/amandad
  }
```

Reinicie o xinetd:
```
root@aluno# /etc/init.d/xinetd restart
```

Script de backup
Características principais.

1 - Verifica se os pacotes wodim e mkisofs estão instalados.
2 - A cada passo: backup tar.gz, criacao ISO, gravacao CD e restore, verifica se cada estapa é executada.
Caso ocorra algum erro em um passo, é enviado um email e o programa é abortado.

Melhorias a serem implementadas:

1 - Verificaão se o fillesystem suporta a criação do backup.tar.gz.
2 - Veriricação se a unidade de cd/dvd suporta escrita.
3 - Verificar se o cd/dvd suporta apagar.
4 - Criar log.
5 - Tentar realizar novamente o backup caso ocorra algum erro.
   Caso ocorra o erro mais de 2 vezes, abortar.

324 ▶ Administração de Servidores Linux

6 - Gravar o backup em DVD.

```
#!/bin/bash

### funcoes ###
carga_variaveis () {
 DIA_SEMANA=`date| cut -d" " -f1 | tr [A-Z] [a-z]`
 LISTA_FLAG_BKP=`find / -name flag.bkp| sed 's/\/flag.bkp//'`
 WORK_BKP=/var/tmp
 WORK_SCRIPT=`pwd`
 NOME_BKP=backup_${DIA_SEMANA}.tar.gz
 NOME_BKP_ISO=backup_${DIA_SEMANA}.iso
 DEV_CDROM=`/usr/bin/wodim --devices| grep dev| awk '{print $2}'|
tr -d \'| cut -d"=" -f2-`
 TAM_CD=715000 #real 716800
}

install_pacote (){
 /usr/bin/which $1
 if [ $? -ne 0 ]; then
  /usr/bin/aptitude -y install $1
  status_install_pacote=`echo $?`
  if [ ${status_install_pacote} -ne 0 ]; then
   ##echo "Erro Instalacao pacote $1" | mailx -s "ERRO INSTALACAO
PACOTE $1" aluno@desideratu.com.br
   exit 1
  fi
 fi
}

verifica_restore () {
 [ ! -d /cdrom ] && mkdir /cdrom
 mount -t iso9660 ${DEV_CDROM} /cdrom
 cp /cdrom/${NOME_BKP} /tmp
 tar -tvf /tmp/${NOME_BKP}
 if [ $? -ne 0 ]; then
  #echo "Erro Restore" | mailx -s "ERRO RESTORE ${NOME_BKP}" aluno@
desideratu.com.br
  exit 1
```

Servidores FTP ◄ 325

```
 else
  #echo "Backup ${NOME_BKP} OK" | mailx -s "CRIACAO, GRAVACAO e RE-
STORE OK do ${NOME_BKP}" aluno@desideratu.com.br
  rm -f /tmp/${NOME_BKP}
  rm -f ${NOME_BKP}
  umount ${DEV_CDROM}
  cd ${WORK_SCRIPT}
 fi
}


#### inicio ###

install_pacote wodim
install_pacote mkisofs

carga_variaveis

cd ${WORK_BKP}
tar -zcvf ${NOME_BKP} ${LISTA_FLAG_BKP}
if [ $? -ne 0 ]; then
 #echo "Erro BACKUP TAR" | mail -s "Erro BACKUP ${NOME_BKP}" aluno@
desideratu.com.br
 exit 1
 else
 TAM_BKP=`ls -sk ${NOME_BKP} | cut -d" " -f1`
 if [ ${TAM_BKP} -gt ${TAM_CD} ]; then
   #echo "Erro TAMANHO"| mailx -s "Erro ${NOME_BKP}=${TAM_BKP} >
CD=${TAM_CD}"
   exit 1
   rm -f ${NOME_BKP}
   else
   mkisofs -V BKP_${DIA_SEMANA} -U -J -v -r -o ${NOME_BKP_ISO}
${NOME_BKP}
   if [ $? -ne 0 ]; then
    #echo "Erro MAKE ISO" | mailx -s "Erro MAKE ISO ${NOME_BKP_ISO}"
    exit 1
    else
    /usr/bin/wodim -v -speed=16 -dev=${DEV_CDROM} -blank=fast -data
${NOME_BKP_ISO}
```

326 ▶ Administração de Servidores Linux

```
status_grava=`echo $?`
if [ $status_grava -ne 0 ]; then
  #echo "Erro BACKUP CD" | mailx -s "Erro BACKUP CD ${NOME_BKP_
ISO}" aluno@desideratu.com.br
  rm -f ${NOME_BKP}
  exit 1
 fi
 fi
 fi
fi


verifica_restore

exit 0
```

Proxy

Por definição, um proxy é um serviço com capacidade de fornecer acesso a outro ambiente. O uso mais comum para tal serviço é o fornecimento de acesso à internet por parte de máquinas que estão em uma LAN (Rede Local). Hoje os servidores deste tipo têm capacidade não somente de fornecer o acesso, como também de controlar o acesso fazendo por vezes o papel de um firewall.

No cache são armazenados os objetos da Internet (ex. dados de páginas web) disponíveis via protocolo HTTP, FTP e Gopher num sistema mais próximo ao do cliente. Os navegadores podem, então, usar o Squid local como um servidor Proxy HTTP, reduzindo o tempo de acesso aos objetos e reduzindo a utilização da conexão. Isto é muito usado por provedores no mundo todo[3] para melhorar a velocidade de navegação para seus clientes e também em LAN que compartilham a mesma conexão de Internet. Ele pode fornecer anonimato e segurança dado ser um intermediário no acesso aos objetos. No entanto, a sua utilização pode gerar preocupações a respeito da privacidade, pois o Squid é capaz de armazenar registros sobre os acessos, incluindo URLs acedidas, a data e hora exatas, e quem acedeu. Isto é usado frequentemente nas empresas para controlarem o acesso à Internet dos seus funcionários.[4] A utilização acima é para um número ilimitado de servidores web, sendo acessado por um número limitado de clientes - este é o uso clássico. Outra utilização é chamada de proxy reverso. Neste modo, o cache é usado por um número limitado de servidores web - ou apenas um - para ser acessado por um número ilimitado de clientes. Levando em consideração um exemplo, se o lerdo.exemplo.com é um servidor web real e www.exemplo.com é o Squid fazendo o papel de proxy reverso, na primeira vez em que qualquer página do www.exemplo.com é acessada o Squid pegaria a página de lerdo.exemplo.com, mas depois os acessos seriam pegos direto da cópia armazenada no Squid. O resultado final, sem qualquer percepção ou ação por parte dos clientes, é menor tráfego para o servidor real, e isso significa menor uso da CPU e memória. É possível um único Squid servir tanto o modo clássico quanto o proxy reverso simultaneamente.

A aplicação cliente (p. ex., navegador) deverá especificar explicitamente o servidor proxy que quer utilizar (típico para os clientes de provedores), ou poderá utilizar um proxy transparente, em que todos os pedidos HTTP para fora são interceptados pelo Squid e todas as respostas são armazenadas em cachê; dessa forma não sendo necessário configurar o navegador. Este é uma típica configuração em corporações (todos os clientes na mesma rede local) e introduz as preocupações com privacidade mencionadas acima.

Squid tem algumas funcionalidades que permitem tornar as conexões anônimas, tais como desabilitar ou alterar campos específicos do cabeçalho dos pedidos HTTP do cliente. Se isso é feito e como, é controlado pela pessoa que administra a máquina por onde corre o Squid. As pessoas que requisitam páginas numa rede que usa Squid de forma transparente podem não saber que esta informação está a ser registada. Em determinados países, os usuários devem ser informados sobre a possível monitorização e registro das ligações internet.

SQUID

O Squid é um servidor proxy que suporta HTTP, HTTPS, FTP e outros.[1] Ele reduz a utilização da conexão e melhora os tempos de resposta fazendo cache de requisições frequentes de páginas web numa rede de computadores. Ele pode também ser usado como um proxy reverso.

O Squid foi escrito originalmente para rodar em sistema operacional tipo Unix, mas ele também funciona em sistemas Windows desde sua versão 2.6.STABLE4

O squid é uma ferramenta das mais poderosas para controle de acesso à Internet. Através dela podemos colocar praticamente qualquer regra imaginável de acesso, as chamadas ACL. Outra grande vantagem deste servidor é seu cache, local onde os dados trazidos da Internet, por exemplo, são guardados por tempo predeterminado, para, assim, economizar banda de acesso. A economia se dá pelo fato de usuários que queiram baixar conteúdo igual ao já baixado não demandem para o link e sim para o cache. Veremos uma ferramenta que mostrará quando um dado foi baixado da Internet ou reaproveitado do cache.

328 ▶ Administração de Servidores Linux

Instalando o SQUID
Para instalar o Squid, somente é necessário executar o comando abaixo:
```
root@aluno# aptitude install squid
```

Exemplo de Configuração
Abaixo está demonstrado um arquivo de configuração que poderá ser colocado em seu servidor no caminho /etc/squid/squid.conf

```
#################################################
#####      Porta, Nome e Cache      #####
#################################################
#
http_port 3128
visible_hostname ALUNO.COM.BR
#
#cache_mem 256 MB
#
#maximum_object_size_in_memory 64 KB
#maximum_object_size 256 MB
#minimum_object_size 0 KB
#cache_swap_low 90
#cache_swap_high 95
#
hierarchy_stoplist cgi-bin ?
acl QUERY urlpath_regex cgi-bin \?
cache deny QUERY
acl apache rep_header Server ^Apache
broken_vary_encoding allow apache
hosts_file /etc/hosts
refresh_pattern ^ftp:      1440  20%    10080
refresh_pattern ^gopher:   1440  0%     1440
refresh_pattern .          0     20%    4320
#
#################################################
#####        Log        #####
#################################################
#
cache_access_log /var/log/squid/access.log
cache_store_log /var/log/squid/store.log
```

Servidores FTP ◄ 329

```
cache_log /var/squid/logs/cache.log
cache_dir ufs /var/spool/squid 10000 16 256
#
################################################
#####          ACLs          #####
################################################
#
acl all src 0.0.0.0/0.0.0.0
acl manager proto cache_object
acl localhost src 127.0.0.1/255.255.255.255
acl to_localhost dst 127.0.0.0/8
acl SSL_ports port 443      # https
acl SSL_ports port 563      # snews
acl SSL_ports port 873      # rsync
acl Safe_ports port 80      # http
acl Safe_ports port 21      # ftp
acl Safe_ports port 443      # https
acl Safe_ports port 70      # gopher
acl Safe_ports port 210      # wais
acl Safe_ports port 1025-65535 # unregistered ports
acl Safe_ports port 280      # http-mgmt
acl Safe_ports port 488      # gss-http
acl Safe_ports port 591      # filemaker
acl Safe_ports port 777      # multiling http
acl Safe_ports port 631      # cups
acl Safe_ports port 873      # rsync
acl Safe_ports port 901      # SWAT
acl purge method PURGE
acl CONNECT method CONNECT
http_access allow manager localhost
http_access deny manager
http_access allow purge localhost
http_access deny purge
http_access deny !Safe_ports
http_access deny CONNECT !SSL_ports
#
################################################
#####      USANDO NCSA_AUTH      #####
################################################
```

330 ▶ Administração de Servidores Linux

```
#
auth_param basic program /usr/lib/squid/ncsa_auth /etc/squid/squid_
passwd
auth_param basic realm Servidor Proxy de Internet. Entre com seu
usuário e Senha.
#auth_param basic children 5
#
#################################################
#####        AUTENTICAO        #####
#################################################
#
acl autenticados proxy_auth REQUIRED
#
#################################################
#####        PERMISSOES        #####
#################################################
#
acl usuário proxy_auth "/etc/squid/usuário"
acl negasite url_regex "/etc/squid/negasite"
acl ip src 0.0.0.0/0
#
http_access deny negasite
http_access allow usuário autenticados
#
#
#################################################
#####        AVISO E CORTE        #####
#################################################
#
# Redirecionando para a pána de INFORMACAO
deny_info PG_AVISO tempo
deny_info PG_CORTE corte
#
# Controle de pagamento
acl corte proxy_auth "/etc/squid/corte"
acl aviso proxy_auth "/etc/squid/aviso"
acl tempo time "/etc/squid/tempo"
#
##HTTP's
```

Servidores FTP ◂ 331

```
http_access deny corte
http_access deny tempo
http_access allow aviso
http_access deny ip
#
acl our_networks src 192.168.51.0/24
http_access allow our_networks
http_access allow localhost
http_access deny all
http_reply_access allow all
icp_access allow all
cache_effective_group proxy
error_directory /usr/share/squid/errors/Portuguese
coredump_dir /var/spool/squid
```

crie os arquivos em /etc/squid

aviso
corte
negasite
squid_passwd
tempo
usuário

Squid Autenticação em banco de dados MySQL com verificação de IP/MAC/USUÁRIO e SENHA

O ambiente a ser criado terá a seguinte configuração:

Maquina1: davi
IP: 192.168.0.13
MAC: 00:1A:EF:97:1B

Maquina2: carlos
IP: 192.168.0.14
MAC: 00:1A:EF:97:2B

Maquina3: joao
IP: 192.168.0.15

332 ▸ Administração de Servidores Linux

MAC: 00:1A:EF:97:3B
SQUID3: 192.168.0.1:3128

Vendendor4
Vendendor5
Vendendor6
Vendendor7
Vendendor8
Vendendor9
Vendendor10

Instalando SQUID 3.2 :
```
root@aluno # mkdir /tmp/Squid3.2
root@aluno # cd /tmp/Squid3.2
root@aluno # wget http://www.squid-cache.org/Versions/v3/3.2/squid-
3.2.0.4.tar.gz
root@aluno # tar -xzvf squid-3.2.0.4.tar.gz
root@aluno # cd squid-3.2.0.4
root@aluno # ./configure --prefix=/usr/local/squid3.2 --with-default-
user=proxy
root@aluno # make
root@aluno # make install
```

Setando as permissões:
```
root@aluno # chown proxy.proxy /usr/local/squid3.2/ -Rf
root@aluno # /usr/local/squid3.2/sbin/squid -z
root@aluno # /usr/local/squid3.2/sbin/squid
```

Testando o SQUID:
root@aluno # lsof -I TCP:3128

Deverá retornar algo semelhante a isso:
COMMAND PID USER FD TYPE DEVICE SIZE/OFF NODE NAME
squid 1026 proxy 25r IPv6 5504   0t0 TCP *:3128 (LISTEN)

Se o comando não retornar nada, então verifique o /usr/local/squid3.2/var/logs/
cache.log para identificar o erro do seu Squid; não compensa continuar sem que
esteja tudo funcionando até aqui.

Criando banco de dados:

```
root@aluno# mysql -u root -p

mysql> CREATE DATABASE `SQUIDTESTE` ;
mysql> CREATE TABLE `SQUIDTESTE`.`Proxy_Users` (
`ID` INT NOT NULL AUTO_INCREMENT ,
`USUÁRIO` VARCHAR( 100 ) NOT NULL ,
`SENHA` VARCHAR( 200 ) NOT NULL ,
`IP` VARCHAR( 100 ) NOT NULL ,
`MAC` VARCHAR( 100 ) NOT NULL ,
`ATIVO` INT( 1 ) NOT NULL ,
PRIMARY KEY ( `ID` )
) ENGINE = MYISAM ;
```

Criando o mysql_auth:

```
root@aluno# touch /usr/local/squid3.2/lib/mysql_auth
root@aluno # chown proxy.proxy /usr/local/squid3.2/lib/mys-
ql_auth
root@aluno # vim /usr/local/squid3.2/lib/mysql_auth
#!/usr/bin/php

<?
        $link = mysqli_connect("localhost", "USUÁRIO", "SQUID-
TESTE123");
        if (!$link) {
                printf("Erro ao conectar com o banco de dados:
%s\n", mysqli_connect_error());
                die();
        }
        $selectdb = mysqli_select_db($link, "SQUIDTESTE");
        if (!$selectdb) {
                printf("Erro ao abrir o banco de dados: %s\n",
mysqli_error($link));
                die();
        }
        while ( fscanf(STDIN, "%s %s", $nome, $senha) ) {
        $select = 'SELECT * FROM `Proxy_Users` WHERE `USUÁRIO`
LIKE \''.$nome.'\';';
```

334 ▸ Administração de Servidores Linux

```php
        $Query = mysqli_query($link, $select);
        $nrRegistros = mysqli_num_rows($Query);
        $erro = true;
                while ( $Registro = mysqli_fetch_array($Query) )
{
                $erro = false;
            if ( md5($senha) == $Registro['SENHA'] )
printf("OK\n");
            else printf("ERR\n");
            }
        if ($erro) printf("ERR\n");
        }
?>
```

Criando o autenticador de IP e MAC:

```bash
root@aluno # touch /usr/local/squid3.2/etc/SRCMACAUTH.sh
root@aluno # chown proxy.proxy /usr/local/squid3.2/etc/SRCMAC-
AUTH.sh
root@aluno # vim /usr/local/squid3.2/etc/SRCMACAUTH.sh
#!/bin/bash
while read user src mac
do
        if [ `echo "SELECT SRC FROM Proxy_Users WHERE USUÁRIO
LIKE '"$user"' AND SRC LIKE '"$src"' AND MAC LIKE '"$mac"'"
|mysql SQUIDTESTE -u USUÁRIO -pSENHASQL|grep -v "ATIVO\|SRC"` ]
        then

                echo OK
        else

                echo ERR
        fi
done
```

Criando o arquivo para adicionar novos usuários -- criausuário.php:

```php
<?php
$usuário = "NOMEDEUSUÁRIO";
$senha = md5("SENHADOUSUÁRIO");
```

```
$ip = "IPDOUSUÁRIO";
$mac = "MACDOUSUÁRIO";

$db = mysql_connect("localhost","USUÁRIO","SENHADOBANCO")or
die("ERRO de conexao com servico");
$select = mysql_select_db("SQUIDTESTE")or die("ERRO de conexao com
banco");

mysql_query("INSERT INTO Proxy_Users (ID, USUÁRIO, SENHA, IP,
MAC, ATIVO) VALUES (NULL, '".$usuário."', '".$senha."', '".$ip."',
'".$mac."', '1');")or die("erro");

?>
```

Testando
```
root@aluno# /usr/local/squid3.2/lib/mysql_auth
```

Com o usuário autenticado, é passado ao SRCMACAUTH.sh o nome de usuário, IP e MAC; ele vai fazer o bloqueio ou liberação do usuário com base nos dados coletados do MySQL.

```
root@aluno # /usr/local/squid3.2/etc/SRCMACAUTH.sh
davi 192.168.0.13 00:1A:EF:97:1B
OK
```

Configurando o squid
Abra o arquivo e edite-o da seguinte forma:
```
root@aluno # vim /usr/local/squid3.2/etc/squid.conf
acl manager proto cache_object
acl localhost src 127.0.0.1/32 ::1
acl to_localhost dst 127.0.0.0/8 0.0.0.0/32 ::1

acl localnet src 10.0.0.0/8 # RFC1918 possible internal network
acl localnet src 172.16.0.0/12 # RFC1918 possible internal network
acl localnet src 192.168.0.0/16 # RFC1918 possible internal network
acl localnet src fc00::/7 # RFC 4193 local private network range
acl localnet src fe80::/10 # RFC 4291 link-local (directly plugged)
machines

acl SSL_ports port 443
```

336 ▸ Administração de Servidores Linux

```
acl Safe_ports port 80 # http
acl Safe_ports port 21 # ftp
acl Safe_ports port 443 # https
acl Safe_ports port 70 # gopher
acl Safe_ports port 210 # wais
acl Safe_ports port 1025-65535 # unregistered ports
acl Safe_ports port 280 # http-mgmt
acl Safe_ports port 488 # gss-http
acl Safe_ports port 591 # filemaker
acl Safe_ports port 777 # multiling http
acl CONNECT method CONNECT

# - Autenticacao efetuada em banco de dados mysql (usuário/senha/
ip/mac)
auth_param basic children 5
auth_param basic credentialsttl 2 hours
authenticate_cache_garbage_interval 10 minutes
authenticate_ttl 10 minutes
authenticate_ip_ttl 0 seconds
auth_param basic realm Autenticador, Digite seu login e senha
auth_param basic program /usr/local/squid3.2/lib/mysql_auth

#Tabela de usuários
acl Usuários proxy_auth "/usr/local/squid3.2/passwd"

#Verificando se o Usuário pode conectar-se através da máquina so-
licitante
external_acl_type Block_User %LOGIN %SRC %SRCEUI48 /usr/local/
squid3.2/etc/SRCMACAUTH.sh
acl Block_src external Block_User
http_access deny !Block_src

http_access allow manager localhost
http_access deny manager

http_access deny !Safe_ports
http_access deny CONNECT !SSL_ports
http_access allow localnet
http_access allow localhost
```

Servidores FTP ◀ 337

```
http_access deny all
http_port 3128
hierarchy_stoplist cgi-bin ?
coredump_dir /usr/local/squid3.2/var/cache
refresh_pattern ^ftp: 1440  20%      10080
refresh_pattern ^gopher:    1440   0%      1440
refresh_pattern -i (/cgi-bin/ \?) 0  0%    0
refresh_pattern .     0     20%      4320
```

Iniciando o Squid:
```
root@aluno # /usr/local/squid3.2/sbin/squid
```

Arquivo de log do Squid:
```
root@aluno # tail -f /usr/loca/squid3.2/var/logs/cache.log
```

Monitoramento dos acessos:
```
root@aluno # tail -f /usr/loca/squid3.2/var/logs/access.log
```

Dansguardian

Por definição, o dansguardian é um filtro de conteúdo que trabalha em conjunto com o SQUID filtrando conteúdo indesejado. O interessante desta ferramenta é o fato de possuir um filtro que se adapta ao conteúdo do site a partir de conjuntos de regras prontas que contêm palavras, frases e tipos de arquivos que frequentemente são utilizados em páginas impróprias, além de listas de páginas já conhecidas fazendo o cruzamento de tudo.

O Dansguardian é uma excelente opção para você implantar e manter de forma fácil um controle sobre o conteúdo das páginas navegadas na sua rede, além de poder ser programável, para que você possa obter melhores resultados.

Instalando
```
root@aluno# aptitude install dansguardian squid
```

OPENVPN

O OpenVPN é um software livre e open-source para criar redes privadas virtuais do tipo ponto-a-ponto ou server-to-multiclient através de túneis criptografados entre computadores. Ele é capaz de estabelecer conexões diretas entre computadores mesmo que estes estejam atrás de Nat Firewalls sem necessidade de reconfiguração da sua rede. Ele foi escrito por James Yonan e publicado sob licença GNU General Pulic Licence (GPL).

338 ▶ Administração de Servidores Linux

Criaremos um lado Office, que será o escritório, e um lado home. Os dois lados utilizarão a porta 1194 UDP, pois o protocolo UDP não faz teste de pacotes sendo mais rápido; o aplicativo Openvpn cuidará destes testes.
Qualquer erro poderá ser visto no arquvo /var/log/syslog.

Instale nos dois lados (cliente e servidor) os seguintes pacotes;
```
root@aluno# aptitude install openvpn openssl
```

O OpenVPN permite autenticação ponto-a-ponto através de chaves secretas compartilhadas, certificados digitais ou autenticação com usuário e senha. Quando utilizado em modo multiclient-server, ele permite que cada cliente utilize a autenticação pública com certificados digitais, fazendo isto através de assinaturas digitais e certificados de autoridade. Ele utiliza extensivamente a criptografia OpenSSL. Usa também os protocolos SSLv3/TLSv1. Está disponível para Solaris, Linux, OpenBSD, FreeBSD, NetBSD, Mac OS X e Windows 2000/XP/Vista. Ele contém muitos recursos de controle se segurança. Ele não é um cliente VPN baseado em web, não é compatível com IPsec ou qualquer outro tipo de pacote VPN. Todo pacote do OpenVPN consiste em apenas um binário tanto para conexões do lado do cliente quanto para conexões do lado do servidor. Você vai encontrar mais alguns arquivos e chaves dependendo do tipo e método de autenticação utilizado. Eventualmente é utilizado por gamers como uma maneira de acessar jogos LAN fora da intranet pela internet.

Criptografia
O OpenVPN utiliza a biblioteca OpenSSL para prover criptografia entre ambos os canais de controle de dados. Isto faz com que o OpenSSL faça funcionar toda a criptografia e autenticação, permitindo ao OpenVPN utilizar todas as cifras disponíveis no pacote do OpenSSL. Ele pode utilizar o pacote de autenticação HMAC para adicionar uma camada de segurança para a conexão. Ele pode também utilizar aceleração de hardware para obter melhor performance na criptografia.

Autenticação
O OpenVPN te possibilita autenticar entre os pontos de várias maneiras. O OpenVPN oferece chaves secretas compartilhadas, autenticação baseada em certificados e autenticação baseada em usuário e senha. O método de autenticação com chaves secretas compartilhadas é o mais simples, e combinando com certificados ele se torna o mais robusto e rico recurso de autenticação. A autenticação com usuário e senha é um recurso novo (disponível apenas na versão 2.0) que

possibilita o uso de certificados no cliente, mas não é obrigatório (o servidor precisa de certificado). O código fonte em formato tarball inclui um exemplo de script Perl que verifica usuário e senha através do PAM e um plug-in em C chamado auth-pam-plugin.

Networking

O OpenVPN pode rodar sobre UDP (preferencial por padrão) ou TCP. Ele multiplica toda a comunicação em cima de uma única porta TCP/UDP. Ele tem a habilidade de trabalhar com a maioria dos proxy servers (incluindo HTTP) e funciona muito bem trabalhando com NAT para passar por firewalls. As configurações do servidor têm a habilidade de fornecer certas configurações de rede para seus clientes, o que inclui endereços Ipv4, comandos de rotas e algumas poucas configurações de conexão. O OpenVPN oferece dois tipos de interfaces para rede via Universal TUN/TAP driver. Ele pode criar um túnel em layer-3 (TUN), ou pode criar um túnel em layer-2 baseado em ethernet TAP, o que pode carregar qualquer tipo de tráfego ethernet. O OpenVPN pode utilizar a biblioteca de compressão LZO para compactar o fluxo de dados. A porta 1194 é a numeração oficial IANA para o OpenVPN. As novas versões do OpenVPN já estão configuradas para utilizarem esta porta. Um novo recurso na versão 2.0 permite que um processo possa manipular e gerenciar vários túneis simultâneos como alternativa ao método original de um processo por túnel, o qual era uma restrição das versões 1.x.x.

O OpenVPN usa como seus protocolos comuns o TCP e UDP como uma alternativa ao IPsec em situações onde o ISP pode ter bloqueado os protocolos específicos para VPN na tentativa de forçar os clientes a assinarem serviços mais caros. Security

O OpenVPN oferece vários recursos de segurança internos. Ele roda em userspace, em vez de necessitar de uma ip stack operation. O OpenVPN tem a habilidade de bloquear os privilégios de acesso root. Ele usa o mlockall para prevenir que dados sensíveis sejam colocados em swap no disco e, após sua inicialização, ele roda em ambiente chroot.

O OpenVPN oferece suporte a smart card através de criptografia baseada em token PKCS#11.

340 ▸ Administração de Servidores Linux

Servidor OPENVPN

```
root@aluno# cd /etc/openvpn/
root@aluno#  cp  /usr/share/doc/openvpn/Exemplos/sample-config-
files/office.up.
root@aluno#  cp  /usr/share/doc/openvpn/Exemplos/sample-config-
files/static-office.conf.
```

```
Edito o arquivo static-home.conf observando os seguintes pontos:
#
# Sample OpenVPN configuration file for
# office using a pre-shared static key.
#
# '#' or ';' may be used to delimit comments.

# Use a dynamic tun device.
# For Linux 2.2 or non-Linux OSes,
# you may want to use an explicit
# unit number such as "tun1".
# OpenVPN also supports virtual
# ethernet "tap" devices.
dev tun

# 10.1.0.1 is our local VPN endpoint (office).
# 10.1.0.2 is our remote VPN endpoint (home).
ifconfig 10.1.0.1 10.1.0.2

# Our up script will establish routes
# once the VPN is alive.
up ./office.up

# Our pre-shared static key
secret static.key

# OpenVPN 2.0 uses UDP port 1194 by default
# (official port assignment by iana.org 11/04).
# OpenVPN 1.x uses UDP port 5000 by default.
# Each OpenVPN tunnel must use
# a different port number.
# lport or rport can be used
```

Servidores FTP ◄ 341

```
# to denote different ports
# for local and remote.
 port 1194 #descomente esta linha tirando o ;

# Downgrade UID and GID to
# "nobody" after initialization
# for extra security.
; user nobody
; group nogroup

user www-data #insira esta linha
group www-data #insira esta linha

# If you built OpenVPN with
# LZO compression, uncomment
# out the following line.
comp-lzo #descomente esta linha tirando o ;

# Send a UDP ping to remote once
# every 15 seconds to keep
# stateful firewall connection
# alive. Uncomment this
# out if you are using a stateful
# firewall.
; ping 15

# Uncomment this section for a more reliable detection when a
system
# loses its connection. For Exemplo, dial-ups or laptops that
# travel to other locations.
ping 15 #descomente esta linha tirando o ;
ping-restart 45 #descomente esta linha tirando o ;
ping-timer-rem #descomente esta linha tirando o ;
persist-tun #descomente esta linha tirando o ;
persist-key #descomente esta linha tirando o ;

# Verbosity level.
# 0 -- quiet except for fatal errors.
# 1 -- mostly quiet, but display non-fatal network errors.
```

342 ▸ Administração de Servidores Linux

```
# 3 -- medium output, good for normal operation.
# 9 -- verbose, good for troubleshooting
verb 3
```

Edite o arquivo office.up e corrija a rede definida para a mostrada abaixo:

```
#!/bin/sh
route add -net 10.1.0.0 netmask 255.255.255.0 gw $5
```

Cliente OPENVPN

```
root@aluno#cd /etc/openvpn/
root@aluno#cp     /usr/share/doc/openvpn/Exemplos/sample-config-
files/home.up.
root@aluno#cp     /usr/share/doc/openvpn/Exemplos/sample-config-
files/static-home.conf.
```

Edito o arquivo static-home.conf observando os seguintes pontos:

```
#
# Sample OpenVPN configuration file for
# home using a pre-shared static key.
#
# '#' or ';' may be used to delimit comments.

# Use a dynamic tun device.
# For Linux 2.2 or non-Linux OSes,
# you may want to use an explicit
# unit number such as "tun1".
# OpenVPN also supports virtual
# ethernet "tap" devices.
dev tun

# Our OpenVPN peer is the office gateway.
remote 1.2.3.4 #insira aqui o IP de seu outro lado VPN

# 10.1.0.2 is our local VPN endpoint (home).
# 10.1.0.1 is our remote VPN endpoint (office).
ifconfig 10.1.0.2 10.1.0.1

# Our up script will establish routes
# once the VPN is alive.
```

Servidores FTP ◀ 343

```
up ./home.up

# Our pre-shared static key
secret static.key

# OpenVPN 2.0 uses UDP port 1194 by default
# (official port assignment by iana.org 11/04).
# OpenVPN 1.x uses UDP port 5000 by default.
# Each OpenVPN tunnel must use
# a different port number.
# lport or rport can be used
# to denote different ports
# for local and remote.
port 1194 #descomente esta linha tirando o ;

# Downgrade UID and GID to
# "nobody" after initialization
# for extra security.
; user nobody
; group nogroup

user www-data #insira esta linha
group www-data #insira esta linha

# If you built OpenVPN with
# LZO compression, uncomment
# out the following line.
comp-lzo #descomente esta linha tirando o ;

# Send a UDP ping to remote once
# every 15 seconds to keep
# stateful firewall connection
# alive. Uncomment this
# out if you are using a stateful
# firewall.
; ping 15

# Uncomment this section for a more reliable detection when a
system
```

344 ▶ Administração de Servidores Linux

```
# loses its connection. For Exemplo, dial-ups or laptops that
# travel to other locations.
 ping 15 #descomente esta linha tirando o ;
 ping-restart 45 #descomente esta linha tirando o ;
 ping-timer-rem #descomente esta linha tirando o ;
 persist-tun #descomente esta linha tirando o ;
 persist-key #descomente esta linha tirando o ;

# Verbosity level.
# 0 -- quiet except for fatal errors.
# 1 -- mostly quiet, but display non-fatal network errors.
# 3 -- medium output, good for normal operation.
# 9 -- verbose, good for troubleshooting
verb 3
```

Edite o arquivo home.up e corrija a rede definida para a mostrada abaixo:
```
#!/bin/sh
route add -net 10.1.0.0 netmask 255.255.255.0 gw $5
```

Nos dois lados faça o seguinte:
edite o arquivo /etc/init.d/openvpn e insira na linha 63 o seguinte parâmetro
--script-security 3, veja abaixo em negrito.

```
#!/bin/sh -e

### BEGIN INIT INFO
# Provides:        openvpn
# Required-Start:  $network $remote_fs $syslog
# Required-Stop:   $network $remote_fs $syslog
# Should-Start:    network-manager
# Should-Stop:     network-manager
# X-Start-Before:  $x-display-manager gdm kdm xdm wdm ldm sdm nodm
# X-Interactive:   true
# Default-Start:   2 3 4 5
# Default-Stop:    0 1 6
# Short-Description: Openvpn VPN service
### END INIT INFO


# Original version by Robert Leslie
```

Servidores FTP ◀ 345

```
# <rob@mars.org>, edited by iwj and cs
# Modified for openvpn by Alberto Gonzalez Iniesta <agi@inittab.org>
# Modified for restarting / starting / stopping single tunnels by
Richard Mueller <mueller@teamix.net>

. /lib/lsb/init-functions

test $DEBIAN_SCRIPT_DEBUG && set -v -x

DAEMON=/usr/sbin/openvpn
DESC="virtual private network daemon"
CONFIG_DIR=/etc/openvpn
test -x $DAEMON || exit 0
test -d $CONFIG_DIR || exit 0

# Source defaults file; edit that file to configure this script.
AUTOSTART="all"
STATUSREFRESH=10
if test -e /etc/default/openvpn ; then
 . /etc/default/openvpn
fi

start_vpn () {
  if grep -q '^[        ]*daemon' $CONFIG_DIR/$NAME.conf ; then
    # daemon already given in config file
    DAEMONARG=
  else
    # need to daemonize
    DAEMONARG="--daemon ovpn-$NAME"
  fi

  if grep -q '^[        ]*status ' $CONFIG_DIR/$NAME.conf ; then
    # status file already given in config file
    STATUSARG=""
  elif test $STATUSREFRESH -eq 0 ; then
    # default status file disabled in /etc/default/openvpn
    STATUSARG=""
  else
    # prepare default status file
```

346 ▸ **Administração de Servidores Linux**

```
    STATUSARG="--status /var/run/openvpn.$NAME.status $STATUSRE-
FRESH"
  fi

  log_progress_msg "$NAME"
  STATUS=0

  start-stop-daemon --start --quiet --oknodo \
    --pidfile /var/run/openvpn.$NAME.pid \
    --exec $DAEMON -- $OPTARGS --script-security 3 --writepid /var/
run/openvpn.$NAME.pid \
    $DAEMONARG $STATUSARG --cd $CONFIG_DIR \
    --config $CONFIG_DIR/$NAME.conf || STATUS=1
}
stop_vpn () {
 kill `cat $PIDFILE` || true
 rm -f $PIDFILE
 rm -f /var/run/openvpn.$NAME.status 2> /dev/null
}

case "$1" in
start)
 log_daemon_msg "Starting $DESC"

 # autostart VPNs
 if test -z "$2" ; then
  # check if automatic startup is disabled by AUTOSTART=none
  if test "x$AUTOSTART" = "xnone" -o -z "$AUTOSTART" ; then
   log_warning_msg " Autostart disabled."
   exit 0
  fi
  if test -z "$AUTOSTART" -o "x$AUTOSTART" = "xall" ; then
   # all VPNs shall be started automatically
   for CONFIG in `cd $CONFIG_DIR; ls *.conf 2> /dev/null`; do
    NAME=${CONFIG%%.conf}
    start_vpn
   done
  else
   # start only specified VPNs
```

```
    for NAME in $AUTOSTART ; do
     if test -e $CONFIG_DIR/$NAME.conf ; then
      start_vpn
     else
      log_failure_msg "No such VPN: $NAME"
      STATUS=1
     fi
    done
 fi
#start VPNs from command line
else
 while shift ; do
  [ -z "$1" ] && break
  if test -e $CONFIG_DIR/$1.conf ; then
   NAME=$1
   start_vpn
  else
   log_failure_msg " No such VPN: $1"
   STATUS=1
  fi
 done
fi
log_end_msg ${STATUS:-0}

;;
stop)
 log_daemon_msg "Stopping $DESC"

 if test -z "$2" ; then
  for PIDFILE in `ls /var/run/openvpn.*.pid 2> /dev/null`; do
   NAME=`echo $PIDFILE | cut -c18-`
   NAME=${NAME%%.pid}
   stop_vpn
   log_progress_msg "$NAME"
  done
 else
  while shift ; do
   [ -z "$1" ] && break
   if test -e /var/run/openvpn.$1.pid ; then
```

348 ▶ **Administração de Servidores Linux**

```
    PIDFILE=`ls /var/run/openvpn.$1.pid 2> /dev/null`
    NAME=`echo $PIDFILE | cut -c18-`
    NAME=${NAME%%.pid}
    stop_vpn
    log_progress_msg "$NAME"
   else
    log_failure_msg " (failure: No such VPN is running: $1)"
   fi
  done
 fi
 log_end_msg 0
 ;;
# Only 'reload' running VPNs. New ones will only start with 'start'
or 'restart'.
reload|force-reload)
 log_daemon_msg "Reloading $DESC"
 for PIDFILE in `ls /var/run/openvpn.*.pid 2> /dev/null`; do
  NAME=`echo $PIDFILE | cut -c18-`
  NAME=${NAME%%.pid}
# If openvpn if running under a different user than root we'll need
to restart
  if egrep '^[[:blank:]]*user[[:blank:]]' $CONFIG_DIR/$NAME.conf >
/dev/null 2>&1 ; then
    stop_vpn
    sleep 1
    start_vpn
    log_progress_msg "(restarted)"
  else
    kill -HUP `cat $PIDFILE` || true
   log_progress_msg "$NAME"
  fi
 done
 log_end_msg 0
 ;;

# Only 'soft-restart' running VPNs. New ones will only start with
'start' or 'restart'.
soft-restart)
 log_daemon_msg "$DESC sending SIGUSR1"
```

```
 for PIDFILE in `ls /var/run/openvpn.*.pid 2> /dev/null`; do
  NAME=`echo $PIDFILE | cut -c18-`
  NAME=${NAME%%.pid}
  kill -USR1 `cat $PIDFILE` || true
  log_progress_msg "$NAME"
 done
 log_end_msg 0
 ;;

restart)
 shift
 $0 stop ${@}
 sleep 1
 $0 start ${@}
 ;;
cond-restart)
 log_daemon_msg "Restarting $DESC."
 for PIDFILE in `ls /var/run/openvpn.*.pid 2> /dev/null`; do
  NAME=`echo $PIDFILE | cut -c18-`
  NAME=${NAME%%.pid}
  stop_vpn
  sleep 1
  start_vpn
 done
 log_end_msg 0
 ;;
status)
 GLOBAL_STATUS=0
 if test -z "$2" ; then
  # We want status for all defined VPNs.
  # Returns success if all autostarted VPNs are defined and running
  if test "x$AUTOSTART" = "xnone" ; then
   # Consider it a failure if AUTOSTART=none
   log_warning_msg "No VPN autostarted"
   GLOBAL_STATUS=1
  else
   if ! test -z "$AUTOSTART" -o "x$AUTOSTART" = "xall" ; then
    # Consider it a failure if one of the autostarted VPN is not
defined
```

350 ▸ Administração de Servidores Linux

```
  for VPN in $AUTOSTART ; do
    if ! test -f $CONFIG_DIR/$VPN.conf ; then
      log_warning_msg "VPN '$VPN' is in AUTOSTART but is not de-
fined"
      GLOBAL_STATUS=1
    fi
  done
  fi
fi
for CONFIG in `cd $CONFIG_DIR; ls *.conf 2> /dev/null`; do
  NAME=${CONFIG%%.conf}
  # Is it an autostarted VPN ?
  if test -z "$AUTOSTART" -o "x$AUTOSTART" = "xall" ; then
    AUTOVPN=1
  else
    if test "x$AUTOSTART" = "xnone" ; then
    AUTOVPN=0
    else
    AUTOVPN=0
    for VPN in $AUTOSTART; do
      if test "x$VPN" = "x$NAME" ; then
        AUTOVPN=1
      fi
    done
    fi
  fi
  if test "x$AUTOVPN" = "x1" ; then
    # If it is autostarted, then it contributes to global status
    status_of_proc -p /var/run/openvpn.${NAME}.pid openvpn "VPN
'${NAME}'" || GLOBAL_STATUS=1
  else
    status_of_proc -p /var/run/openvpn.${NAME}.pid openvpn "VPN
'${NAME}' (non autostarted)" || true
  fi
done
else
  # We just want status for specified VPNs.
  # Returns success if all specified VPNs are defined and running
  while shift ; do
```

Servidores FTP ◀ 351

```
   [ -z "$1" ] && break
   NAME=$1
   if test -e $CONFIG_DIR/$NAME.conf ; then
    # Config exists
    status_of_proc -p /var/run/openvpn.${NAME}.pid openvpn "VPN
'${NAME}'" || GLOBAL_STATUS=1
   else
    # Config does not exist
    log_warning_msg "VPN '$NAME': missing $CONFIG_DIR/$NAME.conf
file !"
    GLOBAL_STATUS=1
   fi
  done
 fi
 exit $GLOBAL_STATUS
 ;;
*)
 echo "Usage: $0 {start|stop|reload|restart|force-reload|cond-
restart|soft-restart|status}" >&2
 exit 1
 ;;
esac

exit 0
```

root@aluno# `vim:set ai sts=2 sw=2 tw=0:`

Criando a chave
Execute o comando abaixo no lado Office e depois copie o arquivos static.key
para o lado home.

root@aluno# `cd /etc/openvpn`
root@aluno# `openvpn --genkey --secret static.key`

Reinicialize o lado office e depois o lado Home com o seguinte comando:
root@aluno# `/etc/init.d/openvpn restart`

Verifique com ifconfig que uma nova placa chamada TUN0 foi criada com o ip
que você colocou dentro do arquivo conf no /etc/openvpn, parâmetro ifconfig.

352 ▸ Administração de Servidores Linux

Openvpn com chave RSA

root@aluno# aptitude install openvpn openssl

```
root@aluno#mkdir /etc/openvpn/easy-rsa
root@aluno#cp -rp /usr/share/doc/openvpn/Exemplos/easy-rsa/2.0/. /
etc/openvpn/easy-rsa/
Editamos o arquivo vars; no final deste arquivo encontramos os se-
guintes campos:
export KEY_COUNTRY="US"
export KEY_PROVINCE="CA"
export KEY_CITY="SanFrancisco"
export KEY_ORG="Fort-Funston"
export KEY_EMAIL="me@myhost.mydomain"
# source vars
root@aluno#mkdir /etc/openvpn/easy-rsa/keys


root@aluno#/etc/openvpn/easy-rsa/./clean-all
root@aluno#/etc/openvpn/easy-rsa/./build-ca
```

Agora geramos o certificado do servidor. Muita atenção agora, precisamos executar o script build-key-server mais um nome qualquer como referência do servidor; este nome será informado quando o script perguntar:

```
root@aluno#/etc/openvpn/easy-rsa/./build-key-server nomeescolhido
root@aluno#/etc/openvpn/easy-rsa/./build-key usuáriodavpn
```

Para reforçar a segurança e permitir a troca de chaves entre o servidor e os clientes no momento da conexão, executamos o script build-dh sem utilizar parâmetros com o script.

```
root@aluno# /etc/openvpn/easy-rsa/./build-dh
```

Criamos uma assinatura secreta como chave para o servidor executando o comando:

```
root@aluno#openvpn - -genkey - -secret chave.key
```

Com este comando, geramos a chave chave.key no diretório corrente e não no padrão /etc/openvpn/easy-rsa/keys.
Após criada a chave, podemos copiá-la para o diretório /etc/openvpn/easy-rsa/keys para manter um padrão de diretórios utilizados.

Por padrão, os scripts executados acima geram as chaves e os certificados necessários para o servidor e o cliente no diretório /etc/openvpn/easy-rsa/keys.
Agora criamos o diretório keys dentro de /etc/openvpn/:

```
root@aluno#mkdir /etc/openvpn/Keys
```

E copiamos para o diretório criado acima os seguintes arquivos: dh1024.pem, ca.crt, servervpn.crt, servervpn.key, chave.key.

root@aluno# cp -a /etc/openvpn/easy-rsa/keys/dh1024.pem ca.crt servervpn.crt servervpn.key chave.key /etc/openvpn/keys/

Criamos o arquivo de configuração do servidor no diretório /etc/openvpn/ com o nome padrão server.conf (você pode utilizar o nome que quiser, assim facilita a administração) com os seguintes parâmetros:

```
root@aluno#vim /etc/openvpn/server.conf
##Protocolo de conexão
#proto tcp / proto udp
proto udp
# Porta do servico
port 1194
# Drive da interface
dev tun
# Atribui endereços dinâmicos a vários clientes, ips para o túnel
VPN
server 10.0.0.0 255.255.255.0
# Acrescenta rotas aos clientes, informações da rede local
push «route 192.168.0.0 255.255.255.0»
push «dhcp-option DNS 192.168.0.1»
push «dhcp-option WINS 192.168.0.1»
# Configurações adicionais no cliente
push «ping 10»
push «ping-restart 60»
# Rotas do servidor
route 10.0.0.0 255.255.255.0
# Compactacao lib LZO
comp-lzo
keepalive 10 120
```

354 ▶ **Administração de Servidores Linux**

```
float
#ifconfig-pool-persist ipp.txt
max-clients 10
persist-key
persist-tun
log-append /var/log/openvpn.log
verb 6
# Servidor TLS
tls-server
# Chaves necessarias
dh /etc/openvpn/keys/dh1024.pem
ca /etc/openvpn/keys/ca.crt
cert /etc/openvpn/keys/servervpn.crt
key /etc/openvpn/keys/servervpn.key
# Chave secreta do servidor
tls-auth /etc/openvpn/keys/chave.key
status /var/log/openvpn.stats
```

Reiniciamos o serviço openvpn:
```
root@aluno#/etc/init.d/openvpn restart
```

Dicas de firewall:
```
Iptables -t filter -A INPUT -p udp --dport 1194 -j ACCEPT
Iptables -t filter -A FORWARD -p udp -s 192.168.0.0/24 --dport 1194
-j ACCEPT
Iptables -t filter -A FORWARD -p udp -d 192.168.0.0/24 --sport 1194
-j ACCEPT
Iptables -t nat -A POSTROUTING -s 192.168.0.0/24 -d 10.0.0.0/24 -j
ACCEPT
Iptables -t nat -A POSTROUTING -d 192.168.0.0/24 -s 10.0.0.0/24 -j
ACCEPT
Iptables -t nat -I POSTROUTING -s 10.0.0.0/24 -o eth1 -j MASQUERADE
```

Fique à vontade para restringir os acessos da maneira que convier. As regras apresentadas acima permitirão aos usuários da VPN acesso livre aos sistemas de sua empresa.

Para observar se a porta utilizada no arquivo acima está ativa, podemos digitar na linha de comando:
```
root@aluno#netstat -nau | grep 1194
```

O resultado provavelmente será:

```
udp     0       0 0.0.0.0:1194        0.0.0.0:*
```

Se você trocou o protocolo de comunicação para tcp, altere o comando "netstat -nau ..." para "netstat -nat ...".

Se você digitar na linha de comando ifconfig, provavelmente terá informações do dispositivo virtual configurado no arquivo acima.

```
root@aluno# ifconfig
```

Terá algo do tipo:

```
tun0
    Link encap:NAo Especificado
    Endereço de HW 00-00-00-00-00-00-00-00-00-00-00-00-00-00
    inet end.: 10.0.0.1 P-a-P:10.0.0.2 Masc:255.255.255.255
    UP POINTOPOINT RUNNING NOARP MULTICAST MTU:1500 Metrica:1
    RX packets:19802 errors:0 dropped:0 overruns:0 frame:0
    TX packets:19433 errors:0 dropped:0 overruns:0 carrier:0
    colisÃµes:0 txqueuelen:100
    RX bytes:4724842 (4.5 MiB) TX bytes:7234934 (6.8 MiB)
```

Lado Cliente

Configurando o cliente Linux, utilizei o Ubuntu 10.04, e instalamos os seguintes pacotes:

```
root@aluno#aptitude install openvpn openssl
```

No diretório /etc/openvpn criamos o diretório keys e copiamos para este diretório criado as seguintes chaves criadas no servidor: dh1024.pem, ca.crt, usuáriodavpn.crt, usuáriodavpn.key, chave.key.

No diretório /etc/openvpn configuramos o arquivo client.conf com os seguintes parâmetros:

```
client
dev tun
proto udp
remote meudominio.dyndns.info
port 1194
persist-key
```

356 ▸ Administração de Servidores Linux

```
persist-tun
pull
comp-lzo
keepalive 10 120
float
tls-client
persist-tun
persist-key
dh /etc/openvpn/keys/dh1024.pem
ca /etc/openvpn/keys/ca.crt
cert /etc/openvpn/keys/usuáriodavpn.crt
key /etc/openvpn/keys/usuáriodavpn.key
tls-auth /etc/openvpn/keys/chave.key
route-method exe
route-delay 2
```

Para estabelecer a conexão, digitamos na linha de comando:
```
root@aluno#openvpn - -config /etc/openvpn/client.conf &
```

Se você digitar na linha de comando ifconfig, provavelmente terá informações do dispositivo virtual configurado no arquivos acima.
```
root@aluno#ifconfig
```

Terá algo do tipo:
```
tun0
    Link encap:Não Especificado
    Endereço de HW 00-00-00-00-00-00-00-00-00-00-00-00-00-00
    inet end.: SEUIP P-a-P:IPSERVIDOR Masc:255.255.255.255
    UP POINTOPOINT RUNNING NOARP MULTICAST MTU:1500 Métrica:1
    RX packets:19802 errors:0 dropped:0 overruns:0 frame:0
    TX packets:19433 errors:0 dropped:0 overruns:0 carrier:0
    colisões:0 txqueuelen:100
    RX bytes:4724842 (4.5 MiB) TX bytes:7234934 (6.8 MiB)
```

Cliente windows

Como cliente Windows, utilizei o Windows XP, mas já configurei o cliente no Windows 7 e funciona perfeitamente.

Realizar o download do cliente Windows no link:

Servidores FTP ◀ 357

http://www.openvpn.net/release/openvpn-2.1.3-install.exe

Instalamos mantendo as opções padrão do sistema, famoso next, next, continuar assim mesmo, next e finish.

Dica: Se sua empresa tiver IP fixo e você preferiu não configurar o serviço de domínio dinâmico, no arquivo que será criado abaixo, no campo «remote meudominio.dyndns.info», altere para «remote SEUIPVÁLIDO».

No diretório c:/Arquivos de programas/openVPN criamos o diretório config.

Neste diretório criamos um novo diretório keys e copiamos para este diretório criado (keys) as seguintes chaves criadas no servidor: dh1024.pem, ca.crt, usuáriodavpn.crt, usuáriodavpn.key, chave.key.

No diretório c:/Arquivos de programas/openVPN/config criamos um arquivo chamado cliente.ovpn (a extensão *.ovpn é obrigatória para o cliente Windows). Neste arquivo configuramos os parâmetros:

```
client
dev tun
proto udp
remote meudominio.dyndns.info
port 1194
pull
comp-lzo
keepalive 10 120
float
tls-client
persist-tun
persist-key
dh keys/dh1024.pem
ca keys/ca.crt
cert keys/usuáriodavpn.crt
key keys/usuáriodavpn.key
tls-auth keys/chave.key
route-method exe
route-delay 2
```

Salvamos e fechamos o arquivo criado.

358 ▶ Administração de Servidores Linux

Clicamos em Iniciar > Programas > OpenVPN > e clicamos em OpenVPN GUI, este abrirá próximo ao seu relógio, clique com o botão direito do mouse e em conectar.

Acredito que sua rede privada virtual já esteja funcionando. Como dica, não utilize a faixa de IP de sua empresa para sua VPN; em alguns casos, pode dificultar na criação das rotas e para o cliente Windows XP ou Windows 7 o usuário da VPN precisa ser administrador local para criar as rotas de acesso.

Servidor VPN PPTP

PPTP é conhecida por sua baixa segurança como software de VPN, mas se você precisa de uma solução rápida ele vai atender.

A instalação do pacote é simples, bastando executar o comando:

```
root@aluno# aptitude install pptpd bcrelay ppp
```

O arquivo de configuração do PPTP é o /etc/pptpd.conf. Se você precisa fazer qualquer alteração de configuração, é lá que será feita.

Precisaremos configurar o ip local e a faixa para os hosts remotos.

localip 192.168.13.1

remoteip 192.168.13.100-200

Assim estamos configurando nossa máquina servidor PPTP com o ip 192.168.13.1 e uma faixa de 100-200 para nossos futuros clientes PPTP.

Em /etc/ppp/pptp-options temos as configurações principais do pptpd server.

```
cat pptpd.conf
###############################################################
# $Id: pptpd.conf 4255 2004-10-03 18:44:00Z rene $
#
# Sample Poptop configuration file /etc/pptpd.conf
#
# Changes are effective when pptpd is restarted.
###############################################################


# TAG: ppp
#       Path to the pppd program, default '/usr/sbin/pppd' on Linux
#
#ppp /usr/sbin/pppd


# TAG: option
```

```
#       Specifies the location of the PPP options file.
#       By default PPP looks in '/etc/ppp/options'
#
option /etc/ppp/pptpd-options

# TAG: debug
#       Turns on (more) debugging to syslog
#
#debug

# TAG: stimeout
#       Specifies timeout (in seconds) on starting ctrl connection
#
# stimeout 10

# TAG: noipparam
#    Suppress the passing of the client's IP address to PPP, which
is
#    done by default otherwise.
#
#noipparam

# TAG: logwtmp
#       Use wtmp(5) to record client connections and disconnections.
#
logwtmp

# TAG: bcrelay <if>
#       Turns on broadcast relay to clients from interface <if>
#
#bcrelay eth1

# TAG: localip
# TAG: remoteip
#       Specifies the local and remote IP address ranges.
#
#    Any addresses work as long as the local machine takes care of
the
#    routing. But if you want to use MS-Windows networking, you
```

360 ▸ **Administração de Servidores Linux**

```
should
#      use IP addresses out of the LAN address space and use the
proxyarp
#      option in the pppd options file, or run bcrelay.
#
#      You can specify single IP addresses seperated by commas or
you can
#      specify ranges, or both. For Exemplo:
#
#              192.168.0.234,192.168.0.245-249,192.168.0.254
#
#      IMPORTANT RESTRICTIONS:
#
#      1. No spaces are permitted between commas or within address-
es.
#
#      2. If you give more IP addresses than MAX_CONNECTIONS, it
will
#         start at the beginning of the list and go until it gets
#         MAX_CONNECTIONS IPs. Others will be ignored.
#
#      3. No shortcuts in ranges! ie. 234-8 does not mean 234 to
238,
#         you must type 234-238 if you mean this.
#
#      4. If you give a single localIP, that's ok - all local IPs
will
#         be set to the given one. You MUST still give at least one
remote
#         IP for each simultaneous client.
#
# (Recommended)
localip 192.168.13.1
remoteip 192.168.13.100-200
# or
#localip 192.168.0.234-238,192.168.0.245
#remoteip 192.168.1.234-238,192.168.1.245
```

Finalmente vamos precisar criar um usuário vpn em /etc/ppp/chap-secrets, cada usuário em um linha separada usando o formato regular de pppd:

```
# Secrets for authentication using CHAP
# client      server secret            IP addresses
usuário       *      password          *
```

ativando as configurações do servidor pptd:
```
root@aluno# /etc/init.d/pptpd restart
```

Está pronto o seu servidor pptpd.
Veja se no /var/log/syslog apresentou alguma mensagem de erro.
Você pode conectar com seu servidor VPN PPTP utilizando seu cliente de VPN incluso no Windows.

NMAP

Network Mapper é uma ferramenta de exploração de segurança / port scanner, sendo muito utilizada em auditorias, pois permite identificar de forma precisa servidores com seus respectivos IP, nomes, portas ativas, versão de sistema operacional, bem como versão de cada serviço ativo no servidor.

Para instalar, basta digitar no prompt como usuário root;
```
root@aluno# aptitude install nmap
```

Opções

Este sumário de opções é mostrado quando o Nmap é executado sem argumentos e a última versão está sempre disponível em http://www.insecure.org/nmap/data/nmap.usage.txt. Ele ajuda as pessoas a lembrar-se das opções mais comuns, mas não substitui a documentação mais técnica do restante deste manual. Algumas opções mais obscuras nem estão aqui incluídas.

Synopsis: nmap [Tipo(s) de Rastreio(Scan)] [Opções] {especificação do alvo}

ESPECIFICAÇÃO DO ALVO:

Podem-se usar nomes de anfitriões(hostnames), Endereços IP, redes etc.
Ex.: scanme.nmap.org, microsoft.com/24, 192.168.0.1; 10.0-255.0-255.1-254
-iL <inputfilename>: Entrada(Input) de listas de anfitriões(hosts)/redes
-iR <num hosts>: Escolher alvos aleatoriamente
--exclude <host1[,host2][,host3],...>: Excluir anfitriões(hosts)/redes

--excludefile <exclude_file>: Lista de exclusões de um Arquivo

DESCOBERTA DE ANFITRIÓES (HOSTS):
-sL: List Scan - lista simplesmente os alvos para efetuar o rastreio(scan)
-sP: Ping Scan - apenas determina se o anfitrião está online
-P0: considera todos os anfitriões como online -- salta a descoberta de anfitriões
-PS/PA/PU [portlist]: rastreio de descoberta TCP SYN/ACK ou UDP para determinadas portas
-PE/PP/PM: rastreio(scan) de descoberta ICMP echo, timestamp, e netmask request
-n/-R: nunca resolver/Resolver sempre nomes de DNS [default: resolver algumas vezes]

TÉCNICAS DE SCAN:
-sS/sT/sA/sW/sM: rastreios(Scans) TCP
SYN/Connect()/ACK/Window/Maimon
-sN/sF/sX: rastreios(Scans) TCP Null, FIN, and Xmas
--scanflags <flags>: customizar as TCP scan flags
-sI <anfitrião(host) zombie[:probeport]>: Idlescan
-sO: Rastreio(Scan) de protocolo IP
-b <ftp relay host>: FTP bounce scan

ESPECIFICAÇÃO DO PORTO E ORDEM DE RASTREIO:
-p <port ranges>: apenas efetuar o rastreio(scan) de portas específicas
 Ex: -p22; -p1-65535; -p U:53,111,137,T:21-25,80,139,8080
-F: Rápido - efetua o rastreio(Scan) apenas das portas especificadas no Arquivo nmap-services
-r: efetuar o rastreio(Scan) das portas consecutivas e não aleatoriamente

DETECÇÃO DO SERVIÇO/VERSÃO:
-sV: rastrear(scan) portas abertas para determinar a informação sobre o serviço/ versão
--version-light: limitar aos rastreios mais prováveis para identificação mais rápida
--version-all: experimentar todos os rastreios para detectar a versão
--version-trace: mostrar detalhadamente a atividade do rastreio(scan)
da versão (para debugging)

Servidores FTP ◄ 363

DETECÇÃO DO SO:
-O: Permite a detecção do SO
--osscan-limit: limitar a detecção de SO aos alvos promissores
--osscan-guess: efetuar o rastreio do SO de forma mais agressiva

TIMING AND PERFORMANCE:
-T[0-6]: ajustar o tempo do modelo(template) (maior é mais rápido)
--min-hostgroup/max-hostgroup <msec>: tamanho dos grupos de rastreio(scan)
de anfitrião(host) paralelo
--min-parallelism/max-parallelism <msec>: rastreio paralelismo
--min_rtt_timeout/max-rtt-timeout/initial-rtt-timeout <msec>: ajustar o
tempo de retorno do rastreio.
--host-timeout <msec>: desistir de um alvo após este tempo
--scan-delay/--max_scan-delay <msec>: ajustar esperas entre rastreios

FIREWALL/IDS EVASÃO E DISFARÇE(SPOOFING):
-f; --mtu <val>: fragmentar pacotes (opcional com dado MTU)
-D <decoy1,decoy2[,ME],...>: disfarça um rastreio(scan) com riscos
-S <IP_Address>: disfarçar(Spoof) endereço de origem
-e <iface>: usar um interface específico
-g/--source-port <portnum>: usar um determinado número de porta
--data-length <num>: acrescentar dados aleatórios aos pacotes enviados
--ttl <val>: ajustar o campo IP TTL tempo-de-vida
--spoof-mac <mac address, prefix, or vendor name>: disfarçar(Spoof) o endereço
MAC

SAIDA(OUTPUT):
-oN/-oX/-oS/-oG <file>: retorna os resultados do rastreio(scan) em XML nor-
mal, s|<rIpt kIddi3, e formatados respectivamente para o Arquivo especificado
-oA <basename>: saída(Output) nos três formatos principais
-v: aumenta o nível de informação apresentada(verbosity) (usar 2x para aumentar
o efeito)
-d[level]: ajusta o nível de debugging (Até 9 é significativo)
--packet-trace: mostra todos os pacotes enviados e recebidos
--iflist: mostra os interfaces do anfitrião e rotas (para debugging)
--append-output: acrescenta, em vez de destruir/substituir, Arquivos de resultados
--resume <filename>: continuar um rastreio cancelado (aborted)
--stylesheet <path/URL>: a XSL stylesheet para transformar retorno(output)
XML para HTML

364 ▸ **Administração de Servidores Linux**

--no_stylesheet: impedir que o Nmap de associar a XSL stylesheet com retorno(output) XML

OUTROS (MISC):
-6: permitir rastreio(scanning) IPv6
-A: permitir detecção do SO e versão
--datadir <dirname>: especifica a localização do Arquivo de dados personalizado do Nmap
--send-eth/--send-ip: enviar pacotes utilizando "raw ethernet frames" ou pacotes IP
--privileged: assume que o usuário possui os privilégios necessários
-V: mostra a versão
-h: mostra esta página de sumário de ajuda

EXEMPLOS:
nmap -v -A scanme.nmap.org
nmap -v -sP 192.168.0.0/16 10.0.0.0/8
nmap -v -iR 10000 -P0 -p 80
SSH

OpenSSH cliente (Programa de login remoto)
SSH cliente é um programa para login remoto, ou seja, acesso remoto a máquinas e também permite executar comandos remotamente. Surgiu para ser uma alternativa mais segura aos comando rsh e rlogin que não proviam uma camada criptografada.

O cliente é instalado por default na maioria dos sistemas Linux.
O seguinte exemplo gera um túnel para uma sessão IRC entre a máquina localhost e o servidor remoto "server.Exemplo.com":

```
root@aluno#ssh -f -L 1234:localhost:6667 server.Exemplo.com sleep 10
    irc -c '#users' -p 1234 pinky 127.0.0.1
```

O próximo exemplo mostra um cliente 10.0.50.0/24 com rede remota 10.0.99.0/24 usando uma conexão point-to-point de 10.1.1.1 para 10.1.1.2, providenciado por um servidor SSH rodando em um gateway para uma rede 192.168.1.15.

no cliente:
```
root@aluno#ssh -f -w 0:1 192.168.1.15 true
root@aluno#ifconfig tun0 10.1.1.1 10.1.1.2 netmask 255.255.255.252
root@aluno#route add 10.0.99.0/24 10.1.1.2
```

no servidor:
```
root@aluno# ifconfig tun1 10.1.1.2 10.1.1.1 netmask 255.255.255.252
root@aluno# route add 10.0.50.0/24 10.1.1.1
```

O próximo exemplo mostra o cliente SSH montando um pseudotúnel para dar suporte a ambiente gráfico.
```
root@aluno# ssh -X aluno@192.168.13.90
```

Após feita a conexão teste, a execução com o browser iceweasel, sendo que os dois lados devem ter suporte a ambiente gráfico, por exemplo, estar com o gnome instalado.

SSH server

A instalação do servidor SSH é muito simples e os arquivos de configuração muito didáticos. Vejamos a seguir:
```
root@aluno# root@aluno#aptitude install ssh

nano /etc/ssh/sshd.config
# Package generated configuration file
# See the sshd_config(5) manpage for details

# What ports, IPs and protocols we listen for
```

Port 22
```
# Use these options to restrict which interfaces/protocols sshd
will bind to
#ListenAddress ::
#ListenAddress 0.0.0.0
```

Protocol 2
```
# HostKeys for protocol version 2
HostKey /etc/ssh/ssh_host_rsa_key
HostKey /etc/ssh/ssh_host_dsa_key
#Privilege Separation is turned on for security
```

366 ▶ Administração de Servidores Linux

```
UsePrivilegeSeparation yes

# Lifetime and size of ephemeral version 1 server key
KeyRegenerationInterval 3600
ServerKeyBits 768

# Logging
SyslogFacility AUTH
LogLevel INFO

# Authentication:
LoginGraceTime 120
PermitRootLogin yes
StrictModes yes

RSAAuthentication yes
PubkeyAuthentication yes
#AuthorizedKeysFile    %h/.ssh/authorized_keys

# Don't read the user's ~/.rhosts and ~/.shosts files
IgnoreRhosts yes
# For this to work you will also need host keys in /etc/ssh_known_
hosts
RhostsRSAAuthentication no
# similar for protocol version 2
HostbasedAuthentication no
# Uncomment if you don't trust ~/.ssh/known_hosts for
RhostsRSAAuthentication
#IgnoreUserKnownHosts yes

# To enable empty passwords, change to yes (NOT RECOMMENDED)
PermitEmptyPasswords no

# Change to yes to enable challenge-response passwords (beware
issues with
# some PAM modules and threads)
ChallengeResponseAuthentication no

# Change to no to disable tunnelled clear text passwords
```

```
#PasswordAuthentication yes

# Kerberos options
#KerberosAuthentication no
#KerberosGetAFSToken no
#KerberosGetAFSToken no
#KerberosOrLocalPasswd yes
#KerberosTicketCleanup yes

# GSSAPI options
#GSSAPIAuthentication no
#GSSAPICleanupCredentials yes

X11Forwarding yes
X11DisplayOffset 10
PrintMotd no
PrintLastLog yes
TCPKeepAlive yes
#UseLogin no

#MaxStartups 10:30:60
#Banner /etc/issue.net

# Allow client to pass locale environment variables
AcceptEnv LANG LC_*

Subsystem sftp /usr/lib/openssh/sftp-server

# Set this to 'yes' to enable PAM authentication, account process-
ing,
# and session processing. If this is enabled, PAM authentication
will
# be allowed through the ChallengeResponseAuthentication and
# PasswordAuthentication. Depending on your PAM configuration,
# PAM authentication via ChallengeResponseAuthentication may bypass
# the setting of "PermitRootLogin without-password".
# If you just want the PAM account and session checks to run without
# PAM authentication, then enable this but set PasswordAuthentication
```

368 ▶ Administração de Servidores Linux

```
# and ChallengeResponseAuthentication to 'no'.
UsePAM yes
IgnoreUserKnownHosts no
PasswordAuthentication yes
GatewayPorts no
AllowTcpForwarding yes
KeepAlive yes
```

Estabelecendo confiança entre servidores

É comum precisarmos colocar um servidor recebendo arquivos de outros em um esquema tipo backup onde cada servidor compacta os arquivos e depois, através de scp, envia para outro servidor. Isto é possível também sem a intervenção humana, quando colocamos todos os servidores executando scripts através de seus respectivos cron's. Vejamos como é simples estabelecer confiança entre servidores.

```
ssh-keygen -t dsa -b 1024
Generating public/private dsa key pair.
Enter file in which to save the key (/root/.ssh/id_dsa): <enter>
Enter passphrase (empty for no passphrase):<enter>
Enter same passphrase again:<enter>
Your identification has been saved in /root/.ssh/id_dsa.
Your public key has been saved in /root/.ssh/id_dsa.pub.
The key fingerprint is:
3c:a9:02:6d:5f:f5:af:64:b9:00:93:5d:08:6c:41:c2 root@virgo
The key's randomart image is:
+--[ DSA 1024]----+
|    ..o+.        |
|    E.o. .       |
|    . o .        |
| .   . = o       |
|. o  S . .       |
| o . o + o       |
|  . o . + .      |
|   .   + o       |
|       o         |
+-----------------+
```

Servidores FTP ◄ 369

rsync

Cópia de arquivos remota. Sincroniza arquivos em máquinas, discos, diretórios ou através da rede.
Sintaxe

```
# arquivo local para aquivo local
    rsync [option]... Source [Source]... Dest
```

```
# local para remoto
    rsync [option]... Source [Source]... [user@]host:Dest

    rsync [option]... Source [Source]... [user@]host::Dest
```

```
# Remoto para local
    rsync [option]... [user@]host::Source [Dest]

    rsync [option]... [user@]host:SourceDest

    rsync [option]... rsync://[user@]host[:PORT]/Source [Dest]
```

Rsync é um programa parecido com o rcp, mas tem muito mais opções e usos para sincronizar e fazer atualizações remotas através de seu protocolo, tem grande velocidade e pode sobrepor arquivos já existentes no destino.

Alguns fatores adicionais do rsync são:

suporta cópia de links, dispositivos, dono, gupo e permissões de arquivos.
exclui na origem ou no destino arquivos quando sincronizando.
pode ser usado com shell remoto transparente como rsh ou ssh.
não requer privilégios de root.
minimiza a latência utilizando transferência pipe.
suporta usuário anonymous ou com servidor de autenticação no servidor rsync.

Uso:
Você pode usar o rsync como utiliza o rcp.
Você deve especificar a origem e o destino onde destino pode ser um endereço remoto.

370 ▸ Administração de Servidores Linux

Exemplos:
root@aluno# `rsync *.c foo:src/`

Neste exemplo todos os arquivos com extensão .c serão copiados para o diretório src na máquina foo.

Se o arquivo existir no endereço remoto, ele será sobreposto caso o arquivo seja diferente do arquivo na origem.

Ver detalhes no momento da transferência:
root@aluno# `rsync -avz foo:src/bar /data/tmp`

Nesta regra, a transferência será recursiva dos arquivos da máquina remota foo diretório remoto src/bar para o diretório local /data/tmp respeitando se o arquivo for um link simbólico, o usuário dono e a permissão do mesmo.
A letra z faz a compressão do arquivo para reduzir o tempo de transferência.
```
rsync -avz foo:src/bar/ /data/tmp
```

Conectando em um servidor Rsync

A porta 873 TCP é utilizada pelo servidor rsync para evitar o uso do servidor SSH.

Você pode estabelecer a conexão via web proxy configurando as variáveis ambientais RSYNC_PROXY para o hostname:port

Using rsync in this way is the same as using it with rsh or ssh except that:

you use a double colon :: instead of a single colon to separate the hostname from the path.

the remote server may print a message of the day when you connect.

if you specify no path name on the remote server then the list of accessible paths on the server will be shown.

if you specify no local destination then a listing of the specified files on the remote server is provided.

Some paths on the remote server may require authentication.
If so then you will receive a password prompt when you connect.
You can avoid the password prompt by setting the environment variable
RSYNC_PASSWORD to the password you want to use or using the --password-file option.
This may be useful when scripting rsync.

WARNING: On some systems environment variables are visible to all users.
On those systems using --password-file is recommended.

EXEMPLOS
Para usar o rsync como ferramenta de backup diretórios utilizando o crond
```
root@aluno# rsync -Cavz . ss64:backup
```

Para sincronizar árvores de diretórios

```
get:
root@aluno#rsync -avuzb --exclude '*~' samba:samba/ .

put:
root@aluno# rsync -Cavuzb . samba:samba/

root@aluno#sync: get put
```

Cria um diretório espelho:

```
root@aluno#rsync -az -e ssh --delete ~ftp/pub/samba/ nimbus:"~ftp/
pub/tridge/samba"
```

Sumário de Opções
Um resumo das opões do rsync.

Copiando:
-r, --recursive	entra nos subdiretórios
-R, --relative	usa caminhos relativos
--exclude=PATTERN	exclui arquivo PATTERN
--exclude-from=FILE	exclui lista de arquivos em FILE
-I, --ignore-times	não exclui arquivos com tamanho e data
--size-only	somente usado quando o tamanho do arquivo for de

372 ▸ Administração de Servidores Linux

	terminante para a transferência
--modify-window=NUM	Timestamp (segndos) para arquivo parecido (default=0)
--include=PATTERN	não exclui arquivos parecidos com PATTERN
--include-from=FILE	não exclui lista de arquivos definidas em FILE

quando Copiado:

-n, --dry-run	mostra quanto falta para ser transferido
-l, --links	copia links simbólicos como links simbólicos
-L, --copy-links	copia os referentes do link simbólicos
--copy-unsafe-links	copy links outside the source tree
--safe-links	não exibe links de destino na árvore
-H, --hard-links	preserva hard links
-D, --devices	preserva dispositivos somente root
-g, --group	preserva group
-o, --owner	preserva dono somente root
-p, --perms	preserva permissões
-t, --times	preserva hora
-S, --sparse	lidar de forma eficiente arquivos esparsos
-x, --one-file-system	não cruzar os limites do sistema de arquivos
-B, --block-size=SIZE	tamanho da soma de bloqueio (default 700)
-e, --rsh=COMMAND	especificar substituição rsh
--rsync-path=PATH	especifica o caminho para o rsync na máquina remota
--numeric-ids	Não mapeia uid/gid valores pelo usuário / nome do grupo
--timeout=TIME	seta IO timeout em segundos
-W, --whole-file	copiar arquivos inteiros, sem controle incremental

Destination options:

-a, --archive	modo arquivo
-b, --backup	fazer backups (default ~ suffix)
--backup-dir	fazer backup dentro do diretorio
--suffix=SUFFIX	trocar sufixo de backup
-z, --compress	comprimir arquivos
-c, --checksum	checksum
-C, --cvs-exclude	autoignora com mesmo caminho de CVS
--existing	somente atualiza arquivos que já existem
--delete	deleta arquivos não existentes no lado envio
--delete-excluded	deleta arquivos no lado receptor

--delete-after	deleta arquivos antes de transferir
--force	força a deleção de diretórios não vazios
--ignore-errors	excluir mesmo se ocorrer erro de I/O
--max-delete=NUM	não apaga mais que NUM arquivos
--log-format=FORMAT	arquivo de log de transferência com formato específico.
--partial	mantém arquivos parcialmente transferidos
--progress	mostra progresso durante transferência
-P	equivalente para --partial --progress
--stats	pega somente o status da tranferência
-T --temp-dir=DIR	cria diretório para transferência temporária
--compare-dest=DIR	somente comprara os arquivos no DIR
-u, --update	sobrepõe somente

Misc Others:

--address=ADDRESS	conecta em endereço específico
--blocking-io	usa bloqueio de I/O para shell remoto
--bwlimit=KBPS	limita a banda de I/O , KBytes por segundo
--config=FILE	especifica alternativo arquivo de rsyncd.conf
--daemon	executa rsync como daemon
--no-detach	não desconecta da árvore pai
--password-file=FILE	utiliza arquivo de password
--port=PORT	especifica porta para daemon
-f, --read-batch=FILE	lê arquivo batch
-F, --write-batch	escreve arquivo batch
--version	mostra versão
-v, --verbose	modo detalhado
-q, --quiet	desliga modo detalhado

DHCP

Vamos realizar a instalação do pacote do servidor DHCP. No Debian e derivados (como Ubuntu, Kubuntu etc.), o pacote chama-se dhcp3-server. O 3 é o número da versão do servidor DHCP. Podemos utilizar o aptitude ou o apt-get para fazer a instalação do mesmo. Devemos ter privilégios de root para realizar a instalação:

```
root@aluno# aptitude install dhcp3-server
ou
root@aluno# apt-get install dhcp3-server
```

374 ▶ Administração de Servidores Linux

Após realizada a instalação, o serviço de DHCP pode ser ativado ou desativado com os comandos abaixo.

Ativando o serviço de DHCP:
root@aluno#/etc/init.d/dhcp3-server start

Desativando o serviço de DHCP:
root@aluno#/etc/init.d/dhcp3-server stop

Obs.: O serviço de DHCP também pode ser reiniciado e também é possível visualizar o seu status, através dos seguintes comandos.

Reiniciando o Serviço de DHCP (útil quando novas configurações são feitas, pois é necessário reiniciar o serviço para que as mesmas entrem em funcionamento):
root@aluno#/etc/init.d/dhcp3-server restart

Verificando o status do serviço de DHCP:
root@aluno#/etc/init.d/dhcp3-server status

Para inserirmos as configurações desejadas para serem atribuídas aos hosts de nossa rede, precisamos inserir as configurações em um arquivo de configuração, que será "lido" pelo daemon do DHCP e realizará as tarefas necessárias.

O arquivo de configuração do ISC DHCP é o /etc/dhcp3/dhcpd.conf. O mesmo deve conter o seguinte conteúdo:

```
ddns-update-style none;
default-lease-time 600;
max-lease-time 7200;
authoritative;
log-facility local7;

subnet 192.168.1.0 netmask 255.255.255.0 {
range 192.168.1.20 192.168.1.30;
option domain-name-servers 208.67.222.222,208.67.220.220,8.8.8.8;
option domain-name "tuxnetwork.local.net";
option routers 192.168.1.4;
option broadcast-address 192.168.1.255;
}
```

```
host tux {
hardware ethernet 08:00:07:26:c0:a5;
fixed-address tux.tuxnetwork.local.net;
}
```

Obs.: Edite o mesmo mediante o seu ambiente de rede desejado.

Explicando algumas das opções mais relevantes:

As opções do arquivo de configuração que ficam fora das chaves "{ }" são opções que chamados de globais, ou seja, opções que afetam toda a área de autoridade do servidor DHCP em questão. Já as opções que ficam dentro das chaves são opções específicas, que serão atribuídas a uma rede ou a um determinado host (como no caso da atribuição de um endereço IP sempre a um mesmo host).
default-lease-time 600: especifica o tempo mínimo em segundos de checagem de endereço IP. Ao fim de cada intervalo, o daemon dhcpd verificará se o(s) IP(s) alocado(s) aos hosts ainda estão sendo utilizados. Isso para que não ocorra desperdício de endereços IP na rede;
max-lease-time 7200: período máximo, também representado em segundos, de uma alocação de endereço IP a um cliente. Após esse período, o daemon dhcpd liberará o endereço IP, que deverá ser requisitado novamente pelo cliente ou por outra máquina autorizada;
authoritative: indica que o servidor DHCP será autoritário em todo o seguimento da rede;
log-facility local7: indica que o log será a facility local7. Podemos entender como facility a origem dos logs, ou seja, de onde ele está vindo. Podemos inserir no arquivo de configuração do Syslog (serviço de log presente em muitas distribuições Linux) uma entrada que direcione todos os logs do dhcpd para um arquivo separado, para facilitar nossa consulta por logs relacionados ao serviço de DHCP. No Debian, o arquivo de configuração do syslog fica em /etc/rsyslog.conf. A seguinte entrada pode ser adiciona ao mesmo:

```
local7.* /var/log/dhcpd.log
```

Com isso, todos os logs com origem da facility local7 (facility essa que representa o serviço de DHCP) em qualquer priority (indica o nível de importância do log. No nosso caso, qualquer ocorrência representada pelo símbolo asterisco será logada) serão direcionados ao arquivo /var/log/dhcpd.log.

376 ▶ Administração de Servidores Linux

range 192.168.1.20 192.168.1.30: indica o range ou o intervalo de endereços
que o servidor DHCP irá utilizar para distribuir aos hosts da rede;
option domain-name-servers 208.67.222.222,208.67.220.220,8.8.8.8: Servidores de Nomes (DNS) que serão atribuídos aos hosts da rede. Podem ser inseridos
inúmeros servidores DNS. Os mesmos devem ser separados por vírgulas e sem
espaço depois da vírgula;
option domain-name «tuxnetwork.local.net»: nome do domínio local que será
atribuído aos hosts da rede. Essa opção é opcional e só deve ser usada caso
desejado;
option routers 192.168.1.4: endereço IP do gateway da rede. Geralmente esse
dispositivo é um router e por isso a opção tem esse nome. Caso a comunicação
dos hosts na rede seja somente local, essa opção também não é necessária.

No caso da entrada abaixo, é uma configuração específica onde estará afetando
somente um único host (devido à utilização das chaves). O host de nome «tux»
estará recebendo um mesmo endereço IP sempre em que se conectar nessa rede.
Isso é devido a uma entrada no arquivo de configuração do DHCP dizendo que
um determinado endereço IP será sempre atribuído a um mesmo MAC Address
- no caso o MAC Address do host tux:

```
host tux {
hardware ethernet 08:00:07:26:c0:a5;
fixed-address tux.tuxnetwork.local.net;
}
```

É interessante indicarmos em qual interface de rede o daemon do DHCP receberá as solicitações de informações de rede. Podemos especificar qual será a interface
de rede responsável por esse trabalho no arquivo de configuração /etc/default/
dhcp3-server. Devemos procurar pela linha:

INTERFACES=»»

e alterar a mesma para (estamos no caso inserindo qual será a placa de rede que
receberá as solicitações dos clientes DHCP):

INTERFACES=»eth0»

Observação importante: Para toda e qualquer configuração realizada no arquivo
de configuração do servidor DHCP, o serviço do mesmo deverá ser reinicializado
para que as novas alterações entrem em vigor.

Com o servidor DHCP já configurado, podemos realizar um teste a partir de uma estação cliente Linux configurada para receber informações de rede automaticamente (via DHCP). Existe um cliente DHCP para Linux chamado «dhclient», que tem o objetivo (quando utilizado) de enviar um broadcast na rede à procura de um servidor DHCP. Segue a sintaxe de utilização do mesmo:

```
root@aluno# dhclient eth1
```

Obs.: No local de "eth1", você deve inserir a interface de rede que está em uso no seu sistema operacional.

DNS

O DNS (Domain Name System - Sistema de Nomes de Domínios) é um sistema de gerenciamento de nomes hierárquico e distribuído operando segundo duas definições:

Examinar e atualizar seu banco de dados.
Resolver nomes de domínios em endereços de rede (IPs).
O sistema de distribuição de nomes de domínio foi introduzido em 1984, e com ele os nomes de hosts residentes em um banco de dados podem ser distribuídos entre servidores múltiplos, diminuindo assim a carga em qualquer servidor que provê administração no sistema de nomeação de domínios. Ele se baseia em nomes hierárquicos e permite a inscrição de vários dados digitados além do nome do host e seu IP. Em virtude do banco de dados de DNS ser distribuído, seu tamanho é ilimitado e o desempenho não degrada tanto quando se adicionam mais servidores nele. Este tipo de servidor usa como porta padrão a 53.
A implementação do DNS-Berkeley foi desenvolvida originalmente para o sistema operacional BSD UNIX 4.3.
A implementação do Servidor de DNS Microsoft se tornou parte do sistema operacional Windows NT na versão Server 4.0. O DNS passou a ser o serviço de resolução de nomes padrão a partir do Windows 2000 Server, como a maioria das implementações de DNS teve suas raízes nas RFCs 882 e 883, e foi atualizado nas RFCs 1034 e 1035.
O servidor DNS traduz nomes para os endereços IP e endereços IP para nomes respectivos, e permitindo a localização de hosts em um domínio determinado. Num sistema livre o serviço é implementado pelo software BIND. Esse serviço geralmente se encontra localizado no servidor DNS primário.

378 ▶ Administração de Servidores Linux

O servidor DNS secundário é uma espécie de cópia de segurança do servidor DNS primário.

Existem 13 servidores DNS raiz no mundo todo e sem eles a Internet não funcionaria. Destes, dez estão localizados nos Estados Unidos da América, um na Ásia e dois na Europa. Para Aumentar a base instalada destes servidores, foram criadas réplicas localizadas por todo o mundo, inclusive no Brasil, desde 2003.

Ou seja, os servidores de diretórios responsáveis por prover informações como nomes e endereços das máquinas são normalmente chamados servidores de nomes. Na Internet, o serviço de nomes usados é o DNS, que apresenta uma arquitetura cliente/servidor, podendo envolver vários servidores DNS na resposta a uma consulta.

Visão geral

Um recurso da internet, por exemplo um site da Web, atualmente, pode ser identificado de duas maneiras: pelo seu nome de domínio[1], por exemplo, "www.wikipedia.org" ou pelo endereço de IP[2] dos equipamento que o hospedam (por exemplo, 208.80.152.130 é o IP associado ao domínio www.wikipedia.org[3]). Endereços de IP são usados pela camada de rede para determinar a localização física e virtual do equipamento. Nomes de domínio, porém, são mais mnemônicos para o usuário e empresas. É então necessário um mecanismo para traduzir um nome de domínio em um endereço IP. Esta é a principal função do DNS.ha

Hierarquia

Devido ao tamanho da internet, armazenar todos os pares domínio - endereço IP em um único servidor DNS seria inviável, por questões de escalabilidade que incluem:

Confiabilidade: se o único servidor de DNS falhasse, o serviço se tornaria indisponível para o mundo inteiro.

Volume de tráfego: o servidor deveria tratar os pedidos DNS do planeta inteiro.

Distância: grande parte dos usuários estaria muito distante do servidor, onde quer que ele fosse instalado, gerando grandes atrasos para resolver pedidos DNS.

Manutenção do banco de dados: o banco de dados deveria armazenar uma quantidade de dados enorme e teria que ser atualizado com uma frequência muito alta, toda vez que um domínio fosse associado a um endereço IP.

A solução encontrada é fazer do DNS um banco de dados distribuído e hierárquico . Os servidores DNS se dividem nas seguintes categorias:

Servidores raiz
(extraído de Servidor Raiz)
No topo da hierarquia estão os 13 servidores raiz. Um Servidor Raiz (Root Name Server) é um servidor de nome para a zona raiz do DNS (Domain Name System). A sua função é responder diretamente às requisições de registros da zona raiz e responder a outras requisições retornando uma lista dos servidores de nome designados para o domínio de topo apropriado. Os servidores raiz são parte crucial da internet porque eles são o primeiro passo em traduzir nomes para endereços IP e são usados para comunicação entre hosts.

Servidores de domínio de topo (Top-Level Domain)
Cada domínio é formado por nomes separados por pontos. O nome mais à direita é chamado de domínio de topo. Exemplos de domínios de topo são .com, .org, .net, .edu e .gov. Cada servidor de domínio de topo conhece os endereços dos servidores autoritativos que pertencem àquele domínio de topo, ou o endereço de algum servidor DNS intermediário que conhece um servidor autoritativo.

Servidores autoritativos
O servidor autoritativo de um domínio possui os registros originais que associam aquele domínio a seu endereço de IP. Toda vez que um domínio adquire um novo endereço, essa informação deve ser adicionada a pelo menos dois servidores autoritativos[4]. Um deles será o servidor autoritativo principal e o outro, o secundário. Isso é feito para minimizar o risco de, em caso de erros em um servidor DNS, perder todas as informações originais do endereço daquele domínio.
Com essas três classes de servidores, já é possível resolver qualquer requisição DNS. Basta fazer uma requisição a um servidor raiz, que retornará o endereço do servidor de topo responsável. Então repete-se a requisição para o servidor de topo, que retornará o endereço do servidor autoritativo ou algum intermediário. Repete-se a requisição aos servidores intermediários (se houver) até obter o endereço do servidor autoritativo, que finalmente retornará o endereço IP do domínio desejado. Repare que essa solução não resolve um dos problemas de escalabilidade completamente: os servidores raiz têm que ser acessados uma vez para cada requisição que for feita em toda a internet. Esses servidores também podem estar muito longe do cliente que faz a consulta. Além disso, para resolver cada requisição, são necessárias várias consultas, uma para cada servidor na hierarquia entre o raiz e o autoritativo. Esta forma de resolver consultas é chamada de não recursividade: cada servidor retorna ao cliente (ou ao servidor local requisitante, como explicado adiante) o endereço do próximo servidor no caminho para o autoritativo, e o cliente ou servidor local fica encarregado de fazer as próximas

requisições. Há também o método recursivo: o servidor pode se responsabilizar por fazer a requisição ao próximo servidor, que fará a requisição ao próximo, até chegar ao autoritativo, que retornará o endereço desejado, e esse endereço será retornado para cada servidor no caminho até chegar ao cliente. Esse método faz com que o cliente realize apenas uma consulta e receba diretamente o endereço desejado, porém aumenta a carga dos servidores no caminho. Por isso, servidores podem se recusar a resolver requisições recursivas.

Melhorias de Performance

Dois recursos são usados em conjunto para reduzir a quantidade de requisições que os servidores raiz devem tratar e a quantidade de requisições feitas para resolver cada consulta:

Cache

Toda vez que um servidor retorna o resultado de uma requisição para a qual ele não é autoridade (o que pode acontecer no método de resolução recursivo), ele armazena temporariamente aquele registro. Se, dentro do tempo de vida do registro, alguma requisição igual for feita, ele pode retornar o resultado sem a necessidade de uma nova consulta. Note que isso pode provocar inconsistência, já que, se um domínio mudar de endereço durante o tempo de vida do cache, o registro estará desatualizado. Apenas o servidor autoritativo tem a garantia de ter a informação correta. É possível exigir na mensagem de requisição DNS que a resposta seja dada pelo servidor autoritativo.

Servidor Local

Esse tipo de servidor não pertence à hierarquia DNS, mas é fundamental para o seu bom funcionamento. Em vez de fazer requisições a um servidor raiz, cada cliente faz sua requisição a um servidor local, que geralmente fica muito próximo do cliente fisicamente. Ele se encarrega de resolver a requisição. Com o uso de cache, esses servidores podem ter a resposta pronta, ou ao menos conhecer algum servidor mais próximo ao autoritativo que o raiz (por exemplo, o servidor de topo), reduzindo a carga dos servidores raiz.

DNS Reverso

Normalmente o DNS atua resolvendo o nome do domínio de um host qualquer para seu endereço IP correspondente. O DNS Reverso resolve o endereço IP, buscando o nome de domínio associado ao host. Ou seja, quando temos disponível o endereço IP de um host e não sabemos o endereço do domínio (nome dado à máquina ou outro equipamento que acesse uma rede), tentamos resolver o

endereço IP através do DNS reverso que procura qual nome de domínio está associado àquele endereço. Os servidores que utilizam o DNS Reverso conseguem verificar a autenticidade de endereços, verificando se o endereço IP atual corresponde ao endereço IP informado pelo servidor DNS. Isto evita que alguém utilize um domínio que não lhe pertence para enviar spam, por exemplo.
Obtenção de nomes de domínio e endereços IP

O espaço de nomes de domínio e endereços IP são recursos críticos para a internet, no sentido que requerem coordenação global. Cada endereço IP deve identificar um único equipamento, de forma que não é possível atribuir endereços IP de maneira descentralizada. Da mesma forma, um nome de domínio deve identificar o conjunto de computadores que o mantém. A organização responsável por atribuir nomes de domínio e endereços IP em nível global é a ICANN.

DNSSEC
O DNSSEC (Domain Name System Security Extensions) é um padrão internacional que estende a tecnologia DNS. O que DNSSEC adiciona é um sistema de resolução de nomes mais seguro, reduzindo o risco de manipulação de dados e domínios forjados. O mecanismo utilizado pelo DNSSEC é baseado na tecnologia de criptografia, que emprega assinaturas. DNSSEC utiliza um sistema de chaves assimétricas. Isso significa que alguém com um domínio compatível com DNSSEC possui um par de chaves eletrônicas que consistem em uma chave privada e uma chave pública. Em razão do mantenedor das chaves utilizar a chave privada para assinar digitalmente sua própria zona no DNS, é possível que todo mundo com acesso à chave pública desta zona verifique que os dados transferidos desta zona estão intactos.

DNSSEC soluciona alguns problemas encontrados na atual tecnologia DNS. Falsas informações DNS criam oportunidades para roubo de informações de terceiros ou alteração de dados em diversos tipos de transações, como compras eletrônicas. Na tecnologia DNS, um ataque DNS com informação forjada é extremamente difícil de ser detectado e na prática impossível de ser previnido. O objetivo da extensão DNSSEC é assegurar o conteúdo do DNS e impedir estes ataques validando os dados e garantindo a origem das informações.

Para que serve DNSSEC
Provê segurança para a resolução de endereços.
Funciona como um caminho alternativo para a verificação de autenticidade.
Estas operações ocorrem antes de qualquer verificação de segurança em camadas superiores (SSL, SSH, PGP etc...).

Como funciona

A autenticidade e integridade são providas pela assinatura dos Conjuntos de Registros de Recursos (Resource Records Sets - RRset) com uma chave privada.
Zonas delegadas (filhas) assinam seus próprios RRsets com sua chave privada.
Autenticidade da chave é verificada pela assinatura na zona pai do Recurso DS (Record DS) (hash da chave pública da zona filha).
A chave pública é usada para verificar RRSIGs dos RRsets.
Autenticidade da não existência de um nome ou tipo provida por uma cadeia de registros que aponta para o próximo em uma sequência canônica.

DNSSEC no.br

Atualmente o Registro.br é o responsável pela implantação de DNSSEC nas TLDs .br.
Entrou em operação no .br a partir de 04 de junho de 2007.
O DNSSEC é uso obrigatório somente nos domínios JUS.BR e no B.BR. Para todos os outros DPNs, a utilização de DNSSEC é opcional.
Este serviço está disponível para nomes registrados diretamente abaixo dos seguintes domínios:
DPNs genéricos (Para pessoas físicas ou jurídicas)
COM.BR Atividades comerciais
NET.BR Atividades comerciais
DPNs para pessoas jurídicas
AGR.BR Empresas agrícolas, fazendas
AM.BR Empresas de radiodifusão sonora
ART.BR Artes: música, pintura, folclore
B.BR Bancos
COOP.BR Cooperativas
ESP.BR Esporte em geral
FAR.BR Farmácias e drogarias
FM.BR Empresas de radiodifusão sonora
G12.BR Entidades de ensino de primeiro e segundo grau
GOV.BR Entidades do governo federal
IMB.BR Imobiliárias
IND.BR Indústrias
INF.BR Meios de informação (rádios, jornais, bibliotecas, etc..)
JUS.BR Entidades do Poder Judiciário
MIL.BR Forças Armadas Brasileiras
ORG.BR Entidades não governamentais sem fins lucrativos
PSI.BR Provedores de serviço Internet

RADIO.BR Entidades que queiram enviar áudio pela rede
REC.BR Atividades de entretenimento, diversão, jogos, etc…
SRV.BR Empresas prestadoras de serviços
TMP.BR Eventos temporários, como feiras e exposições
TUR.BR Entidades da área de turismo
TV.BR Empresas de radiodifusão de sons e imagens
ETC.BR Entidades que não se enquadram nas outras categorias
DPNs para Profissionais Liberais Somente para pessoas físicas
ADM.BR Administradores
ADV.BR Advogados
ARQ.BR Arquitetos
ATO.BR Atores
BIO.BR Biólogos
BMD.BR Biomédicos
CIM.BR Corretores
CNG.BR Cenógrafos
ECN.BR Economistas
ENG.BR Engenheiros
ETI.BR Especialista em Tecnologia da Informação
FND.BR Fonoaudiólogos
FOT.BR Fotógrafos
FST.BR Fisioterapeutas
GGF.BR Geógrafos
JOR.BR Jornalistas
LEL.BR Leiloeiros
MAT.BR Matemáticos e Estatísticos
MED.BR Médicos
MUS.BR Músicos
NOT.BR Notários
NTR.BR Nutricionistas
ODO.BR Dentistas
PPG.BR Publicitários e profissionais da área de propaganda e marketing
PRO.BR Professores
PSC.BR Psicólogos
QSL.BR Rádio amadores
SLG.BR Sociólogos
TAXI.BR Taxistas
TRD.BR Tradutores
VET.BR Veterinários

384 ▸ **Administração de Servidores Linux**

ZLG.BR Zoólogos
DPNs para Pessoas Físicas
BLOG.BR Web logs
FLOG.BR Foto logs
NOM.BR Pessoas Físicas
VLOG.BR Vídeo logs
WIKI.BR Páginas do tipo 'wiki'

Compilando o BIND com suporte ao LDAP

O bind dos repositórios não vem com suporte ao LDAP, então não adianta insta-lá-lo com apt-get que este não funcionará, portanto teremos de compilar do fonte ativando, então, o suporte a LDAP.

Comecemos baixando o fonte do bind9 e o back-end bind-ldap.

Bind9:
ftp://ftp.epix.net/pub/isc/bind9/9.7.1rc1/bind-9.7.1rc1.tar.gz

Back-End ldap sdb:
http://bind9-ldap.bayour.com/bind-sdb-ldap-1.0.tar.gz

```
root@aluno#cd /root
root@aluno#mkdir -p bind/tars
root@aluno#cd bind/tars
root@aluno#wget ftp://ftp.epix.net/pub/isc/bind9/9.7.1rc1/bind-
9.7.1rc1.tar.gz
root@aluno#wget http://bind9-ldap.bayour.com/bind-sdb-ldap-1.0.tar.
gz
root@aluno#tar -zxvf bind-sdb-ldap-1.0.tar.gz
root@aluno#tar -zxvf bind-9.7.1rc1.tar.gz
root@aluno#mv bind-* ..
```

Copiando os arquivos necessários para a compilação com suporte a LDAP:

```
root@aluno#cd /root/bind-sdb-ldap-1.0
root@aluno#cp ldapdb.c ../bind-9.7.1rc1/bin/named/
root@aluno#cp ldapdb.h ../bind-9.7.1rc1/bin/named/include/
```

Agora faremos alterações em alguns arquivos antes de compilar:

Servidores FTP ◄ 385

```
root@aluno#cd /root/bind/bind-9.7.1rc1/bin/named/
root@aluno#vim(rules!) Makefile.in
```

Procure pelas linhas e altere-as deixando como mostrado abaixo:

```
DBDRIVER_OBJS = ldapdb.@O@
DBDRIVER_SRCS = ldapdb.c
DBDRIVER_INCLUDES = -I/usr/local/include
DBDRIVER_LIBS = -L/usr/local/lib -lldap -llber -lresolv
```

No mesmo diretório do Makefile.in, edite o arquivo main.c.

Procure pela linha que contém /* #include «xxdb.h» */ e adicione logo abaixo dela #include <ldapdb.h>.

No mesmo arquivo procure a linha /* xxdb_init(); */ substitua por ldapdb_init();

Por último, procure a linha /* xxdb_clear(); */ e substitua por ldapdb_clear();

Salve o arquivo e feche-o.

Agora estamos prontos para compilar o bind com suporte a nova base.

Antes de iniciarmos, certifique-se de que tem os pacotes necessários instalados:

```
root@aluno#apt-get install gcc make libldap2-dev openssl libssl-dev
```

Feito isso, proceda:

```
root@aluno#cd /root/ bind-9.7.1rc1/
root@aluno#./configure --with-openssl=/usr --disable-ipv6
root@aluno#make
root@aluno#make install
```

Ok, temos o bind instalado, agora precisamos acertar configurações e diretórios.

Sempre preferi trabalhar com o bind no conceito de chroots para aumentar a segurança, então, vamos configurar a gaiola.

386 ▸ Administração de Servidores Linux

Criar diretórios:
```
root@aluno## mkdir -p /chroot/named
root@aluno#cd /chroot/named
root@aluno#mkdir dev etc logs
root@aluno#mkdir -p var/run
root@aluno#mkdir - p conf/secondaries
```

Trazer o arquivo timezone para a chroot:
```
root@aluno#cp /etc/localtime /chroot/named/etc
```

Criar os nodes:
```
root@aluno#mknod /chroot/named/dev/null c 1 3
root@aluno#mknod /chroot/named/dev/zero c 1 5
root@aluno#mknod /chroot/named/dev/random c 1 8
```

Criar um usuário e grupo para o bind:
```
root@aluno#groupadd named
root@aluno#useradd -g named -d /chroot/named -s /bin/true named
root@aluno#passwd -l named
```

Montando os arquivos de configuração.

Primeiro criaremos o named.conf, que é o arquivo principal do bind, repare que as zonas de root servers e as outras zonas padrões ficaram na própria máquina, ou seja, não consultará no ldap.
```
root@aluno#vim /chroot/named/etc/named.conf
```

Por hora, adicione este conteúdo dentro do arquivo:

```
options {
  directory     "/conf";
  pid-file      "/var/run/named.pid";
  statistics-file "/var/run/named.stats";
  dump-file     "/var/run/named.db";
  empty-zones-enable no;

  # esconda sua "verdadeiro" número de versão
  version       "[seguro]";
};
```

```
# root servers
zone "." {
  type  hint;
  file  "db.rootcache";
};

# localhost - zona de encaminhamento
zone  "localhost" {
  type  master;
  file  "db.localhost";
  notify no;
};

# localhost - zona reversa
zone  "0.0.127.in-addr.arpa" {
  type  master;
  file  "db.127.0.0";
  notify no;
};
```

Cria também um link simbólico do named.conf para o /etc para facilitar administração:

root@aluno#`ln -sf /chroot/named/etc/named.conf /etc/named.conf`

Perceba que nosso named.conf aponta para três arquivos:
```
db.127.0.0
db.localhost
db.rootcache
```

Criaremos agora eles, entáo a começar pelo db.rootcache.

Se a máquina que estamos instalando tem acesso a internet, ele pode ser criado com o comando:
```
# dig @a.root-servers.net . ns > /chroot/named/conf/db.rootcache
```

388 ▸ Administração de Servidores Linux

Criando os outros dois:

```
# vim /chroot/named/conf/db.127.0.0
```

E cole o conteúdo:

```
; db.127.0.0

$TTL 86400
@  IN  SOA  localhost. root.localhost. (
      1 ; Serial
      28800  ; Refresh
      14400  ; Retry
      3600000 ; Expire
      86400 ) ; Minimum
   IN  NS  localhost.
1  IN  PTR  localhost.
```

Salve e feche o arquivo.

root@aluno#vim /chroot/named/conf/db.localhost

e cole o conteúdo:

```
; db.localhost

$TTL 86400

@ IN SOA @ root (
      42    ; serial (d. adams)
      3H    ; refresh
      15M   ; retry
      1W    ; expiry
      1D )  ; minimum

   IN NS  @
   IN A   127.0.0.1
```

Salve e feche o arquivo.

Checando permissões no CHROOT.

Este script gerencia perfeitamente todas as permissões que precisamos dentro do diretório chroot.

verifica.permissoes

```
root@aluno#cd /chroot/named

root@aluno#chown -R root.named .

root@aluno#find . -type f -print | xargs chmod u=rw,og=r # regular
files
root@aluno#find . -type d -print | xargs chmod u=rwx,og=rx #
directories

root@aluno#chmod o= etc/*.conf

root@aluno#touch conf/secondaries/.empty # placeholder
root@aluno#find conf/secondaries/ -type f -print | xargs chown
named.named
root@aluno#find conf/secondaries/ -type f -print | xargs chmod
ug=r,o=

root@aluno#chown root.named conf/secondaries/
root@aluno#chmod ug=rwx,o= conf/secondaries/

root@aluno#chown root.root var/
root@aluno#chmod u=rwx,og=x var/

root@aluno#chown root.named var/run/
root@aluno#chmod ug=rwx,o=rx var/run/

root@aluno#chown root.named logs/
root@aluno#chmod ug=rwx,o=rx logs/
```

Copie o conteúdo acima e cole num arquivo novo em /chroot/verifica.permissoes.

Agora é só executarmos:
```
root@aluno#sh -x /chroot/verifica.permissoes
```

390 ▸ **Administração de Servidores Linux**

A saída será algo como:

```
+ cd /chroot/named
+ chown -R root.named .
+ find . -type f -print
+ xargs chmod u=rw,og=r
+ find . -type d -print
+ xargs chmod u=rwx,og=rx
+ chmod o= etc/named.conf etc/rndc.conf
+ touch conf/secondaries/.empty
+ find conf/secondaries/ -type f -print
+ xargs chown named.named
+ find conf/secondaries/ -type f -print
+ xargs chmod ug=r,o=
+ chown root.named conf/secondaries/
+ chmod ug=rwx,o= conf/secondaries/
+ chown root.root var/
+ chmod u=rwx,og=x var/
+ chown root.named var/run/
+ chmod ug=rwx,o=rx var/run/
```

Agora as permissões dos nossos diretórios estão todas ok.

Script para inicialização do serviço:
root@aluno#start.named

root@aluno#cd /chroot/named

root@aluno#touch named.run
root@aluno#chown named.named named.run
root@aluno#chmod ug=rw,o=r named.run

```
PATH=/usr/local/sbin:$PATH named \
  -t /chroot/named \
  -u named \
  -c /etc/named.conf
```

Crie um arquivo start.named dentro do /chroot/ e cole o conteúdo acima nele. Transforme o mesmo em executável com o comando:

Servidores FTP ◀ **391**

root@aluno#chmod a+x /chroot/start.named

Não execute o script ainda!

Configurando o rndc.

Crie o arquivo rndc.conf dentro de /chroot/named/etc/rndc.conf e adicione o seguinte conteúdo:
root@aluno#rndc.conf

```
options {
  default-server 127.0.0.1;
  default-key "rndckey";
};

server 127.0.0.1 {
  key "rndckey";
};

key "rndckey" {
  algorithm "hmac-md5";
  secret "COLOQUE SUA CHAVE";
};
```

Adicione as seguintes entradas no início do arquivo /chroot/named/etc/named. conf:

```
controls {
  inet 127.0.0.1 allow { 127.0.0.1; } keys { rndckey; };
};

key "rndckey" {
  algorithm "hmac-md5";
  secret "COLOQUE SUA CHAVE";
};
```

Perceba que nos dois arquivos temos a frase COLOQUE SUA CHAVE, então, substituiremos esta por A RESPECTIVA CHAVE.

392 ▸ **Administração de Servidores Linux**

Para gerar a chave, faça:
```
root@aluno#dnssec-kegen -a HMAC-MD5 -b 256 -n HOST rndc
```

Então você terá dois arquivos no diretório onde executou o comando.

Os nomes serão algo como Krndc.+157+48683.private e Krndc.+157+48683.key, mas estamos interessados somente no Krndc.+157+48683.private; dentro dele haverá uma linha como essa informando a chave Key: QQMI5z8cceUI-zA0UkPlbOEP3RH3sLEfSNVfWGmawjPo=, copie somente a chave e cole nos arquivos substituindo a frase COLOQUE SUA CHAVE.

Remova os dois arquivos que foram gerados.

Feito isso, estamos prontos para iniciar o serviço e verificar se tudo está ok.
```
root@aluno#cd /chroot/named
root@aluno#./start.named
```

Verifique se tudo está ok através do comando:
```
root@aluno#rndc status
```

A saída deve ser algo parecido com:

```
version: 9.7.1rc1 ([seguro])
number of zones: 3
debug level: 0
xfers running: 0
xfers deferred: 0
soa queries in progress: 0
query logging is OFF
recursive clients: 0/0/1000
tcp clients: 0/100
server is up and running
```

Para facilitar a administração, utilize o seguinte script:
```
root@aluno#named init
```

```
export PATH=/usr/local/sbin:$PATH # needed for rndc

case "$1" in
```

Servidores FTP ◀ **393**

```
start)
  # Start daemons.
  echo -n "Levantando o named: "
  sh /chroot/start.named
  echo
  ;;
stop)
  # Stop daemons.
  echo -n "Derrubando o named: "
  rndc stop
  echo "done"
  ;;
esac

exit 0
```

Cole o conteúdo dentro de um novo arquivo chamado named em /etc/init.d e de permissão de execução para ele.

Assim, quando quiser levantar o processo, use:

root@aluno#`/etc/init.d/named start`

e pra derrubar:

root@aluno#`/etc/init.d/named stop`

Inicialize o serviço e faça um teste com o dig, e não se esqueça de alterar no arquivo /etc/resolv.conf apontar para o 127.0.0.1.

```
# dig www.google.com.br
```

Obrigatoriamente devemos ter algo parecido com o seguinte resultado:

```
; <<>> DiG 9.7.1rc1 <<>> www.google.com.br
;; global options: +cmd
;; Got answer:
;; ->>HEADER<<- opcode: QUERY, status: NOERROR, id: 53404
;; flags: qr rd ra; QUERY: 1, ANSWER: 3, AUTHORITY: 4, ADDITIONAL: 4
```

394 ▶ **Administração de Servidores Linux**

```
;; QUESTION SECTION:
;www.google.com.br.        IN    A
```

```
;; ANSWER SECTION:
www.google.com.br.    345600 IN    CNAME   www.google.com.
www.google.com.       604800 IN    CNAME   www.l.google.com.
www.l.google.com.     300    IN    A    64.233.163.104
```

```
;; AUTHORITY SECTION:
google.com.           172799 IN    NS    ns2.google.com.
google.com.           172799 IN    NS    ns1.google.com.
google.com.           172799 IN    NS    ns3.google.com.
google.com.           172799 IN    NS    ns4.google.com.
```

```
;; ADDITIONAL SECTION:
ns1.google.com.       345600 IN    A    216.239.32.10
ns2.google.com.       345600 IN    A    216.239.34.10
ns3.google.com.       345600 IN    A    216.239.36.10
ns4.google.com.       345600 IN    A    216.239.38.10
```

```
;; Query time: 1784 msec
;; SERVER: 127.0.0.1#53(127.0.0.1)
;; WHEN: Mon Jan 24 20:31:15 2011
;; MSG SIZE rcvd: 235
```

Ok, agora temos um servidor de DNS configurado e funcionando, esperando somente as zonas do LDAP.

Novo schema dnszone.

É necessária a inclusão de um novo schema no servidor openldap.
http://www.venaas.no/ldap/bind-sdb/dnszone-schema.txt

Baixe o arquivo, salve no diretório schemas do servidor ldap, adicione mais uma entrada no arquivo slapd.conf e reinicie o serviço.

Exemplo de zona em ldap:

dn: ou=DNS,dc=acme,dc=lun

```
objectClass: top
objectClass: organizationalUnit
ou: DNS

dn: zoneName=acme.lun,ou=DNS,dc=acme,dc=lun
zoneName: acme.lun
relativeDomainName: acme.lun
objectClass: dNSZone
objectClass: top

dn: relativeDomainName=@,zoneName=acme.lun,ou=DNS,dc=acme,dc=lun
objectClass: top
objectClass: dNSZone
zoneName: acme.lun
relativeDomainName: @
dNSTTL: 86400
dNSClass: IN
sOARecord: ns1.acme.lun. root.acme.lun. 2010083102 604800 86400 2419200
604800
nSRecord: ns1.

dn: relativeDomainName=ns1,zoneName=acme.lun,ou=DNS,dc=acme,dc=lun
zoneName: acme.lun
relativeDomainName: ns1
dNSTTL: 86400
dNSClass: IN
objectClass: dNSZone
objectClass: top
aRecord: 10.1.1.2

dn: relativeDomainName=www,zoneName=acme.lun,ou=DNS,dc=acme,dc=lun
zoneName: acme.lun
relativeDomainName: www
dNSTTL: 604800
dNSClass: IN
objectClass: dNSZone
objectClass: top
cNAMERecord: www.acme.lun
aRecord: 10.1.1.3
```

396 ▸ Administração de Servidores Linux

```
dn: relativeDomainName=cacti,zoneName=acme.lun,ou=DNS,dc=acme,dc=lun
objectClass: top
objectClass: dNSZone
zoneName: acme.lun
relativeDomainName: cacti
dNSTTL: 604800
dNSClass: IN
cNAMERecord: cacti.acme.lun.
ARecord: 10.1.1.5
```

Exemplo de zona reversa em ldap:

```
dn: zoneName=1.1.10.in-addr.arpa,ou=DNS,dc=acme,dc=lun
zoneName: 1.1.10.in-addr.arpa
relativeDomainName: 1.1.10.in-addr.arpa
objectClass: dNSZone
objectClass: top
```

```
dn:relativeDomainName=@,zoneName=1.1.10.in-addr.
arpa,ou=DNS,dc=acme,dc=lun
zoneName: 1.1.10.in-addr.arpa
relativeDomainName: @
dNSTTL: 3600
dNSClass: IN
objectClass: dNSZone
objectClass: top
```

```
dn: relativeDomainName=2,zoneName=1.1.10.in-addr.
arpa,ou=DNS,dc=acme,dc=lun
zoneName: 1.1.10.in-addr.arpa
relativeDomainName: 2
dNSTTL: 3600
dNSClass: IN
objectClass: dNSZone
objectClass: top
pTRRecord: ns1.acme.lun.
```

```
dn: relativeDomainName=3,zoneName=1.1.10.in-addr.
arpa,ou=DNS,dc=acme,dc=lun
```

zoneName: 1.1.10.in-addr.arpa
relativeDomainName: 3
dNSTTL: 3600
dNSClass: IN
objectClass: dNSZone
objectClass: top
pTRRecord: www.acme.lun.

dn: relativeDomainName=5,zoneName=1.1.10.in-addr.
arpa,ou=DNS,dc=acme,dc=lun
zoneName: 1.1.10.in-addr.arpa
relativeDomainName: 5
dNSTTL: 3600
dNSClass: IN
objectClass: dNSZone
objectClass: top
pTRRecord: cacti.acme.lun.

Configure seus arquivos seguindo estes como modelo. Para incluí-los dentro da base ldap, salve-os como .ldif e use o slapadd, por exemplo:

root@aluno#slapadd -l acme.ldif

Agora que temos as zonas prontas no servidor ldap, vamos fazer os apontamentos, edite o arquivo /chroot/named.conf e adicione as seguintes linhas com as devidas alterações de acordo com suas zonas:

root@aluno#zona acme.lun

```
zone "acme.lun" {
  type master;
  database "ldap ldap://10.1.1.28/ou=DNS,dc=acme,dc=lun 10800";
  notify yes;
};

# reverso acme.lun
zone "1.1.10.in-addr.arpa" {
  type master;
  database "ldap ldap://10.1.1.28/ou=DNS,dc=acme,dc=lun 10800";
  notify yes;
};
```

398 ▶ **Administração de Servidores Linux**

Agora é só iniciarmos o serviço e acompanhar nos logs para identificar possíveis erros.

Os logs ficam em /var/log/messages.

Testando

Para testarmos o funcionamento do nosso servidor de DNS, gosto da maneira clássica com a dupla dinâmica nslookup e dig.

Conclusão

Sempre gosto de lembrar a ideia de centralização, o que nos possibilita grandes vantagens, principalmente quando temos um cenário misto em serviços.

Vale ressaltar também em nossa integração ldap+dns que podemos considerar alguns itens como performance, que será um pouco prejudicada, pois a consulta DNS não está sendo mais local, o que envolve vários outros fatores.

Mas asseguro-lhes que este tipo de desvantagem poderá ser levado em consideração quando temos um serviço extremamente estressado com uma taxa de acesso realmente grande.

Instalando DNSSEC

aptitude install dnssec-tools opendnssec bind9 bind9utils dnssec-tools libcrypt--openssl-bignum-perl libcrypt-openssl-dsa-perl libcrypt-openssl-rsa-perl libdigest-bubblebabble-perl libdigest-hmac-perl libdigest-sha1-perl libdns-ruby libdns-ruby1.8 libhsm-bin libhsm0 libldns1 libmime-base32-perl libnet-dns-perl libnet-dns-sec-perl libnet-ip-perl libruby libruby1.8 libtimedate-perl opendnssec opendnssec-auditor opendnssec-common opendnssec-enforcer opendnssec--enforcer-sqlite3 opendnssec-signer opendnssec-signer-tools python-4suite-doc python-4suite-xml ruby1.8 sqlite3

INETD

É um daemon presente na maioria das distribuições Linux/Unix, conhecido como superservidor, pois mantém sob seu controle vários daemons. A execução de uma única instância de inetd reduz a carga no servidor em comparação com a execução de vários daemons separados.

Instalação

```
root@aluno# aptitude install openbsd-inetd  libfile-copy-recursive-
perl openbsd-inetd update-inetd
```

Configuração

O arquivo de configuração dele é o /etc/inerd.conf mostrado abaixo:

```
# /etc/inetd.conf: see inetd(8) for further informations.
#
# Internet superserver configuration database
#
#
# Lines starting with "#:LABEL:" or "#<off>#" should not
# be changed unless you know what you are doing!
#
# If you want to disable an entry so it isn't touched during
# package updates just comment it out with a single '#' character.
#
# Packages should modify this file by using update-inetd(8)
#
# <service_name> <sock_type> <proto> <flags> <user> <server_path>
<args>
#
#:INTERNAL: Internal services
#discard              stream tcp     nowait root    internal
#discard              dgram  udp     wait   root    internal
#daytime              stream tcp     nowait root    internal
#time                 stream tcp     nowait root    internal

#:STANDARD: These are standard services.

#:BSD: Shell, login, exec and talk are BSD protocols.

#:MAIL: Mail, news and uucp services.

#:INFO: Info services

#:BOOT: TFTP service is provided primarily for booting. Most sites
#    run this only on machines acting as "boot servers."
```

```
#:RPC: RPC based services
```

```
#:HAM-RADIO: amateur-radio services
```

```
#:OTHER: Other services
```

Se for inserida a linha abaixo, o serviço de pop-3 será administrado pelo inetd e não mais diretamente pelo próprio daemon.

pop-3 stream tcp nowait root /usr/sbin/tcpd ipop3d

xinetd

O xinetd é um substituto seguro para o inetd. Ela foi originalmente escrito por panos@cs.colorado.edu.

Controle de acesso

Tem o controle de acesso embutido para parar conexões de bandidos, ou apenas para permitir conexões a partir de bons rapazes.

Pode ser compilado com suporte libwrap embutido. Use anfitriões. {allow | deny}! Mais eficiente do que usando tcpd!

tcp wrappers são boas, mas só pode ver uma conexão por vez. xinetd pode limitar a taxa de conexões de entrada, o número de conexões de entrada de máquinas específicas, ou o número total de conexões para um serviço.

Limitar o acesso a serviços baseados em tempo de acesso do dia.

Você pode ter o efeito de vincular os serviços específicos a determinados IP's. Isto lhe permite oferecer vários serviços aos clientes internos e clientes externos.

Impedir ataques de negação de serviço!

Com os recursos de controle de acesso à limitação da taxa de conexões de entrada, o xinetd pode responder com "port bombs" de uma forma razoável.

Se um host parece lotado de seus serviços, você pode limitar o número de conexões simultâneas de um host.

Você pode colocar limites no tamanho dos arquivos de log que ele cria, então as pessoas não podem encher o disco.

Você pode configurar o nível de syslog para cada serviço de forma independente.

Se você não quiser usar syslog, pode ter cada registro de serviço para um arquivo, independente de qualquer outro serviço.

Ele pode registrar o início e término da conexão, assim você pode determinar por quanto tempo um cliente usou seus serviços.

Ele pode registrar informações abrangentes sobre tentativas de conexão.

Serviços de download de um host remoto
O recurso redir permite que você redirecione um fluxo TCP para outro host. Este outro host não precisa ser uma máquina acessível externamente. Se você quiser prestar serviços em uma máquina operada pelo WinRoute, execute xinetd com o recurso redir para redirecionar o serviço para um host diferente.
suporte a IPv6
A interação do usuário

Instalação

aptitude install xinetd

Configuração

root@aluno# xinetd sample config

```
#

defaults
{
  instances    = 25
  log_type     = FILE /var/log/servicelog
  log_on_success = HOST PID
  log_on_failure = HOST RECORD
#  only_from    = 128.138.193.0 128.138.204.0
#  only_from    = localhost
  disabled     = tftp
}

service imap
{
  socket_type  = stream
  protocol     = tcp
  wait         = no
  user         = root
  only_from    = 198.72.5.0 localhost
  banner       = /usr/local/etc/deny_banner
  server       = /usr/local/sbin/imapd
}
```

402 ▸ Administração de Servidores Linux

```
service telnet
{
  flags      = REUSE
  socket_type  = stream
  wait      = no
  user      = root
  redirect    = 192.168.1.1 23
  bind      = 127.0.0.1
  log_on_failure += USERID
}

service telnet
{
  flags      = REUSE
  socket_type  = stream
  wait      = no
  user      = root
  server      = /usr/sbin/in.telnetd
  bind      = 192.168.1.11
  log_on_failure += USERID
}

#service chargen
#{
#  type      = INTERNAL
#  id      = chargen-stream
#  socket_type  = stream
#  protocol   = tcp
#  user    = root
#  wait    = no
#}

service xadmin
{
  type      = INTERNAL
  socket_type  = stream
  protocol    = tcp
  user      = root
  wait      = no
```

```
port      = 7000
}
```

Instalando Linux no pendrive

Home Page Distribuição: Ubuntu.
Capacidade mínima Drive Flash: 1GB.
Ubuntu USB Flash Drive via criação essencial CD.

Um Live CD do Ubuntu.
Unidade de Flash USB 1 GB ou maior (eu recomendo um 4GB se estiver usando persistência).
Instalando o Ubuntu em um Flash Drive via Criador de disco de inicialização:
Nota: Faça backup de TODOS os dados de sua movimentação flash antes de continuar!

Insira o CD do Ubuntu e reinicie o computador; iniciar a partir do Live CD.
Inserir o pendrive.
Navegar à Administração de Sistemas Criador>> disco de inicialização:
Em seguida, Selecione o seu Flash Drive de Disco para uso e optar por apagar.
Disk.
Agora, selecione a partição relacionada ao seu Flash Drive, selecione a opção armazenados no espaço reservado extra e ajuste o controle deslizante para a capacidade desejada. Clique no botão Make Startup Disk:
Uma barra será exibida para indicar o progresso da instalação. Uma vez que a instalação estiver concluída, remova o CD, reinicie o seu computador e defina seu menu de inicialização ou sistema BIOS para iniciar a partir do seu dispositivo USB.

Servidor de e-mail

Para se ter um servidor básico de e-mail no Linux, basta instalar o pacote postfix e responder site internet e na próxima tela nomedamaquina.dominio. Com estas duas respostas, você já envia e-mail de sua máquina para a internet utilizando um servidor de e-mail, mas isto tem algumas restrições, pois hoje os servidores de e-mail, devido à grande quantidade de spams, está fazendo várias verificações antes de aceitar entregar um e-mail, e uma delas é verificar se seu servidor de e-mail possui autorização para envio de e-mail do seu domínio. Isto deve ser dado na configuração de MX de seu servidor de DNS.

404 ▸ Administração de Servidores Linux

Vejamos uma configuração de um servidor detalhada onde iremos configurar servidor cliente e ferramentas de controle e anti-spam.

http://www200.pair.com/mecham/spam/virtual2p1.html#pfix

Compilando código fonte

Muitas vezes o programa que queremos não tem um pacote pré-compilado. Nesse caso, precisamos obter o código fonte e compilá-lo. Vamos aprender que a grande diferença entre software livre e de código aberto e softwares proprietários é que no caso dos softares livres e abertos podemos obter o código fonte do programa e compilá-lo da maneira que acharmos melhor.

A princípio pensamos que nunca vamos precisar compilar programas e que sempre vamos instalá-los a partir de pacotes binários, mas, acredite, muitas vezes é mais interessante e até mesmo necessário compilar o programa, seja pela falta de um pacote binário, para ter a chance de otimizar o programa para necessidades específicas, ou simplesmente por curiosidade.

Compilar programas no Linux não é trivial, mas também não chega a ser difícil. Vou tentar mostrar de maneira simples e explicativa as maneiras mais comuns de compilar programas no Linux.

O primeiro passo é obter o código fonte do programa. Geralmente ele é encontrado no site do desenvolvedor, mas muitos projetos são hospedados em sites como o freshmeat.net e sourceforge.net. Uma busca no Google Linux também pode ajudar bastante.

A maioria dos programas para Linux são escritos na linguagem C ou C++ e consistem de vários arquivos dispostos em diversos diretórios, por isso eles são encontrados comumente na forma de arquivos empacotados e compactados. As extensões mais comuns são .tar.gz e .tar.bz2, que significa empacotado com o tar e compactados com o gzip ou bzip2, respectivamente. O bzip2 tem se tornado mais comum a cada dia, pois resulta em arquivos muito menores.

Vamos usar para efeito de exemplificação um programa fictício chamado 'meu programa 1.0'. Baixamos este programa nas duas formas de compactação, ou seja, 'meuprograma-1.0.tar.gz' e 'meuprograma-1.0.tar.bz2".

Vamos agora descompactá-lo:

A forma mais simples de fazer a descompactação é usando o tar com a opção de descompressão -x e indicando o formato gzip (-z) ou bzip2 (j).

```
root@aluno# tar zxvf meuprograma-1.0.tar.gz
```

Servidores FTP ◀ **405**

ou então
```
root@aluno# tar jxvf meuprograma-1.0.tar.bz2
```
Note que não é necessário usar o hífen (-) antes das opções para o tar; use-o se quiser.

A partir daqui não fará nenhuma diferença se você baixou o arquivo .gz ou .bz2. Descompactado o arquivo, é criado um diretório, usualmente com o mesmo nome do arquivo (claro, sem a extensão). No nosso caso, 'meuprograma-1.0".
Entre nesse diretório:
```
root@aluno# cd meuprograma-1.0
```

Examine o conteúdo do diretório
```
root@aluno# ls -la
```

Provavelmente existem dois arquivos – README e INSTALL – que trazem informações genéricas sobre o pacote e informações sobre a instalação. É altamente recomendada a leitura desses arquivos, mas prepare-se para ler em inglês. Qualquer informação específica do programa que o torne diferente na maneira de instalar vai estar contida nestes arquivos, portanto leia-os.
```
root@aluno# less README
root@aluno# less INSTALL
```

Terminando de ler, vamos agora para a parte interessante: a compilação.
Para compilar programas no Linux, você vai precisar do compilador C e C++ GCC (geralmente encontrado nas distribuições Linux dividido em três pacotes: gcc, cpp e g++), do GNU Make e, algumas vezes, do autoconf e automake.

O primeiro passo da compilação geralmente é rodar um script chamado configure. Este script, que é gerado pelo desenvolvedor do programa com o autoconf, examina o seu sistema na busca por bibliotecas e arquivos de configuração e executáveis necessários para a compilação do programa. Se tudo estiver OK, ele gera um arquivo chamado Makefile, que será usado posteriormente pelo make. Se alguma dependência não for encontrada, ele para e mostra uma pequena mensagem de erro, indicando o que ocorreu ou qual arquivo estava faltando. Na maioria das vezes o configure executa sem problemas. Para executá-lo, faça
```
root@aluno#./configure
```

O próximo passo é a compilação propriamente dita. Como você pode imaginar, não é necessário compilar um a um os arquivo de código fonte. A compilação é

406 ▸ Administração de Servidores Linux

coordenada pelo make, que segue um roteiro definido no Makefile, compilando e gerando os arquivos binários para você com o uso do gcc.
Para compilar, use

```
root@aluno# make
```

Dependendo do tamanho do programa que você está compilando, esse processo pode demorar bastante. Você vai ver muita saída de texto e provavelmente não vai entender nada do que está escrito. Não se preocupe.
Terminada a compilação – sem nenhum erro, é claro –, é hora de instalar o programa.

Note que até agora usamos um usuário comum (não root) para executar os comandos. É recomendável que se faça assim. Mas a instalação deve ser feita como root, pois ele tem acesso de escrita em qualquer diretório. A não ser que você saiba o que está fazendo, mude para root antes de instalar o programa. Essa mudança de usuário é feita com o comando
root@aluno# su

Digite a senha de root e o prompt será mudado para
```
root@aluno#
```

Agora use
```
root@aluno# make install
```

para instalar o programa. Note que a instalação também é feita através do make. O make não serve apenas para compilar programas, serve para otimizar tarefas que seguem passos bem definidos. A instalação, por exemplo, consiste em copiar os arquivos certos nos lugares certos com as permissões adequadas. O roteiro da instalação também é definido no Makefile.

Este roteiro simples, de 3 comandos
```
root@aluno#./configure
root@aluno# make
root@aluno# make install
```

é praticamente um padrão e é usado na grande maioria dos programas. Mas pode ser que o seu programa tenha opções e comandos específicos. Para saber esses comandos, o jeito é ler os arquivos README e INSTALL ou procurar ajuda em listas de discussão ou canais IRC.

Existem algumas opções comuns que podem ser usadas, principalmente no script 'configure'. Geralmente é possível listá-las com

```
root@aluno#./configure --help
```

A mais usada é –prefix, que diz onde o programa será instalado. Se você quiser que seu programa seja instalado em /usr, por exemplo, use

```
root@aluno#./configure --prefix=/usr
```

Assim os arquivos serão divididos entre diversos diretórios logo abaixo de /usr (por exemplo: binários em /usr/bin).
Alguns programas, na verdade a maioria deles, incluem um atalho para a desinstalação, geralmente

```
root@aluno# make uninstall
```

e um para limpar os arquivos gerados pela compilação anterior

```
root@aluno# make clean
```

Compilar kernel

Compilar o kernel do Linux é uma tarefa que se aprende com o tempo, depois de várias tentativas. Mas os problemas geralmente se resumem à configuração e não à compilação. Vou tentar dar umas dicas referentes à configuração, mas lembre-se de que cada máquina usa uma configuração diferente, por isso tenha em mãos toda a configuração do seu computador e não desista na primeira tentativa.
Para compilar, você vai precisar do gcc (a documentação do kernel recomenda a versão 2.95 do gcc, mas eu tenho compilado com sucesso o kernel com as versões 3.2 e 3.3, e muitas distros fazem isso também. A dica é tentar compilar com a versão mais atual do gcc. Se der algum problema, compile com a 2.95, do Ncurses (geralmente um pacote chamado libncurses-dev ou Ncurses-devel), do make e do module-init-tools.
Qualquer dúvida sobre os pacotes necessários para compilar o kernel, leia o arquivo /usr/src/Linux/Documentation/Changes.
Vou usar como referência o kernel da versão 2.6.4 baixado do kernel.org.
Baixe o source do kernel (clique no 'F' ao lado da versão do kernel que você deseja baixar. O 'F' significa 'Full source'). Copie o arquivo baixado para /usr/src:

```
root@aluno# cp Linux-2.6.4.tar.bz2 /usr/src
```

e decompacte-o:

```
root@aluno# cd /usr/src
root@aluno# tar jxvf Linux-2.6.4.tar.bz2
```

408 ▸ **Administração de Servidores Linux**

Para facilitar, crie um link simbólico para o diretório que foi criado chamado 'Linux'. Se já existir, remova e crie novamente:

```
root@aluno# rm /usr/src/Linux
root@aluno# ln -s /usr/src/Linux-2.6.4 /usr/src/Linux
```

Como a maioria de nós vai compilar o kernel em desktop, vou usar o patch do Con Kolivas, que otimiza o kernel para operações comuns de desktop. Não é obrigatório, mas eu recomendo que use este patch, pois ele melhora bastante o desempenho.
Baixe o arquivo patch-2.6.4-ck1.bz2 e copie-o também para /usr/src

```
root@aluno# cp patch-2.6.4-ck1 /usr/src
```

descompacte-o

```
root@aluno# bunzip2 patch-2.6.4-ck1.bz2
```

e aplique o patch no source do seu kernel

```
root@aluno# cd /usr/src/Linux
root@aluno# patch -p1 < ../patch-2.6.4-ck1
```

Agora vamos à configuração. Estando em /usr/src/Linux, digite

```
root@aluno# make mrproper
```

para limpar as configurações e depois

```
root@aluno# make menuconfig
```

Existem outras maneiras de configurar o kernel, inclusive em modo gráfico, mas aqui vou me referir apenas ao menuconfig.

Como disse anteriormente, esta parte depende muito da máquina em questão. É necessário que você selecione todas as opções referentes ao seu hardware e os sistemas de arquivo que você usa. No menuconfig um '*' significa que a opção será compilada dentro da imagem do kernel, um 'M' significa que será compilado como um módulo externo.

O sistema de arquivos que a sua partição Linux usa deve ser marcado como '*', bem como suporte a IDE (ou SCSI, se for o caso). O restante das opções pode ser escolhido como módulo, você escolhe.
Lembre-se de que, se você selecionar alguma opção como módulo, deve marcar a opção

Loadable Module Support -> Enable loadable module support,
Loadable Module Support -> Module unloading
e
Loadable Module Support -> Automatic kernel module unloading.

Salve a configuração. Agora vamos compilar.
A compilação dos kernels da versão 2.6 é um pouco diferente da 2.4. Não existe mais o comando make dep e há alguns outros alvos (make help exibe as opções disponíveis).

Vamos por partes:
A primeira coisa a fazer é criar a imagem 'bootável' do kernel:

```
root@aluno# make bzImage
```

Este comando pode demorar bastante tempo, dependendo da máquina usada. Se a sua máquina for antiga, arrume algo para fazer, pois é tedioso ficar assistindo à compilação.

Terminado esse comando, a imagem do kernel gerada é gravada em /usr/src/Linux/arch/i386/boot/bzImage

O próximo passo é compilar os módulos (aquelas opções selecionadas como 'M' na configuração). Se você não selecionou nada como 'M' (o que não é comum), pode pular essa parte.

```
root@aluno# make modules
```

E agora instale os módulos criados:

```
root@aluno# make modules_install
```

Se você não tiver instalado o pacote module-init-tools, vai receber uma mensagem de erro ao final do make modules_install. Se isso acontecer, instale o module-init--tools, pois sem ele o kernel 2.6 não vai funcionar.

Tudo certo até aqui? Parabéns, o seu kernel está compilado. Vamos agora configurar o nosso sistema para poder 'bootar' este novo kernel.

Copie os arquivos de imagem, configuração e o System.map para /boot

```
root@aluno# cp /usr/src/Linux/arch/i386/boot/bzImage/boot/vm-
linuz-2.6.4
```

410 ▸ **Administração de Servidores Linux**

```
root@aluno# cp /usr/src/Linux/.config /boot/config-2.6.4
root@aluno# cp /usr/src/Linux/System.map /boot/System.map-2.6.4
```

Vamos configurar agora o gerenciador de boot para usar esse novo kernel. É importante que você mantenha a versão antiga do kernel intocada para poder inicializar o Linux em caso de erros no kernel novo.

Se você usa o LILO, edite o arquivo /etc/lilo.conf com o seu editor de textos preferido.

Saiba qual a partição onde seu Linux está instalado. É algo como /dev/sdax, onde x é um número. Olhe no lilo.conf, na parte referente ao outro kernel, e use a mesma partição na nova configuração. Vou usar /dev/sda2 como referência:
A configuração ficará assim:
```
image /boot/vmlinuz-2.6.4
  root=/dev/sda2
  label=Linux-2.6.4
  read-only
```

Salve o arquivo e execute o comando /sbin/lilo para gravar a nova configuração
 /sbin/lilo

Se o seu gerenciador de boot é o GRUB, edite o arquivo /boot/grub/grub.conf ou /boot/grub/menu.lst. Veja em que partição seu Linux está instalado. O GRUB usa uma configuração um pouco diferente, do tipo (hdx,y), onde x é a interface IDE, e o y é o número da partição. Neste caso, /dev/sda2 = (hd0,1). Vou usar /dev/sda2 como exemplo, mas lembre-se de trocar para a partição que você usa.
A entrada no arquivo ficará assim:
```
title Linux-2.6.4
root (hd0,1)
kernel /boot/vmlinuz-2.6.4 root=/dev/sda2 ro
```

Salve o arquivo e pronto. O GRUB não necessita que seja rodado nenhum comando após a alteração.

Para quem deseja usar o gcc-2.95 para compilar o kernel:

Se você usa normalmente o gcc versão 3.2 ou 3.3, mas deseja compilar o kernel com o 2.95 seguindo as recomendações da documentação, faça o seguinte:

Instale o gcc-2.95. Vamos assumir que ele seja instalado em /usr/bin/gcc-2.95, substitua pelo local correto da sua instalação.

Para usá-lo para compilar o kernel, basta passar o parâmetro 'CC' para o make, assim:

```
make CC=/usr/bin/gcc-2.95 bzImage
make CC=/usr/bin/gcc-2.95 modules
make CC=/usr/bin/gcc-2.95 modules_install
```

Firewall (Iptables)

Iptables, como é mais conhecido, é uma ferramenta de administração do netfilter, que é na verdade um módulo que trabalha junto ao kernel do Linux possibilitando a administração do tráfego de dados.

Características do Iptables

Você pode especificar endereços de origem e destino.
Contagem de pacotes que percorrem pelas regras ou interfaces.
Suporte SNAT e DNAT.
Controle do fluxo de pacotes.
Detecção de fragmentação.
Redirecionamento de portas.
Mascaramento.
Por trabalhar como módulo do kernel, é muito rápido e seguro.
Trabalha com chains, possibilitando melhor controle de fluxo.
Suporta protocolos TCP/UDP/ICMP.
Roteamento de pacotes.
Internamente, possui regras para tratamento de pacotes especiais.
Suporte de interface de entrada e saída.
Permite definição de exceções a regras.

Exemplo de script firewall

Crie o seguinte diretório e arquivo /etc/fw/firewall.sh

```
#!/bin/sh
base=${0##*/}
IPTABLES="/sbin/iptables"
LOCALNET="10.20.28.0/22"
EXTIF="eth1"
EXTIF2="eth2"
```

412 ▸ Administração de Servidores Linux

```
# SERVIDORES
WEBCACHE="10.20.28.253"
DNSCACHE="10.20.28.2"
WEBSERVER="10.20.28.3"
CAMCORDER="10.20.28.6"
WEBSERVERTESTE="10.20.28.15"
FINANCEIROTS="10.20.29.63"
FW="187.17.13.174"
FW2="192.168.254.2"
WEBPUB="187.17.242.59"
VOIP="187.17.242.58"
MAILSERVER="75.126.176.78"

        start() {
           echo -n "Carrega Firewall & Mascarade..."

        # CARREGA MODULOS
        modprobe ip_conntrack
        modprobe ip_conntrack_ftp
        modprobe ip_conntrack_irc
        modprobe iptable_nat
        modprobe ip_nat_ftp

                #Limpa antigas tabelas
                $IPTABLES -F
                $IPTABLES -F INPUT
                $IPTABLES -F OUTPUT
                $IPTABLES -F FORWARD
                $IPTABLES -t nat -F
                $IPTABLES -t mangle -F
                $IPTABLES -X
                $IPTABLES -P INPUT DROP
                $IPTABLES -P FORWARD DROP
                $IPTABLES -P OUTPUT ACCEPT

                $IPTABLES -A INPUT -m state --state
ESTABLISHED,RELATED -j ACCEPT
                $IPTABLES -A OUTPUT -m state --state
ESTABLISHED,RELATED -j ACCEPT
```

Servidores FTP ◀ 413

```
        $IPTABLES -A FORWARD -m state --state
ESTABLISHED,RELATED -j ACCEPT

        # TRATAMENTO VPN
        $IPTABLES -t nat -A POSTROUTING -s 10.1.0.1 -o $EXTIF
-j MASQUERADE
        $IPTABLES -t nat -A POSTROUTING -s 10.1.0.2 -o $EXTIF
-j MASQUERADE

    #BLOQUEIO msn web
        $IPTABLES -I INPUT -s 74.114.28.110 -i eth1 -j DROP
        $IPTABLES -I INPUT -s meebo.com -i eth1 -j DROP
        $IPTABLES -I INPUT -s www.meebo.com -i eth1 -j DROP

        #VPN
        $IPTABLES -A FORWARD -p tcp -s 0.0.0.0/0 --sport 1194
-d $VOIP -j ACCEPT
        $IPTABLES -A FORWARD -p tcp -s 0.0.0.0/0 --sport 1194
-d $EXTIF -j ACCEPT
        $IPTABLES -A FORWARD -p tcp -s 0.0.0.0/0 --sport 1194
-d $FW -j ACCEPT
        $IPTABLES -A FORWARD -p tcp -s 0.0.0.0/0 --sport 1194
-d $LOCALNET -j ACCEPT
        $IPTABLES -A FORWARD -p tcp -s 0.0.0.0/0 --sport 1194
-d $WEBPUB -j ACCEPT

        $IPTABLES -A FORWARD -p tcp -s 0.0.0.0/0 --dport 1194
-d $VOIP -j ACCEPT
        $IPTABLES -A FORWARD -p tcp -s 0.0.0.0/0 --dport 1194
-d $EXTIF -j ACCEPT
        $IPTABLES -A FORWARD -p tcp -s 0.0.0.0/0 --dport 1194
-d $FW -j ACCEPT
        $IPTABLES -A FORWARD -p tcp -s 0.0.0.0/0 --dport 1194
-d $LOCALNET -j ACCEPT
        $IPTABLES -A FORWARD -p tcp -s 0.0.0.0/0 --dport 1194
-d $WEBPUB -j ACCEPT

        $IPTABLES -A FORWARD -p udp -s 0.0.0.0/0 --sport 1194
-d $VOIP -j ACCEPT
```

414 ▶ Administração de Servidores Linux

```
            $IPTABLES -A FORWARD -p udp -s 0.0.0.0/0 --sport 1194
-d $EXTIF -j ACCEPT
            $IPTABLES -A FORWARD -p udp -s 0.0.0.0/0 --sport 1194
-d $FW -j ACCEPT
            $IPTABLES -A FORWARD -p udp -s 0.0.0.0/0 --sport 1194
-d $LOCALNET -j ACCEPT
            $IPTABLES -A FORWARD -p udp -s 0.0.0.0/0 --sport 1194
-d $WEBPUB -j ACCEPT

            $IPTABLES -A FORWARD -p udp -s 0.0.0.0/0 --dport 1194
-d $VOIP -j ACCEPT
            $IPTABLES -A FORWARD -p udp -s 0.0.0.0/0 --dport 1194
-d $EXTIF -j ACCEPT
            $IPTABLES -A FORWARD -p udp -s 0.0.0.0/0 --dport 1194
-d $FW -j ACCEPT
            $IPTABLES -A FORWARD -p udp -s 0.0.0.0/0 --dport 1194
-d $LOCALNET -j ACCEPT
            $IPTABLES -A FORWARD -p udp -s 0.0.0.0/0 --dport 1194
-d $WEBPUB -j ACCEPT

            $IPTABLES -A FORWARD -i tun0 -d 0/0 -j ACCEPT
            $IPTABLES -A FORWARD -i tun0 -d 0/0 -j ACCEPT

            #Criando chain block
            $IPTABLES -N block
            $IPTABLES -N in_icmp
            $IPTABLES -A INPUT -p icmp -j in_icmp
            $IPTABLES -A INPUT -j block

            #Encaminha pacotes de $LOCALNET para $EXTIF
            $IPTABLES -A FORWARD -i eth0 -o $EXTIF -j ACCEPT

            #Aceita conexoes em $EXTIF
            $IPTABLES -A block -m state --state
NEW,ESTABLISHED,RELATED -j ACCEPT
            $IPTABLES -A block -m state --state NEW -i ! $EXTIF
-j ACCEPT

            #Protecao contra spoofing
```

Servidores FTP ◀ 415

```
              $IPTABLES -A block -s $LOCALNET -i $EXTIF -j DROP
              $IPTABLES -A INPUT -i $EXTIF -s 192.168.0.0/24 -j
DROP
              $IPTABLES -A INPUT -i $EXTIF -s 192.168.1.0/24 -j
DROP
              $IPTABLES -A INPUT -i $EXTIF -s 127.0.0.0/8 -j DROP
              $IPTABLES -A FORWARD -p tcp --syn -m limit --limit
1/s -j ACCEPT
              $IPTABLES -N syn-flood
              $IPTABLES -A INPUT -i $EXTIF -p tcp --syn -j syn-flood
              $IPTABLES -A syn-flood -m limit --limit 1/s --limit-
burst 4 -j RETURN
              $IPTABLES -A syn-flood -j DROP

              #Bloqueano icmp timestamp
              $IPTABLES -I INPUT 1 -p ICMP --icmp-type timestamp-
request -j DROP
              $IPTABLES -I INPUT 1 -p ICMP --icmp-type timestamp-
reply -j DROP

              # Habilitando porta ssh ESTABLISHED,RELATED
              # Bloqueando SSH BRUTE FORCE
              $IPTABLES -I block -p tcp --dport 1024:65535 -m state
-state NEW,ESTABLISHED,RELATED -j ACCEPT
              $IPTABLES -I block -i $EXTIF -p tcp --dport 10022 -m
state --state NEW,ESTABLISHED -j ACCEPT
              $IPTABLES -I block -i $EXTIF -p tcp --dport 22 -m
state --state NEW,ESTABLISHED -j ACCEPT
              $IPTABLES -A INPUT -i $EXTIF -p tcp --dport 22 -m
state --state NEW -m recent --set --name SSH
              $IPTABLES -A INPUT -i $EXITF -p tcp --dport 22 -m
state --state NEW -m recent --update --seconds 60 --hitcount 8
--rttl --name SSH -j DROP
              $IPTABLES -A INPUT -i $EXTIF2 -p tcp --dport 22 -m
state --state NEW -m recent --set --name SSH
              $IPTABLES -A INPUT -i $EXITF2 -p tcp --dport 22 -m
state --state NEW -m recent --update --seconds 60 --hitcount 8
--rttl --name SSH -j DROP
```

416 ▸ Administração de Servidores Linux

```
#drop de servicos nao permitidos com logs
$IPTABLES -N dropwall
$IPTABLES -A BADFLAGS -m limit --limit 15/second -j
LOG --log-level 6 --log-prefix BADFLAGS
$IPTABLES -A BADFLAGS -j DROP

#contra ping da morte
$IPTABLES -N ping
$IPTABLES -A ping -m limit --limit 15/second -j LOG
--log-level 6 --log-prefix Ping:
$IPTABLES -A ping -j DROP

#Drop sem Log
$IPTABLES -N silent
$IPTABLES -A silent -j DROP

#Accept com Log
$IPTABLES -N liberados
$IPTABLES -A liberados -j LOG --log-level 6 --log-
prefix Liberados:
$IPTABLES -A liberados -j ACCEPT

#StateFull
$IPTABLES -A INPUT -m state --state
ESTABLISHED,RELATED -j ACCEPT
$IPTABLES -A OUTPUT -m state --state
ESTABLISHED,RELATED -j ACCEPT
$IPTABLES -A FORWARD -m state --state
ESTABLISHED,RELATED -j ACCEPT

#Aceita INPUT para o Firewall da Rede interna e lo
$IPTABLES -A INPUT -i eth0 -s 0/0 -d 0/0 -j ACCEPT
$IPTABLES -A INPUT -i lo -s 0/0 -d 0/0 -j ACCEPT

##################################################
# Pacotes Estranhos (nasty packets!)
##################################################

$IPTABLES -A INPUT -p tcp --tcp-flags ALL FIN,URG,PSH
```

```
-j BADFLAGS
                $IPTABLES -A INPUT -p tcp --tcp-flags ALL ALL -j BAD-
FLAGS
                $IPTABLES -A INPUT -p tcp --tcp-flags ALL
SYN,RST,ACK,FIN,URG -j BADFLAGS
                $IPTABLES -A INPUT -p tcp --tcp-flags ALL NONE -j BAD-
FLAGS
                $IPTABLES -A INPUT -p tcp --tcp-flags SYN,RST SYN,RST
-j BADFLAGS
                $IPTABLES -A INPUT -p tcp --tcp-flags SYN,FIN SYN,FIN
-j BADFLAGS

                ##################################################
                # Regras para PING (icmp)
                #Drop icmp, but only after letting certain types
through
                ##################################################

                $IPTABLES -A INPUT -p icmp --icmp-type 0 -j ACCEPT
                $IPTABLES -A INPUT -p icmp --icmp-type 3 -j ACCEPT
                $IPTABLES -A INPUT -p icmp --icmp-type 11 -j ACCEPT
                $IPTABLES -A INPUT -p icmp --icmp-type 8 -m limit
--limit 1/second -j ACCEPT
                $IPTABLES -A INPUT -p icmp -j ping

                $IPTABLES -A FORWARD -p icmp --icmp-type 0 -j ACCEPT
                $IPTABLES -A FORWARD -p icmp --icmp-type 3 -j ACCEPT
                $IPTABLES -A FORWARD -p icmp --icmp-type 11 -j ACCEPT
                $IPTABLES -A FORWARD -p icmp --icmp-type 8 -m limit
--limit 1/second -j ACCEPT
                $IPTABLES -A FORWARD -p icmp -j ping

                ##### ATIVANDO MASQUERADE PARA LINK DE BACKUP #####
                $IPTABLES -t nat -A POSTROUTING -o $EXTIF2 -j MAS-
QUERADE

                #LIMITANDO CONEXOES NO IIS
                $IPTABLES -A INPUT -i $EXTIF -p tcp --dport 80 -d
187.17.242.59 -m state --state NEW,RELATED,INVALID -m recent --set
```

418 ▸ Administração de Servidores Linux

```
--name IIS
        $IPTABLES -A INPUT -i $EXTIF -p tcp --dport 80 -d
187.17.242.59 -m state --state NEW,RElATED,INVALID -m recent --up-
date --seconds 10 --hitcount 10 --rttl --name IIS -j DROP

        # Rede Invalida (Tudo)
        $IPTABLES -A FORWARD -i eth0 -d 0/0 -j ACCEPT
        $IPTABLES -A FORWARD -i eth0 -d 0/0 -j ACCEPT

        # DMZ/DNS
        $IPTABLES -A FORWARD -p tcp -i eth0 -d 0/0 --dport
www -j ACCEPT
        $IPTABLES -A FORWARD -p tcp -i eth0 -d 0/0 --dport
443 -j ACCEPT
        $IPTABLES -A FORWARD -p tcp -i eth0 -d 0/0 --dport
smtp -j ACCEPT
        $IPTABLES -t nat -A POSTROUTING -o $EXTIF -p udp
--dport 53 -j MASQUERADE

        # TRATAMENTO PARA VOIP
        $IPTABLES -t nat -A POSTROUTING -s 187.17.242.58 -o
$EXTIF -j MASQUERADE
        $IPTABLES -t nat -A POSTROUTING -s 10.20.28.254 -o
$EXTIF -j MASQUERADE

        # TRATAMENTO DO FINANCEIRO
        $IPTABLES -t nat -A POSTROUTING -s 10.20.29.48 -o
$EXTIF -j MASQUERADE
        $IPTABLES -t nat -A POSTROUTING -s 10.20.29.49 -o
$EXTIF -j MASQUERADE

        # TRATAMENTO DO RASTREADOR
        $IPTABLES -I INPUT -s webservices.maplink2.com.br -i
$EXTIF -j ACCEPT
        $IPTABLES -I INPUT -s webservices.maplink.com.br -i
$EXTIF -j ACCEPT

        # TRATAMENTO TI
        $IPTABLES -t nat -A POSTROUTING -s 10.20.28.7 -o
```

Servidores FTP ◄ 419

```
$EXTIF -j MASQUERADE #Atualizacoes
                $IPTABLES -t nat -A POSTROUTING -s 10.20.29.1 -o
$EXTIF -j MASQUERADE #Atos

                ####
                # Loopback interface
                ####
                $IPTABLES -A INPUT -i lo -j ACCEPT

                #WEB SERVER - PRODUCAO E DEVEL
                $IPTABLES -A FORWARD -p tcp -s 0.0.0.0/0 -d $CAMCORD-
ER --dport www -j ACCEPT
                $IPTABLES -A FORWARD -p tcp -s 0.0.0.0/0 -d $WEBSERV-
ER --dport www -j ACCEPT
                $IPTABLES -A FORWARD -p tcp -s 0.0.0.0/0 -d $WEBSER-
VERTESTE --dport www -j ACCEPT
                $IPTABLES -A FORWARD -p tcp -s 0.0.0.0/0 -d $WEBPUB
--dport www -j ACCEPT
                $IPTABLES -A FORWARD -p tcp -s 0.0.0.0/0 --sport www
-d $CAMCORDER -j ACCEPT
                $IPTABLES -A FORWARD -p tcp -s 0.0.0.0/0 --sport www
-d $WEBSERVER -j ACCEPT
                $IPTABLES -A FORWARD -p tcp -s 0.0.0.0/0 --sport www
-d $WEBSERVERTESTE -j ACCEPT
                $IPTABLES -A FORWARD -p tcp -s 0.0.0.0/0 --sport www
-d $WEBPUB -j ACCEPT

                ##### PORTAS ACEITAVEIS ####
                # VNC
                $IPTABLES -A FORWARD -p tcp -s 0.0.0.0/0 --dport 5800
-d $FW -j ACCEPT
                $IPTABLES -A FORWARD -p tcp -s 0.0.0.0/0 --sport 5800
-d $FW -j ACCEPT
                $IPTABLES -A FORWARD -p tcp -s 0.0.0.0/0 --dport 5900
-d $FW -j ACCEPT
                $IPTABLES -A FORWARD -p tcp -s 0.0.0.0/0 --sport 5900
-d $FW -j ACCEPT

                $IPTABLES -A FORWARD -p tcp -s 0.0.0.0/0 --dport 8080
```

420 ▸ Administração de Servidores Linux

```
-d $VOIP -j ACCEPT
            $IPTABLES -A FORWARD -p tcp -s 0.0.0.0/0 --sport 8080
-d $VOIP -j ACCEPT
            $IPTABLES -A FORWARD -p tcp -s 0.0.0.0/0 --dport 8080
-d $VOIP -j ACCEPT
             $IPTABLES -A FORWARD -p tcp -s 0.0.0.0/0 --sport
8080 -d $VOIP -j ACCEPT

            # TS
            $IPTABLES -A OUTPUT -p tcp -m multiport -s 0/0 -d 0/0
--dports 3386,3387,3389 -j ACCEPT
             $IPTABLES -A FORWARD -p tcp -m multiport -s 0/0 -d
0/0 --dports 3386,3387,3389 -j ACCEPT
            $IPTABLES -A INPUT -p tcp -m multiport -s 0/0 -d 0/0
--dports 3386,3387,3389 -j ACCEPT
            $IPTABLES -A OUTPUT -p tcp -m multiport -s 0/0 -d 0/0
--sports 3386,3387,3389 -j ACCEPT
            $IPTABLES -A FORWARD -p tcp -m multiport -s 0/0 -d
0/0 --sports 3386,3387,3389 -j ACCEPT
            $IPTABLES -A INPUT -p tcp -m multiport -s 0/0 -d 0/0
--sports 3386,3387,3389 -j ACCEPT
            $IPTABLES -A OUTPUT -m multiport -s 0/0 -d 0/0 -p tcp
--dports 3386,3387,3389 -j ACCEPT
            $IPTABLES -t nat -A POSTROUTING -o $EXTIF -p tcp -m
multiport --dports 3386,3387,3389 -j MASQUERADE

            # MSSQL
            $IPTABLES -A FORWARD -p tcp -s 0.0.0.0/0 --dport 1433
-d $FW -j ACCEPT
             $IPTABLES -A FORWARD -p tcp -s 0.0.0.0/0 --sport
1433 -d $FW -j ACCEPT
            $IPTABLES -A FORWARD -p tcp -s 10.20.28.3 --dport
1433 -o $EXTIF -j ACCEPT
            $IPTABLES -A FORWARD -p tcp -s 10.20.28.3 --sport
1433 -o $EXTIF -j ACCEPT
            $IPTABLES -A INPUT -p tcp -s 0.0.0.0/0 --dport 1433
-d $FW -j ACCEPT
            $IPTABLES -A INPUT -p tcp -s 0.0.0.0/0 --sport 1433
-d $FW -j ACCEPT
```

Servidores FTP ◀ 421

```
                $IPTABLES -A OUTPUT -p tcp -s 10.20.28.3 --dport 1433
-o $EXTIF -j ACCEPT
                $IPTABLES -A OUTPUT -p tcp -s 10.20.28.3 --sport 1433
-o $EXTIF -j ACCEPT


                $IPTABLES -A FORWARD -p tcp -s 10.20.28.0/22 --dport
5800 -o $EXTIF -j ACCEPT
                $IPTABLES -A FORWARD -p tcp -s 10.20.28.0/22 --sport
5800 -o $EXTIF -j ACCEPT
                $IPTABLES -A FORWARD -p tcp -s 10.20.28.0/22 --dport
5900 -o $EXTIF -j ACCEPT
                $IPTABLES -A FORWARD -p tcp -s 10.20.28.0/22 --sport
5900 -o $EXTIF -j ACCEPT
                $IPTABLES -A FORWARD -p tcp -s 187.17.242.58 --dport
8080 -o $EXTIF -j ACCEPT
                $IPTABLES -A FORWARD -p tcp -s 187.17.242.58 --sport
8080 -o $EXTIF -j ACCEPT


                $IPTABLES -A INPUT -p tcp -s 0.0.0.0/0 --dport 5800
-d $FW -j ACCEPT
                $IPTABLES -A INPUT -p tcp -s 0.0.0.0/0 --sport 5800
-d $FW -j ACCEPT
                $IPTABLES -A OUTPUT -p tcp -s 10.20.28.0/22 --dport
5800 -o $EXTIF -j ACCEPT
                $IPTABLES -A OUTPUT -p tcp -s 10.20.28.0/22 --sport
5800 -o $EXTIF -j ACCEPT
                $IPTABLES -A INPUT -p tcp -s 0.0.0.0/0 --dport 5900
-d $FW -j ACCEPT
                $IPTABLES -A INPUT -p tcp -s 0.0.0.0/0 --sport 5900
-d $FW -j ACCEPT
                $IPTABLES -A OUTPUT -p tcp -s 10.20.28.0/22 --dport
5900 -o $EXTIF -j ACCEPT
                $IPTABLES -A OUTPUT -p tcp -s 10.20.28.0/22 --sport
5900 -o $EXTIF -j ACCEPT
                $IPTABLES -A INPUT -p tcp -s 0.0.0.0/0 --dport 8080
-d $VOIP -j ACCEPT
                $IPTABLES -A INPUT -p tcp -s 0.0.0.0/0 --sport 8080
-d $VOIP -j ACCEPT
                $IPTABLES -A OUTPUT -p tcp -s 187.17.242.58 --dport
```

422 ▶ Administração de Servidores Linux

```
8080 -o $EXTIF -j ACCEPT
            $IPTABLES -A OUTPUT -p tcp -s 187.17.242.58 --sport
8080 -o $EXTIF -j ACCEPT

            #MAIL SERVER
            #SMTP
            $IPTABLES -A FORWARD -p tcp -s $LOCALNET -d 0/0
--dport smtp -j ACCEPT
            $IPTABLES -A FORWARD -p tcp -s $WEBSERVER -d 0/0
--dport smtp -j ACCEPT
            $IPTABLES -A FORWARD -i $EXTIF -s 0/0 -d 0/0 -m tcp
-p tcp --dport smtp -j ACCEPT
            $IPTABLES -A FORWARD -i eth0 -s 0/0 -d 0/0 -m tcp -p
tcp --dport smtp -j ACCEPT
            $IPTABLES -A FORWARD -i eth0 -s 0/0 -d 0/0 -m tcp -p
tcp --dport smtp -j ACCEPT
            $IPTABLES -A FORWARD -i $EXTIF -s 0/0 -d 0/0 -m tcp
-p tcp --sport smtp -j ACCEPT
            $IPTABLES -A FORWARD -i eth0 -s 0/0 -d 0/0 -m tcp -p
tcp --sport smtp -j ACCEPT
            $IPTABLES -A FORWARD -i eth0 -s 0/0 -d 0/0 -m tcp -p
tcp --sport smtp -j ACCEPT
            $IPTABLES -t nat -A POSTROUTING -o $EXTIF -p tcp -m
tcp --dport 25 -j MASQUERADE

            # IMAP
            $IPTABLES -A OUTPUT -p tcp -s 0/0 -d 0/0 --dport 143
-j ACCEPT
            $IPTABLES -A FORWARD -p tcp -s 0/0 -d 0/0 --dport 143
-j ACCEPT
            $IPTABLES -A INPUT -p tcp -s 0/0 -d 0/0 --dport 143
-j ACCEPT
            $IPTABLES -A OUTPUT -p tcp -s 0/0 -d 0/0 --sport 143
-j ACCEPT
            $IPTABLES -A FORWARD -p tcp -s 0/0 -d 0/0 --sport 143
-j ACCEPT
            $IPTABLES -A INPUT -p tcp -s 0/0 -d 0/0 --sport 143
-j ACCEPT
            $IPTABLES -A FORWARD -p tcp -s $LOCALNET -d
```

Servidores FTP ◀ 423

```
$MAILSERVER --dport 143 -j ACCEPT
                $IPTABLES -A FORWARD -p tcp -s $WEBSERVER -d
$MAILSERVER --dport 143 -j ACCEPT
                # SSL
                $IPTABLES -A OUTPUT -p tcp -s 0/0 -d 0/0 --dport 443
-j ACCEPT
                $IPTABLES -A FORWARD -p tcp -s 0/0 -d 0/0 --dport 443
-j ACCEPT
                $IPTABLES -A INPUT -p tcp -s 0/0 -d 0/0 --dport 443
-j ACCEPT
                 $IPTABLES -A OUTPUT -p tcp -s 0/0 -d 0/0 --sport 443
-j ACCEPT
                $IPTABLES -A FORWARD -p tcp -s 0/0 -d 0/0 --sport 443
-j ACCEPT
                $IPTABLES -A INPUT -p tcp -s 0/0 -d 0/0 --sport 443
-j ACCEPT
                $IPTABLES -A FORWARD -p tcp -s $LOCALNET -d $WEBSERV-
ER --dport 443 -j ACCEPT
                $IPTABLES -A FORWARD -i $EXTIF -s 0/0 -d $WEBSERVER
-m tcp -p tcp --dport 443 -j ACCEPT
                $IPTABLES -t nat -A POSTROUTING -o $EXTIF -p tcp -m
tcp --dport 443 -j MASQUERADE

                # PROXY-CACHE
                $IPTABLES -A FORWARD -p tcp -s $LOCALNET -d $WEBCACHE
--dport webcache -j ACCEPT
                $IPTABLES -A FORWARD -s $WEBCACHE -d 0/0 -j ACCEPT
                $IPTABLES -A INPUT -s $WEBCACHE -d 0/0 -j ACCEPT
                $IPTABLES -A OUTPUT -s $WEBCACHE -d 0/0 -j ACCEPT

                #Forcando passar pelo Proxy
                $IPTABLES -A FORWARD -i eth0 -s 10.20.28.0/22 -p tcp
-m tcp --dport 80 -j DROP
                $IPTABLES -A FORWARD -i eth0 -s 10.20.29.0/22 -p tcp
-m tcp --dport 80 -j DROP
                $IPTABLES -A FORWARD -s $WEBCACHE -i eth0 -d 0/0 -p
tcp -m tcp --dport 80 -j ACCEPT

                #Proxy SNAT
```

424 ▸ Administração de Servidores Linux

```
            $IPTABLES -t nat -A POSTROUTING -s $WEBCACHE -p tcp
-o $EXTIF -j SNAT --to $FW
            $IPTABLES -A FORWARD -p UDP --dport 53 -i $EXTIF -j
ACCEPT
#$IPTABLES -t nat -A PREROUTING -i eth0 -p tcp --dport 1863 -j RE-
DIRECT --to-port 1863
            #Aceitando PORTAS ESSENCIAIS
            $IPTABLES -A OUTPUT -p tcp -m multiport --sports 22,2
038,10022,443,50080,50010,1863,587,465,990,995,110 -j ACCEPT
            $IPTABLES -A OUTPUT -p tcp -m multiport --dports 22,2
038,10022,443,50080,50010,1863,587,465,990,995,110 -j ACCEPT
            $IPTABLES -A INPUT -p tcp -m multiport --dports 22,20
38,10022,443,50080,50010,1863,587,465,990,995,110 -j ACCEPT
            $IPTABLES -A INPUT -p tcp -m multiport --sports 22,20
38,10022,443,50080,50010,1863,587,465,990,995,110 -j ACCEPT
            $IPTABLES -A FORWARD -p tcp -m multiport --dports 22,
2038,10022,443,50080,50010,1863,587,465,990,995,110 -j ACCEPT
            $IPTABLES -A FORWARD -p tcp -m multiport --sports 22,
2038,10022,443,50080,50010,1863,587,465,990,995,110 -j ACCEPT
            $IPTABLES -t nat -A POSTROUTING -o $EXTIF -p tcp -m
multiport --dports 22,2038,50080,50010,10022,990,443,1863,587,465,9
95,110 -j MASQUERADE

            $IPTABLES -A FORWARD -p tcp -m multiport -i eth0
--dport 22,10022 -d 10.20.28.254 -j ACCEPT
            $IPTABLES -A FORWARD -p tcp -m multiport -i $EXTIF
--dport 22,10022 -d 10.20.28.254 -j ACCEPT
            $IPTABLES -A FORWARD -p tcp -m multiport -i eth2
--dport 22,10022 -d 10.20.28.254 -j ACCEPT

            $IPTABLES -A FORWARD -p tcp -m multiport -i eth0
--sport 22,10022 -d 10.20.28.254 -j ACCEPT
            $IPTABLES -A FORWARD -p tcp -m multiport -i $EXTIF
--sport 22,10022 -d 10.20.28.254 -j ACCEPT
            $IPTABLES -A FORWARD -p tcp -m multiport -i eth2
--sport 22,10022 -d 10.20.28.254 -j ACCEPT

            $IPTABLES -t nat -A PREROUTING -p tcp -m multiport
-s 0/0 -i $EXTIF -d $FW --dport 22,10022 -j DNAT --to-destination
```

```
10.20.28.254
            $IPTABLES -t nat -A PREROUTING -p tcp -m multiport
-s 0/0 -i eth2 -d 0/0 --dport 22,10022 -j DNAT --to-destination
10.20.28.254

            #Aceitando conexoes ao MSN_MESSENGER
            $IPTABLES -A FORWARD -s $LOCALNET -p tcp --dport 1863
-j ACCEPT
            $IPTABLES -A FORWARD -s $LOCALNET -d webmessenger.
msn.com -j ACCEPT
            $IPTABLES -A FORWARD -s $LOCALNET -d loginnet.pass-
port.com -j ACCEPT
            $IPTABLES -A FORWARD -s $LOCALNET -d login.live.com
-j ACCEPT
            $IPTABLES -t nat -A POSTROUTING -o $EXTIF -p tcp -m
tcp --dport 1863 -j MASQUERADE

            #Aceitando conexoes ao CHAT
            $IPTABLES -A FORWARD -s $LOCALNET -p tcp --dport 2038
-j ACCEPT
            $IPTABLES -A FORWARD -s $LOCALNET -d 174.123.219.2 -j
ACCEPT
            $IPTABLES -A FORWARD -s $LOCALNET -d 209.85.57.194 -j
ACCEPT
            $IPTABLES -A FORWARD -s $LOCALNET -d 75.125.0.146 -j
ACCEPT
            $IPTABLES -A FORWARD -s $LOCALNET -d 74.55.26.226 -j
ACCEPT
            $IPTABLES -t nat -A POSTROUTING -o $EXTIF -p tcp -m
tcp --dport 2038 -j MASQUERADE

            #Conexao OPENFIRE
            $IPTABLES -A OUTPUT -p tcp -m multiport --sports
5222,5223 -j ACCEPT
            $IPTABLES -A OUTPUT -p tcp -m multiport --dports
5222,5223 -j ACCEPT
            $IPTABLES -A INPUT -p tcp -m multiport --dports
5222,5223 -j ACCEPT
            $IPTABLES -A INPUT -p tcp -m multiport --sports
```

426 ▸ Administração de Servidores Linux

```
5222,5223 -j ACCEPT
              $IPTABLES -A FORWARD -p tcp -m multiport --dports
5222,5223 -j ACCEPT
              $IPTABLES -A FORWARD -p tcp -m multiport --sports
5222,5223 -j ACCEPT
              $IPTABLES -t nat -A POSTROUTING -o $EXTIF -p tcp -m
multiport --dports 5222,5223 -j MASQUERADE


              # DROP CONEXOES A PAINEL OPENFIRE
              $IPTABLES -A FORWARD -i $EXTIF -d $FW -p tcp -m tcp
--dport 9090 -j DROP
              $IPTABLES -A FORWARD -i eth2 -d 0/0 -p tcp -m tcp
--dport 9090 -j DROP


              # FTP
              $IPTABLES -A OUTPUT -p tcp -m multiport -s 0/0 -d 0/0
--dports 20,21 -j ACCEPT
              $IPTABLES -A FORWARD -p tcp -m multiport -s 0/0 -d
0/0 --dports 20,21 -j ACCEPT
              $IPTABLES -A INPUT -p tcp -m multiport -s 0/0 -d 0/0
--dports 20,21 -j ACCEPT
              $IPTABLES -A OUTPUT -p tcp -m multiport -s 0/0 -d 0/0
--sports 20,21 -j ACCEPT
              $IPTABLES -A FORWARD -p tcp -m multiport -s 0/0 -d
0/0 --sports 20,21 -j ACCEPT
              $IPTABLES -A INPUT -p tcp -m multiport -s 0/0 -d 0/0
--sports 20,21 -j ACCEPT
              $IPTABLES -A OUTPUT -m multiport -s 0/0 -d 0/0 -p tcp
--dports 20,21 -j ACCEPT
              $IPTABLES -t nat -A POSTROUTING -o $EXTIF -p tcp -m
multiport --dports 20,21 -j MASQUERADE


              #Liberando as portas para o redirecionamento

              $IPTABLES -I INPUT -s 0/0 -i $EXTIF -p tcp --dport 80
-j ACCEPT
              $IPTABLES -I INPUT -s 0/0 -i eth2 -p tcp --dport 80
-j ACCEPT
```

Servidores FTP ◂ 427

```
            $IPTABLES -I INPUT -s $LOCALNET -d $LOCALNET -p tcp
--dport 8080 -j ACCEPT
            $IPTABLES -I INPUT -s $LOCALNET -d $WEBCACHE -p tcp
--dport 8080 -j ACCEPT
            #Permite conexao rdp e vnc
            $IPTABLES -I INPUT -s 0/0 -p tcp --dport 3387 -j AC-
CEPT
            $IPTABLES -t nat -A PREROUTING -p tcp -s 0/0 -i $EX-
TIF --dport 3386 -j DNAT --to $FINANCEIROTS:3389
            $IPTABLES -t nat -A PREROUTING -p tcp -s 0/0 -i $EX-
TIF --dport 3387 -j DNAT --to $WEBSERVER:3389
            $IPTABLES -I INPUT -s 0/0 -p tcp --dport 3389 -j AC-
CEPT
            $IPTABLES -t nat -A PREROUTING -p tcp -s 0/0 -i $EX-
TIF --dport 3389 -j DNAT --to $DNSCACHE:3389
            $IPTABLES -I INPUT -s 0/0 -p tcp --dport 8080 -j AC-
CEPT
            $IPTABLES -t nat -A PREROUTING -p tcp -s 0/0 -i $EX-
TIF --dport 8080 -j DNAT --to $VOIP:8080
            $IPTABLES -I INPUT -s 0/0 -p tcp --dport 8080 -j AC-
CEPT
            $IPTABLES -t nat -A PREROUTING -p tcp -s 0/0 -i $EX-
TIF --dport 8080 -j DNAT --to $VOIP:8080
            $IPTABLES -I INPUT -s 0/0 -p tcp -m multiport
--dports 5800,5900 -j ACCEPT
            $IPTABLES -t nat -A PREROUTING -p tcp -s 0/0 -i $EX-
TIF --dport 5800 -j DNAT --to 10.20.29.41:5800
            $IPTABLES -t nat -A PREROUTING -p tcp -s 0/0 -i $EX-
TIF --dport 5900 -j DNAT --to 10.20.29.41:5900


            #REDIRECIONA TS
            $IPTABLES -t nat -A PREROUTING -p tcp -s 0/0 -i $EX-
TIF --dport 1433 -j DNAT --to $WEBSERVER:1433
            #Tratamento TOS para WEB Server
            $IPTABLES -t mangle -A PREROUTING -d $WEBPUB -i $EX-
TIF -p tcp -m tcp --sport 80 -j TOS --set-tos 0x10
            $IPTABLES -t mangle -A PREROUTING -d $WEBPUB -i $EX-
TIF -p tcp -m tcp --sport 80 -j TOS --set-tos 0x08
            $IPTABLES -t mangle -A PREROUTING -d $WEBSERVER -i
```

428 ▸ **Administração de Servidores Linux**

```
eth2 -p tcp -m tcp --sport 80 -j TOS --set-tos 0x10
            $IPTABLES -t mangle -A PREROUTING -d $WEBSERVER -i
eth2 -p tcp -m tcp --sport 80 -j TOS --set-tos 0x08

            $IPTABLES -t mangle -A PREROUTING -d $WEBPUB -i $EX-
TIF -p tcp -m tcp --sport 81 -j TOS --set-tos 0x10
            $IPTABLES -t mangle -A PREROUTING -d $WEBPUB -i $EX-
TIF -p tcp -m tcp --sport 81 -j TOS --set-tos 0x08
            $IPTABLES -t mangle -A PREROUTING -d $WEBSERVERTESTE
-i eth2 -p tcp -m tcp --sport 81 -j TOS --set-tos 0x10
            $IPTABLES -t mangle -A PREROUTING -d $WEBSERVERTESTE
-i eth2 -p tcp -m tcp --sport 81 -j TOS --set-tos 0x08

            $IPTABLES -t mangle -A PREROUTING -d $WEBPUB -i $EX-
TIF -p tcp -m tcp --sport 85 -j TOS --set-tos 0x10
            $IPTABLES -t mangle -A PREROUTING -d $WEBPUB -i $EX-
TIF -p tcp -m tcp --sport 85 -j TOS --set-tos 0x08
            $IPTABLES -t mangle -A PREROUTING -d $CAMCORDER -i
eth2 -p tcp -m tcp --sport 80 -j TOS --set-tos 0x10
            $IPTABLES -t mangle -A PREROUTING -d $CAMCORDER -i
eth2 -p tcp -m tcp --sport 80 -j TOS --set-tos 0x08
            #DNAT e SNAT para WEBSERVER
            $IPTABLES -t nat -A PREROUTING -d $WEBPUB -p tcp -m
tcp --dport 81 -j DNAT --to-destination $WEBSERVERTESTE:80
            $IPTABLES -t nat -A POSTROUTING -s $WEBSERVERTESTE -p
tcp -m tcp --sport 81 -j SNAT --to-source $WEBPUB
            $IPTABLES -t nat -A PREROUTING -d $WEBPUB -p tcp -m
tcp --dport 85 -j DNAT --to-destination $CAMCORDER:80
            $IPTABLES -t nat -A POSTROUTING -s $CAMCORDER -p tcp
-m tcp --sport 85 -j SNAT --to-source $WEBPUB

            #DNAT e SNAT para WEBSERVER
            $IPTABLES -t nat -A PREROUTING -d $WEBPUB -p tcp -m
tcp --dport 80 -j DNAT --to-destination $WEBSERVER:80
            $IPTABLES -t nat -A POSTROUTING -s $WEBSERVER -p tcp
-m tcp --sport 80 -j SNAT --to-source $WEBPUB

            #Chain in_icmp Chain in_icmp
            $IPTABLES -A in_icmp -p icmp --icmp-type 0 -j ACCEPT
```

Servidores FTP ◀ 429

```
$IPTABLES -A in_icmp -p icmp --icmp-type 8 -j ACCEPT

# We need destination unreachable
$IPTABLES -A in_icmp -p icmp --icmp-type 3 -j ACCEPT

#libera traceroute
$IPTABLES -A in_icmp -p icmp --icmp-type 11 -j ACCEPT
$IPTABLES -A in_icmp -p icmp --icmp-type 30 -j ACCEPT

#Protecao contra syn-floods
$IPTABLES -A FORWARD -p tcp --syn -m limit --limit
1/s -j ACCEPT

#protecao contra port-scanners ocultos
$IPTABLES -A FORWARD -p tcp --tcp-flags
SYN,ACK,FIN,RST RST -m limit --limit 1/s -j ACCEPT

#Protecao contra varreduras de portas avancadas
$IPTABLES -A INPUT -p tcp --syn -m limit --limit 1/s
-j ACCEPT

#Impede conexoes vindas da internet ao samba
$IPTABLES -A INPUT -i $EXTIF -p tcp --dport 139 -j
DROP

#Habilitando parâmetros no kernel para forward
echo "1" > /proc/sys/net/ipv4/ip_forward
echo "1" > /proc/sys/net/ipv4/tcp_syncookies
echo "0" > /proc/sys/net/ipv4/icmp_echo_ignore_all

# LOGS
$IPTABLES -A INPUT -p tcp -j LOG --log-prefix "ENTRADA
INPUT " --log-level 7
$IPTABLES -A FORWARD -p tcp -j LOG --log-prefix "EN-
TRADA FORWARD " --log-level 7
$IPTABLES -A OUTPUT -o eth1 -p tcp -j LOG --log-prefix
"saída LAN-WAN1 " --log-level 7
$IPTABLES -A OUTPUT -o eth2 -p tcp -j LOG --log-prefix
"saída LAN-WAN2 " --log-level 7
```

430 ▶ Administração de Servidores Linux

```
           $IPTABLES -A INPUT -p udp -j LOG --log-prefix "ENTRADA
INPUT " --log-level 7
           $IPTABLES -A FORWARD -p udp -j LOG --log-prefix "EN-
TRADA FORWARD " --log-level 7
           $IPTABLES -A OUTPUT -o eth1 -p udp -j LOG --log-prefix
"saída LAN-WAN1 " --log-level 7
           $IPTABLES -A OUTPUT -o eth2 -p udp -j LOG --log-prefix
"saída LAN-WAN2 " --log-level 7

           # TRATAMENTO FW SNAT PARA PORTAS ESPECIFICAS
           # TECNOLOGIA DA INFORMACAO
           for ip in `cat /etc/fw/ip.devel`
                do
                   for tcp in `cat /etc/fw/fw.portas.forward.tcp`
                do
           $IPTABLES -t nat -A POSTROUTING -s $ip -p tcp --dport
$tcp -d 0/0 -o $EXTIF -j SNAT --to $FW:$tcp
                   done
           done

           # Habilita tráfego local
           $IPTABLES -A INPUT -i lo -j ACCEPT
           $IPTABLES -A INPUT -j dropwall
           $IPTABLES -A FORWARD -j dropwall
           $IPTABLES -A OUTPUT -j dropwall
           echo "Pronto !!!"
           $IPTABLES -I INPUT -s flashvideo.globo.com -i eth1 -j
DROP
           $IPTABLES -I INPUT -s globoesporte.globo.com -i eth1
-j DROP
           $IPTABLES -I INPUT -s akvideos.metacafe.com -i eth1
-j DROP
           $IPTABLES -I INPUT -s download3.globo.com -i eth1 -j
DROP
           $IPTABLES -I INPUT -s akvideos.metacafe.com -i eth1
-j DROP
           $IPTABLES -I INPUT -s www.istosovideo.com -i eth1 -j
DROP
```

```
          $IPTABLES -I INPUT -s content2.catalog.video.msn.com
-i eth1 -j DROP
          $IPTABLES -I INPUT -s acp77987.vmixcore.com -i eth1
-j DROP
          $IPTABLES -I INPUT -s 85.17.191.46 -i eth1 -j DROP
          $IPTABLES -I INPUT -s acp77987.vmixcore.com -i eth1
-j DROP
          $IPTABLES -I INPUT -s 85.17.191.49 -i eth1 -j DROP
          $IPTABLES -I INPUT -s www.yorkut.com.br -i eth1 -j
DROP
          $IPTABLES -I INPUT -s www8.agame.com -i eth1 -j DROP
          $IPTABLES -I INPUT -s www.istosovideo.com -i eth1 -j
DROP
          $IPTABLES -I INPUT -s images.orkut.com -j DROP
          $IPTABLES -I INPUT -s www.safelizard.com -j DROP
          $IPTABLES -I INPUT -s www.atunnel.com -j DROP
          $IPTABLES -I INPUT -s kprosy.com -j DROP
          $IPTABLES -I INPUT -s www.calculatepie.com -j DROP
          $IPTABLES -I INPUT -s www.browseatwoork1.com -j DROP
          $IPTABLES -I INPUT -s www.meebo.com -j DROP
}
stop() {
           echo -n "Desligando Firewall: "
          $IPTABLES -F
          $IPTABLES -t nat -F
          $IPTABLES -X
          $IPTABLES -t nat -X
           $IPTABLES -P INPUT ACCEPT
          $IPTABLES -P FORWARD ACCEPT
           $IPTABLES -P OUTPUT ACCEPT

           $IPTABLES -F -t nat
           $IPTABLES -F -t mangle
           echo "Pronto !!!"

          #Desabilitando ip_forward...
           echo "0" > /proc/sys/net/ipv4/ip_forward

          #Desabilitando syncookies
```

432 ▸ Administração de Servidores Linux

```
            echo "0" > /proc/sys/net/ipv4/tcp_syncookies
            $IPTABLES -F
            $IPTABLES -X block
             echo "Firewall desativado"
}

case "$1" in
 start)
    start
    ;;
 stop)
    stop
    ;;
 restart)
    $0 stop
    $0 start
    ;;
 reload)
    reload
    ;;
 status)
    checkproc $DAEMON && echo OK || echo No process
    ;;
 *)
    echo "Usage: $base {start|stop|restart|reload|status}"
    exit 1
esac

[ "$return" = "$rc_done" ] || exit 1
exit 0
```

Forward

O script a seguir lista as portas que são permitidas a fazer forward, ou seja, tem permissão para entrada e/ou saída da rede.

Crie o seguinte diretório e arquivo /etc/fw/fw.portas.forward.tcp
20
21

1863
5223
3690
22
10022
23
25
110
143
3389
3387
5902
5900
5800
1267
1268
1755
554
8554
2500
5017
2631
587
5222
3007
3456
1979
4075
443
1863
587
465
995

Trava IP

Este scrip irá bloquear os ip inseridos na variável ip fazendo uso de um for para não exigir que linhas sejam repetidas várias vezes.

434 ▶ Administração de Servidores Linux

```bash
#!/bin/bash
base=${0##*/}
IPTABLES="/sbin/iptables"
LOCALNET="10.20.28.0/22"
EXTIF="eth1"
EXTIF2="eth2"
# SERVIDORES
WEBCACHE="10.20.28.253"
DNSCACHE="10.20.28.2"
WEBSERVER="10.20.28.3"
FW="187.17.13.174"
FW2="192.168.254.2"
WEBPUB="18x.1x.2xx.59"
VOIP="18x.1x.2xx.58"
MAILSERVER="7x.12x.1x6.78"
placa="eth0"
clear
echo "Deseja BLOQUEAR O ACESSO DE TODOS OS IPS LISTADOS ABAIXO"
ip="10.20.29.62 10.20.29.9 10.20.29.5 10.20.29.23 10.20.29.12
10.20.29.11 10.20.29.59 10.20.29.33 10.20.29.14 10.20.29.45
10.20.29.54 10.20.29.47 10.20.29.34 10.20.29.25 10.20.29.21
10.20.29.37 10.20.29.16 10.20.29.19 10.20.29.13 10.20.29.7
10.20.29.26 10.20.29.58 10.20.29.29 10.20.29.48"
echo $ip
echo -e "Sim/Nao:\c "
read resposta
if [ $resposta = Sim ];then
  echo -e "Qual seu nome:\c "
  read nome
  echo $nome > /etc/fw/liberado.por
  if [ $nome ];then
   for block in `echo $ip`
   do
      $IPTABLES -I INPUT -s $block -i $placa -j DROP
   done
  fi
else
  exit
fi
```

Failover

A seguir, um exemplo de script failover que tem por finalidade ativar um circuito de backup caso o circuito principal tenha parado.

Observando que este tipo de script funciona em links com ip dedicado.

```
IPTABLES="/sbin/iptables"
FW="187.17.13.174"
FW2="192.168.254.2"


# GATEWAY DEFAULT
GW="1"


# GATEWAYS
GW1="187.17.13.173"
IF1="eth1"
NOME1="PROVEDOR1"
GW2="192.168.254.1"
IF2="eth2"
NOME2="PROVEDOR2"


if [ $1 = provedor1 -o $1 = PROVEDOR1 ];then
  echo "`date` #### LINK DOWN! ####" >> /var/log/route-test.log
  route del default gw $GW2
  route add default gw $GW1 $IF1
  $IPTABLES -t nat -D POSTROUTING -s 10.20.28.253 -p tcp -o eth2 -j
SNAT --to $FW2
  $IPTABLES -t nat -A POSTROUTING -s 10.20.28.253 -p tcp -o eth1 -j
SNAT --to $FW
  echo "`date` GATEWAY DEFINIDO: $NOME1" >> /var/log/route-test.log
exit
fi


if [ $1 = provedor2 -o $1 = PROVEDOR2 ];then
  echo "`date` #### LINK DOWN! ####" >> /var/log/route-test.log
  route del default gw $GW1
  route add default gw $GW2 $IF2
  $IPTABLES -t nat -D POSTROUTING -s 10.20.28.253 -p tcp -o eth1 -j
SNAT --to $FW
  $IPTABLES -t nat -A POSTROUTING -s 10.20.28.253 -p tcp -o eth2 -j
```

436 ▸ Administração de Servidores Linux

```
SNAT --to $FW2
  echo "`date` GATEWAY DEFINIDO: $NOME2" >> /var/log/route-test.log
exit
fi

while true; do

    S1="0"

    # TESTANDO ROTA DEFAULT
    echo "`date` Pingando..." >> /var/log/route-test.log
    #if ping -c 1 -w 5 -W 5 187.17.13.173 1>/dev/null 2>/dev/null;
    #if ping -c 1 -w 5 -W 5 www.google.com 1>/dev/null 2>/dev/null;
    if ping -c 1 -w 5 -W 5 187.17.240.2 1>/dev/null 2>/dev/null;
then
        S1="1"
    fi

    # LINK FUNCIONANDO
    if [ $S1 = "1" ]; then
        echo "`date` LINK UP" >> /var/log/route-test.log

    # LINK NAO FUNCIONA
    else
        echo "`date` #### LINK DOWN! ####" >> /var/log/route-test.
log

        if [ $GW = "1" ]; then
            route del default gw $GW1
            route add default gw $GW2 $IF2
                $IPTABLES -t nat -D POSTROUTING -s 10.20.28.253 -p
tcp -o eth1 -j SNAT --to $FW
                $IPTABLES -t nat -A POSTROUTING -s 10.20.28.253 -p
tcp -o eth2 -j SNAT --to $FW2
            GW="2"
            echo "`date` GATEWAY DEFINIDO: $NOME2" >> /var/log/
route-test.log
        else
            route del default gw $GW2
```

```
            route add default gw $GW1 $IF1
                $IPTABLES -t nat -D POSTROUTING -s 10.20.28.253 -p
tcp -o eth2 -j SNAT --to $FW2
                $IPTABLES -t nat -A POSTROUTING -s 10.20.28.253 -p
tcp -o eth1 -j SNAT --to $FW
            GW="1"
            echo "`date` GATEWAY DEFINIDO: $NOME1" >> /var/log/
route-test.log


        fi
    fi

    sleep 1
done
```

Firewall dinamico 1

Não seria interessante montar um firewall com regras dinâmicas que permitissem, por exemplo, bloquear algum IP por ter tentado acessar o serviço de SSH mais de 3 vezes em menos de 1 minuto? Ou ainda criar alguma logística de batidas de porta e só assim permitir a entrada da conexão ao IP que acertou a combinação de portas!? Tudo isso e muito mais é possível com o módulo *recent* do *Netfilter*.

Para começarmos, criei uma máquina virtual chamada servidor.home, onde iremos utilizar como cenário para demonstrar a utilização do módulo recent. Neste exemplo iremos bloquear utilizando o iptables um IP que tente acessar via SSH o servidor 3 vezes em menos de um minuto, e faremos também uma combinação de portas que somente através dela é possível acessar o servidor.

```
root@aluno# hostname
servidor

root@aluno# ifconfig eth0 | grep "inet addr"
```

inet addr:192.168.13.97 Bcast:192.168.13.255 Mask:255.255.255.0

Objetivo: Permitir apenas 1 conexão via SSH no período de 2 minutos por origem.

438 ▶ **Administração de Servidores Linux**

Regras
1 - Regra que permite a entrada para a interface de loopback;
2- regra para permitir todas as conexões estabelecidas ou originadas pela própria máquina servidor;
3- cria a cadeia chamada SSH para direcionarmos todas as conexões SSH;
4- regra que irá direcionar as conexões SSH para a cadeia recém-criada.

```
root@aluno# iptables -A INPUT -i lo -j ACCEPT
root@aluno# iptables -A INPUT -m state --state ESTABLISHED,RELATED
-j ACCEPT
root@aluno# iptables -N SSH
root@aluno# iptables -A INPUT -p tcp --dport 22 -j SSH
root@aluno# iptables -L -n

Chain INPUT (policy ACCEPT)
target    prot opt source     destination
ACCEPT    all -- 0.0.0.0/0   0.0.0.0/0
ACCEPT    all -- 0.0.0.0/0   0.0.0.0/0    state RELATED,ESTABLISHED
SSH      tcp -- 0.0.0.0/0  0.0.0.0/0   tcp dpt:22
Chain FORWARD (policy ACCEPT)
target    prot opt source     destination
Chain OUTPUT (policy ACCEPT)
target    prot opt source     destination
Chain SSH (1 references)
target    prot opt source     destination
```

Com o setup inicial do firewall pronto, podemos agora chamar o módulo recent para tornar nossas regras dinâmicas. Para facilitar o entendimento das próximas regras que iremos trabalhar, vejamos algumas opções do recent:

--name: seta o nome da lista que iremos trabalhar. Obs.: quando não informado, é utilizado DEFAULT;
--set: irá adicionar o endereço de origem do pacote na lista. Se o endereço já estiver na lista, então irá atualizar o registro;
--rcheck: verifica se o endereço de origem do pacote está atualmente na lista;
--update: verifica e atualiza o timestamp do campo "last seen" se o endereço de origem do pacote já estiver na lista;
--seconds: especifica se a regra terá validade somente se o endereço de origem do pacote estiver dentro do valor especificado;

Servidores FTP ◀ 439

--hitcount: verifica se o endereço de origem do pacote está na lista e se o número de pacotes recebido desse endereço é igual ou maior que o valor estipulado.

Com essas opções explicadas, podemos criar nossa primeira regra para cadastrar todas as tentativas de conexões via SSH para uma tabela que será criada pelo recent, chamada de conexoes_ssh.

```
root@aluno# iptables -A SSH -m recent --set --name conexoes_ssh
root@aluno# iptables -L SSH -n

Chain SSH (1 references)
target   prot opt source       destination
         all   -    0.0.0.0/0     0.0.0.0/0      recent: SET name:
conexoes_ssh side: source
```

Com a regra "iptables -A SSH -m recent --set --name conexoes_ssh" criamos a tabela conexoes_ssh, que será alimentada com todas as conexões direcionadas para a cadeia SSH. O que precisamos fazer agora é permitir apenas 1 conexão no intervalo de 2 minutos por vez em nosso servidor. Para isso, iremos usar os parâmetros --seconds 120 e --hitcount 2, pois queremos determinar 120 segundos e quando o contador for maior ou igual a 2.

```
root@aluno# iptables -A SSH -m recent --name conexoes_ssh --update
--seconds 120 --hitcount 2 -j REJECT
root@aluno# iptables -vnL SSH Chain SSH (1 references)
pkts bytes target      prot opt in   out    source destination
      0     0     all    -    *    *      0.0.0.0/0
0.0.0.0/0     recent: SET name: conexoes_ssh side: source
      0     0 REJECT     all    -    *    *      0.0.0.0/0
0.0.0.0/0     recent: UPDATE seconds: 120 hit_count: 2 name: con-
exoes_ssh side: source reject-with icmp-port-unreachable
```

Após a execução da regra, nosso firewall já estará monitorando tentativas de conexão via SSH e permitirá a primeira tentativa de cada IP de origem.
Vejamos:
Máquina externa - primeira conexão:

```
root@aluno# date ; ssh root@servidor
Wed Dec 9 01:34:11 BRST 2009
```

440 ▸ **Administração de Servidores Linux**

```
root@servidor's password:
Last login: Wed Dec 9 01:30:24 2009 from 192.168.122.1
```

```
root@aluno# iptables -nvL SSH
Chain SSH (1 references)
pkts bytes target prot opt in out source destination
  1 60 all - * * 0.0.0.0/0 0.0.0.0/0 recent: SET name: conexoes_ssh
side: source
  0 0 REJECT all - * * 0.0.0.0/0 0.0.0.0/0 recent: UPDATE seconds:
120 hit_count: 2 name: conexoes_ssh side: source reject-with icmp-
port-unreachable
# cat /proc/net/xt_recent/conexoes_ssh
src=192.168.122.1 ttl: 64 last_seen: 6084651 oldest_pkt: 1 6084651
```

Máquina externa - segunda conexão:

```
root@aluno# date ; ssh root@servidor
Wed Dec 9 01:34:45 BRST 2009
ssh: connect to host servidor port 22: Connection refused
```

```
root@aluno# iptables -nvL SSH
Chain SSH (1 references)
pkts bytes target prot opt in out source destination
  2 120 all - * * 0.0.0.0/0 0.0.0.0/0 recent: SET name: conexoes_ssh
side: source
  1 60 REJECT all -- * * 0.0.0.0/0 0.0.0.0/0 recent: UPDATE seconds:
120 hit_count: 2 name: conexoes_ssh side: source reject-with icmp-
port-unreachable
root@aluno# cat /proc/net/xt_recent/conexoes_ssh

src=192.168.122.1 ttl: 64 last_seen: 6119177 oldest_pkt: 3 6084651,
6119177, 6119177
```

Máquina externa - terceira conexão (depois de 3 minutos):

```
root@aluno# date ; ssh root@servidor

Wed Dec 9 01:37:19 BRST 2009
root@servidor's password:
Last login: Wed Dec 9 01:34:11 2009 from 192.168.122.1
```

Servidores FTP ◄ **441**

Como podem perceber, o recent cria um arquivo dentro do diretório */proc/net/ xt_recent* chamado conexoes_ssh (que é o nome de nossa tabela) para controle das conexões. Se tivéssemos criado outras tabelas, também seriam criados outros arquivos respectivos. O interessante é que podemos manipular esses arquivos e consequentemente manipular as tabelas. Perceba também que a cada conexão que fizemos o campo last seen foi modificado, informando para a regra que houve uma nova tentativa. Para manipularmos as tabelas, podemos:

echo +192.168.122.15 > /proc/net/xt_recent/conexoes_ssh – para adicionarmos um endereço na tabela.
echo -192.168.122.1 > /proc/net/xt_recent/conexoes_ssh – para removermos um endereço da tabela.
echo / > /proc/net/xt_recent/conexoes_ssh – para limparmos a tabela.

```
root@aluno# cat /proc/net/xt_recent/conexoes_ssh
src=192.168.122.1 ttl: 64 last_seen: 6273353 oldest_pkt: 4 6084651,
6119177, 6119177, 6273353
root@aluno# echo +192.168.122.15 > /proc/net/xt_recent/conexoes_ssh
root@aluno# cat /proc/net/xt_recent/conexoes_ssh
src=192.168.122.1 ttl: 64 last_seen: 6273353 oldest_pkt: 4 6084651,
6119177, 6119177, 6273353
src=192.168.122.15 ttl: 0 last_seen: 6847221 oldest_pkt: 1 6847221
root@aluno# echo -192.168.122.1 > /proc/net/xt_recent/conexoes_ssh
root@aluno# cat /proc/net/xt_recent/conexoes_ssh
src=192.168.122.15 ttl: 0 last_seen: 6847221 oldest_pkt: 1 6847221
root@aluno# echo /> /proc/net/xt_recent/conexoes_ssh
root@aluno# cat /proc/net/xt_recent/conexoes_ssh
```

E, finalizando, um ponto importante que precisa ser colocado é que se você for trabalhar com um firewall com grande número de conexões, por padrão o recent irá armazenar apenas 100 endereços nas tabelas criadas. Para alterar esse valor, por exemplo para 1024, precisamos passar para o módulo xt_recent algumas flags:

 # modinfo xt_recent
filename: /lib/modules/2.6.29.4-167.fc11.i686.PAE/kernel/net/netfilter/xt_re cent.ko
alias: ip6t_recent
alias: ipt_recent

442 ▶ **Administração de Servidores Linux**

license:	GPL
description:	Xtables: "recently-seen" host matching for IPv4
author:	Jan Engelhardt
author:	Patrick McHardy
srcversion:	0CA8710587603DFF5C5923B
depends:	
vermagic:	2.6.29.4-167.fc11.i686.PAE SMP mod_unload 686
parm:	ip_list_tot:number of IPs to remember per list (uint)
parm:	ip_pkt_list_tot:number of packets per IP to remember (max. 255) (uint)
parm:	ip_list_hash_size:size of hash table used to look up IPs (uint)
parm:	ip_list_perms:permissions on /proc/net/xt_recent/* files (uint)
parm:	ip_list_uid:owner of /proc/net/xt_recent/* files (uint)
parm:	ip_list_gid:owning group of /proc/net/xt_recent/* files (uint)

```
root@aluno# echo "options xt_recent ip_list_tot=1024" ; /etc/
modprobe.d/xt_recent.conf
```

```
root@aluno# service iptables save
iptables: Saving firewall rules to /etc/sysconfig/iptables: [ OK ]
```

```
root@aluno# chkconfig iptables on
```

Adicionando suporte ao Layer7

E o que é layer 7? Bem, para entendermos o que é, precisamos ver o modelo OSI, que é onde todos os protocolos de rede se baseiam. O modelo OSI foi concebido para trabalhar em camadas (layer) onde cada uma tem sua responsabilidade e o protocolo define como uma irá transmitir a informação à outra camada, permitindo, desta forma, que um fabricante de placas de rede consiga falar com qualquer sistema operacional e que o sistema operacional tenha um padrão para ser acessado por aplicações e assim por diante. Vejamos em detalhe.

1 - Camada física:
A camada OSI é a camada mais baixa e define os aspectos mecânicos e eléctricos da transferência de dados e também a interface de hardware entre a máquina e os cabeamentos.
2 - Camada de ligação de dados:
Esta camada é responsável pela correta transmissão dos dados através da camada física.

Servidores FTP ◂ 443

3 - Camada de rede:
Esta camada fornece os endereços para os dados, escolhendo o melhor caminho entre o transmissor e o receptor. É nesta camada que trabalha o protocolo IP.
4 - Camada de transporte:
Irá assegurar que todos os dados serão enviados para o receptor na devida ordem. É nesta camada que opera o protocolo.
5 - Camada de sessão:
Gerencia o correto funcionamento da sessão estabelecida entre duas máquinas.
6 - Camada de apresentação:
Esta camada fornece conversões de formatação ou códigos, preservando o conteúdo da informação enquanto soluciona possíveis problemas de sintaxe entre o transmissor e o receptor.
7 - Camada de aplicação:
É a camada mais alta do modelo em questão e que fornece os serviços diretamente às aplicações do usuário, tendo como função o caminho por onde as informações entram e saem do ambiente OSI.

Preparando o ambiente para executar o layer 7
Vamos precisar dos seguintes pacotes já pré-instalados para que não tenhamos erros na compilação dos pacotes:

Configurando o repositório
```
root@aluno# vim /etc/apt/sources.list
```

Inclua estas linhas dentro do arquivo sources.list

```
deb http://ftp.br.debian.org/debian/ squeeze main contrib non-free
deb-src http://ftp.br.debian.org/debian/ squeeze main contrib non-free
deb http://security.debian.org/ squeeze/updates main contrib non-free
deb http://ftp.br.debian.org/debian/ squeeze-proposed-updates main contrib non-free
deb-src http://security.debian.org/ squeeze/updates main contrib non-free
deb-src http://ftp.br.debian.org/debian/ squeeze-proposed-updates main contrib non-free
deb http://backports.debian.org/debian-backports squeeze-backports main
```

444 ▸ Administração de Servidores Linux

Atualizando a lista de pacotes
```
root@aluno# apt-get update
```

Baixar os arquivos necessários:

```
root@aluno# apt-get install build-essential
root@aluno# apt-get install kernel-package
root@aluno# apt-get install libncurses5-dev
root@aluno# apt-get install initramfs-tools
root@aluno# apt-get install dash cramfsprogs
root@aluno# apt-get install zlib-bin zlibc zlib1g-dev
```

Baixar as fontes no diretório /usr/src/Æ , descompactar os arquivos baixados e criar links simbólicos para os respectivos diretórios(para maior facilidade na digitação):

```
root@aluno# cd /usr/src/
root@aluno# wget http://www.kernel.org/pub/Linux/kernel/v2.6/
Linux-2.6.32.tar.bz2
root@aluno# wget http://nchc.dl.sourceforge.net/sourceforge/l7-fil-
ter/netfilter-layer7-v2.22.tar.gz
root@aluno# wget http://jaist.dl.sourceforge.net/sourceforge/l7-
filter/l7-protocols-2009-05-28.tar.gz
root@aluno# wget http://iptables.org/projects/iptables/files/ipta-
bles-1.4.8.tar.bz2
root@aluno# tar xvjf Linux-2.6.32.tar.bz2
root@aluno# tar xvzf l7-protocols-2009-05-28.tar.gz
root@aluno# tar xvzf netfilter-layer7-v2.22.tar.gz
root@aluno# tar xvjf iptables-1.4.8.tar.bz2
root@aluno# ln -s Linux-2.6.32 Linux
root@aluno# ln -s iptables-1.4.8 iptables
root@aluno# ln -s l7-protocols-2009-05-28 l7-protocols
root@aluno# ln -s netfilter-layer7-v2.22 netfilter
root@aluno# cd /usr/src/Linux
root@aluno# patch -p1 < /usr/src/netfilter/kernel-2.6.25-2.6.28-lay-
er7-2.22.patch
```

Terminada a aplicação, vamos habilitar o path no kernel:

Servidores FTP ◄ 445

Configurando e Compilando o Kernel
Copie a configuração do kernel anterior; basta copiar o seguinte arquivo:

```
root@aluno# cp /boot/config-`uname -r` /usr/src/Linux/.config
root@aluno# make menuconfig
```

Marque as seguintes opções do kernel para ativar o layer 7:
Siga o menu abaixo para habilitar o Layer7 no kernel:

```
Networking ---> Networking options ---> Network packet filtering
framework (Netfilter) ---> Core Netfilter Configuration --->
<M>  "layer7" match support
[ ]   Layer 7 debugging output
```

Uma forma mais fácil é usar o sistema do próprio Debian para compilar o kernel
pelo kpkgÆ

```
root@aluno# make-kpkg clean
root@aluno# make-kpkg --initrd --append-to-version=-l7 kernel_image
kernel_headers
root@aluno# cd /usr/src
root@aluno# dpkg -i Linux-image-2.6.32-l7_2.6.32-l7-10.00.Custom_
i386.deb
root@aluno# dpkg -i Linux-headers-2.6.32-l7_2.6.32-l7-10.00.Cus-
tom_i386.deb
```

Edite o arquivo abaixo e altere o valor set default=0 para set default=2

```
root@aluno# vim /boot/grub/grub.cfg
set default="2"
```

Reiniciando o computador

```
root@aluno# shutdown -r now
```

Quando a máquina retornar do reboot, faça:

```
root@aluno# uname -a
```

O resultado será parecido com a linha abaixo:

446 ▶ Administração de Servidores Linux

Linux debian6 2.6.32-l7 #1 SMP Fri Apr 8 12:10:26 BRT 2011 i686 GNU/
Linux

Compilando o Iptables 1.4.8:
Aplicando os patches no iptables e instalando

Digite:

```
root@aluno# cd /usr/src/iptables-1.4.8
```

Copie os arquivos libxt_layer7.c libxt_layer7.man para o diretório do iptables:

```
root@aluno# cp ../netfilter-layer7-v2.22/iptables-1.4.3forward-for-
kernel-2.6.20forward/ extensions/

root@aluno# cp /usr/src/netfilter-layer7-v2.22/for_older_ipta-
bles/iptables-1.4.1.1-for-kernel-2.6.20forward/* /usr/src/ipta-
bles-1.4.8/extensions/
```

Instalando o iptables:

```
root@aluno#./configure --with-ksource=/usr/src/Linux
root@aluno# make
root@aluno# make install
root@aluno# cd /usr/src/l7-protocols-2009-05-28
root@aluno# make install
```

Pronto, só reiniciar e usar!

```
root@aluno# reboot
```

Para que nunca seja feita atualização do iptables; se isso ocorrer, você provavelmente perderá a capacidade de Layer 7, então faça o seguinte:

```
root@aluno# vim /etc/apt/preferences
```

Adicione as linhas abaixo:

Package: iptables
Pin: version 1.4.8
Pin-Priority: 1001
```

Se por acaso o Debian não carregar o módulo automaticamente, execute o seguinte comando:

```
modprobe xt_layer7
modprobe ipt_layer7
```

Exemplo de regras:
```
root@aluno# iptables -A FORWARD -m layer7 --l7proto msnmessenger -j
DROP
root@aluno# iptables -A FORWARD -m layer7 --l7proto bittorrent -j
DROP
```

Outro exemplo:

```
root@aluno# iptables -I INPUT -s 192.168.10.253 -m layer7 --l7proto
ssh -j DROP
```

Usaremos o nmap na máquina 192.168.10.253 apontando para 192.168.10.175 para verificar se o serviço está ativo.
```
root@aluno# nmap 192.168.10.175 -p 22
```

A tentativa de conexção não será bem-suscedida, pois o ip está bloqueado para aquele protocolo (ssh) mesmo que esse seja colocado em outra porta.

```
root@aluno# ssh 192.168.10.175
```

Firewall Dinâmico

```
root@aluno# ifconfig eth0 | grep "inet addr"

inet addr:192.168.122.97 Bcast:192.168.122.255 Mask:255.255.255.0
```

Objetivo: Permitir apenas 1 conexão via SSH no período de 2 minutos por origem.
```

448 ▸ **Administração de Servidores Linux**

Para iniciarmos, criaremos uma regra que permite tudo o que for de entrada para a interface de loopback, uma segunda regra para permitir todas conexões estabelecidas ou originadas pela própria máquina aluno.home, uma terceira que cria a cadeia chamada SSH para direcionarmos todas as conexões SSH e, por fim, a própria regra, que irá direcionar as conexões SSH para a cadeia recém-criada.

```
root@aluno# iptables -A INPUT -i lo -j ACCEPT

root@aluno# iptables -A INPUT -m state --state ESTABLISHED,RELATED
-j
 ACCEPT

root@aluno# iptables -N SSH

root@aluno# iptables -A INPUT -p tcp --dport 22 -j SSH

root@aluno# iptables -L -n
Chain INPUT (policy ACCEPT)
target   prot opt source      destination
ACCEPT   all -- 0.0.0.0/0   0.0.0.0/0
ACCEPT   all -- 0.0.0.0/0   0.0.0.0/0    state RELATED,ESTABLISHED
SSH      tcp -- 0.0.0.0/0  0.0.0.0/0   tcp dpt:22
Chain FORWARD (policy ACCEPT)
target   prot opt source      destination
Chain OUTPUT (policy ACCEPT)
target   prot opt source      destination
Chain SSH (1 references)
target   prot opt source      destination
```

Com esta configuração inicial do firewall pronto, podemos agora chamar o módulo recent para tornar nossas regras dinâmicas. Para facilitar o entendimento das próximas regras que iremos trabalhar, vejamos algumas opções do recent:

--name: seta o nome da lista que iremos trabalhar. Obs.: quando não informado, é utilizado DEFAULT;
--set: irá adicionar o endereço de origem do pacote na lista. Se o endereço já estiver na lista, então irá atualizar o registro;
--rcheck: verifica se o endereço de origem do pacote está atualmente na lista;
--update: verifica e atualiza o timestamp do campo «last seen» se o endereço de origem do pacote já estiver na lista;

--seconds: especifica se a regra terá validade somente se o endereço de origem do pacote estiver dentro do valor especificado;
--hitcount: verifica se o endereço de origem do pacote está na lista e se o número de pacotes recebido desse endereço é igual ou maior que o valor estipulado.

Com essas opções explicadas (para maiores informações man 8 iptables), podemos criar nossa primeira regra para cadastrar todas as tentativas de conexões via SSH para uma tabela que será criada pelo recent chamada de conexoes_ssh.

```
root@aluno# iptables -A SSH -m recent --set --name conexoes_ssh

root@aluno# iptables -L SSH -n

Chain SSH (1 references)

target   prot opt source       destination

      all    -     0.0.0.0/0      0.0.0.0/0    recent: SET name:
conexoes_ssh side:
 source
```

Com a regra "iptables -A SSH -m recent --set --name conexoes_ssh" criamos a tabela conexoes_ssh, que será alimentada com todas as conexões direcionadas para a cadeia SSH. O que precisamos fazer agora é permitir apenas 1 conexão no intervalo de 2 minutos por vez em nosso servidor. Para isso, iremos usar os parâmetros --seconds 120 e --hitcount 2, pois queremos determinar 120 segundos e quando o contador for maior ou igual a 2.

```
root@aluno# iptables -A SSH -m recent --name conexoes_ssh --update
--seconds 120 --hitcount 2 -j REJECT

root@aluno# iptables -vnL SSH Chain SSH (1 references)
pkts bytes target prot opt in out source destination
0 0    all    --*    *       0.0.0.0/0    0.0.0.0/0     recent:
SET name: conexoes_ssh side: source
0      0 REJECT    all    -    *    *       0.0.0.0/0
0.0.0.0/0    recent: UPDATE seconds: 120 hit_count: 2 name: conex-
oes_ssh side: source reject-with icmp-port-unreachable
```

450 ▶ **Administração de Servidores Linux**

Após a execução da regra, nosso firewall já está monitorando tentativas de conexão via SSH e irá permitir a primeira tentativa de cada IP de origem. Vejamos:

Máquina externa - primeira conexão:

```
root@aluno# date ; ssh root@aluno

Wed Dec 9 01:34:11 BRST 2009
root@aluno's password:
Last login: Wed Dec 9 01:30:24 2009 from 192.168.122.1

root@aluno# iptables -nvL SSH

Chain SSH (1 references)
pkts bytes target prot opt in       out     source destination

1     60    all    -     *      * 0.0.0.0/0   0.0.0.0/0 recent:
SET name: conexoes_ssh side: source

0 0 REJECT all--*    * 0.0.0.0/0   0.0.0.0/0     recent: UPDATE
seconds: 120 hit_count: 2 name: conexoes_ssh side: source reject-
with icmp-port-unreachable

root@aluno# cat /proc/net/xt_recent/conexoes_ssh

src=192.168.122.1 ttl: 64 last_seen: 6084651 oldest_pkt: 1 6084651
```

Máquina externa - segunda conexão:
```
root@aluno# date ; ssh root@aluno

Wed Dec 9 01:34:45 BRST 2009

ssh: connect to host aluno port 22: Connection refused

root@aluno# iptables -nvL SSH

Chain SSH (1 references)
```

```
pkts bytes target prot opt in out source destination

2 120  all    -    *    * 0.0.0.0/0   0.0.0.0/0 recent: SET
name:
 conexoes_ssh side: source

1    60 REJECT all -    *    * 0.0.0.0/0   0.0.0.0/0 recent:
 UPDATE seconds: 120 hit_count: 2 name: conexoes_ssh side: source
 reject-with icmp-port-unreachable
```

root@aluno# **cat /proc/net/xt_recent/conexoes_ssh**

```
src=192.168.122.1 ttl: 64 last_seen: 6119177 oldest_pkt: 3
6084651,6119177, 6119177
```

Máquina externa - terceira conexão (depois de 3 minutos):
root@aluno# **date ; ssh** root@aluno
root@aluno's password:

```
Last login: Wed Dec 9 01:34:11 2009 from 192.168.122.1
```

Como podem perceber, o recent cria um arquivo dentro do diretório */proc/net/ xt_recent* chamado conexoes_ssh (que é o nome de nossa tabela) para controle das conexões. Se tivéssemos criado outras tabelas, também seriam criados outros arquivos respectivos. O interessante é que podemos manipular esses arquivos e consequentemente manipular as tabelas. Perceba também que a cada conexão que fizemos o campo last seen foi modificado, informando para a regra que houve uma nova tentativa. Para manipularmos as tabelas, podemos:
echo +192.168.122.15 > /proc/net/xt_recent/conexoes_ssh- para adicionarmos um endereço na tabela;
echo -192.168.122.1 > /proc/net/xt_recent/conexoes_ssh- para removermos um endereço da tabela;
echo / > /proc/net/xt_recent/conexoes_ssh- para limparmos a tabela.

root@aluno# **cat /proc/net/xt_recent/conexoes_ssh**

```
src=192.168.122.1 ttl: 64 last_seen: 6273353 oldest_pkt: 4 6084651,
6119177, 6119177, 6273353
```

452 ▸ **Administração de Servidores Linux**

```
root@aluno# echo +192.168.122.15 > /proc/net/xt_recent/conexoes_ssh

root@aluno# cat /proc/net/xt_recent/conexoes_ssh

src=192.168.122.1 ttl: 64 last_seen: 6273353 oldest_pkt: 4 6084651,
6119177, 6119177, 6273353

src=192.168.122.15 ttl: 0 last_seen: 6847221 oldest_pkt: 1 6847221

root@aluno# echo -192.168.122.1 > /proc/net/xt_recent/conexoes_ssh

root@aluno# cat /proc/net/xt_recent/conexoes_ssh

src=192.168.122.15 ttl: 0 last_seen: 6847221 oldest_pkt: 1 6847221

root@aluno# echo /> /proc/net/xt_recent/conexoes_ssh

root@aluno# cat /proc/net/xt_recent/conexoes_ssh
```

E, finalizando, um ponto importante que precisa ser colocado é que se você for trabalhar com um firewall com grande número de conexões, por padrão o recent irá armazenar apenas 100 endereços nas tabelas criadas. Para alterar esse valor, por exemplo para 1024, precisamos passar para o módulo xt_recent algumas flags:

```
# modinfo xt_recent
filename:    /lib/modules/2.6.29.4-
167.fc11.i686.PAE/kernel/net/netfilter/xt_recent.ko
alias:       ip6t_recent
alias:       ipt_recent
license:     GPL
description: Xtables: "recently-seen" host matching for IPv4
author:      Jan Engelhardt
author:      Patrick McHardy
srcversion:  0CA8710587603DFF5C5923B
depends:
vermagic:    2.6.29.4-167.fc11.i686.PAE SMP mod_unload 686
parm:        ip_list_tot:number of IPs to remember per list (uint)
```

Servidores FTP ◄ 453

```
parm:       ip_pkt_list_tot:number of packets per IP to remember
(max. 255) (uint)
parm:       ip_list_hash_size:size of hash table used to look up IPs
(uint)
parm:       ip_list_perms:permissions on /proc/net/xt_recent/* files
(uint)
parm:       ip_list_uid:owner of /proc/net/xt_recent/* files (uint)
parm:       ip_list_gid:owning group of /proc/net/xt_recent/* files
(uint)

root@aluno# echo "options xt_recent ip_list_tot=1024" ;
/etc/modprobe.d/xt_recent.conf

root@aluno# service iptables save
iptables: Saving firewall rules to /etc/sysconfig/iptables: [ OK ]
root@aluno# chkconfig iptables on
```

Capítulo 3 - MRTG

Gerador de gráficos de tráfico de roteadores (Multi Router Traffic Grapher) é uma ferramenta de geração de gráficos de carga em roteadores muito leve e simples de ser configurada. A leveza dela está no fato de utilizar uma imagem muito leve, não fazendo acesso a bancos de dados, mas sim utilizando um protocolo muito simples, o SMNP, que vimos anteriormente.

A instalação dela implica:
```
root@aluno# aptitude install mrtg snmp snmpd apache2
```

Edite o arquivo /etc/snmp/snmpd.conf e descomente a linha abaixo
```
rocommunity public localhost
```

Teste se o SNMP está funcionando perfeitamente executando o comando snmpwalk -Os -c public -v 1 localhost; se tudo funcionar OK, você verá várias linhas de informação.
O próximo passo é configurar o MRTG. Para facilitar a configuração, a equipe de desenvolvimento da MRTG criou um aplicativo que irá criar o arquivo de configuração conforme as características de suas placas de rede no seu servidor Linux. Para isso, execute no prompt o seguinte comando:
```
root@aluno# cfgmaker localhost >/etc/mrtg.cfg
root@aluno# vi /etc/mrtg.cfg
```

O arquivo deverá se parecer com o arquivo abaixo.
```
# Created by
# /usr/bin/cfgmaker localhost

### Global Config Options

# for UNIX
# WorkDir: /home/http/mrtg

# for Debian
WorkDir: /var/www/mrtg

# or for NT
# WorkDir: c:\mrtgdata
```

456 ▸ Administração de Servidores Linux

```
### Global Defaults

# to get bits instead of bytes and graphs growing to the right
# Options[_]: growright, bits

EnableIPv6: no

######################################################################
####
# System: debian6
# Description: Linux debian6 2.6.32-17 #1 SMP Fri Apr 8 12:10:26
BRT 2011 i686
# Contact: Me <me@Exemplo.org>
# Location: Sitting on the Dock of the Bay
######################################################################
####


## Interface 1 >> Descr: 'lo' | Name: 'lo' | Ip: '127.0.0.1' | Eth:
'' ###
## The following interface is commented out because:
## * it is a Software Loopback interface

 Target[localhost_1]: 1:public@localhost:
 SetEnv[localhost_1]: MRTG_INT_IP="127.0.0.1" MRTG_INT_DESCR="lo"
 MaxBytes[localhost_1]: 1250000
 Title[localhost_1]: Traffic Analysis for 1 -- debian6
 PageTop[localhost_1]: <h1>Traffic Analysis for 1 -- debian6</h1>
         <div id="sysdetails">
             <table>
                 <tr>
                     <td>System:</td>
                     <td>debian6 in Sitting on the Dock of the Bay</
td>
                 </tr>
                 <tr>
                     <td>System:</td>
                     <td>debian6 in Sitting on the Dock of the Bay</
td>
```

```
                    </tr>
                    <tr>
                        <td>Maintainer:</td>
                        <td>Me &lt;me@Exemplo.org&gt;</td>
                    </tr>
                    <tr>
                        <td>Description:</td>
                        <td>lo </td>
                    </tr>
                    <tr>
                        <td>ifType:</td>
                        <td>softwareLoopback (24)</td>
                    </tr>
                    <tr>
                        <td>ifName:</td>
                        <td>lo</td>
                    </tr>
                    <tr>
                        <td>Max Speed:</td>
                        <td>1250.0 kBytes/s</td>
                    </tr>
                    <tr>
                        <td>Ip:</td>
                        <td>127.0.0.1 (localhost)</td>
                    </tr>
                </table>
            </div>


## Interface 2 >> Descr: 'eth0' | Name: 'eth0' | Ip: '192.168.0.86'
| Eth: '08-00-27-18-53-58' ###
## The following interface is commented out because:
## * has a speed of 0 which makes no sense

 Target[localhost_2]: 2:public@localhost:
 SetEnv[localhost_2]: MRTG_INT_IP="192.168.0.86" MRTG_INT_
DESCR="eth0"
 MaxBytes[localhost_2]: 0
 Title[localhost_2]: Traffic Analysis for 2 -- debian6
```

458 ▸ **Administração de Servidores Linux**

```
PageTop[localhost_2]: <h1>Traffic Analysis for 2 -- debian6</h1>
        <div id="sysdetails">
            <table>
                <tr>
                    <td>System:</td>
                    <td>debian6 in Sitting on the Dock of the Bay</
td>
                </tr>
                <tr>
                    <td>Maintainer:</td>
                    <td>Me &lt;me@Exemplo.org&gt;</td>
                </tr>
                <tr>
                    <td>Description:</td>
                    <td>eth0 </td>
                </tr>
                <tr>
                    <td>ifType:</td>
                    <td>ethernetCsmacd (6)</td>
                </tr>
                <tr>
                    <td>ifName:</td>
                    <td>eth0</td>
                </tr>
                <tr>
                    <td>Max Speed:</td>
                    <td>0.0 Bytes/s</td>
                </tr>
                <tr>
                    <td>Ip:</td>
                    <td>192.168.0.86 (scorpius)</td>
                </tr>
            </table>
        </div>
```

```
mkdir /var/www/mrtg
chown -R www-data. /var/www/mrtg/
```

Depois execute 3 vezes a linha abaixo para verificar se tudo está correto. Na terceira vez não deverá ser apresentada mensagem de erro, nas tentativas anteriores será normal.
env LANG=C /usr/bin/mrtg

Webmin

Webmin é uma ferramenta de administração Linux baseada em interface web. Gosto de deixar esta ferramenta no final de todo curso que ministro, pois ela é simplesmente completa, e se eu a apresentasse no início das aulas os alunos não iriam querer aprender a fazer os comando no prompt. Esta ferramenta permite praticamente configurar qualquer serviço no seu servidor, lógico que sempre há aquele ajuste que temos que fazer utilizando um editor de texto dentro do arquivo de configuração, e, surpreenda-se, o Webmin tem este editor embutido nele também.

A instalação é muito simples, bastando baixar o arquivo deste link http://prdownloads.sourceforge.net/webadmin/webmin_1.540_all.deb e executar os seguintes comandos:

```
root@aluno# wget http://prdownloads.sourceforge.net/webadmin/web-
min_1.540_all.deb
root@aluno# dpkg -i webmin_1.540_all.deb
```

Será apresentada uma mensagem de erro, mas como expliquei no capítulo do APT basta fazer o comando a seguir para resolver os problemas de dependência que ocorreram.
apt-get install -f

Veja que todas as dependências serão resolvidas e por último o webmin será instalado.

Na grande maioria das vezes, basta você utilizar o campo de pesquisa para localizar a ferramenta que precisa, e o mais interessante é que para a maioria das ferramentas que não estiverem instaladas ele irá lhe apresentar um link que, assim que clicado, fará a instalação mostrando passo a passo o que está ocorrendo.

Trocando Senha do Banco Mysql

root@aluno# killall mysqld

Agora inicie o MySQL em modo seguro (safe mode):

```
root@aluno# mysqld_safe --skip-grant-tables &
```

Ou

```
root@aluno# /usr/bin/mysqld_safe --skip-grant-tables &
```

Agora conecte-se ao servidor MySQL usando o cliente do mysql:

```
root@aluno# mysql
```

Ou

```
root@aluno# /usr/bin/mysql
```

Após conectar-se ao servidor MySQL, acesse o banco MySQL, digitando:
> use mysql;
Agora vamos definir a nova senha para o usuário root do MySQL:
> update user set password = password('digite sua nova senha aqui') where user='root' and host='localhost';
Ah, e não esqueça de recarregar os privilégios, digitando:
> flush privileges;
Agora você pode sair do cliente do MySQL, digitando:
> quit

Agora vamos desligar o modo de segurança do MySQL, execute:

```
root@aluno# /etc/init.d/mysql stop
```

E, enfim, vamos iniciar o MySQL com a nova senha de root:

```
root@aluno# /etc/init.d/mysql start
```

LTSP

Durante algum tempo foi muito badalado na mídia especializada o uso de terminais magros ou thin clients que são equipamentos com o mínimo de hardware necessário para atender ao usuário. Normalmente estas CPU possuem um processador pequeno, pouca memória RAM, uma placa de vídeo razoável e muitas vezes não possuem HD utilizando uma eprom ou disquete para inicializar um pequeno sistema operacional que fará uma busca na rede para localizar um servidor LTSP. Vejamos como isto é implementado.

Primeiro vamos instalar alguns pacotes

```
root@aluno# aptitude install dhcp3-server debconf-utils debootstrap
ldm-server ltsp-server ltspfs nbd-server openbsd-inetd squashfs-
tools tftpd-hpa xbase-clients ltsp-server-standalone openssh-server

Será solicitado que informe o diretório raiz do servidor tftp,
pressione enter para manter a opção default.
```

Configurando placa de rede com o comando

```
root@aluno# nano /etc/network/interfaces
```

E colocar a seguinte configuração na eth1:

```
auto eth1
iface eth1 inet static
        address 192.168.30.1
        netmask 255.255.255.0
        network 192.168.30.0
        broadcast 192.168.30.255
```

Depois executar:

```
root@aluno# /etc/init.d/networking restart
```

Configurando DHCP

Edite o dhcpd.conf:

```
root@aluno# nano /etc/dhcp3/dhcpd.conf

authoritative;

subnet 192.168.30.0 netmask 255.255.255.0 {
        range 192.168.30.20 192.168.30.250;
        option domain-name "ltsp";
        option domain-name-servers 208.67.222.222, 192.168.30.1;
        option broadcast-address 192.168.30.255;
        option routers 192.168.30.1;
#next-server 192.168.30.1;
#get-lease-hostnames true;
        option subnet-mask 255.255.255.0;
```

462 ▸ Administração de Servidores Linux

```
    option root-path "/opt/ltsp/i386";
    if substring( option vendor-class-identifier, 0, 9 ) = "PX-
EClient" {
    filename "/ltsp/i386/pxeLinux.0";
    } else {
    filename "/ltsp/i386/nbi.img";
    }
}
```

root@aluno# **nano /etc/default/dhcp3-server**
```
# On what interfaces should the DHCP server (dhcpd) serve DHCP re-
quests?
# Separate multiple interfaces with spaces, e.g. "eth0 eth1".
INTERFACES="eth1"
```

root@aluno# **/etc/init.d/dhcp3-server restart**
Configurando tftpd-hpa

root@aluno# **nano /etc/default/tftpd-hpa**
**Veja se está com esta configuração; caso não esteja, deixe o arquivo
tftpd-hpa deste jeito, pois esta é a configuração padrão do pacote
tftpd-hpa, e assim que vamos precisar:**
```
# /etc/default/tftpd-hpa
TFTP_USERNAME="tftp"
TFTP_DIRECTORY="/var/lib/tftpboot"
TFTP_ADDRESS="0.0.0.0:69"
TFTP_OPTIONS="--secure"
```

Salve, dê restart no tftpd-hpa:
root@aluno# **/etc/init.d/tftpd-hpa restart**

Configuração do NBD-Server
O nbd-server vai ser configurando colando uma linha com valores no */etc/inetd. conf*. Vamos editar o arquivo:

root@aluno# **nano /etc/inetd.conf**
```
9571 stream tcp nowait nobody /usr/sbin/tcpd /usr/sbin/ldminfod
9572 stream tcp nowait nobody /usr/sbin/tcpd /usr/sbin/nbdswapd
2000 stream tcp nowait nobody /usr/sbin/tcpd /usr/sbin/nbdrootd
```

/opt/ltsp/images/i386.img

Com o arquivo tendo esta configuração, vamos iniciar os serviços:
root@aluno# **/etc/init.d/openbsd-inetd restart**

As 3 linhas acima devem estar dentro do inetd.conf - somente a última linha, que inicia com 2000 (valor informa a porta), que se refere ao nbdrootd, que vai negociar com terminal a i386.img (que no caso é sistema de arquivos) criado com ltsp-update-image.

As outras ldminfod e nbdswapd, a primeira refere do ldm, tela de login do LTSP5 e segunda é para ser usado no caso de swap no terminal usando recurso do servidor.

Para NBD-Server poder atuar na rede, vamos editar o arquivo:
root@aluno# **nano /etc/hosts.allow**
nbdrootd: ALL: keepalive
nbdswapd: ALL: keepalive

O arquivo *hosts.allow* deve ter as linhas acima, para assim permitir/allow a todos micros/hospedeiros/hosts (por isso hosts.allow) conseguirem negociar com o NBD-Server.
Verificar se está tudo rodando. Vamos ver pelas portas dos programas:

dhcp3-server - 67:

root@aluno# **netstat -anp | grep 67**
udp 0 0 0.0.0.0:67 0.0.0.0:* 1566/dhcpd3
tftpd-hpa - 69:
root@aluno# **netstat -anp | grep 69**
udp 0 0 0.0.0.0:69 0.0.0.0:* 966/in.tftpd
nbd-server - 2000:
root@aluno# **netstat -anp | grep 2000**
tcp 0 0 0.0.0.0:2000 0.0.0.0:* OUÇA 1606/inetd

Webmin
O Webmin funciona como um centralizador de configurações do sistema, monitoração dos serviços e de servidores, fornecendo uma interface amigável, e que quando configurado com um servidor web, pode ser acessado de qualquer local, através de um navegador: https:\\(ip do servidor):(porta de utilização).

464 ▶ Administração de Servidores Linux

Scripts de instalação

Instalação.sh
Crie o primeiro script como instalacao.sh

```
#!/bin/bash
home=`pwd`
aptitude update
aptitude install nmap ssh libnet-ssleay-perl libauthen-pam-perl
libio-pty-perl apt-show-versions shorewall bandwidthd squid squid-
common squidclient squid-cgi logcheck-database resolvconf squid
squid-common samba openbsd-inetd inet-superserver smbldap-tools
ldb-tools pptpd wondershaper mrtg snmpd snmp webalizer bacula ldap-
client mon quota portsentry syslog-ng ldap-server dovecot-common
dovecot-imapd dovecot-pop3d fetchmail fetchmail-ssl frox jabber
jabber-msn jabber-common slpd openvpn postfix postgresql dhcp3-serv-
er bind9 mysql-admin mysql-client mysql-server mysql-common mysql-
gui-tools-common mysql-query-browser mysql-server-core spamassassin
binutils gcc gcc-4.3 libc6-dev libdigest-hmac-perl liberror-perl
libgomp1 libmail-spf-perl libnet-dns-perl libnet-ip-perl libne-
taddr-ip-perl libsys-hostname-long-perl libsys-syslog-perl Linux-
libc-dev re2c spamc nutils-doc gcc-multilib manpages-dev autoconf
automake1.9 libtool flex bison gdb gcc-doc gcc-4.3-multilib libmud-
flap0-4.3-dev gcc-4.3-doc gcc-4.3-locales libgcc1-dbg libgomp1-dbg
libmudflap0-dbg glibc-doc razor libnet-ident-perl pyzor libmail-
dkim-perl sarg webalizer pppoe pppoeconf ipsec-tools pipsecd xinetd
wvdial stunnel stunnel4 cupsys cdrecord lvm2 dmraid smartmontools
libmodem-vgetty-perl cfengine2 heartbeat heartbeat-gui vim usplash
-y
dpkg -i webmin_1.530_all.deb
apt-get install -f -y
cp snmpd.conf /etc/snmp/snmpd.conf
/etc/init.d/snmpd restart
mkdir /var/www/mrtg
cfgmaker localhost >/etc/mrtg.cfg
ln -sf /etc/mrtg.cfg /etc/webmin.cfg
cp smartmontools /etc/default
cp spamassassin /etc/default
cp fetchmail /etc/default
>/etc/ha.d/ha.cf
```

```
>/etc/fetchmailrc
update-rc.d -f fetchmail remove
update-rc.d -f dhcp3-server remove
update-rc.d -f smartmontools remove
update-rc.d -f heartbeat remove
update-rc.d -f bind9 remove
update-rc.d -f lmv2 remove
update-rc.d -f mysql remove
update-rc.d -f jabber remove
update-rc.d -f samba remove
update-rc.d -f slapd remove
update-rc.d -f pipsecd remove
echo "Processo Finalizado"
reboot
```

spamassassin
Crie o arquivo spamassassin

```
# /etc/default/spamassassin
# Duncan Findlay

# WARNING: please read README.spamd before using.
# There may be security risks.

# Change to one to enable spamd
ENABLED=1

# Options
# See man spamd for possible options. The -d option is automati-
cally added.

# SpamAssassin uses a preforking model, so be careful! You need to
# make sure --max-children is not set to anything higher than 5,
# unless you know what you're doing.

OPTIONS="--create-prefs --max-children 5 --helper-home-dir"

# Pid file
# Where should spamd write its PID to file? If you use the -u or
```

466 ▶ Administração de Servidores Linux

```
# --username option above, this needs to be writable by that user.
# Otherwise, the init script will not be able to shut spamd down.
PIDFILE="/var/run/spamd.pid"

# Set nice level of spamd
#NICE="--nicelevel 15"

# Cronjob
# Set to anything but 0 to enable the cron job to automatically
update
# spamassassin's rules on a nightly basis
CRON=0
 fetchmail
Crie o arquivo fechmail
# This file will be used to declare some vars for fetchmail
#
# Uncomment the following if you don't want localized log messages
# export LC_ALL=C

# If you want to specify any additional OPTION to the start
# scripts specify them here
# OPTIONS=...

# Declare here if we want to start fetchmail. 'yes' or 'no'
START_DAEMON=yes
 smartmoontools
Crie o arquivos smartmoontools.

# Defaults for smartmontools initscript (/etc/init.d/smartmontools)
# This is a POSIX shell fragment

# List of devices you want to explicitly enable S.M.A.R.T. for
# Not needed (and not recommended) if the device is monitored by
smartd
enable_smart="/dev/sda"

# uncomment to start smartd on system startup
start_smartd=yes
```

```
# uncomment to pass additional options to smartd on startup
#smartd_opts="—interval=1800"


 snmpd
Crie o arquivo snmpd.conf
###################################################################
###########
#
# Exemplo.conf:
#  An Exemplo configuration file for configuring the ucd-snmp snmpd
agent.
#
###################################################################
###########
#
# This file is intended to only be an Exemplo. If, however, you want
# to use it, it should be placed in /etc/snmp/snmpd.conf.
# When the snmpd agent starts up, this is where it will look for
it.
#
# You might be interested in generating your own snmpd.conf file us-
ing
# the "snmpconf" program (perl script) instead. It's a nice menu
# based interface to writing well commented configuration files. Try
it!
#
# Note: This file is automatically generated from Exemplo.conf.def.
# Do NOT read the Exemplo.conf.def file! Instead, after you have run
# configure & make, and then make sure you read the Exemplo.conf file
# instead, as it will tailor itself to your configuration.

# All lines beginning with a '#' are comments and are intended for
you
# to read. All other lines are configuration commands for the agent.


#
# PLEASE: read the snmpd.conf(5) manual page as well!
#
```

468 ▸ Administração de Servidores Linux

```
########################################################################
###########
# Access Control
########################################################################
###########

# YOU SHOULD CHANGE THE "COMMUNITY" TOKEN BELOW TO A NEW KEYWORD
ONLY
# KNOWN AT YOUR SITE. YOU *MUST* CHANGE THE NETWORK TOKEN BELOW TO
# SOMETHING REFLECTING YOUR LOCAL NETWORK ADDRESS SPACE.

# By far, the most common question I get about the agent is "why
won't
# it work?", when really it should be "how do I configure the agent
to
# allow me to access it?"
#
# By default, the agent responds to the "public" community for read
# only access, if run out of the box without any configuration file
in
# place. The following Exemplos show you other ways of configuring
# the agent so that you can change the community names, and give
# yourself write access as well.
#
# The following lines change the access permissions of the agent so
# that the COMMUNITY string provides read-only access to your en-
tire
# NETWORK (EG: 10.10.10.0/24), and read/write access to only the
# localhost (127.0.0.1, not its real ipaddress).
#
# For more information, read the FAQ as well as the snmpd.conf(5)
# manual page.

####
# First, map the community name (COMMUNITY) into a security name
# (local and mynetwork, depending on where the request is coming
# from):

#     sec.name source       community
```

MRTG ◂ 469

```
#com2sec paranoid default       public
com2sec readonly 127.0.0.1      public
#com2sec readwrite default      private


####
# Second, map the security names into group names:

#               sec.model sec.name
group MyROSystem v1     paranoid
group MyROSystem v2c    paranoid
group MyROSystem usm    paranoid
group MyROGroup v1      readonly
group MyROGroup v2c     readonly
group MyROGroup usm     readonly
group MyRWGroup v1      readwrite
group MyRWGroup v2c     readwrite
group MyRWGroup usm     readwrite


####
# Third, create a view for us to let the groups have rights to:

#       incl/excl subtree           mask
view all   included .1              80
view system included .iso.org.dod.internet.mgmt.mib-2.system


####
# Finally, grant the 2 groups access to the 1 view with different
# write permissions:

#        context sec.model sec.level match read  write notif
access MyROSystem ""    any    noauth exact system none  none
access MyROGroup ""     any    noauth exact all   none  none
access MyRWGroup ""     any    noauth exact all   all   none


# ----------------------------------------------------------
-----------


################################################################
```

470 ▶ **Administração de Servidores Linux**

```
############
# System contact information
#

# It is also possible to set the sysContact and sysLocation system
# variables through the snmpd.conf file. **PLEASE NOTE** that set-
ting
# the value of these objects here makes these objects READ-ONLY
# (regardless of any access control settings). Any attempt to set
the
# value of an object whose value is given here will fail with an
error
# status of notWritable.

syslocation Unknown (configure /etc/snmp/snmpd.local.conf)
syscontact Root <root@localhost> (configure /etc/snmp/snmpd.local.
conf)

# Exemplo output of snmpwalk:
#  % snmpwalk -v 1 -c public localhost system
#  system.sysDescr.0 = "SunOS name sun4c"
#  system.sysObjectID.0 = OID: enterprises.ucdavis.ucdSnmpAgent.
sunos4
#  system.sysUpTime.0 = Timeticks: (595637548) 68 days, 22:32:55
#  system.sysContact.0 = "Me <me@somewhere.org>"
#  system.sysName.0 = "name"
#  system.sysLocation.0 = "Right here, right now."
#  system.sysServices.0 = 72


# ----------------------------------------------------------------
------------


################################################################
############
# Process checks.
#
# The following are Exemplos of how to use the agent to check for
```

```
# processes running on the host. The syntax looks something like:
#
# proc NAME [MAX=0] [MIN=0]
#
# NAME: the name of the process to check for. It must match
#       exactly (ie, http will not find httpd processes).
# MAX:  the maximum number allowed to be running. Defaults to 0.
# MIN:  the minimum number to be running. Defaults to 0.

#
# Exemplos:
#

# Make sure mountd is running
#proc mountd

# Make sure there are no more than 4 ntalkds running, but 0 is ok
too.
#proc ntalkd 4

# Make sure at least one sendmail, but less than or equal to 10 are
running.
#proc sendmail 10 1

# A snmpwalk of the prTable would look something like this:
#
# % snmpwalk -v 1 -c public localhost .1.3.6.1.4.1.2021.2
# enterprises.ucdavis.procTable.prEntry.prIndex.1 = 1
# enterprises.ucdavis.procTable.prEntry.prIndex.2 = 2
# enterprises.ucdavis.procTable.prEntry.prIndex.3 = 3
# enterprises.ucdavis.procTable.prEntry.prNames.1 = "mountd"
# enterprises.ucdavis.procTable.prEntry.prNames.2 = "ntalkd"
# enterprises.ucdavis.procTable.prEntry.prNames.3 = "sendmail"
# enterprises.ucdavis.procTable.prEntry.prMin.1 = 0
# enterprises.ucdavis.procTable.prEntry.prMin.2 = 0
# enterprises.ucdavis.procTable.prEntry.prMin.3 = 1
# enterprises.ucdavis.procTable.prEntry.prMax.1 = 0
# enterprises.ucdavis.procTable.prEntry.prMax.2 = 4
# enterprises.ucdavis.procTable.prEntry.prMax.3 = 10
```

472 ▶ Administração de Servidores Linux

```
# enterprises.ucdavis.procTable.prEntry.prCount.1 = 0
# enterprises.ucdavis.procTable.prEntry.prCount.2 = 0
# enterprises.ucdavis.procTable.prEntry.prCount.3 = 1
# enterprises.ucdavis.procTable.prEntry.prErrorFlag.1 = 1
# enterprises.ucdavis.procTable.prEntry.prErrorFlag.2 = 0
# enterprises.ucdavis.procTable.prEntry.prErrorFlag.3 = 0
# enterprises.ucdavis.procTable.prEntry.prErrMessage.1 = "No mountd
process running."
# enterprises.ucdavis.procTable.prEntry.prErrMessage.2 = ""
# enterprises.ucdavis.procTable.prEntry.prErrMessage.3 = ""
# enterprises.ucdavis.procTable.prEntry.prErrFix.1 = 0
# enterprises.ucdavis.procTable.prEntry.prErrFix.2 = 0
# enterprises.ucdavis.procTable.prEntry.prErrFix.3 = 0
#
# Note that the errorFlag for mountd is set to 1 because one is not
# running (in this case an rpc.mountd is, but thats not good
enough),
# and the ErrMessage tells you what's wrong. The configuration
# imposed in the snmpd.conf file is also shown.
#
# Special Case: When the min and max numbers are both 0, it assumes
# you want a max of infinity and a min of 1.
#


# ----------------------------------------------------------------
------------


####################################################################
###########
# Executables/scripts
#

#
# You can also have programs run by the agent that return a single
# line of output and an exit code. Here are two Exemplos.
#
# exec NAME PROGRAM [ARGS ...]
```

```
#
# NAME:    A generic name.
# PROGRAM: The program to run. Include the path!
# ARGS:    optional arguments to be passed to the program

# a simple hello world
#exec echotest /bin/echo hello world

# Run a shell script containing:
#
# #!/bin/sh
# echo hello world
# echo hi there
# exit 35
#
# Note: this has been specifically commented out to prevent
# accidental security holes due to someone else on your system
writing
# a /tmp/shtest before you do. Uncomment to use it.
#
#exec shelltest /bin/sh /tmp/shtest

# Then,
# % snmpwalk -v 1 -c public localhost .1.3.6.1.4.1.2021.8
# enterprises.ucdavis.extTable.extEntry.extIndex.1 = 1
# enterprises.ucdavis.extTable.extEntry.extIndex.2 = 2
# enterprises.ucdavis.extTable.extEntry.extNames.1 = "echotest"
# enterprises.ucdavis.extTable.extEntry.extNames.2 = "shelltest"
# enterprises.ucdavis.extTable.extEntry.extCommand.1 = "/bin/echo
hello world"
# enterprises.ucdavis.extTable.extEntry.extCommand.2 = "/bin/sh /
tmp/shtest"
# enterprises.ucdavis.extTable.extEntry.extResult.1 = 0
# enterprises.ucdavis.extTable.extEntry.extResult.2 = 35
# enterprises.ucdavis.extTable.extEntry.extOutput.1 = "hello
world."
# enterprises.ucdavis.extTable.extEntry.extOutput.2 = "hello
world."
# enterprises.ucdavis.extTable.extEntry.extErrFix.1 = 0
```

474 ▶ Administração de Servidores Linux

```
# enterprises.ucdavis.extTable.extEntry.extErrFix.2 = 0

# Note that the second line of the /tmp/shtest shell script is cut
# off. Also note that the exit status of 35 was returned.

# ------------------------------------------------------------------
# -----------


####################################################################
###########
# disk checks
#

# The agent can check the amount of available disk space, and make
# sure it is above a set limit.

# disk PATH [MIN=DEFDISKMINIMUMSPACE]
#
# PATH: mount path to the disk in question.
# MIN:  Disks with space below this value will have the Mib's er-
rorFlag set.
#     Default value = DEFDISKMINIMUMSPACE.

# Check the / partition and make sure it contains at least 10 megs.

#disk / 10000

# % snmpwalk -v 1 -c public localhost .1.3.6.1.4.1.2021.9
# enterprises.ucdavis.diskTable.dskEntry.diskIndex.1 = 0
# enterprises.ucdavis.diskTable.dskEntry.diskPath.1 = "/" Hex: 2F
# enterprises.ucdavis.diskTable.dskEntry.diskDevice.1 = "/dev/dsk/
c201d6s0"
# enterprises.ucdavis.diskTable.dskEntry.diskMinimum.1 = 10000
# enterprises.ucdavis.diskTable.dskEntry.diskTotal.1 = 837130
# enterprises.ucdavis.diskTable.dskEntry.diskAvail.1 = 316325
# enterprises.ucdavis.diskTable.dskEntry.diskUsed.1 = 437092
# enterprises.ucdavis.diskTable.dskEntry.diskPercent.1 = 58
# enterprises.ucdavis.diskTable.dskEntry.diskErrorFlag.1 = 0
```

```
# enterprises.ucdavis.diskTable.dskEntry.diskErrorMsg.1 = ""

# ----------------------------------------------------------------
------------


#####################################################################
############
# load average checks
#

# load [1MAX=DEFMAXLOADAVE] [5MAX=DEFMAXLOADAVE]
[15MAX=DEFMAXLOADAVE]
#
# 1MAX:  If the 1 minute load average is above this limit at query
#     time, the errorFlag will be set.
# 5MAX:  Similar, but for 5 min average.
# 15MAX: Similar, but for 15 min average.

# Check for loads:
#load 12 14 14

# % snmpwalk -v 1 -c public localhost .1.3.6.1.4.1.2021.10
# enterprises.ucdavis.loadTable.laEntry.loadaveIndex.1 = 1
# enterprises.ucdavis.loadTable.laEntry.loadaveIndex.2 = 2
# enterprises.ucdavis.loadTable.laEntry.loadaveIndex.3 = 3
# enterprises.ucdavis.loadTable.laEntry.loadaveNames.1 = "Load-1"
# enterprises.ucdavis.loadTable.laEntry.loadaveNames.2 = "Load-5"
# enterprises.ucdavis.loadTable.laEntry.loadaveNames.3 = "Load-15"
# enterprises.ucdavis.loadTable.laEntry.loadaveLoad.1 = "0.49" Hex:
30 2E 34 39
# enterprises.ucdavis.loadTable.laEntry.loadaveLoad.2 = "0.31" Hex:
30 2E 33 31
# enterprises.ucdavis.loadTable.laEntry.loadaveLoad.3 = "0.26" Hex:
30 2E 32 36
# enterprises.ucdavis.loadTable.laEntry.loadaveConfig.1 = "12.00"
# enterprises.ucdavis.loadTable.laEntry.loadaveConfig.2 = "14.00"
# enterprises.ucdavis.loadTable.laEntry.loadaveConfig.3 = "14.00"
# enterprises.ucdavis.loadTable.laEntry.loadaveErrorFlag.1 = 0
```

476 ▶ Administração de Servidores Linux

```
# enterprises.ucdavis.loadTable.laEntry.loadaveErrorFlag.2 = 0
# enterprises.ucdavis.loadTable.laEntry.loadaveErrorFlag.3 = 0
# enterprises.ucdavis.loadTable.laEntry.loadaveErrMessage.1 = ""
# enterprises.ucdavis.loadTable.laEntry.loadaveErrMessage.2 = ""
# enterprises.ucdavis.loadTable.laEntry.loadaveErrMessage.3 = ""


# ------------------------------------------------------------------
------------


#################################################################
###########
# Extensible sections.
#

# This alleviates the multiple line output problem found in the
# previous executable mib by placing each mib in its own mib table:

# Run a shell script containing:
#
# #!/bin/sh
# echo hello world
# echo hi there
# exit 35
#
# Note: this has been specifically commented out to prevent
# accidental security holes due to someone else on your system
writing
# a /tmp/shtest before you do. Uncomment to use it.
#
# exec .1.3.6.1.4.1.2021.50 shelltest /bin/sh /tmp/shtest

# % snmpwalk -v 1 -c public localhost .1.3.6.1.4.1.2021.50
# enterprises.ucdavis.50.1.1 = 1
# enterprises.ucdavis.50.2.1 = "shelltest"
# enterprises.ucdavis.50.3.1 = "/bin/sh /tmp/shtest"
# enterprises.ucdavis.50.100.1 = 35
# enterprises.ucdavis.50.101.1 = "hello world."
# enterprises.ucdavis.50.101.2 = "hi there."
```

```
# enterprises.ucdavis.50.102.1 = 0


# Now the Output has grown to two lines, and we can see the 'hi
# there.' output as the second line from our shell script.
#
# Note that you must alter the mib.txt file to be correct if you
want
# the .50.* outputs above to change to reasonable text
descriptions.

# Other ideas:
#
# exec .1.3.6.1.4.1.2021.51 ps /bin/ps
# exec .1.3.6.1.4.1.2021.52 top /usr/local/bin/top
# exec .1.3.6.1.4.1.2021.53 mailq /usr/bin/mailq


# ----------------------------------------------------------------
------------


#####################################################################
###########
# Pass through control.
#

# Usage:
#   pass MIBOID EXEC-COMMAND
#
# This will pass total control of the mib underneath the MIBOID
# portion of the mib to the EXEC-COMMAND.
#
# Note: You'll have to change the path of the passtest script to
your
# source directory or install it in the given location.
#
# Exemplo: (see the script for details)
#       (commented out here since it requires that you place the
#       script in the right location. (its not installed by
default))
```

478 ▶ Administração de Servidores Linux

```
# pass .1.3.6.1.4.1.2021.255 /bin/sh /usr/local/passtest

# % snmpwalk -v 1 -c public localhost .1.3.6.1.4.1.2021.255
# enterprises.ucdavis.255.1 = "life the universe and everything"
# enterprises.ucdavis.255.2.1 = 42
# enterprises.ucdavis.255.2.2 = OID: 42.42.42
# enterprises.ucdavis.255.3 = Timeticks: (363136200) 42 days,
0:42:42
# enterprises.ucdavis.255.4 = IpAddress: 127.0.0.1
# enterprises.ucdavis.255.5 = 42
# enterprises.ucdavis.255.6 = Gauge: 42
#
# % snmpget -v 1 -c public localhost .1.3.6.1.4.1.2021.255.5
# enterprises.ucdavis.255.5 = 42
#
# % snmpset -v 1 -c public localhost .1.3.6.1.4.1.2021.255.1 s "New
string"
# enterprises.ucdavis.255.1 = "New string"
#

# For specific usage information, see the man/snmpd.conf.5 manual
page
# as well as the local/passtest script used in the above Exemplo.

###################################################################
###########
# Subagent control
#

# The agent can support subagents using a number of extension
mechanisms.
# From the 4.2.1 release, AgentX support is being compiled in by
default.
# To use this mechanism, simply uncomment the following directive.
#
# master agentx
#
#  Please see the file README.agentx for more details.
```

```
#


#################################################################
###########
# Further Information
#
# See the snmpd.conf manual page, and the output of "snmpd -H".
# MUCH more can be done with the snmpd.conf than is shown as an
# Exemplo here.
```

Pen-test

Pen-test é um método que avalia a segurança de um sistema de computador ou de uma rede, simulando um ataque de uma fonte maliciosa. O processo envolve uma análise nas atividades do sistema, que envolvem a busca de alguma vulnerabilidade em potencial que possa ser resultado de uma má configuração do sistema, falhas em hardwares/softwares desconhecidas, deficiência no sistema operacional ou técnicas contra medidas. Todas as análises submetidas pelos testes escolhidos são apresentadas no sistema, junto com uma avaliação do seu impacto e muitas vezes com uma proposta de resolução ou de uma solução técnica.

Instalando

```
aptitude install kismet libc-ares2 libcap2-bin libsmi2ldbl wire-
shark wireshark-common sox festival gpsd libcap-dev snmp-mibs-
downloader
```

No arquivo /etc/kismet/kismet.conf edite a linha "source=none,none,addme", onde o primeiro "none" é o driver usado pela sua placa de rede, o segundo "none" é a sua interface e "addme" é um apelido qualquer que pode-se dar a interface de rede.
Abaixo o arquivo de configuração:

```
# Kismet config file
# Most of the "static" configs have been moved to here -- the
command line
# config was getting way too crowded and cryptic. We want
functionality,
# not continually reading --help!
```

480 ▶ Administração de Servidores Linux

```
# Version of Kismet config
version=2007.09.R1

# Name of server (Purely for organizational purposes)
servername=Kismet

# User to setid to (should be your normal user)
#suiduser=your_user_here

# Do we try to put networkmanager to sleep? If you use NM, this is
probably
# what you want to do, so that it will leave the interfaces alone
while
# Kismet is using them. This requires DBus support!
networkmanagersleep=true

# Sources are defined as:
# source=sourcetype,interface,name[,initialchannel]
# Source types and required drivers are listed in the README under
the
# CAPTURE SOURCES section.
# The initial channel is optional, if hopping is not enabled it can
be used
# to set the channel the interface listens on.
# YOU MUST CHANGE THIS TO BE THE SOURCE YOU WANT TO USE
source=mac80211,wlan0,wlan0

# Comma-separated list of sources to enable. This is only needed if
you defined
# multiple sources and only want to enable some of them. By
default, all defined
# sources are enabled.
# For Exemplo:
# enablesources=prismsource,ciscosource


# Automatically destroy VAPs on multi-vap interfaces (like madwifi-ng).
# Madwifi-ng doesn't work in rfmon when non-rfmon VAPs are present,
however
```

MRTG ◄ 481

```
# this is a fairly invasive change to the system so it CAN be disabled. Expect
# things not to work in most cases if you do disable it, however.
vapdestroy=true

# Do we channelhop?
channelhop=true

# How many channels per second do we hop? (1-10)
channelvelocity=5

# By setting the dwell time for channel hopping we override the channelvelocity
# setting above and dwell on each channel for the given number of seconds.
#channeldwell=10

# Do we split channels between cards on the same spectrum? This means if
# multiple 802.11b capture sources are defined, they will be offset to cover
# the most possible spectrum at a given time. This also controls splitting
# fine-tuned sourcechannels lines which cover multiple interfaces (see below)
channelsplit=true

# Basic channel hopping control:
# These define the channels the cards hop through for various frequency ranges
# supported by Kismet.  More finegrain control is available via the
# "sourcechannels" configuration option.
#
# Don't change the IEEE80211<x> identifiers or channel hopping won't work.

# Users outside the US might want to use this list:
# defaultchannels=IEEE80211b:1,7,13,2,8,3,14,9,4,10,5,11,6,12
```

482 ▸ Administração de Servidores Linux

```
defaultchannels=IEEE80211b:1,6,11,2,7,3,8,4,9,5,10

# 802.11g uses the same channels as 802.11b...
defaultchannels=IEEE80211g:1,6,11,2,7,3,8,4,9,5,10

# 802.11a channels are non-overlapping so sequential is fine. You
may want to
# adjust the list depending on the channels your card actually
supports.
# defaultchannels=IEEE8021
1a:36,40,44,48,52,56,60,64,100,104,108,112,116,120,124,
128,132,136,140,149,153,157,161,184,188,192,196,200,204,208,212,216
defaultchannels=IEEE80211a:36,40,44,48,52,56,60,64

# Combo cards like Atheros use both 'a' and 'b/g' channels. Of
course, you
# can also explicitly override a given source. You can use the
script
# extras/listchan.pl to extract all the channels your card sup-
ports.
defaultchannels=IEEE80211
ab:1,6,11,2,7,3,8,4,9,5,10,36,40,44,48,52,56,60,64

# Fine-tuning channel hopping control:
# The sourcechannels option can be used to set the channel hopping
for
# specific interfaces, and to control what interfaces share a list
of
# channels for split hopping. This can also be used to easily lock
# one card on a single channel while hopping with other cards.
# Any card without a sourcechannel definition will use the standard
hopping
# list.
# sourcechannels=sourcename[,sourcename]:ch1,ch2,ch3,...chN

# ie, for us channels on the source 'prism2source' (same as normal
channel
# hopping behavior):
# sourcechannels=prism2source:1,6,11,2,7,3,8,4,9,5,10
```

MRTG ◀ 483

```
# Given two capture sources, "prism2a" and "prism2b", we want
prism2a to stay
# on channel 6 and prism2b to hop normally. By not setting a
sourcechannels
# line for prism2b, it will use the standard hopping.
# sourcechannels=prism2a:6


# To assign the same custom hop channel to multiple sources, or to
split the
# same custom hop channel over two sources (if splitchannels is
true), list
# them all on the same sourcechannels line:
# sourcechannels=prism2a,prism2b,prism2c:1,6,11


# Port to serve GUI data
tcpport=2501
# People allowed to connect, comma seperated IP addresses or
network/mask
# blocks. Netmasks can be expressed as dotted quad (/255.255.255.0)
or as
# numbers (/24)
allowedhosts=127.0.0.1
# Address to bind to. Should be an address already configured
already on
# this host, reverts to INADDR_ANY if specified incorrectly.
bindaddress=127.0.0.1
# Maximum number of concurrent GUI's
maxclients=5


# Do we have a GPS?
gps=false
# Host:port that GPSD is running on. This can be localhost OR
remote!
gpshost=localhost:2947
# Do we lock the mode? This overrides coordinates of lock "0",
which will
# generate some bad information until you get a GPS lock, but it
will
```

484 ▸ Administração de Servidores Linux

```
# fix problems with GPS units with broken NMEA that report lock 0
gpsmodelock=false

# Packet filtering options:
# filter_tracker - Packets filtered from the tracker are not
processed or
#          recorded in any way.
# filter_dump  - Packets filtered at the dump level are tracked,
displayed,
#          and written to the csv/xml/network/etc files, but not
#          recorded in the packet dump
# filter_export - Controls what packets influence the exported CSV,
network,
#          xml, gps, etc files.
# All filtering options take arguments containing the type of
address and
# addresses to be filtered. Valid address types are 'ANY', 'BSSID',
# 'SOURCE', and 'DEST'. Filtering can be inverted by the use of '!'
before
# the address. For Exemplo,
# filter_tracker=ANY(!00:00:DE:AD:BE:EF)
# has the same effect as the previous mac_filter config file option.
# filter_tracker=...
# filter_dump=...
# filter_export=...

# Alerts to be reported and the throttling rates.
# alert=name,throttle/unit,burst/unit
# The throttle/unit describes the number of alerts of this type
that are
# sent per time unit. Valid time units are second, minute, hour,
and day.
# Burst rates control the number of packets sent at a time
# For Exemplo:
# alert=FOO,10/min,5/sec
# Would allow 5 alerts per second, and 10 alerts total per minute.
# A throttle rate of 0 disables throttling of the alert.
# See the README for a list of alert types.
alert=NETSTUMBLER,10/min,1/sec
```

MRTG ◀ 485

```
alert=WELLENREITER,10/min,1/sec
alert=LUCENTTEST,10/min,1/sec
alert=DEAUTHFLOOD,10/min,2/sec
alert=BCASTDISCON,10/min,2/sec
alert=CHANCHANGE,5/min,1/sec
alert=AIRJACKSSID,5/min,1/sec
alert=PROBENOJOIN,10/min,1/sec
alert=DISASSOCTRAFFIC,10/min,1/sec
alert=NULLPROBERESP,10/min,1/sec
alert=BSSTIMESTAMP,10/min,1/sec
alert=MSFBCOMSSID,10/min,1/sec
alert=LONGSSID,10/min,1/sec
alert=MSFDLINKRATE,10/min,1/sec
alert=MSFNETGEARBEACON,10/min,1/sec
alert=DISCONCODEINVALID,10/min,1/sec
alert=DEAUTHCODEINVALID,10/min,1/sec


# Known WEP keys to decrypt, bssid,hexkey. This is only for net-
works where
# the keys are already known, and it may impact throughput on
slower hardware.
# Multiple wepkey lines may be used for multiple BSSIDs.
# wepkey=00:DE:AD:C0:DE:00,FEEDFACEDEADBEEF01020304050607080900


# Is transmission of the keys to the client allowed? This may be a
security
# risk for some. If you disable this, you will not be able to query
keys from
# a client.
allowkeytransmit=true


# How often (in seconds) do we write all our data files (0 to
disable)
writeinterval=300


# How old (and inactive) does a network need to be before we expire
it?
# This is really only good for limited ram environments where
keeping a
```

486 ▸ Administração de Servidores Linux

```
# total log of all networks is problematic. This is in seconds, and
should
# be set to a large value like 12 or 24 hours. This is intended for
use
# on stationary systems like an IDS
# logexpiry=86400

# Do we limit the number of networks we log? This is for low-ram
situations
# when tracking everything could lead to the system falling down.
This
# should be combined with a sane logexpiry value to flush out very
old
# inactive networks. This is mainly for stationary systems like an
IDS.
# limitnets=10000

# Do we track IVs? this can help identify some attacks, but takes a
LOT
# of memory to do so on a busy network. If you have the RAM, by all
# means turn it on.
trackivs=false

# Do we use sound?
# Not to be confused with GUI sound parameter, this controls wether
or not the
# server itself will play sound. Primarily for headless or
automated systems.
sound=false
# Path to sound player
soundplay=/usr/bin/play
# Optional parameters to pass to the player
# soundopts=--volume=.3
# New network found
sound_new=//usr/share/kismet/wav/new_network.wav
# Wepped new network
# sound_new_wep=${prefix}/com/kismet/wav/new_wep_network.wav
# Network traffic sound
sound_traffic=//usr/share/kismet/wav/traffic.wav
```

```
# Network junk traffic found
sound_junktraffic=//usr/share/kismet/wav/junk_traffic.wav
# GPS lock aquired sound
# sound_gpslock=//usr/share/kismet/wav/foo.wav
# GPS lock lost sound
# sound_gpslost=//usr/share/kismet/wav/bar.wav
# Alert sound
sound_alert=//usr/share/kismet/wav/alert.wav


# Does the server have speech? (Again, not to be confused with the
GUI's speech)
speech=false
# Server's path to Festival
festival=/usr/bin/festival
# Are we using festival lite? If so, set the above "festival" path
to also
# point to the "flite" binary
flite=false
# Are we using Darwin speech?
darwinsay=false
# What voice do we use? (Currently only valid on Darwin)
speech_voice=default
# How do we speak? Valid options:
# speech   Normal speech
# nato    NATO spellings (alpha, bravo, charlie)
# spell   Spell the letters out (aye, bee, sea)
speech_type=nato
# speech_encrypted and speech_unencrypted - Speech templates
# Similar to the logtemplate option, this lets you customize the
speech output.
# speech_encrypted is used for an encrypted network spoken string
# speech_unencrypted is used for an unencrypted network spoken
string
#
# %b is replaced by the BSSID (MAC) of the network
# %s is replaced by the SSID (name) of the network
# %c is replaced by the CHANNEL of the network
# %r is replaced by the MAX RATE of the network
speech_encrypted=New network detected, s.s.i.d. %s, channel %c,
```

488 ▸ **Administração de Servidores Linux**

```
network encrypted.
speech_unencrypted=New network detected, s.s.i.d. %s, channel %c,
network open.

# Where do we get our manufacturer fingerprints from? Assumed to be
in the
# default config directory if an absolute path is not given.
ap_manuf=ap_manuf
client_manuf=client_manuf

# Use metric measurements in the output?
metric=false

# Do we write waypoints for gpsdrive to load? Note: This is NOT
related to
# recent versions of GPSDrive's native support of Kismet.
waypoints=false
# GPSDrive waypoint file. This WILL be truncated.
waypointdata=%h/.gpsdrive/way_kismet.txt
# Do we want ESSID or BSSID as the waypoint name ?
waypoint_essid=false

# How many alerts do we backlog for new clients? Only change this
if you have
# a -very- low memory system and need those extra bytes, or if you
have a high
# memory system and a huge number of alert conditions.
alertbacklog=50

# File types to log, comma seperated
# dump    - raw packet dump
# network - plaintext detected networks
# csv     - plaintext detected networks in CSV format
# xml     - XML formatted network and cisco log
# weak    - weak packets (in airsnort format)
# cisco   - cisco equipment CDP broadcasts
# gps     - gps coordinates
logtypes=dump,network,csv,xml,weak,cisco,gps
```

```
# Do we track probe responses and merge probe networks into their
owners?
# This isn't always desireable, depending on the type of monitoring
you're
# trying to do.
trackprobenets=true


# Do we log "noise" packets that we can't decipher? I tend to not,
since
# they don't have anything interesting at all in them.
noiselog=false


# Do we log corrupt packets? Corrupt packets have enough header
information
# to see what they are, but someting is wrong with them that pre-
vents us from
# completely dissecting them. Logging these is usually not a bad
idea.
corruptlog=true


# Do we log beacon packets or do we filter them out of the dumpfile
beaconlog=true


# Do we log PHY layer packets or do we filter them out of the
dumpfile
phylog=true


# Do we mangle packets if we can decrypt them or if they're
fuzzy-detected
mangledatalog=true


# Do we do "fuzzy" crypt detection? (byte-based detection instead
of 802.11
# frame headers)
# valid option: Comma seperated list of card types to perform fuzzy
detection
# on, or 'all'
fuzzycrypt=wtapfile,wlanng,wlanng_legacy,wlanng_avs,hostap,wlanng_
wext,ipw2200,ipw2915
```

490 ▶ Administração de Servidores Linux

```
# Do we do forgiving fuzzy packet decoding? This lets us handle
borked drivers
# which don't indicate they're including FCS, and then do.
fuzzydecode=wtapfile,radiotap_bsd_a,radiotap_bsd_g,radiotap_bsd_
bg,radiotap_bsd_b,pcapfile

# Do we use network-classifier fuzzy-crypt detection? This means we
expect
# packets that are associated with an encrypted network to be
encrypted too,
# and we process them by the same fuzzy compare.
# This essentially replaces the fuzzycrypt per-source option.
netfuzzycrypt=true

# What type of dump do we generate?
# valid option: "wiretap"
dumptype=wiretap
# Do we limit the size of dump logs? Sometimes ethereal can't
handle big ones.
# 0 = No limit
# Anything else = Max number of packets to log to a single file
before closing
# and opening a new one.
dumplimit=0

# Do we write data packets to a FIFO for an external data-IDS (such
as Snort)?
# See the docs before enabling this.
#fifo=/tmp/kismet_dump

# Default log title
logdefault=Kismet

# logtemplate - Filename logging template.
# This is, at first glance, really nasty and ugly, but you'll hardly
ever
# have to touch it so don't complain too much.
#
```

```
# %n is replaced by the logging instance name
# %d is replaced by the current date as Mon-DD-YYYY
# %D is replaced by the current date as YYYYMMDD
# %t is replaced by the starting log time
# %i is replaced by the increment log in the case of multiple logs
# %l is replaced by the log type (dump, status, crypt, etc)
# %h is replaced by the home directory
# ie, "netlogs/%n-%d-%i.dump" called with a logging name of "Pok"
could expand
# to something like "netlogs/Pok-Dec-20-01-1.dump" for the first
instance and
# "netlogs/Pok-Dec-20-01-2.%l" for the second logfile generated.
# %h/netlots/%n-%d-%i.dump could expand to
# /home/foo/netlogs/Pok-Dec-20-01-2.dump
#
# Other possibilities: Sorting by directory
# logtemplate=%l/%n-%d-%i
# Would expand to, for Exemplo,
# dump/Pok-Dec-20-01-1
# crypt/Pok-Dec-20-01-1
# and so on. The "dump", "crypt", etc, dirs must exist before
kismet is run
# in this case.
logtemplate=/var/log/kismet/%n-%d-%i.%l

# Where do we store the pid file of the server?
piddir=/var/run/

# Where state info, etc, is stored. You shouldnt ever need to
change this.
# This is a directory.
configdir=/var/lib/kismet/

# cloaked SSID file. You shouldn't ever need to change this.
ssidmap=ssid_map

# Group map file. You shouldn't ever need to change this.
groupmap=group_map
```

492 ▸ Administração de Servidores Linux

```
# IP range map file. You shouldn't ever need to change this.
ipmap=ip_map
```

Acionando o Pen Test

Pressione a tecla backspace e, em seguida, a tecla "s" e depois "b", e selecione a rede alvo. Para obter informações sobre a rede alvo, pressione a tecla enter.

Para efetuar a captura de pacotes, devemos selecionar a rede alvo e ativar a tecla caps lock e em seguida digitar shift+l para que o KISMET comece a captura.

Agora para injetar tráfego na rede deve-se colocar a interface em modo promíscuo no canal da rede alvo, onde wlan2 refere-se a interface de rede e 5 o canal utilizado pela rede alvo, para isso utilizamos o seguinte comando:

```
root@aluno# airmon-ng start
```

Utilize a ferramenta aireplay-ng para a injeção de tráfego na rede. O aireplay-ng faz parte da sute aircrack-ng. Para injetar tráfego na rede alvo, é necessário obter informações como o BSSID do AP alvo e endereço físico de sua interface de rede, obtendo essa informação é só executar o seguinte comando em outro terminal:

```
root@aluno# aireplay-ng -3 -b 00:02:6F:61:DE:0B -h 00-1F-1F-13-
0E-52
```

Onde 00:02:6F:61:DE:0B o BSSID e o 00-1F-1F-13-0E-52 o endereço físico de sua interface de rede ou de algum cliente conectado.

Quebrando criptografia WPA/WPA2

Na criptografia WPA serão necessárias mais algumas ferramentas, contudo capture o handshake e use-o para a descriptografia juntamente com ferramentas de força bruta ou wordlists.

Para dar início à quebra da criptografia, utilize novamente o Kismet, pelo terminal, e identifique todas as informações precisas da rede, tais como SSID, BSSID, tipo de chave, canal utilizado dentre outras.

Para visualizar os clientes que se encontram conectados à rede, pressione a tecla "c".

Após a visualização dos clientes conectados, selecione um endereço mac de um cliente conectado para forçar a "desautenticação" seguida da captura dos handshakes, com os comandos a seguir:

```
root@aluno# airmon-ng start <interface de rede> <canal>
root@aluno# airodump-ng -w <nome do arquivo> -c <canal> <interface>
root@aluno# aireplay-ng -0 1 -a <MAC DO AP> -c <MAC DO CLIENTE>
<interface de rede>
```

Usando ataque de força bruta:

```
root@aluno# john -incremental=digits --stdout | aircrack-ng -b <MAC
DO ACCESS POINT> -w -<NOME DO arquivo.cap>
```

Usando WORDLIST e mesclando com john:

```
# john --stdout --incremental:all | aircrack-ng -b <MAC DO ACCESS
POINT> -w -<NOME DO arquivo*.cap>
```

Ferramentas

Kismet
O Kismet é uma ferramenta passiva que trata a busca de informações e captura de pacotes de uma determinada rede. Quando executada, sua interface de rede é automaticamente inserida em modo promíscuo.

Aircrack
-ng É um detector de redes, sniffer de pacote além de ser uma ferramenta de análise para redes locais sem fios 802.11.

Airmon-ng
O airmon-ng faz parte da suíte de ferramentas do aircrack-ng, que serve para colocar a interface de rede wireless em modo monitor.

Airodump-ng
O airodump-ng tem como principal objetivo fazer a captura de pacotes que trafegam na rede wireless.

Aireplay-ng
O principal objetivo do aireplay-ng é gerar tráfego na rede e utilizar o aircrack-ng para quebra de criptografias.

Airdecap-ng

494 ▸ **Administração de Servidores Linux**

Utilizado para decifrar criptografias wep e wpa, através das capturas de **arquivos.**

Arpforge-ng
Ferramenta que serve para forjar os pacotes de pedido ARP.

John the Ripper
É gratuito e open source, distribuído principalmente na forma de código fonte e é distribuído principalmente na forma de pacotes para os sistemas operacionais de destino e em geral é feito para ser fácil de instalar e usar.

Netstumbler
Ferramenta utilizada para detectar todos os tipos de redes sem fio, onde permite ver também as configurações da rede para verificar a sua integridade.

Inssider
É um scanner de rede sem fio gratuito para o Windows 7, Vista e Windows XP, devido ao NetStumbler não funcionar bem com o Windows Vista e Windows XP 64-bit.

Fake AP
Parte de um honeypot ou como um instrumento de seu plano de segurança do site. Fake AP serve para confundir wardrivers, netstumblers, script kiddies e outros elementos indesejáveis.

Back Track4
É destinado para todos os públicos, desde os profissionais de segurança mais experientes até os recém-chegados, onde promove uma maneira rápida e fácil de encontrar e atualizar o maior banco de dados da coleção de ferramentas de segurança, até a data.

Metasploit Framework
Foi desenvolvido para fornecer informações úteis para os profissionais de segurança e os desenvolvedores de assinatura IDS.

Karmetasploit
É um conjunto de ferramentas para avaliar a segurança de clientes sem fio em várias camadas, podendo ter acesso a um "SHELL METERPRETER" e pode capturar credenciais ou explorar vulnerabilidades do lado do cliente no host.

Nmap
Possui código aberto e serve para exploração de redes ou fazer auditoria de segurança. Muitos sistemas e administradores de rede também acham que é útil para tarefas tais como: inventário de rede, gestão de atualizações de serviços de acolhimento e de acompanhamento ou serviço uptime.

Nessus
É scanner de vulnerabilidade e o líder mundial em scanners ativos, com descoberta de alta velocidade, auditoria de configuração de perfis ativos, descoberta de dados sensíveis e análise de vulnerabilidades de sua rede.

Gfi Languard
Usado para fazer varreduras de rede e portas, avaliar e corrigir vulnerabilidades de segurança com o mínimo de esforço administrativo.

Dsniff
O dsniff é uma coleção de ferramentas usada para fazer auditoria e penetração em redes.

Wireshark
É um programa que verifica os pacotes transmitidos pelo dispositivo de comunicação, onde tem como detectar problemas de rede, conexões suspeitas, auxiliar no desenvolvimento de aplicativos e qualquer outra atividade relacionada à rede.

Airbase-ng
É uma ferramenta que visa atacar os clientes, onde tem como objetivo principal convidar os usuários a associarem-se a um AP "pirata", no entanto esta operação não impede os usuários da rede de se conectarem ao verdadeiro AP.

Neste caso, será usada a distribuição Back Track v4, que contém a suíte de ferramentas Metasploit Framework, que conta com mais de 500 exploits para exploração de vulnerabilidades, onde a escolhida foi o "Karma", que é um conjunto de ferramentas para avaliar a segurança de clientes das redes sem fio em várias camadas, e pode-se capturar credenciais ou explorar vulnerabilidades do lado do cliente no host.

Pré-requisitos:
Você precisa ter a suíte aircrack-ng instalada, consulte: http://www.aircrack-ng.org/doku.php?id=install_aircrack

496 ▸ **Administração de Servidores Linux**

Karmetasploit requer um banco de dados back-end para estar no lugar antes que ele possa ser usado, isso pode ser conseguido através da execução:
  root@aluno# aptitude install sqlite3-ruby activerecord

Configuração inicial
A primeira coisa que precisamos é configurar um servidor dhcp em /etc/dhcpd/dhcpd.conf.
Após a configuração do servidor dhcp, devemos iniciar o serviço através do comando a seguir:

```
root@aluno# /etc/init.d/dhcp3-server start
```

Em seguida, atualize o banco de exploits do Metasploit, para isso entre no diretório /pentest/exploits/framework3.

```
root@aluno# cd / pentest/exploits/framework3
root@aluno# svn update
```

Agora crie uma nova interface de modo monitor virtual:

```
root@aluno# airmon-ng start wlan0
```

Isso irá criar um modo de interface mon0 monitor, use iwconfig para confirmar.

Agora crie o novo ponto de acesso:

```
root@aluno# airbase-ng -c 11 -P -C 30 --essid "linksys"-v mon0
```

- c = canal
- P = Responda a todas as sondas
- C 30 = permitir balizamento de valores sondados ESSID (em segundos)
-- essid = especificar um único ESSID
- V = verbose
mon0 = Nossa interface de modo monitor virtual

```
root@aluno# ifconfig at0 10.0.0.1 netmask 255.255.255.0 up

root@aluno# vim /etc/default/dhcp3-server
```

```
INTERFACES="at0"

root@aluno# cd /pentest/exploits/framework3

root@aluno#. /msfconsole -r karma.rc
```

Apache2 Tomcat
```
root@aluno# vim /etc/apt/sources.list
```

Eu uso essas sources:

```
deb http://debian.pop-sc.rnp.br/debian/ lenny main
deb-src http://debian.pop-sc.rnp.br/debian/ lenny main

deb http://security.debian.org/ lenny/updates main
deb-src http://security.debian.org/ lenny/updates main

deb http://volatile.debian.org/debian-volatile lenny/volatile main
deb-src http://volatile.debian.org/debian-volatile lenny/volatile
main
```

No final de cada endereço iremos colocar a palavra "non-free";

```
deb http://debian.pop-sc.rnp.br/debian/ lenny main non-free
deb-src http://debian.pop-sc.rnp.br/debian/ lenny main non-free

deb http://security.debian.org/ lenny/updates main non-free
deb-src http://security.debian.org/ lenny/updates main non-free

deb http://volatile.debian.org/debian-volatile lenny/volatile main
non-free
deb-src http://volatile.debian.org/debian-volatile lenny/volatile
main non-free
```

Instalando o JAVA e o Tomcat

Atualizamos novamente o cache e instalamos o Java mais recente:
```
root@aluno# aptitude update && aptitude install sun-java6-jdk
```

498 ▸ Administração de Servidores Linux

Após a instalação do Java, iremos editar o arquivo /etc/profile e incluir o caminho do Java para poder ser conhecido pelo ambiente adicionando o seguinte parâmetro:

```
JAVA_HOME="/usr/lib/jvm/java-6-sun/"
export JAVA_HOME
```

Faça o download do Tomcat no site do Apache Foundation; estou utilizando a versão 6.0.29:

```
root@aluno# wget -c http://ftp.unicamp.br/pub/apache//tomcat/tom-
cat-6/v6.0.29/bin/apache-tomcat-6.0.29.tar.gz
root@aluno# tar -zxvf apache-tomcat-6.0.29.tar.gz && mv apache-tom-
cat-6.0.29 /opt/tomcat
```

Criando o script init do Tomcat:

```
root@aluno# vim /etc/init.d/tomcat

#!/bin/sh
# Tomcat Init-Script

case $1 in

start)
sh /opt/tomcat/bin/startup.sh
;;

stop)
sh /opt/tomcat/bin/shutdown.sh
;;

restart)
sh /opt/tomcat/bin/shutdown.sh
sh /opt/tomcat/bin/startup.sh
;;

esac

exit 0
```

Dê permissão 755 ao arquivo e o colocaremos para executar na inicialização do SO:

```
root@aluno# update-rc.d tomcat defaults
```

Temos que adicionar um usuário para podermos usar o Manager do Tomcat; editaremos o arquivo tomcat-users.xml:

```
root@aluno# vim /opt/tomcat/conf/tomcat-users.xml
```

Antes da chave </tomcat-users>, iremos informar o usuário e senha de acesso:

```
    <tomcat-users>

      <role rolename="manager"/>
      <role rolename="admin"/>
      <user username="USERNAME" password="PASSWORD"
roles="admin,manager"/>

    </tomcat-users>
```

Iniciando o Tomcat:

```
root@aluno# /etc/init.d/tomcat start
```

Acesse o Tomcat no seu browser e será solicitado o login e senha; informe o mesmo que foi editado no arquivo tomcat-users.xml:

```
http://SERVERNAME:8080/manager/html
```

Apoche2 e modulos
O Tomcat pode ser usado como um Web Server, mas o Apache é muito mais poderoso utilizando os seu módulos. Iremos instalar o apache2 e o módulo que irá realizar a conexão dele com o Tomcat.

```
root@aluno# aptitude install apache2 libapache2-mod-jk
```

Crie e edite o arquivo workers.properties, conforme abaixo:
```
root@aluno# vim /etc/apache2/workers.properties
```

500 ▸ Administração de Servidores Linux

```
workers.tomcat_home=/opt/tomcat
workers.java_home=/usr/lib/jvm/java-6-sun
ps=/
worker.list=default
worker.default.port=8009
worker.default.host=localhost
worker.default.type=ajp13
worker.default.lbfactor=1
```

Crie e edite o arquivo jk.conf conforme abaixo:

```
root@aluno# vim /etc/apache2/conf.d/jk.conf

   <ifmodule mod_jk.c>
     JkWorkersFile /etc/apache2/workers.properties
     JkLogFile /var/log/apache2/mod_jk.log
     JkLogLevel error
   </ifmodule>
```

Reinicie os serviços:

```
root@aluno# /etc/init.d/apache2 stop
root@aluno# /etc/init.d/tomcat restart
root@aluno# /etc/init.d/apache2 start
```

Criando um novo Virtual Host

Feitas as configurações no Apache, podemos então já realizar o deploy da aplicação Java no Tomcat.
Vamos tomar como exemplo uma aplicação de nome "exemplo" onde terá o endereço de virtual host do tipo "exemplo.com.br", ao realizar o deploy através da interface web do Tomcat, ela ficará no diretório /opt/tomcat/webapps, podemos então no diretório do Apache e criar o nosso virtual host.

```
root@aluno# vim /etc/apache2/sites-avaliable/exemplo

   <virtualhost *:80>
```

```
   JkMount /*.jsp default
   ServerName www.exemplo.com.br
   ServerAdmin servermaster@exemplo.com.br
   DocumentRoot /opt/tomcat/webapps/exemplo
   ErrorLog /var/logs/apache2/error.log
   CustomLog /var/logs/apache2/access.log common
     <directory /opt/tomcat/webapps/exemplo>
        Options -Indexes
     </directory>
  </virtualhost>
```

Criando o vhost:

```
root@aluno# a2ensite <enter>
root@aluno# /etc/init.d/apache2 restart
```

Configurando o vhost no Tomcat:

```
root@aluno# vim /opt/tomcat/conf/server.xml

<!-- http://www.exemplo.com.br/ -->
<host name="www.exemplo.com.br" appBase="/opt/tomcat/webapps"
unpackWARs="true" autoDeploy="true">
  <context path="" docBase="exemplo" debug="0" reloadable="true"/>
  <valve className="org.apache.catalina.valves.AccessLogValve"
  directory="/var/logs/apache2" prefix="tomcat_access_" suffix=".log"
  pattern="common" resolveHosts="false"/>
</host>
```

Feito isso, reinicie o Tomcat com o comando:

```
root@aluno# /etc/init.d/tomcat restart
```

E pode testar sua aplicação Java através do browser digitando o endereço cadastrado no virtual host (http://www.exemplo.com.br).

Impressão e acabamento
Gráfica da Editora Ciência Moderna Ltda.
Tel: (21) 2201-6662